深圳通史（近代卷）

深圳市人民政府地方志办公室　编著

深圳出版社

图书在版编目（CIP）数据

深圳通史. 近代卷 / 深圳市人民政府地方志办公室
编著 . -- 深圳：深圳出版社，2024.2
ISBN 978-7-5507-3921-5

Ⅰ. ①深… Ⅱ. ①深… Ⅲ. ①深圳—地方史—近代史
Ⅳ. ① K296.53

中国国家版本馆 CIP 数据核字 (2023) 第 222245 号

深圳通史·近代卷
SHENZHEN TONGSHI·JINDAIJUAN

出 品 人　聂雄前
责任编辑　童　芳　易晴云　毛小清
责任技编　郑　欢
装帧设计　知行格致

出版发行　深圳出版社
地　　址　深圳市彩田南路海天综合大厦（518033）
网　　址　www.htph.com.cn
订购电话　0755-83460239（邮购、团购）
设计制作　深圳市知行格致文化传播有限公司
印　　刷　中华商务联合印刷（广东）有限公司
开　　本　787mm×1092mm　1/16
印　　张　31.75
字　　数　350 千字
版　　次　2024 年 2 月第 1 版
印　　次　2024 年 2 月第 1 次
定　　价　198.00 元

图 1　1842 年 8 月 29 日，中英两国签订近代中国第一个不平等条约《南京条约》

图 2　1846 年 11 月，清政府开始修筑九龙寨城，抵御英军进一步军事侵略

图 3　1847 年 5 月，九龙寨城修建完工
图为清代后期清兵在城寨衙门前操练

图 4　1858 年 8 月，英军进攻南头城，轰毁西门
图为南头城西门遗址

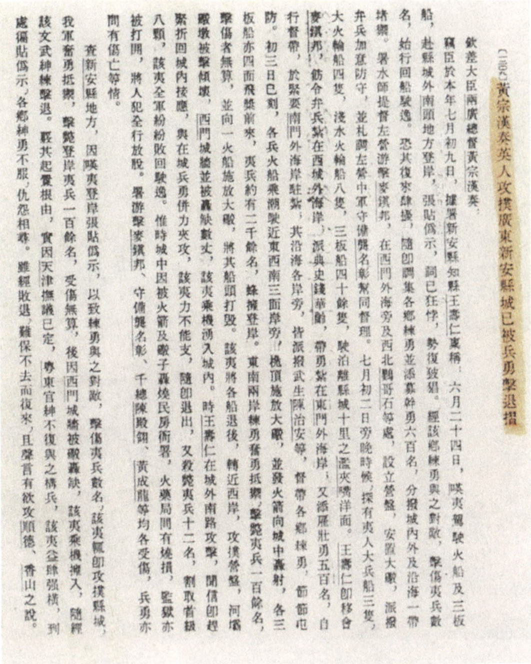

〔一三六〕黃宗漢奏英人攻撲廣東新安縣城已被兵勇擊退摺

欽差大臣兩廣總督黃宗漢奏。

竊臣於本年七月初九日，據署新安縣知縣王壽仁稟稱：六月二十四日，𠹌夷駕駛火船及三板船，赴縣城外南頭地方登岸，張貼僞示，詞已狂悖，勢復猖獗。經該鄉練勇與之對敵，擊傷夷兵數名，始行回船駛逸。恐其復來肆擾，隨即調集各鄉練勇並添募幹勇六百名，分撥城內外及沿海一帶堵禦。署水師提督左營游擊麥鎮邦，在西門外海旁及西北鸚哥石等處，設立營盤，安置大礮，派撥弁兵加意防守，並札調左營中軍守備龔名彰幫同督理。七月初二日旁晚時候，探有夷人大兵船三隻，大火輪船四隻，淺水火輪船八隻，三板船四十餘隻，駛泊離縣城十里之濫夾嘴洋面。王壽仁即移會麥鎮邦，飭令弁兵紮在西城外海岸，派典史錢華館，帶勇紮在東門外海岸，又添雇壯勇五百名，自行督帶，於緊要南門外海岸駐紮，其沿海各岸旁，皆派撥武生陳治安等，督帶各鄉練勇，節節屯防。初三日巳刻，各兵火船乘潮駛近東西南三面岸旁，挽頂施放大礮，並發火箭向城中轟射，各三板船亦四面飛槳前來，夷兵約有二千餘名，蜂擁登岸。東南兩岸練勇奮勇抵禦，擊斃夷兵一百餘名，擊傷者無算，並向一火船施放大礮，將其船頭打毀。該夷將各船退後，轉近西岸，攻撲營盤，河墻礮墩被擊傾壞，西門城牆並被轟缺數丈，該夷乘機湧入城內。時王壽仁在城外南路攻擊，聞信即趕緊折回城內接應，與在城兵勇併力夾攻，該夷力不能支，隨即退出，又殺斃夷兵十二名，割取首級八顆，該夷全軍紛紛敗回駛逸。惟時城中因被火箭及礮子轟燒民房衙署，火藥局間有燒損，監獄亦被打開，將人犯全行放脫。署游擊麥鎮邦、守備龔名彰、千總陳殿鋼、黃成龍等均各受傷，兵勇亦間有傷亡等情。

查新安縣地方，因𠹌夷登岸張貼僞示，以致練勇與之對敵，擊傷夷兵數名，該夷輒即攻撲縣城，我軍奮勇抵禦，擊斃登岸夷兵一百餘名，受傷無算，後因西門城牆被礮轟缺，該夷乘機擁入，隨經該文武紳練擊退。覈其起釁根由，實因天津撫議已定，粵東官紳不復與之構兵，該夷益肆强橫，到處徧貼僞示，各鄉紳勇不服，仇怨相尋。雖經敗退，難保不去而復來，且揚言有欲攻順德、香山之說。

图 5　1858 年，两广总督黄宗汉上报南头城保卫战情形的奏折

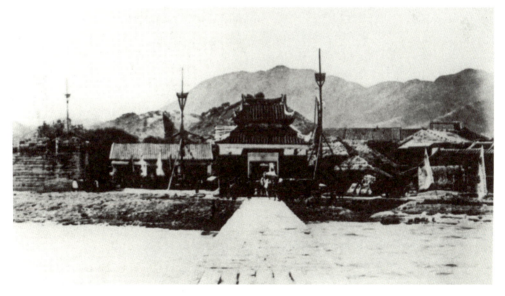

图 6　1871 年 6 月，清政府在汲水门、长洲、佛头洲、九龙城设立关卡，征收常关税图为九龙城前景

图7　1887年4月2日，九龙关正式成立，采用西方海关管理模式

图为1896年的九龙关关厂

香港英新租界合同

一八九九年三月十九日，光绪二十五年
二月初八日，香港。

北界始于大鹏湾英国东经线一百一十四度三十分潮涨能到处，由陆地沿岸，直至所立木桩接近沙头角（即土名桐蕪牙）之西，再入内地不远，至一窄道，左界潮水平线，右界田地，东立一木桩，此道全归英界，任两国人民往来。由此道至桐蕪牙斜角处，又立一木桩，直至目下湾乾之宽河，以河底之中线为界线，河左岸上地方归中国界，河右岸上地方归英界。沿河底之线，直至巡口村大道，又立一木桩于该河与大道接壤处，此道全归英界，任两国人民往来。此道上至一崎岖山径，横跨该河，复重跨该河，折返该河，水面不拘归英、归华，两国人民均可享用。此道孤越过山峡，约较海平线高五百英尺，为沙头角、深圳村分界之线，此处复立一木桩，此道由山峡处，即为英界之界线，归英国管辖，仍准两国人民往来。此道下至山峡右边，道左有一水路，逢

至巡肚村，在山峡之麓，此道跨一水线，较前略大，水由梧桐山流出，约距百码复跨该水路，右经巡肚村，抵深圳河，约距巡肚村一英里之四分一，及至此处，此道归入英界，仍准两国人民往来。由梧桐山流出水路之水，两国农人均可享用，复立一木桩于此道壅处，作为界线。沿深圳河北岸，下至深洲湾界线之南，河地均归英界，其东、西、南三面界线，均如专约所载，大峡山岛全归英界内；大鹏、深圳两湾之水，亦归租界界之内。

光绪二十五年二月初八日
一千八百九十九年三月十九日

广东补用道王存善
香港辅政司骆檄
见证人：恭就山　祺威

图8　1899年3月19日，中英签订《香港英新租界合同》

图 9　1899 年 3 月，新界勘界委员会在沙头角岸边竖起第一个界桩

图 10　1899 年 3 月，中方代表王存善（前排右一）与英方代表骆克（前排右二）
等在举行新界北部陆界谈判时合影

图 11　1899 年 3 月，新界勘界人员从沙头角海登上山峡勘查

图 12　1899 年 3 月，新界勘界人员在深圳河源头勘查

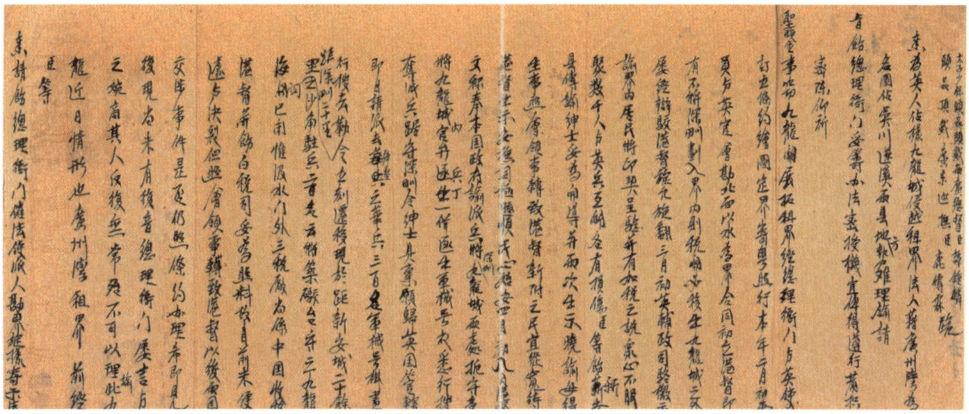

图 13　两广总督谭钟麟向清政府报告英军侵占九龙城、深圳墟的奏折

图 14　清朝驻英公使罗丰禄向朝廷报告索回九龙城、深圳墟的奏折

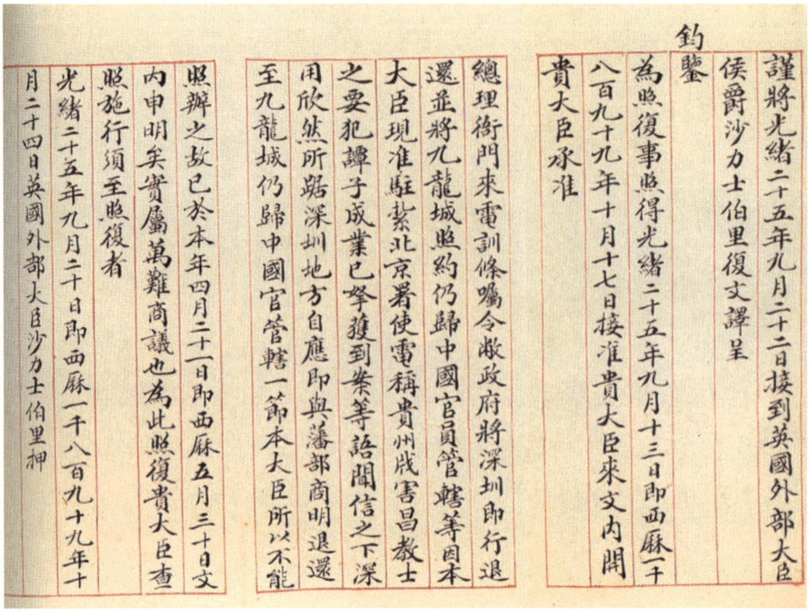

钧鉴

谨将光绪二十五年九月二十二日接到英国外部大臣
侯爵沙力士伯里复文译呈

贵大臣承准

为照复事照得光绪二十五年九月十三日即西历一千
八百九十九年十月十七日接准贵大臣来文内开

总理衙门来电训条嘱令敝政府将深圳助行退
还并将九龙城照约仍归中国官员管辖等因本
大臣现准驻扎北京署使电称贵州戕害昌教士
之要犯谭子成业已拿获到案等语闻信之下深
用欣然所踞深圳地方自应即与藩部商明退还
至九龙城仍归中国官管辖一节本大臣所以不能

照办之故已于本年四月二十一日即西历五月三十日文
内申明矣实属万难商议也为此照复贵大臣查
照施行须至照复者

光绪二十五年九月二十日即西历一千八百九十九年十
月二十四日英国外部大臣沙力士伯里押

图15　1899年11月13日，英军撤离深圳
图为英国外部大臣侯爵沙力士伯里同意退还深圳墟的外交函件

图16　1900年前后，新界海关中、英海关官员及武装守卫合影

图 17　1900 年建成的深圳河税收关厂

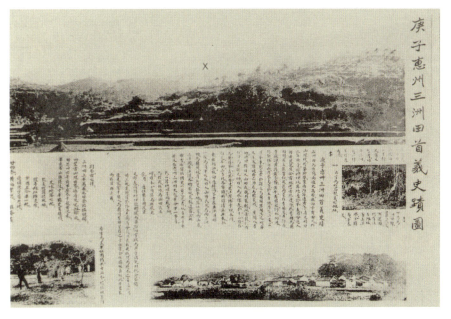

图 18　庚子惠州三洲田首义史迹图

图 19　广九铁路建设中的情形

图 20　1916 年建成的平湖念妇贤医院

图 21　1916 年建成的
　　　　平湖纪劬劳学校

图 22　中共宝安县第一次党代会旧址 —— 松岗燕川村素白陈公祠

图 23　1929 年落成的观澜松元厦村振能学校新校舍

图 24　1931 年建成的横岗六约学校

图 25　中共东宝边区工作委员会旧址
　　　　——章阁东炮楼

图 26　南头城楼上的日军碉堡

图 27　日军扼守罗湖山，控制广九铁路华段，切断了经港澳向中国
内陆输送物资的补给线

图 28　在宝安与东莞交界处的日军

图 29　日军在龙华墟烧杀

图 30　1938 年 12 月，惠宝人民抗日游击总队成立时部队集合编队

图 31　1938 年 12 月，叶挺在深
圳墟南庆街鸿安酒店成立东路守
备军总指挥部

图 32　1939 年 8 月，国民革命军第四战区第四游击纵队直辖第二大队火烧南头大涌桥，
日军从南头至深圳的陆路交通陷于瘫痪

图33　1939年12月1日，国民革命军第四战区第四游击纵队直辖
第二大队收复宝安县城南头

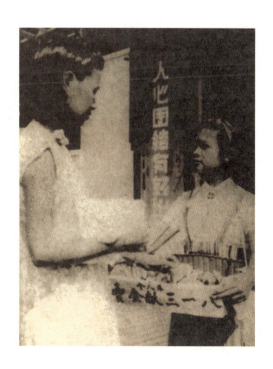

图34　香港小学生开展抗战
　　　义卖献金活动

图 35　香港沦陷前，日军与港英军队在罗湖桥头对峙

图 36　1941 年 12 月，日军坦克越过文锦渡桥，进攻香港

图 37　1942 年 3 月底，广东人民抗日游击总队创办《前进报》

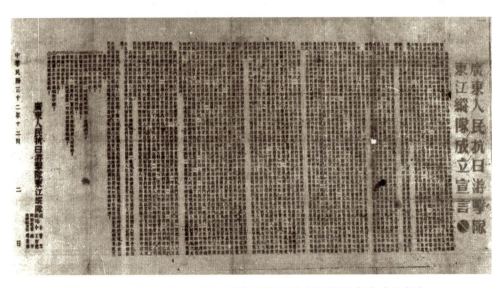

图 38　1943 年 12 月，广东人民抗日游击队东江纵队发表成立宣言

图 39　1944 年 1 月 1 日，广东人民抗日
游击队东江纵队司令部布告

图 40　1944 年 1 月，坪山军民庆祝东江纵队成立大会会场

图 41　东江纵队电台旧址 —— 半天云村老屋

图 42　战斗在广九线两侧的东江纵队战士

图 43　1944 年 2 月底，美军第 14 航空队飞行员敦纳尔·克尔中尉被东江纵队营救到达葵涌上洞，他为游击队员摄影留念

图 44　1946 年 2 月 19 日，《华商报》发表新华南社关于督促国民党停止发动内战的报道

图 45　1946 年 6 月 30 日，东江纵
队北撤部队在深圳沙鱼涌乘上美国
登陆舰，与岸上群众挥手告别

图 46　1946 年 7 月 5 日，抵达山东烟台的东江纵队战士

图 47　宝安固戍秘密联络站旧址

图 48　广东人民解放军江南支队第一团赤龙队指战员在丛林中集结

图 49　1948 年 7 月，广东人民解放军江南支队沙鱼涌奔袭战战斗英雄合影

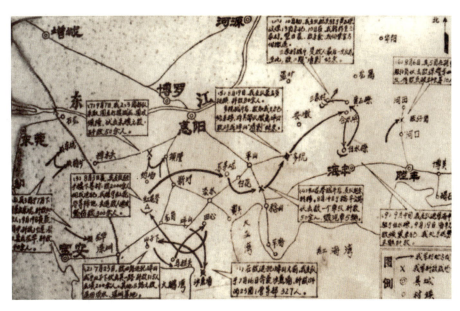

图 50　1948 年 7 月至 9 月，广东人民解放军江南支队粉碎国民党军队第二期"清剿"示意图

图 51　1948 年 4 月 15 日，广东民政厅厅长徐景唐（右）与英方代表在中英
街实地踏勘重竖界碑事宜

图 52　民国时期，宝安县的出版物《乐群校刊》《深圳通讯》《宝安学会杂志》

图 53　1949 年 10 月，粤赣湘边纵队东江第一支队在布吉火车站待命，准备进驻深圳

图 54　1949 年 10 月，深圳人民在民乐戏院门口欢迎解放军

图 55　1949 年 10 月 24
日，深圳镇镇长陈虹与
香港教育界代表握手

图 56　深圳解放时，女
战士们与香港民主妇联
慰问团在深圳镇人民政
府门前合影

图 57 1949 年 10 月，深圳解放后，中方和英方的巡逻人员在深圳沙头角中英街界碑相遇

图 58 1949 年 11 月，深圳军民庆祝宝安县人民解放大会会场

图 59　1949 年 11 月，中共沙深宝边界工作委员会派部队守卫深圳罗湖桥

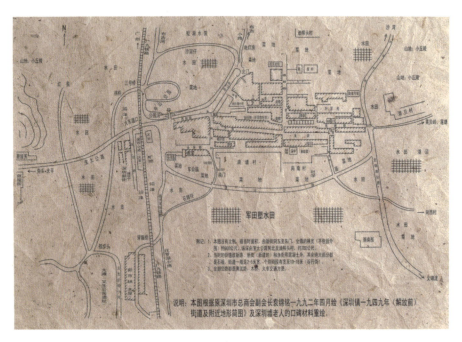

图 60　1949 年的深圳墟简图

前言

编史修志是中华民族的优秀文化传统。习近平总书记有浓厚的史志情怀，指出要高度重视修史修志，让文物说话、把历史智慧告诉人们，激发民族自豪感和自信心，坚定实现中华民族伟大复兴中国梦的信心和决心。要深化中华文明探源工程，深入了解中华文明5000多年发展史，把中国文明历史研究引向深入。习近平总书记在党的二十大报告中提出"坚持和发展马克思主义，必须同中华优秀传统文化相结合""我们必须坚定历史自信、文化自信，坚持古为今用、推陈出新""推进文化自信自强，铸就社会主义文化新辉煌""守正才能不迷失方向、不犯颠覆性错误，创新才能把握时代、引领时代"①。

深圳市位于中国南海之滨、珠江口东岸，与香港接壤，是广东省辖市、计划单列市、副省级市。深圳又名"鹏城"，

---

① 习近平：《高举中国特色社会主义伟大旗帜 为全面建设社会主义现代化国家而团结奋斗——在中国共产党第二十次全国代表大会上的报告（2022年10月16日）》，《人民日报》，2022年10月26日，第5版。

依山傍海，在山海之间蕴藏着曲折悠长的历史。深圳建市以来，虽然市史志部门组织编撰了《深圳市志》《中国共产党深圳历史》《深圳改革开放四十年》《深圳科技创新四十年》等当代深圳史志图书，深圳博物馆等单位组织学者编撰了《深圳古代简史》《深圳近代简史》等以古代、近代深圳史为主题的著作，但是迄今尚无由政府组织编撰出版的通史专著。2021 年 8 月，为贯彻落实习近平总书记关于史志工作的重要论述精神，根据国务院《地方志工作条例》《广东省地方志工作条例》和《深圳市党史文献和地方志工作"十四五"规划》，落实《粤港澳大湾区发展规划纲要》《中共中央 国务院关于支持深圳建设中国特色社会主义先行示范区的意见》，深化中华文明探源工程，传承文明，凝聚人心，记录历史，服务社会，加快推进深圳文明典范城市建设，增强深圳文化软实力，推进人文湾区建设，涵养粤港澳大湾区同宗同源的文化底蕴，坚定历史自信和文化自信，深圳市人民政府地方志办公室启动了地方大型历史文献丛书——《深圳通史》的编撰工作。

深圳地区有着深厚的历史文化底蕴。早在新石器时代中期就有先民在此繁衍生息，咸头岭考古发现距今约 7000 年前的新石器时代沙丘遗址。距今约 3000 年前，即中原地区的商周时期，在深圳沿海沙丘台地，聚居着"百越"先民部族。秦代统一岭南，今深圳地区隶属南海郡番禺县。汉代设置番禺盐官，管理盐业生产。东晋咸和六年（331），析南海郡设东官郡，置宝安等六县，郡治、县治均在今南头一带，此为深圳地区建县之始。隋代宝安县改属广州。唐代在宝安县设屯门镇，负责沿海防卫。唐至德二载①（757），宝安县更名为东莞县。宋代盐业兴盛，本地设有多个盐场。明洪武二十七年（1394），设东莞、大鹏两个守御千户所，所城即今南头古城、大鹏所城。明万历元年（1573），东莞县析置新安县，县名取"革故鼎新，去危为安"之义，县治在今南头古城。清代初期，东南沿海地区广泛实施海禁政策。康熙元年（1662），新安县域三分之二的地方划入海禁范围，新安县名存实亡，曾一度被裁撤，并入东莞县。康熙八年（1669），新安县复设，朝廷推行奖励垦荒政策，鼓励移民前来，"民踊跃而归，如获再生"。乾隆、嘉庆年间（1736—1820），大量客家人来当地垦荒，新安县人口急剧增加，当地居民主要有广府、客家、疍家等，逐渐形成包容兼蓄的地方文化。

19世纪初，英国等西方资本主义国家频繁侵扰新安县等沿海地区。积贫积弱的封建王朝，无法抵御西方列强的坚船利炮和蚕食鲸吞。鸦片战争以后，英国殖民者通过《南京条约》（1842年）、《北京条约》（1860年）、《展拓香港界址专条》（1898年）逐步占据原属新安县的香港岛、九龙和新界地区。1914年，新安县复名宝安县。1937年7月，日本帝国主义发动全面侵华战争。1938年10月，日军在大亚湾

---

① 唐天宝三年（744），唐玄宗改"年"为"载"；唐至德二载（757），唐肃宗又将"载"改回到"年"。

登陆。同年 11 月，南头失守，宝安县沦陷，人民流离失所。中国共产党领导的广东人民抗日游击队东江纵队，活跃在深圳地区，组织和发动群众，破坏敌人的运输线，开展秘密大营救，协助盟军对抗日军，为抗战胜利作出了积极贡献。1949 年 10 月，深圳地区解放。

中华人民共和国成立后，1953 年宝安县县治从南头迁至深圳镇。1952 年 2 月、1958 年 10 月，东莞县的观澜和新美小乡先后划归宝安县管辖。1958 年 11 月，惠阳县龙岗（含坪地、横岗）、坪山（含坑梓）、大鹏（含葵涌、南澳，原属宝安）划归宝安县管辖。宝安县开展社会主义革命和建设，进行了艰辛探索。

1978 年 12 月召开的党的十一届三中全会开启了我国改革开放和社会主义现代化建设新时期。1979 年 1 月 23 日，中共广东省委决定将宝安县改为深圳市，人口约 35.8 万人；同年 3 月 5 日，国务院批复同意。1980 年 8 月 26 日，全国人大常委会批准建立深圳经济特区，范围包括深圳、沙头角二镇和福田、附城、盐田、南头、蛇口公社，面积 327.5 平方千米。1984 年初，邓小平视察深圳并题词："深圳的发展和经验证明，我们建立经济特区的政策是正确的。"[1] 1988年 10 月，深圳市成为计划单列市。1992 年邓小平视察深圳并发表重要谈话，有力推动深圳乃至全国的改革开放进入一

---

[1] 中共中央文献研究室编：《邓小平思想年谱（1975—1997）》，北京：中央文献出版社，1998 年，第 277 页。

个蓬勃发展的历史新时期。1994 年 2 月，深圳升格为副省级市。2010 年 7 月，深圳经济特区范围扩大到全市。

2012 年党的十八大以来，以习近平同志为核心的党中央提出了实现"两个一百年"奋斗目标和中华民族伟大复兴的中国梦，中国特色社会主义进入新时代。2012 年 12 月，习近平总书记上任伊始便把离京考察的第一站选在深圳，并赋予深圳"三个定位、两个率先"的重要使命。2018 年 10 月，在改革开放四十周年之际，习近平总书记再次视察深圳，要求深圳"朝着建设中国特色社会主义先行示范区的方向前行，努力创建社会主义现代化强国的城市范例"①。2019 年 2 月，中共中央、国务院印发《粤港澳大湾区发展规划纲要》，粤港澳大湾区包括香港、澳门 2 个特别行政区和广东省珠江三角洲 9 个城市，其中深圳与香港、澳门、广州四大中心城市被确立为区域发展核心引擎。2019 年 8 月，《中共中央 国务院关于支持深圳建设中国特色社会主义先行示范区的意见》印发，深圳被赋予建设中国特色社会主义先行示范区的新使命。2020 年 10 月，习近平总书记在出席深圳经济特区建立 40 周年庆祝大会时指出，"深圳是改革开放后党和人民一手缔造的崭新城市，是中国特色社会主义在一张白纸

---

① 《传达学习贯彻习近平总书记视察广东重要讲话精神 高举新时代改革开放旗帜 把经济特区"金字招牌"擦得更亮》，《深圳特区报》，2018 年 10 月 28 日，第 1 版。

上的精彩演绎"①，并深刻总结深圳经济特区"五个历史性跨越"辉煌成就和"十条宝贵经验"。至 2022 年底，深圳市下辖福田、罗湖、盐田、南山、宝安、龙岗、龙华、坪山和光明 9 个行政区，大鹏新区、深汕特别合作区 2 个功能区。全市（不含深汕特别合作区）陆域面积 1997.47 平方千米，常住户籍人口 583.47 万人，常住人口 1766.18 万人，实际管理人口 2000 多万人。

深圳是我国最早建立的经济特区之一，是一座年轻的城市，然而它并非"一夜城"。深圳拥有约 7000 年的人类活动史，近 1700 年的郡县建置史，600 多年的海防史，40 多年辉煌的改革开放史。古代深圳是远离中原地区的偏远之地，成为中原移民的新家园；近代深圳由于西方殖民者入侵，成为中国人民抵抗外国侵略的前沿阵地；当代深圳是改革开放的窗口和试验田，迅速从一个农业县发展成为一座充满魅力、动力、活力和创新力的现代化国际化创新型城市，创造了世界工业化、城市化、现代化发展的奇迹，并成为我国最早实施改革开放、影响最大、建设最好的经济特区。

2021 年 8 月，深圳市人民政府地方志办公室正式启动《深圳通史》编写工作，组织业务骨干并吸纳高校学者成立课题组，开展专题研究和书稿撰写。课题组广泛搜集资料，研究吸纳相关研究成果，邀请文史专家进行指导。《深圳通

---

① 习近平：《在深圳经济特区建立 40 周年庆祝大会上的讲话》，《深圳特区报》，2020 年 10 月 15 日，第 1 版。

史》记述地域以现今深圳市行政区划为主，涉及不同历史时期的相应建置管辖范围，以及经济文化交融且影响深远的邻近之地。全书分为古代卷、近代卷、当代卷三卷。其中古代卷记述时限为先秦至1840年鸦片战争前；近代卷记述时限为鸦片战争至1949年中华人民共和国成立时期；当代卷记述中华人民共和国成立至今的深圳历史。全书以时间为序，旨在全面客观反映深圳地区自有人类文明以来的经济、政治、社会、文化等方面的历史，力求打造一部内容翔实、体例严谨、贯通古今、通俗易懂的深圳地区通史著作。

鉴于《深圳通史》时间跨度大，涉及面广，史料所限，加之编者学识所限，疏漏之处在所难免。又因众手成书，虽经统稿，仍有文体文风不一致之处。尚祈各位专家读者不吝赐教。

本卷概述

《深圳通史》近代卷记述从 1840 年鸦片战争爆发，到 1949 年中华人民共和国成立时期深圳地区的历史进程。

19 世纪初以来，西方资本主义列强凭借坚船利炮，加紧对中国进行殖民侵略。1840 年 6 月，英国政府以林则徐虎门销烟等为借口，派舰队从印度出发到达新安县香港岛北部海面集结，第一次鸦片战争爆发。鸦片战争以清政府的失败和割地赔款告终，中英两国签订了近代中国第一个不平等条约——《南京条约》。此后，英国又强迫清政府签订《北京条约》《展拓香港界址专条》。新安县的香港岛、九龙和新界陆地面积共计 1000 余平方千米被割让或租借，新安县管辖范围大为减少，国家领土完整遭到严重破坏。

清代后期，中华民族危机日益严重，英国侵占香港后大量走私和倾销鸦片，致使中国白银大规模外流。为遏制鸦片走私活动，清政府撤销由粤海关监督和广东省厘金局在香港周围设置的关卡，设立由总税务司管辖的九龙关，征收关税，查缉走私。但英国通过协定关税和要挟手段，把持海关行政管理权，使中国关税蒙受巨额损失，独立完整的司法审判权也遭遇挑战。此外，英、美等国以香港、澳门为基地，掠夺大批中国劳工前往海外务工。深圳地区因毗邻香港，大量劳工通过这种方式输出，他们成为本地海外华侨华人华裔，不仅为侨居国社会经济发展作出了较大的贡献，对家乡的革命和建设也不遗余力，在近代中国历史上写下了光辉的篇章。

西方殖民主义者在进行经济和人口掠夺的同时，还在精神文化方面对深圳地区的民众进行渗透。清代后期，西方传教士通过传教和兴办慈善机构等方式，建立教网，收集情报，扩张势力。西方传教士的传教活动客观上促进了中西方文化之间的交流，源远流长的中华文化逐步为西方社会所熟知，西方先进的生产技术和专业人员也能进入本地市场，对教育、文化、卫生和科学技术的发展起到了一定的促进作用。清末，广东与西方社会的交流日益频繁，造就了周寿臣、凌道扬、郑毓秀等大批接受新式正规教育的新安县人才。清代后期，新式学堂不断涌现，新安学子无须远赴海外，在当地就能够接受正规的新式教育，这为近代深圳地区的发展培养了大批优秀的新青年。

面对内忧外患的形势，新安人民奋起抗争，开展了南头、深圳保卫战和反展拓香港界址等一系列反抗外来侵略的抗争，发起了洪兵起义等推翻封建统治的斗争。1858年8月，英军兵舰驶进香港新界的烂甲嘴，炮口直指南头城，新安知县王寿仁率领官兵，在沙井练勇的配合下，与英军展开巷战。南头保卫战的胜利打击了英军的侵略气焰，鼓舞了新安及其周边地区人民抗英斗争的信心。1899年，在《展拓香港界址专条》签订后，英国企图将深圳墟划入英界，遭到当地人民的强烈反对和抵抗，最终英军无功而返，撤出了深圳地区。

为挽救民族危亡，以孙中山为代表的资产阶级革命派登上了历史舞台。1900年10月，孙中山领导的三洲田起义爆发，成为辛亥革命的前奏。虽然三洲田起义以失败告终，但在同盟会的领导下，革命党人前仆后继，发动了多次以推翻腐朽的清朝封建统治、建立资产阶级共和国为目的的武装起义。1911年10月10日，武昌起义爆发，全国纷起响应。参加过黄花岗起义的同盟会会员王兴中从香港返回内地，在新安县与东莞县交界的观澜墟起义，联合龙华军民进军新安县城，先于省城广州取得了克复县城南头的胜利，并移驻深圳墟，沿广九铁路向广州方向展开进攻，策应了革命发展的大局。

辛亥革命结束了中国两千多年的封建帝制，1912年1月1日，中华民国临时政府在南京成立。民国初建时，广东省地方行政建置设省、县二级，新安县属广东省直辖，其后在省、县之间设置不同名目的正式或临时政区，形成三级建置。1914年1月，全国行政区域整编，新安县因与河南省新安县同名，更名复称宝安县，县治仍在南头。

民国初期广九铁路的开通，给沿线地区带来前所未有的陆路交通便利，促进了沿线地区商业贸易和社会经济的发展。广九铁路深圳车站设在毗邻香港新界的深圳墟，使深圳墟的区位优势愈加明显，成为连接内地与香港的交通枢纽。宝安县城镇建设深受中西文化交流影响，开始融入近代化理念。香港著名华商领袖刘铸伯在其家乡平湖修建火车站，规划兴建平湖新墟，并建造纪劬劳学校和念妇贤医院，新型城镇初具雏形。宝安县西部广府人聚居区和东部客家人聚居区，分别涌现了许多各具特色、具有中西合璧风格的民居建筑。这一时期，宝安县按照民国教育发展方针要求，建立新型学校，改造旧有私塾，小学、中学等均有发展，逐渐形成了近代化的教育系统。

民国前期，广东政局混乱，宝安县（新安县）多数时候处于军阀交替控制的局面中。军阀基本上只顾抽取捐税，对基层政权的管理则是不闻不问。在轮番上台的军阀统治下，各种苛捐杂税名目繁多，几乎达到无时不捐、无物不税的程度。宝安县农民一方面要承受军阀繁多的税捐，另一方面还要承受土豪劣绅的残酷压迫和剥削。土豪劣绅勾结贪官污吏，狼狈为奸，鱼肉乡民，加重了人民的苦难，使得本已尖锐的阶级矛盾更趋激烈，广大被压迫民众必然产生革命的要求。

随着中国共产党的成立和中国国民党第一次全国代表大会的召开，以国共合作为主要形式的革命统一战线正式建立，大革命拉开帷幕。1924年初，中共广东区委根据中共第三次全国代表大会通过的《农民问题决议案》，派遣共产党员深入农村，建立农会组织，并推动国民党开展农民运动。

1925 年，宝安县农民协会和中国共产党宝安县支部相继成立。根据中共广东区委和广东省农民协会的指示，中共宝安县党组织放手组织发动群众，反苛捐杂税和减租减息斗争得到广大农民的拥护，宝安农民纷纷加入农会，宝安农民运动呈现出蓬勃发展的局面。

1925 年 6 月，省港大罢工爆发。宝安县作为支援香港罢工工人、封锁香港的前沿阵地，发挥了巨大作用。中共广东区委在广九铁路沿线的深圳墟设立罢工工人接待站，参加省港大罢工的香港工人，纷纷经由宝安县深圳墟返回广州，前后约有 25 万人。同时，宝安县人民积极配合协助罢工组织，深圳商会、学会、农会、工会成立"对外协会深圳分会"，在经济上援助省港大罢工工人。进驻深圳执行全面封锁香港任务的广州革命政府铁甲车队和罢工工人纠察队，配合中共宝安县党组织开展农民运动，向群众宣传省港大罢工和封锁香港的重大意义，积极投入封锁香港的斗争，阻断不法奸商、走私分子越界走私贩运，在经济、社会方面对港英政府造成沉重打击，使在香港的英帝国主义陷入困境。这场大罢工历时 1 年零 4 个月，是世界工运史上时间最长的一次大罢工，对巩固广东革命根据地起到了巨大的作用。

1927 年 4 月 12 日，以蒋介石为首的国民党右派在上海发动反革命政变，国共合作破裂，轰轰烈烈的大革命走向失败。随后，李济深、陈济棠等国民党新军阀对广东实行独裁统治，宝安县先后隶属中区善后管理委员会、中区绥靖公署，第一区行政督察专员公署，县治虽有讨论迁移但未果，一直设在南头。在广东省政府的统一部署下，宝安县的地方自治筹办工作也随之铺开，宝安县各级自治人员先后正式选出，对地方建设事业起到了一定的推进作用。这一时期，宝安县农业、渔业、盐业稳定发展，手工业和商贸业出现了生机，道路、邮政、电话、电报等基础设施持续新增，文化教育水平也有明显提升。

国民党新军阀在广东统治时期推行白色恐怖，宝安县的中共党员遭到逮捕和杀害，中共宝安县党组织被迫转入地下，开展秘密交通站活动，农民协会也随之自行解散。1927年8月1日，南昌起义爆发，中国共产党打响了武装反抗国民党反动统治的第一枪。中共中央在汉口召开八七会议，确定了土地革命和武装斗争的总方针。中共宝安县委贯彻八七会议精神，以革命武装反对反革命武装，组织发动工农武装暴动。1928年2月23日，中共宝安县委召开第一次全县党代表大会，总结第一次工农武装暴动的经验教训，这也是新中国成立之前深圳地区召开的唯一一次党代会。由于敌我力量对比悬殊，1927年11月至1928年5月间的三次暴动均以失败告终，但却揭开了深圳地区武装斗争的序幕，培养了一批革命骨干，为后来的抗日战争、解放战争播下了革命的种子。

民国以来，日本政府通过政治、经济、军事等手段频繁干涉中国内政，侵犯中国主权，中国人民反日情绪高涨，抗日救亡运动兴起。1928年，日军制造"济南惨案"，激起了宝安县各界特别是青年学生的愤慨。宝安县成立对日经济绝交委员会分会，对日货进行登记检查，号召全县抵制日货。光祖中学师生组织大规模的抗日游行示威活动，抗议日军暴行。在全国抗日救亡运动的影响下，深圳地区一批先进的知识青年和各界群众自发地投身到抗日救亡运动中，夜校、识字班、妇女会、儿童团、青年团、读书会等群众抗日救亡团体相继成立。中共南方临时工作委员会、中共香港海员工作委员会也派人到宝安县积极开展抗日救亡的宣传，壮大革命力量。

1937年7月7日，日本帝国主义蓄意制造卢沟桥事变，发动全面侵华战争。侵华日军为实现封锁中国南大门和进占东南亚各国的目的，加紧了对华南的侵略部署，并于1938年10月12日分三路登陆大亚湾，攻陷广州。1938年至1940年间，日军三次占领南头城，在深圳地区侵占大片良田，建造兵营，挖筑壕沟，铺路架桥，扶植地方傀儡，建立伪政权，妄图以此为中转站，强化对华南、香港地区的长期统治占领。

广州沦陷后，叶挺回到广东，积极宣传动员抗日，并在深圳组建东路守备军总指挥部，将东江一带各方面武装统管起来，并收编溃散在东江地区的国民党队伍和地方武装，推动了当地抗日斗争的发展。广东国民党当局筹建的民众抗日自卫团配合主力部队，利用熟悉地形和乡土的优势，灵活运用游击战术，对日军实施突袭战，取得了一些战果。1938年底，坚守在沙头角一带的国民党虎门要塞游击总队顽强抵抗日军，这支队伍被称为"沙头角孤军"，其壮举与"八百壮士"相媲美。

在中共中央南方局和广东省委的领导下，曾生和王作尧分别在惠阳、东莞建立惠宝人民抗日游击总队和东宝惠边人民抗日游击大队，在惠东宝地区与日军周旋。两支抗日武装于1939年底收复宝安县城南头，并在坪山、龙华等地建立了抗日游击基地，初步打开了东江敌后抗日游击战争的局面。1940年9月中旬，中共前线东江特别委员会在布吉召开上下坪会议，分析东江地区敌后抗日斗争的发展形势，确立独立自主开展敌后抗日游击战争的方针，将东江地区的人民抗日武装整编为广东人民抗日游击队第三大队、第五大队。在党的领导下，人民武装粉碎了敌伪和国民党顽军的多次进攻，建立了阳台山抗日根据地。

全面抗战爆发后，广大海外爱国同胞纷纷成立抗日救亡团体，支援国内抗战。其间，以香港和南洋为中心的华侨抗日救亡运动蓬勃发展。在南洋惠侨救乡总会的领导下，香港惠阳青年会、香港海陆丰同乡会等爱国团体，组建起东江华侨回乡服务团（简称"东团"）。东团活跃在东江广大地区，开展宣传动员、战地服务、赈济难民与保卫家乡等工作。东团被迫解散后，大部分成员参加了广东人民抗日游击队，为东江抗战作出了重大的贡献。

皖南事变后，大批知名的文化界人士和爱国民主人士陆续从国统区撤至香港，继续进行抗日民主活动。1941年12月日军占领香港后，大肆搜捕中共党员及一切抗日分子，特别是积极宣传抗日的文化界人士。根据党中央指示，周恩来电示八路军驻香港办事处与东江抗日游击队领导人，要求积极营救滞留香港的各界知名人士和国际友人。香港秘密大营救行动历时6个月，救出何香凝、茅盾等300多名国内文化界知名人士和爱国民主人士。这一行动保护了一大批祖国文化精英，巩固和扩大了抗日民族统一战线，在中共党史和抗日战争史上写下了浓墨重彩的一章。

1943年，中国共产党领导的敌后解放区战场开始摆脱严重困难的局面，广东人民抗日游击总队先后粉碎了日军对惠东宝沿海地区的围攻、"扫荡"和"清乡"，对日伪军的作战取得了很大的胜利，惠东宝抗日根据地得到进一步的巩固和发展。根据中共中央的指示，1943年12月2日，广东人民抗日游击队东江纵队（简称"东江纵队"）在大鹏半岛土洋村正式宣告成立。东江纵队在路西和路东解放区建立抗日民主政权，成立东宝行政督导处和路东行政委员会。这些党组织在当地领导群众开展生产运动，实行减租减息，发展战时文化教育，组织群众支援抗战，配合东江纵队向日伪军发动反攻。东江纵队的成立，对东江抗日根据地军民是一个极大的鼓舞，促进东江人民抗日武装力量的发展和壮大，推动东江敌后抗日游击战争的进一步开展。

1945年，世界反法西斯战争迅速向胜利方向发展，日本法西斯陷入完全孤立的境地，中、美、英三国发表《波茨坦公告》，敦促日本无条件投降。8月10日，日本政府向同盟国发出乞降照会，但日军大本营仍命令各地日军继续作战。为歼灭顽抗的日本侵略者，朱德总司令发布关于受降和对日展开全面反攻的命令。根据中央和延安总部的指示命令，曾生、尹林平等于8月11日向东江纵队各部队发布紧急命令，要求动员全体军民，开入附近敌占据点，解除日伪军武装。10月5日，国民党新一军在罗湖深圳公所（今东门老街）前广场举行了宝安县境内日军受降仪式。

全民族抗战期间，宝安县人民被迫流离失所，大量百姓妻离子散家破人亡。日本占领宝安县后，实行"三光"政策，对宝安县的百姓进行惨无人道的屠杀和奴役，炸毁公路、铁路、桥梁、民房和许多历史古迹，侵占渔场，破坏采矿业，大量田地、山林荒废，文化教育事业、卫生事业遭受毁灭性的破坏，整个宝安县的经济社会发展几乎完全停滞。日本帝国主义的侵略，给宝安县人民带来深重的灾难，致使百业萧条、经济衰败、社会倒退。

抗战胜利后，中国人民迫切希望实现国内和平民主。然而，国民党调集精锐部队，迫不及待地在广东发动内战。国共双方在进行军事博弈的同时，也在谈判和平建国。1946年5月，经过反复谈判，国共双方达成在广东的中共部队北撤等问题的初步协议。1946年6月30日，东江纵队主力冲破国民党的围追堵截，陆续集中到沙鱼涌乘美军登陆舰北撤山东烟台，完成战略转移任务，后来组建成两广纵队，参加华东等战场的战斗。

留在深圳地区的东纵战士在党组织的领导下，于1947年2月组编为惠东宝人民护乡团，开启新的武装斗争。为粉碎国民党广东当局的"清剿"，加强深圳地区党组织和部队的统一领导，江南地区的武装部队在原惠东宝人民护乡团、惠紫人民自卫大队、海陆丰人民自卫总队基础上，统一整编为广东人民解放军江南支队，开展退租退息斗争和军事活动。1948年7—8月，经过沙鱼涌歼灭战、山子吓伏击战、红花岭战斗，江南支队粉碎了国民党二期"清剿"计划，消灭了国民党军队的有生力量，为深圳地区和广东解放奠定了基础。1949年1月1日，中国人民解放军粤赣湘边纵队成立，解放区民主政权逐步建立和巩固，宝安县反动武装被分化瓦解，国民党统治分崩离析。10月1日，在大鹏王母墟待命准备接管广州的教导团近千名部队干部、学生和群众举行隆重的升旗典礼，庆祝中华人民共和国成立。10月16日，南头城解放。10月19日，深圳镇解放。

抗战胜利后，中英双方就香港九龙城问题进行多次交涉。1948年初，港英政府继续制造纠纷，强拆民居，酿成九龙寨城事件。根据中共中央维持香港现状的决策，深圳解放后，人民解放军止步罗湖桥，维护了深圳香港边境局势的稳定。1949年10月21日，九龙关爱国员工在中共港澳工委领导下宣布起义，人民政权接管九龙关，宣告英帝国主义把持九龙关历史的结束。人民解放军随即歼灭盘踞在大铲岛、三门岛、内伶仃岛等沿海岛屿的国民党残余部队，至1950年4月宝安县全境解放。

这一时期，深圳地区的社会经济发展仍处于较低水平，以传统的农耕、渔业等自然经济为主。长年战乱致使经济凋敝、文化教育发展缓慢。国民党政权的覆灭和宝安县解放是深圳地区历史上的一个重要转折点，深圳人民终于迎来了渴望已久的和平建设新局面。

本卷从政治、经济、文化、社会、军事等多个方面叙述了近代深圳地区的历史变迁。希望本卷能为各界读者描绘出近代深圳多彩的历史画面，也能够为专家学者的进一步研究构建一定基础。

目录

第一章　晚清时期的深圳地区

　　19 世纪中叶，工业革命在欧美主要国家迅速发展，西方列强不断开拓殖民地和瓜分势力范围，中国自然经济逐步瓦解。1840 年第一次鸦片战争爆发，中国开始沦为半殖民地半封建社会。新安县是西方列强窥伺的首站，也是中国人民反抗外国侵略的前沿。1842 年，清政府与英国签订近代中国第一个丧权辱国的不平等条约——《南京条约》，新安县的香港岛被割让给英国。其后，九龙和新界又相继被英国侵占。面对强敌，新安人民奋起抗争，开展了南头、深圳保卫战和反展拓香港界址等反抗外来侵略的抗争，发起了洪兵起义等推翻封建统治的斗争，三洲田起义更是成为辛亥革命的前奏。晚清政府推行政治、经济、文化、教育等方面的改革，在一定程度上推动了新安县从传统社会向近代社会的转型。

　　晚清政府在新安县设立九龙关，但在英国的操纵下，九龙关的关税征收和独立司法权均遭到挑战。一系列不平等条约签订后，英、美等国以香港为基地，掠夺了大批中国劳工前往海外务工。西方各国对新安县社会经济进行渗透，客观上也促进了中西文化交往。西方传教士和新安县的海外留学生搭建起中西文化交流的桥梁，促进了近代教育的兴起和发展。

第一节　英国对新安县的侵略

第一次鸦片战争前，新安县隶属广州府管辖，辖地范围涵盖今深港两地的大部分陆地及附属洋面，陆地面积约2364平方千米[①]，分为四个辖区：典史管辖区、县丞管辖区、官富司管辖区、福永司管辖区，其中官富司管辖约今香港特别行政区的全部及今深圳罗湖区、福田区、龙华区等地区。1840年6月，英国舰队抵达珠江口海面，鸦片战争正式爆发。通过武力，英国强迫清政府于1842年、1860年和1898年先后签订《南京条约》《北京条约》《展拓香港界址专条》三个不平等条约，分三次割让及租借新安县的香港岛、九龙和新界，陆地面积共计1000余平方千米。国家领土完整受到严重破坏，新安县管辖范围大为缩减。

一、新安县香港岛被英国侵占

香港岛位于珠江出海口东侧，南向中国南海，岛上多丘陵，最高峰太平山海拔554米，陆地（包括周围小岛）面积

---

① 深圳博物馆编：《深圳近代简史》，北京：文物出版社，1997年，第6页。

约 80 平方千米。香港岛和九龙半岛之间水域水面宽阔、海岸线长、群山环绕，水深达 10 余米，是天然的深水海港。香港岛自新安建县至鸦片战争前为新安县辖地，鸦片战争前夕隶属新安县官富司管辖。香港岛优越的地理位置和自然条件等因素，使其成为英国侵略的重要目标。道光二十年（1840）2 月，英国政府以林则徐虎门销烟为借口，任命懿律和义律为正副全权代表，懿律为侵华英军总司令，率领"东方远征军"出兵中国，发动蓄谋已久的侵华战争，即第一次鸦片战争。

道光二十年（1840）6 月，英国 40 余艘舰船及 4000 名士兵组成的机动舰队从印度出发，到达新安县香港岛北部海面（今维多利亚港一带）集结，标志着第一次鸦片战争正式爆发。广东在林则徐督饬下加强备战，英舰队转而北上。英军进攻厦门，被闽浙总督邓廷桢率军击退。7 月，英军攻占浙江定海（今舟山市）作为北进的据点。8 月，抵达天津大沽口外，威逼京师。8 月 11 日，英军在白河口投递英国外交大臣巴麦尊致清政府的照会，宣称禁烟亵渎英国国家威仪，提出赔偿烟价、割让海岛等无理要求。道光皇帝慑于英军兵威，开始动摇妥协，派出直隶总督琦善去安抚英方。不久，清政府将林则徐、邓廷桢撤职，派琦善为钦差大臣、任两广总督，南下广州与英军交涉。英方也因秋冬将临，"北方沿海不能进行任何有效的军事行动，军队和船上役员中已经流行病疫"①，同意南下广州进行谈判。12月5日，琦善派张殿元、白含章、鲍鹏与懿律（懿律12月7日因病回国后由义律接任）谈判。义律提出一系列要求，包括赔偿烟价、军费，开放广州、厦门、定海三口通商，给码头一处、永远居住等。义律所指的永远居住之地就是香港岛。当时琦善对香港岛的情况还不清楚，他向邓廷桢写信询问香港、厦门两地情况。邓廷桢回复说，香港在粤洋中路，外国船只经常在此避风浪，一旦给了英方，他们必将建筑炮台，继而窥伺广东。琦善拒绝了义律割占香港的要求，他在奏折中称："该夷请求地方，其所垂涎者，一系粤省之大屿山，一系海岛名为香港，均在老万山以内，距澳门不远。伏查大屿山袤延数百里，地居险要，早经建筑炮台，亦有守备。即香港亦宽至七八十里，环处众山之中，可避风涛，如或给予，必致屯兵聚粮，建台设炮，久之必觊觎广东，流弊不可胜言。"②这一轮交涉，以义律不再要求割地而告终。12月29日，义律致函琦善，再次提出割让领土的问题，要求按照葡萄牙人占有澳门的先例，"惟有予给外洋寄居一所"，作为英国人"竖旗自治"③之地。清廷有意通过谈判拖延时间，以加强防卫，准备收复定海。

---

① 姜秉正：《琦善广州交涉与〈穿鼻草约〉出殁通考》，《宝鸡师院学报》（哲学社会科学版），1987年第3期，第29页。

② 齐思和等整理：《筹办夷务始末（道光朝）》，北京：中华书局，1964年，第627页。

③ 英国档案馆外交部档案，编号为F.0.682/886。转见佐佐木正哉编：《鸦片战争之研究》资料篇，第46、52页。

　　1841 年 1 月, 义律失去谈判耐心, 决定战后再谈。1 月 7 日, 英军突然攻占虎门的大角、沙角炮台, 清军死伤 700 余人, 帅船、拖船沉毁 11 艘。双方重开谈判, 琦善将英方提出的给予“香港一岛”事宜, 奏报皇帝。1 月 20 日, 义律以“公告”形式宣布他和琦善“签订了初定协议”, 此即《穿鼻草约》, 条约第 1 款就是将香港岛割与英国。《穿鼻草约》由始至终未经清廷皇帝批准, 而琦善也没有签字和盖关防印, 因此该条约不具法律效力。1 月 25 日, 英军“硫璜号”舰登陆香港岛占领峰 (又称大笪地, 英文为 Possession Point, 在今上环水坑口街附近); 26 日, 英军舰队司令官伯麦率军到达香港岛, 在营地上升起国旗, 举行占领该岛的仪式。2 月 1 日, 义律和伯麦联合在香港发布公告, 声称“一切居住香港之本地居民……已是英国女王的臣民, 因此, 对于女王及女王的官员必须尽责和服从”。[①] 随后英国开始经营香港岛, 建立殖民统治政府, 任命英国侵略军官威廉为香港总裁判司, 至年底时初步建成警察、法院、监狱等机构; 军事上派兵驻防, 建立各种军事设施; 在城市建设方面公开拍卖北部滨海土地, 开展城市规划工作, 建设维多利亚城。但清政府拒不承认英国对香港的占领, 道光皇帝多次谕示: “香港地方, 岂容给与逆夷泊舟寄住, 务当极力驱逐, 毋为

---

① 中国史学会主编:《中国近代史资料丛刊·鸦片战争》第五册, 上海: 神州国光社, 1954 年, 第 328 页。

所据。"①

1841 年 4 月 30 日，英国内阁决定停止广东谈判、扩大侵略战争，改派璞鼎查取代义律任驻华全权使臣兼商务监督，并增派援军来华。5 月 31 日，英国外交大臣巴麦尊在给璞鼎查的指令中，明确提出对清廷的各项无理要求，并且指出只有清廷无条件地接受英国的一切要求，才能停止军事行动。巴麦尊在很长时间内一直主张割占舟山，对割占香港岛不感兴趣，但在这次的指令中却改变了态度，要求璞鼎查不得同意放弃香港岛。8 月 20 日，璞鼎查乘船抵达香港。次日，他率领 36 艘舰船和 3500 名士兵北上进行新的军事侵略，先行强占厦门，再度占领定海，侵占镇海和宁波等地。在璞鼎查率军侵犯闽浙地区期间，英国内阁更迭，然而新政府的对华政策没有实质性的改变。新任外交大臣给璞鼎查的信中，宣布授予他更大的自由决断权。1842 年 6 月，从印度派来的英国增援船只百余艘、陆军士兵万余人增援中国战场。璞鼎查再次北上，指挥英军进犯长江，6 月 16 日攻占上海，7 月攻陷镇江，8 月 4 日兵临南京城下。清廷腐朽无能，清军无法抵御英军进攻，军事上节节失利，道光皇帝决定妥协。当双方还在长江沿岸交战时，道光就密令钦差大臣耆英、伊里布按照璞鼎查提出的要求，与英方讨论议和的问题。道光在给耆英的密谕中，已表示可以将香港给英国堆积货物。8

---

① 齐思和等整理：《筹办夷务始末（道光朝）》，北京：中华书局，1964 年，第 773—774 页。

月 15 日，耆英、伊里布、牛鉴在提交英方的条款中写道："香港地方业经英国盖造房屋，应准寄居。"

鸦片战争最终以中国失败并割地赔款告终。1842 年 8 月 29 日，中英双方在南京江面英舰"皋华丽号"上签订了不平等条约《南京条约》。该条约第 3 款规定："因大英商船远路涉洋，往往有损坏须修补者，自应给予沿海一处，以便修船及存守所用物料。今大皇帝准将香港一岛给予大英国君主暨嗣后世袭主位者常远据守主掌，任便立法治理。"[①] 由此，英国强占香港取得了形式上的"合法性"，原属新安县的香港岛被正式割让给了英国。《南京条约》是中国近代史上第一个丧权辱国的不平等条约，中国从此逐步变为半殖民地半封建社会。

二、新安县九龙半岛南部被英国强占

九龙半岛与香港岛一海之隔，岛上多丘陵，大雾山为最高峰，东南西三面被维多利亚港包围。九龙半岛的岬角尖沙咀和香港岛的中环、湾仔相隔仅约 1.5 千米。九龙半岛界限街以南包括昂船洲在内的土地，面积约 11.1 平方千米（包括后来填海所得土地）。明万历元年（1573）新安建县以来，九龙半岛一直隶属新安县，清代中期为新安县官富司辖地。因香港岛被割让给英国，九龙半岛及其周边地区的战略地

---

① 王铁崖：《中外旧约章汇编》第一册，北京：生活·读书·新知三联书店，1957 年，第 31 页。

位更加重要。1843 年，两广总督耆英奏请将官富巡检司驻地由赤尾（今福田赤尾）迁至九龙，官富巡检司更名为九龙巡检司，获道光皇帝批准。九龙巡检司辖地主要有今九龙和新界及深圳的福田、罗湖等地，下设 7 个大乡（都），共辖 222 条村。①九龙巡检司职责是巡逻检查来往中国的帆船的牌照和检验海关的税单，主要协同大鹏协副将巡查海盗等。首

---

① [清] 毛鸣宾、郭嵩焘等修，桂文灿纂：《广东图说》，台北：成文出版社，1967 年，第 152—154 页。222 条村，其中一都有：上梅林、下梅林、水边、兰花地、横洲、太亨；二都有：湖贝、向西、厦村、卢胜塘、衙前蓢、衙前围、罗湖、莆隔、羊观田、曹屋围、元冈、西湖、蚺蛇窟；三都有：锦田、沙头、清溪、诸佛岭、龙跃头、上水、清湖、莆心湖、黎峒、石马、凹下；四都有：平湖、大平、草莆子、松园下、横头山；五都有：新田、屏山、黄冈、冈下、上步、笋冈、河上乡、屯门、竹村、山下；六都有：南边围、沙头角、大埔头、黄贝岭、福田、葵屋围、赤尾、沙尾、沙嘴、孔岭、旧墟、粉壁岭、西边围、凤园、大桥、山贝、白沙澳、勒马洲、丙冈、金钱、燕冈、东头、罗坊、田贝、新竈、丹竹阬、山鸡窟、大蒿、吉田、乌石下、新围子、濠涌；七都有：沙角尾、田心、小沥源、林村、湖南、莆上、新田、山贝、水蕉、沙莆、松园头、李朗、斩竹阬、李屋、东皋、蚝涌、大澳港、长洲港、平洲港、桔澳洲、九龙寨、沙莆、莆冈、打鼓岭、隔阬、竹园、园岭、牛池湾、瓦窑、九龙子、深水莆、长沙湾、九龙塘、白薯茛、芒角、大围、迳口、沙田、涩涌、沙田头、下阬、南阬、碗窑、漳树滩、九龙阬、扫管郁埔、花香炉、椰树下、东涌、西河、西涌、新洲、周田、大芬、复庆、南塘、木湖围、赤水洞、横排岭、平洋、平源、田尾、万屋边、新田、南岭、禾阬、大迳、大莆、官涌、湖南、牛凹、石步、浅湾、白沙、竹园、马鞍冈、长头莆、白田阬、上木古、下木古、王沙阬、旂岭、赤岭、缘分、大湖、巫屋、冈头、横塘、谢阬、象角塘、杨公塘、冈头子、李公迳、马鞍堂、洋尾、雪竹迳、石凹、潭罗、公村、盐田、乌校田、荔枝窝、榕树凹、黄冈下、莲塘、香园、莲麻阬、圆墩头、迳口、沙井头、凹头、山嘴、担水阬、烂泥湾、栋子、莆心排、官阬、井栏树、孟公屋、交塘、赤迳、大蓢、北港、沙罗洞、黄泥合、流水响、乌鸡沙、滘塘、下阳、樟木头、大洞、樟上、松柏蓢、深涌、横冈、东涌、沙螺湾、羌山、牛牯角、二澳、石壁、塘福、杯澳、梅窝、大蚝。

·8·

任巡检由从九品的许文深担任，九龙巡检作为"海疆要缺"，由两广总督直接"随时察看"①，这也可以看出九龙巡检司的重要性。

随着九龙巡检司的地位日益重要，迫切需要建筑城池，以便加强防守和便利办公。1846 年 9 月 7 日，两广总督耆英奏请在九龙建城，1847 年 5 月城池建成，这就是九龙寨城。九龙寨城建在白鹤山南麓距海 3 里处，里面建有大鹏协副将的将军衙门和九龙巡检司的衙门，周长约 199 丈，主要为石头筑成。

英国侵占香港岛后，宣布其为自由港。大量英国以及来自美国、荷兰、澳大利亚、加拿大等地的商民来到香港，香港岛变得人口密集。英国得陇望蜀，为攫取更大利益又加紧策划侵占新安县九龙半岛。在《南京条约》签订前后，英军就在九龙半岛尖沙咀修筑兵营。1847 年 8 月 14 日，英国远东舰队司令西马縻各里在致皇家工兵司令的信中表示："我认为迫切需要占领九龙半岛和昂船洲，这不仅是为了防止其落入诋毁英国殖民地的任何外国之手，而且是为了给日益发展的香港社会提供安全保障和必需的供应。占有九龙半岛的另一个理由是，在台风季节它是保障我们船舶安全唯一的、必不可少的避风地。我们决不应该忽视这种极其重要的占领。"②

---

① 鲁金：《九龙城寨简史》，香港：三联书店（香港）有限公司，2018 年，第40 页。
② 刘蜀永编著：《割占九龙》，香港：三联书店（香港）有限公司，1995 年，第59 页。

1856 年 10 月，英、法为进一步打开中国市场，扩大在华权益，悍然发动第二次鸦片战争。1857 年 12 月，英法联军攻占广州，两广总督叶名琛被俘，被囚至印度后病死。广东巡抚柏贵、广州将军穆克德纳投降。英法联军在广东巡抚衙门内，组成了以英国驻广州代理领事巴夏礼为首的"联军委员会"，执掌广东军政大权，清朝官员柏贵等成为他们的傀儡。1858 年，斯托宾齐向驻华全权特使额尔金提议割占九龙半岛。侵华英国军官的建议得到英政府的采纳。6 月，英国外交大臣马姆斯伯里命令额尔金通过条约割占九龙岬角。

英国殖民地部副大臣伊里亚德在给外交部的信中写道："居住在九龙半岛的华人无法无天，以及目前那里的事态给和平治理香港造成的困难，公爵认为有必要与陆军大臣通信，以便命令驻华女王陛下军队司令，一有适当时机即占领该半岛。现在公爵愿把他的意见提供罗素勋爵参考：将来任何时候调整本帝国对华关系，应该保留这块土地。"[1] 1859 年 4 月，英国驻华公使卜鲁斯抵达香港，密谋割占九龙半岛，并拟定了一份备忘录，详细记录了他们拟占领的土地范围以及给中国政府的补偿等事项。香港总督罗便臣也主张英军占领九龙半岛。

1859 年 6 月，英法联军进攻大沽炮台遭到失败，英国政府从本土增派海军，并在印度集结一万人的陆军部队，和

---

[1] N. Elliot to Hammond, 22 October 1858, F.O 228/264, p.146. 转引自刘蜀永主编：《简明香港史》，广州：广东人民出版社，2019 年，第 26 页。

法国一起对中国采取更大规模的侵略行动。1860 年 3 月 18 日，新任侵华陆军司令克灵顿指挥英军第 44 团特遣队强占九龙半岛岬角——尖沙咀一带。此后到达的大批英军援军，大部分驻扎在九龙半岛。3 月 20 日，巴夏礼以九龙半岛的混乱状态给维护英国利益带来损害为借口，向两广总督劳崇光强行要求租借九龙。3 月 21 日晚，巴夏礼与劳崇光签订租约，租约规定九龙半岛在所划界线以南的地区，界线从邻近九龙炮台南部之一点起，至昂船洲最北端，包括昂船洲在内，租借给英国。租金为每年银 500 两；租期规定为：只要英国政府按时如数交付租金，中国政府就不能要求归还上述土地。这实际上是一份永远租借该地的契约。①

1860 年 9 月上旬，英法联军进犯北京，10 月 6 日抵北京西郊，10 月 13 日占领北京安定门，18、19 日抢劫焚毁圆明园。清朝议和代表奕䜣在英法联军的武力威慑下，同意英方提出的在《北京条约》中增加巴夏礼与劳崇光关于租借"广东九龙司地方并归英属香港界内"的条款。10 月 24 日，奕䜣与额尔金在北京正式签订丧权辱国的中英《北京条约》，第二次鸦片战争以清廷的失败而告终。

《北京条约》第 6 款规定："前据本年二月二十八日大清两广总督劳崇光，将粤东九龙司地方一区，交与大英驻扎粤省暂充英法总局正使功赐三等宝星巴夏礼代国立批永租在

---

① 英国外交部档案，F. O. 17/337，第 239—241 页。转引自余绳武、刘存宽主编：《十九世纪的香港》，北京：中华书局，1994 年，第 92 页。

案，兹大清大皇帝定即将该地界付与大英大君主并历后嗣，并归英属香港界内，以期该港埠面管辖所及庶保无事。其批作为废纸外，其有该地华民自称业户，应由彼此两国各派委员会勘查明，果为该户本业，嗣后倘遇势必令迁别地，大英国无不公当赔补。"①这样，新安县九龙半岛的界限街以南部分（包括昂船洲在内）土地便被英国强行割占。

英国殖民统治者还在九龙举行了一场领土移交仪式。1861年1月19日下午3时，巴夏礼、香港总督罗便臣夫妇和代理按察司亚当斯陪同额尔金，由英军2000多名官兵簇拥，抵达仪式现场。他们强令新安县知县、大鹏协副将、九龙司巡检和九龙城一名下级军官共4名官员参加。巴夏礼把一个装满九龙泥土的纸袋塞给一名清朝官员，然后后者把纸袋交给额尔金，以此象征领土的移交。巴夏礼代额尔金当场宣读了"晓谕"：

"大英、大清两国在京城内议定，当即用印画押之续增合约，内开前据大清两广总督劳将粤东九龙司地方一区，交与大英驻扎粤省充英法总局正使功赐三等宝星巴，代国立批永租在案。兹大清大皇帝定即将该地界付与大英大君主并历后嗣，并归英属香港界内管辖等语。现在本大臣已经恭代大英大君主将该地一区画定界址，收管驻守，合行示谕。为此示仰远近各项人等知悉。自此以后，大清文武大小官员以及

---

① 王铁崖：《中外旧约章汇编》第一册，北京：生活·读书·新知三联书店，1957年，第145页。

差役人等，均不能在该地界内管理庶民。所有地界内一切政务，惟应归大英大君主所派官宪，遵照大英大君主会同内廷建议各大臣商定律例管辖办理。现在尚未奉到大英大君主谕旨。本大臣先将该地界，交与总督香港地方、水陆军务男爵罗管理政治。其应别设派文武官弁，以及田土、民情、保安、地方各项事务，均可操权办理。"①

三、新安县新界被英国强租

新界北起深圳河，东起大鹏湾，西至深圳湾，南至烟墩山，连同附近的小岛屿 200 余个，面积约 975 平方千米。新界丘陵起伏，是香港地势最高的地方。清代中期为新安县官富司辖地，九龙巡检司设立后，大部分为九龙巡检司辖地。

19 世纪末期，西方资本主义国家经过第二次工业革命，美、日在世界舞台崛起。在获得香港岛和九龙半岛南部后，英国一直有一批人企图进一步扩大侵占范围，1888 年在伦敦成立的"中国协会"就积极筹划推动拓展香港界址。1894 年，中日甲午战争爆发，清军节节败退。1894 年 11 月 9 日，香港总督罗便臣以香港防务安全为由，建议英国政府将香港界址展拓到大鹏湾、深圳湾一带，并将隐石岛、横澜、南丫岛和所有距香港 3 英里以内的海岛割让给英国。1895 年 4 月，日本迫使战败的清政府签订条件极为苛刻的《马关条约》，

---

① 《额尔金晓谕》（中英文两种），1861 年 1 月 19 日，英国殖民地部档案，C.O.129/80，第 49/50 页。转引自余绳武、刘存宽主编：《十九世纪的香港》，北京：中华书局，1994 年，第 89 页。

西方列强掀起了瓜分中国的狂潮。1896年6月，中俄订立《中俄密约》等条约，次年俄国又出兵强占旅顺口。1897年11月，德国出兵强占胶州湾，次年中德签订《胶澳租界条约》。1898年3月7日，法国向清政府提出租借广州湾等要求。

甲午战争后，英国和中国香港地区的政军商各界纷纷加紧要求英国政府展拓香港界址。1898年3月17日，英国驻华公使窦纳乐急电唐宁街，报告法国在华划分势力范围情况，并称如果法国得逞，未来展拓香港界址将成为不可能。英国政府决定以法国租借广州湾以及所谓的均势外交为借口，向清政府提出展拓香港界址问题。3月28日，英政府指示窦纳乐就此问题与清政府交涉。窦纳乐表示"中国租广州湾与法国以危香港，故英租九龙以为抵制……若中国能拒法不租广州湾，英亦不租九龙"。① 4月2日，中英双方就租借新界的谈判正式开始。窦纳乐向庆亲王奕劻提出希望展拓界址以保卫香港，奕劻表示原则上同意就香港拓界一事进行磋商。第二天，窦纳乐会见总理衙门大臣李鸿章，李鸿章表示可以同意租给英国"在香港口两边设防"的一小块土地，希望英方的要求"不要超过这个限度"②。窦纳乐向中方提交

---

① 刘培华：《近代中外关系史》下册，北京：北京大学出版社，1986年，第78.73.73—74.77页。转引自连儒来、闫馥花：《试析英国割占中国香港的外交政策及其特点》，《内蒙古民族大学学报》（社会科学版），2005年8月，第四期，第99页。

② 《同总理衙门会谈记录册（1897—1899）》，英国外交部档案，F.O.233/44，第155页。转引自刘存宽编著：《租借新界》，香港：三联书店（香港）有限公司，1995年。

了一份拓界方案地图，将大鹏湾至深圳湾一线以南，包括九龙城和许多岛屿在内的大片土地及水域划入租借范围。5月19日，窦纳乐携带他一手拟就的《展拓香港界址专条》前来谈判。李鸿章等阅后表示同意，仅提出加上"九龙到新安陆路，中国官民照常行走"等语。至此，双方就拓界问题已基本达成协定。但因英国政府对谈判结果感到不满足，《展拓香港界址专条》并未马上签订。5月25日，窦纳乐根据英国政府的指示再次与总理衙门谈判，要求修改之前商定的展拓香港界址范围。其中，最重要的是将东面界线由东经114°26′扩大至东经114°30′，从而使整个大鹏湾划归英国控制。清政府被迫做出让步，同意了英方的这一要求。

1898年6月9日，中英《展拓香港界址专条》在北京签订，8月6日双方在伦敦互换批准书。《展拓香港界址专条》有中英两种文本。中文文本内容如下：

> 溯查多年以来，素悉香港一处非展拓界址不足以资保卫。今中、英两国政府议定大略，按照粘附地图，展扩英界，作为新租之地。其所定详细界线，应俟两国派员勘明后，再行画定，以九十九年为限期。又议定，所有现在九龙城内驻扎之中国官员，仍可在城内各司其事，惟不得与保卫香港之武备有所妨碍。其余新租之地，专归英国管辖。至九龙向通新安陆路，中国官民照常行走。又议定，仍留附近九龙城原旧码头一区，以便中国兵、商各船、渡

艇任便往来停泊，且便城内官民任便行走。将来中国建造铁路至九龙英国管辖之界，临时商办。又议定，在所展界内，不可将居民迫令迁移，产业入官，若因修建衙署、筑造炮台等，官工需用地段，皆应从公给价。自开办后，遇有两国交犯之事，仍照中英原约、香港章程办理。查按照粘附地图所租与英国之地内有大鹏湾、深圳湾水面，惟议定，该两湾中国兵船，无论在局内、局外，仍可享用。①

按照《展拓香港界址专条》，英国租借新界应于1898年7月1日施行，但英国实际接管新界直到次年4月才开始。原因是《展拓香港界址专条》签订后，英国政界、军界、商界一些人对保留中国对九龙城的管辖权等内容表示不满，并鼓吹违约扩大租借范围，另外英国对新界的情况也不甚了解，需要调查。1898年7月，港英政府辅政司骆克率领调查团前往新界勘察界址，受到当地官员和民众抵制；10月，调查报告《香港殖民地展拓界址报告书》提交给英国政府。

1899年3月11日，中英双方新界北部陆界定界谈判在香港举行，中方定界委员为广东省补用道王存善，英方为骆克。王存善主张信守《展拓香港界址专条》粘附地图的规定。骆克提出不按《展拓香港界址专条》和粘附地图中规定

---

① 王铁崖：《中外旧约章汇编》第一册，北京：生活·读书·新知三联书店，1957年，第769—770页。

的从沙头角海到深圳湾最短距离直线为准的规定，主张以"自然为界"，依山脉和河流，从深圳湾起经深圳北面山脚到梧桐山，再迤东到沙头角北面一线为界，企图把深圳墟也划入新界。两广总督谭钟麟坚持按《展拓香港界址专条》和粘附地图定界，不打算让出深圳和沙头角。最终，双方经过激烈争论，暂以流经深圳的河流至沙头角为界。3月16—18日，王存善、骆克一行沿深圳河河源至沙头角一线勘定界址，竖立木质界桩。

1899年3月19日，王存善和骆克在香港签订《香港英新租界合同》。该合同违背了《展拓香港界址专条》粘附地图有关新界北部陆界的规定，合同全文如下：

> 北界始于大鹏湾英国东经线一百一十四度三十分潮涨能到处，由陆地沿岸，直至所立木桩接近沙头角（即土名桐芜墟）之西，再入内地不远，至一窄道，左界潮水平线，右界田地，东立一木桩，此道全归英界，任两国人民往来。
>
> 由此道至桐芜墟斜角处，又立一木桩，直至目下涸干之宽河，以河底之中线为界线，河左岸上地方归中国界，河右岸上地方归英界。
>
> 沿河底之线至迳口村大道，又立一木桩于该河与大道接壤处，此道全归英界，任两国人民往来。此道上至一崎岖山径，横跨该河，复重跨该河，折返该河，水面不拘归英归华，两国人民均可享用。

此道经过山峡约较海平线高五百英尺，为沙头角、深圳村分界之线，此处复立一木桩，此道由山峡起，即为英界之界线，归英国管辖，仍准两国人民往来。此道下至山峡右边，道左有一水路，达至迳肚村，在山峡之麓，此道跨一水线，较前略大，水由梧桐山流出，约距百码，复跨该水路，右经迳肚村抵深圳河，约距迳肚村一英里之四分之一，及至此处，此道归入英界，仍准两国人民往来。

由梧桐山流出水路之水，两国农人均可享用。复立木桩于此道尽处，作为界线。沿深圳河北岸下至深圳湾界线之南，河地均归英界。其东西南三面界线，均如专约所载。大屿山岛全归界内。大鹏、深圳两湾之水，亦归租界之内。[①]

香港总督和两广总督原商定于1899年4月17日交接新界租借地，但英方迫不及待地提前接管。4月16日，英军香港团队400名士兵列队参加升旗仪式，骆克当众宣读1898年10月20日英国《枢密院令》和香港总督命令，声称从1899年4月16日下午2时50分起，新界的中国居民已归英国管辖。

通过《展拓香港界址专条》和《香港英新租界合同》，

---

① 王铁崖：《中外旧约章汇编》第一册，北京：生活·读书·新知三联书店，1957年，第864—865页。

英国强行租借了深圳河至深圳湾界线以南、界限街以北的广大地区、附近 200 余个大小岛屿，以及大鹏湾、深圳湾水域，租期为 99 年。此次租借使得香港的陆地面积增加约 975 平方千米，扩大了约 11 倍，水域面积也扩大了四五十倍。这些被强行租借的中国领土和领海被称为香港新界。

《展拓香港界址专条》实行后，所有九龙地区划入香港，只保留九龙城一座孤城由中国管理，城内仅有少量维持社会治安的官兵。港英当局以妨碍保卫香港为由，企图取消中国对九龙城的管辖权。1899 年 3 月 31 日，英国驻华公使艾伦赛受命通知清政府总理衙门，声称英国决不容许中国在英国领土内拥有军事管辖权，也不容许在英国治下的领土继续保持中国驻军。英国此举遭到清政府的断然拒绝，中国在九龙城的驻军坚守未动。1899 年英国入侵深圳，5 月 14 日港督卜力命令驻港英军司令加士居出兵占领深圳和九龙城，但英军也不敢贸然进入该城。1899 年 12 月 27 日，英国制定新《枢密院令》，并于次年 2 月 20 日在《香港政府宪报》上宣布，原有承认中国对九龙城享有管辖权的规定作废，九龙城为被殖民统治下的香港的重要组成部分，香港的法律、条例适用于九龙城。但中国政府一直坚持对九龙城行使主权。

第二节　动荡的政治形势

晚清时期，西方列强迫使清政府签订一系列不平等条约，以武力夺取在华不正当利益，中华民族危机日益加重。英勇的中国人民不甘屈辱，奋起反抗。新安县百姓自发组织保家卫国和反抗封建压迫的斗争，取得重大战果，打击了侵略者的嚣张气焰，动摇了封建统治的基础。面对内忧外患，清朝统治摇摇欲坠，清廷有识之士发起一连串的改革。新安县也践行新政，加速推动深圳地区由传统社会向近代社会的转型。

一、新安军民的抗英斗争

面对英国的侵略，新安人民自发开展了一场持久的抵抗斗争。道光二十一年（1841）5月底，英军遭三元里人民抗击撤出虎门后，有数艘军舰搁于浅滩。6月22日，新安县武举人庾体群率义军自穿鼻湾趁涨潮袭击英军，两艘英舰被毁，其他军舰连夜逃遁[1]。1841年底，英军驾船侵扰南头城，因城中军民防守严密，没有得逞，英船炮轰南山大炮台，将炮位毁坏、炮墙推卸。[2]

1842年，香港岛被英国占领后，成为鸦片交易中心和商贸据点。以十五仔和徐亚保为首的"海盗"，利用珠江口岛屿众多、河海相连的地理优势，掠劫外国鸦片走私船和英国军舰，不断袭扰英国殖民者。十五仔的人马保守估计约有

---

① 宝安县地方志编纂委员会编：《宝安县志》，广州：广东人民出版社，1997年，第794页。

② 刘志伟、陈玉环：《叶名琛档案》第一册，广州：广东人民出版社，2012年，第118—120页。

5000 人。十五仔的副手徐亚保以大鹏湾为基地，建有一个船坞，拥有 30 艘帆船，超过 2000 名人马。有英国殖民者就感叹道："我们国人的一举一动也无可避免地受到威胁，造成万分不便。""纵横在这些水道上的，不错都是刻苦耐劳的船民，但他们也会毫不犹豫地在他们名正言顺的船民身份外，加上其他职业 —— 搞破坏的、走私的，或海盗的活。"①1849 年 9 月 30 日，英国派出军舰"富里号"与"哥伦伯恩号"搜查徐亚保行踪。10 月 2 日，双方发生交火，徐亚保船队受损严重，400 余人被杀，23 艘帆船被毁，还有 3 艘刚建造好的船只，两个小船坞，各种航海补给被大火烧毁。②10 月 8 日，英国海军收到情报，说十五仔在海口，乃派出"哥伦伯恩号"和"富里号"两艘军舰，连同东印度公司的蒸汽轮船"弗莱格桑号"从香港出发到海口，一路追踪十五仔，双方于 10 月 20 日在北部湾发生激战，十五仔 58 艘船被毁，人员损失 3000 余人。十五仔率余部突围。③

1856 年，第二次鸦片战争爆发后，英法联军炮轰广州城，激起了广东军民的愤怒反抗。新安人民行动起来，把斗

---

① 程美宝：《"十五仔的旗帜"：道光年间中英合作打击海盗行动及其历史遗物》，《学术研究》，2020 年第 3 期，第 117—118 页。

② f Beresford Scott, An Account of the Destruction of the Fleets of Chui-Apoo and shap-Ng-Tsai on the Coast of China in September and October, 1849, p.65.

③ Grace Fox, British Admirals and Chinese Pirates 1832—1869, p.112. 程美宝：《"十五仔的旗帜"：道光年间中英合作打击海盗行动及其历史遗物》，《学术研究》，2020 年第 3 期，第 122 页。

争矛头指向英国的占领地——香港。新安县人民贴出告示，号召香港华工返乡，以配合广东各地人民的反英斗争。1856年12月19日，新安县士绅在明伦堂聚会，发动广大居民封锁香港。新安抗敌会会长陈桂籍派其弟弟率领乡勇2000人前往九龙，他们截获向香港偷运物资的船只，袭击零散英军，刺探香港敌情，组织和鼓励港岛中国居民参加抗英斗争。广州及附近城镇的抗英群众决定发动香港人民大罢工，得到爱国同胞的热烈响应，新安群众自香港返回者人数众多，以至于香港各行各业趋于瘫痪，"各庄口凡唐人大半告去""在港华民纷纷还乡"①。港英当局如临大敌、草木皆兵，巴夏礼不得不派人到新安县贴出告示，劝告回到内地的中国人返港，但张贴布告的汉奸立即被乡民打死。②

咸丰七年（1857），香港岛发生了轰动一时的毒面包案。1月15日早晨，包括香港总督包令的夫人在内的三四百名欧洲人，因食用华人"裕盛"面包店所供应的带有砒霜的面包而不同程度中毒。③在洋人一片歇斯底里的复仇鼓噪声中，香港高等法院连续5天开庭审理此案，香港司法制度明显带有歧视华人的一面，虽终因证据不足而不得不宣布该店

① 《卢玉堂探报》，1857年1月17日，英国外交部档案，F.O.931/1825。转引自余绳武、刘存宽主编：《十九世纪的香港》，北京：中华书局，1994年，第71页。
② 宋佩华：《近代香港人民反对英国侵占我国领土的斗争》，《安徽师范大学学报》（人文社会科学版），1984年第1期，第79页。
③ 陈华新：《所谓"毒面包案"的真相》，《华南师院学报》（哲学社会科学版），1980年第2期，第99页。

老板张亚霖等人蓄意谋杀的罪名不成立，但为了缓和中毒欧洲人的情绪，港英当局最终仍强行课以罚款，并将他们陆续驱逐出境。

港英当局和侵略者对新安人民的反抗斗争图谋报复。1858年7月30日，港督发布通告，指责号召华人返乡和禁止食物来港者为英国之仇敌，威胁"定将其人查究"，并派遣军舰前往香山、新安两县散发通告。当英国军舰"欧椋鸟号"携带通告进入新安县时，南头乡勇向英军泊岸的舢板开火，打死打伤各1人。英军攻占新安县的海防要地南头城，强迫当地清朝官员恢复对香港的市场供应。

1858年8月3日，英军兵舰驶进南头登陆，乡绅们很快组织起来，击伤英军数名。8月10日傍晚，英军舰驶进烂甲嘴（今新界青山岛西南端，与赤湾对峙），炮口直指南头城。新安知县王寿仁与驻守县城的虎门水师提标左营游击麦镇邦立即部署500兵勇防御，并动员蛇口、南山、西乡沿海乡民进行武装防卫。8月11日早上9时许，英军2000余人再次进攻，南头守城官兵和自愿参战的乡勇不敌猛烈炮火，西门被攻破，英军入城后烧杀抢掠。在南门外指挥作战的王寿仁闻讯赶回城内，率领将士们及乡勇与英军展开巷战。激战至下午3时许，英军战败，狼狈逃窜。咸丰九年（1859）1月，沙井乡民联合东莞乡民抗击英法联军入侵，提出"誓将与之决生死"的口号。①"不告于绅、不禀于官、自捐自战"，一直战斗至英法联军退至珠江口外。

19世纪末，一方面，西方列强贪得无厌，不断索取在华通商、关税及铁路、矿山投资特权，特别是甲午战争后，巨额的战争赔款成为人民的沉重负担，广东作为税赋大省，分摊了重大解款任务，广东人民深受其害。另一方面，中国民族资本主义得到发展，也要求摆脱西方列强的压迫和封建制度的桎梏，人民自发掀起了新的反侵略斗争。光绪二十四年（1898）6月，清政府与英国缔结《展拓香港界址专条》，将深圳河以南，界限街以北的地方及200多个岛屿租借给英国，新界居民不甘接受英国人统治。1899年3月27日，英方派遣香港警队长官梅轩利前往大埔搭设警棚。邓氏乡亲在厦村邓氏宗祠集会，反对英人接管，将修建警棚的人员赶走。4月3日，梅轩利等人前往大埔检查，民众越聚越多，向其投掷石块等物，将警棚付之一炬，梅轩利落荒而逃。4月10日，新界各乡代表在元朗成立太平公局，负责统筹指挥抗英斗争。4月15日，英国派军进据大埔等地，当地民众和前来支援的深圳居民在邓仪石领导下修工事、筑隘寨，与侵略者展开激战，并向东莞雁田求援。雁田立即组织一支500余人的队伍增援。2500余名军民与英军激战大埔山。17日，用炮猛烈轰击大埔英军军营，在林村山谷伏击英军。18

---

① 宝安县地方志编纂委员会编：《宝安县志》，广州：广东人民出版社，1997年，第16页。

日，又向上村附近石头围的英军发起进攻。英军调兵遣将，大举进攻锦田，抢去锦田村前铁门作为战利品，运回香港，不久又派兵占据元朗。锦田、元朗人民与英军展开激战。当时驻守在深圳的 1000 多名清军畏敌如虎，按兵不动，隔岸观战。乡民终因武器落后，弹尽粮绝，只得退出锦田、元朗等地。①

　　清末，深圳墟是邻近地区的农贸和商业活动中心，英国在展拓香港界址谈判时就企图把它划入租界范围，未果。英军在接管新界时，遭到新安人民的武装反抗。他们借此宣称，必须将深圳划入租借地界内，以保障新界的和平和秩序。1899 年 5 月 14 日，港督卜力命令驻港英军司令加士居出兵占领深圳和九龙城。5 月 16 日下午，英军 2000 人兵分三路，占领了深圳及附近的村庄。驻深圳清军不堪一击，很快被解除武装，枪械弹药及军需款项被搜刮一空。占领深圳后，加士居发布告示，宣称深圳已是英国领土。英军还北进布吉，东向占领了沙头角。卜力还企图攻占新安县府所在地南头城，一举占领全部新安县，因兵力不足而作罢。英国违背笔迹未干的《展拓香港界址专条》，得寸进尺强行占领深圳和九龙城，引起了清政府的强烈不满。总理衙门指示中国驻英公使罗丰禄向英国提出强烈抗议，要求英军从深圳和九龙城撤军。中英双方开始谈判，英国坚持要霸占九龙城，还

---

① 宝安县地方志编纂委员会编：《宝安县志》，广州：广东人民出版社，1997 年，第 584—585 页。

提出要清政府撤销两广总督谭钟麟职务，赔偿英国镇压新界人民反抗所需的全部费用，清政府拒绝了他们的无理要求，双方谈判陷入僵局。此时，深圳周边居民不断向英军发动袭扰，特别是新安县人民对英国强租新界和军事占领深圳的野蛮行径群情激愤，英国当局担心这种状况会激化新界人民的反抗情绪。此外，处于军事占领下的深圳和周边地区会党众多，社会治安失控，"日益接近于无政府状态"。鉴于这种状况，起初极力主张将深圳划入租借地范围的英殖民大臣张伯伦和不愿放弃深圳的港督卜力，敦促首相索尔兹伯里在继续占领深圳还是撤军的问题上迅速作出决定。10月4日，索尔兹伯里通知张伯伦，要他转告卜力，就深圳归还中国一事作出安排，也没有提及要清政府赔款。11月2日，卜力根据索尔兹伯里的指示，下达了立即撤出深圳的命令。11月6日，英国将相应内容的照会递交清总理衙门。11月13日，英国深圳占领军集合在深圳墟附近上步军营的士兵，渡过深圳河撤回新界。英军撤退前虚张声势，部署一支部队驻守在边境英界内，防止中国人袭击，借以威胁中国。新安民众的抗争，挫败了英国侵略者试图占领深圳、布吉、沙头角的企图，体现了深圳原住民的血性。

二、太平天国运动对新安县的影响

1851年1月11日，洪秀全在广西桂平金田村宣布起义，建号太平天国，发起了一场历时14年、规模庞大的反对清朝封建统治和外国殖民主义侵略的农民起义。太平天国武装力量先后发展到 18 个省，广东是太平天国力量活动的重要区域，受到太平天国运动的巨大影响。在太平天国的鼓舞和策动下，广东爆发了天地会洪兵起义，又称红巾军起义。

洪秀全是广东花县（今广州市花都区）人。1851 年 9 月太平军攻克永安城（今蒙山）后，洪秀全派信使江隆昌来广东接应亲友到广西会合。1852 年初，江隆昌抵达广东。广东拜上帝会信徒、洪秀全亲友以清远西南与花县、三水相邻的回歧山谷岭作为会合地点。但由于江隆昌提前仓促行事，谷岭起义不幸夭折。洪秀全族弟洪仁玕率十余人在起义流产后才赶到谷岭，结果被附近山民关押。洪仁玕侥幸逃脱，几经周折，搭船来到毗邻香港的新安县，拟投奔居住该县李朗村的洪氏宗族远亲。孰料当地也有赶赴谷岭的洪氏族人生死未卜，一些出事者亲属情急之下，竟欲将洪仁玕交给官府，后被一族中耆老劝止。该耆老有一孙，名洪升，以裁缝为业，与西方传教士有较多接触。同年 4 月 26 日，洪升领洪仁玕来到香港，将他介绍给了瑞典巴色会传教士韩山文。由于在香港无法谋生，洪仁玕被迫重返内地，潜抵东莞县牛眠埔村，在此隐姓埋名，授徒为生，后又潜回清远。费尽周折，洪仁玕终于在新安县布吉找到了韩山文牧师。他再次提出了受洗入教的请求，并为此接受了相关指导。1853 年 9 月 20 日，韩山文在布吉替洪仁玕施洗。洪仁玕便正式成为巴色会的一名教徒。洪仁玕受洗后不久回到香港，居港期间，洪仁玕除授书外，平时主要随韩山文学习基督教教义。1854 年 5 月 4 日，在韩山文牧师的安排下，他和李正高等乘船离开香港，拟取道上海赶往天京。因赴天京无望，洪仁玕在上海半年后返回香港。洪仁玕在香港广泛与西方传教士交往，了解西学，他还阅读教会报刊《遐迩贯珍》，该刊文章涉及面甚广，客观上推动了西学在中国的传播。洪仁玕几年间并未一直待在香港，而是曾随理雅各赴广州布道约两个月。1858年1月，即英法联军攻陷广州后不久，理雅各携洪仁玕到广州设堂传教。理雅各回忆说："我布道完之后，由太平王的一个亲戚——他后来在南京以干王的身份而著称——接着布道。"①洪仁玕在新安、香港等地的活动助推了洪兵起义。

太平天国定都南京后，为夺取广东这个财赋重地，切断清军兵饷接济，配合北伐和西征，积极联络和策动南方的起义。1854年初，太平天国冬官正丞相罗大纲派部下卓杰生到广东与天地会首领何六（何禄）、陈金刚联系，据说天王密使还会晤过天地会首领李文茂。②何六是洪秀全部下，1953年受命回东莞、新安一带联络天地会党，发动起义。③1854年5月，广东各州县的天地会约定同时发动起义。6月10日，何六、袁玉山等在东莞县石龙墟首举义旗，17日占领县城，揭开了广东洪兵起义的序幕。黄广兴、吴温矩等人率众在观澜起事，被新安县知县黄光周俘虏，8月29日两人被杀害，

---

① James Legge, "The Colony of Hongkong", The China Review, Vol.1 (1872).

② 简又文撰：《太平天国全史》中册，香港：简氏猛进书屋，1962年，第809、835、1475、1512页。

③ 陈伯陶修纂，广东省地方史志办公室辑：《广东历代方志集成·广州府部·东莞县志（一）》，广州：岭南美术出版社，2007年，第382页。

刘洪四等 26 名洪兵也被捕，后遇害。①

何六起义后，广东各地天地会纷纷响应，佛山天地会首领陈开，省城北李文茂、甘先、周春、陈显良等率领起义军环逼广州。起义得到民众响应，参加起义的群众达百万以上，甚至有 10 余艘官府的巡船也归附洪兵。他们或头裹红巾，或腰缠红带，自称红巾军、红兵或洪兵。数月之内，起义军攻克府、州、县城 40 余座。1854 年 8 月，各路起义军联合围攻广州城，加入围攻广州的义军陆师有数十万，船只数千，连营数十里。此后长达半年的时间内，广州成为一座孤城。何六除安排七八千义军留守东莞城外，率领大部队加入攻打广州。1854 年 8 月中旬，洪兵攻打九龙城，香港地区的一些劳苦大众及三合会成员加入了这场战斗。8 月 19 日，起义军攻占九龙城，并留下 300 人驻守。8 月 22 日，起义军攻打大鹏城。清九龙都司杨以德率兵反攻九龙城，8 月 31 日，九龙城失守。

因派兵镇压太平天国运动，广州城内兵力空虚。在走投无路之下，清政府在广州的官员一方面急忙将派至湘赣桂边界的绿营兵调回 4000 人，与八旗兵 1300 余名共同防守炮台和水陆要隘；另一方面则令各地豪绅地主从速组建团练，并以"优给口粮""加倍给予工价"等办法，从香山、新安、东莞、新会、潮州等地先后雇募乡勇 2.7 万余名。但当时各

① 陈伯陶修纂，广东省地方史志办公室辑：《广东历代方志集成·广州府部·东莞县志（一）》，广州：岭南美术出版社，2007 年，第 383 页。

府县正为起义军的打击所困扰，两广总督叶名琛挖空心思从各地纠集而来的兵勇、团练，与原在广州的八旗兵，总共也仅 5 万多人。①叶名琛纠集地主武装团练，并勾结英、美、法侵略者，再加上起义军各立山堂、纪律松弛，未能形成统一领导，武器较差等种种弱点，起义军未能攻下广州，不得不于 1855 年初撤离，分头向西、北作战略转移。1855 年 5 月，陈开、李文茂会同广西浔梧一带天地会进军广西，9 月占领浔州府城（今桂平），建立大成国。何六率起义军从广州撤围后，部众退守惠州府归善县三栋墟，先后攻破归善县、惠州府城、河源县城和博罗县城等，后又回师东莞，被清军击败。②何六与广州城北甘先部挥戈北上湖南，配合太平天国西征战略行动，首先夺取郴州，又东进桂阳，打下永兴、茶陵。主政湖南的骆秉章调集主力回援湖南，何六率部坚守郴州半年之久，后战死在毛粟墟的一个山坡上。③

洪兵起义失败后，清朝统治者对人民实行历史上罕见的大屠杀。新安县官兵到龙华、观澜等地大肆搜捕，许多无辜的农民也不能幸免。清兵将抓捕的洪兵押往龙华国钦村黄泥湖刑场

① 军事科学院《中国近代战争史》编写组编：《中国近代战争史》第一册，北京：军事科学出版社，1984 年，第 402 页。
② 陈伯陶修纂，广东省地方史志办公室辑：《广东历代方志集成·广州府部·东莞县志（一）》，广州：岭南美术出版社，2007 年，第 384 页。
③ 政史系学员红巾军调查组：《何六领导的红巾军与太平天国革命》，《广东师院学报》（社会科学版），1976 年第 1 期，第 73 页。

集体屠杀，鲜血染红了水渠，惨不忍睹①。洪兵起义沉重地打击了清朝在两广的统治，有力地支持了太平天国革命。

三、军事布防

新安是海防要地，面对西方列强来自海上的侵略，清政府调整在新安县的军事布局。道光十九年（1839），中英之间爆发九龙海战，清廷就认识到大鹏、香港岛军事防守地位的重要性。1842 年，清廷在第一次鸦片战争中失败，香港岛被英国占领，清廷在新安县的军事力量重新调整。

道光二十六年（1846），清廷决定建造九龙寨城，翌年竣工。大鹏协副将移驻九龙寨城内衙门，隶属水师提督管辖，仍辖左、右二营。左营水师兵丁共 795 名。设置有中军都司、守备、左哨千总、右哨千总、左哨头司把总、左哨二司把总、左哨三司把总、右哨头司把总、左哨外委千总、右哨外委千总以及左哨头司、二司、三司，右哨头司、二司外委把总，左哨头司额外外委、右哨头司额外外委等头目各 1 名。驻守大鹏城的兵卒有 244 名、九龙寨城的有 150 名，其余分驻各台汛。台汛的驻防情况为：盐田汛 35 名，沱泞炮台 55 名，老大鹏汛 15 名，粮船湾汛 25 名，九龙炮台汛 75 名，九龙海口汛 15 名，佛堂门汛 25 名，沥源港汛 10 名，塔门汛 15 名。此外，巡洋兵 120 名，负责驾驶船只出洋巡逻。

---

① 宝安县志编写组：《宝安县志》初稿，1960 年 8 月。深圳市博物馆 1984 年 4 月翻印本，第 47 页。

右营水师兵丁共 641 名。其中存城兵 155 名、九龙寨城防兵 100 名。驻防情况如下：东涌所城驻兵 155 名，东涌口小炮台 30 名，大屿山汛 44 名。大屿山石笋炮台汛 30 名，青龙头汛 50 名，长洲汛 45 名，青衣潭汛 15 名，坪洲汛 15 名，60 名驾船出海巡逻。此外，深水埗汛、蒲台汛、沙螺湾汛、大濠汛、急水门汛、梅窝汛、榕树湾汛各驻兵若干。①

除了"左营"和"右营"，还有"提标左营"。同治九年（1870）编纂的《广东图说》记载，提标左营守卫南头城以及新界北部和西部沿海，由一名游击将军领导，将军驻地在新安县城内，共领兵 955 名，其中骑兵 10 名、步兵 289 名、守兵 656 名。该营水师防守存城汛、莲花迳汛、飞鹅莆汛、周家村塘、栗木冈塘、息民亭塘、流塘塘、南头炮台汛、赤湾左炮台汛、赤湾右炮台汛、石围塘汛、鳌湾角汛、茅洲墩台汛、茅洲水汛、碧头墩台汛、碧头水汛、嘴头角汛、佛子凹汛、屯门汛、辋井汛、横洲汛、官涌汛、焦迳汛、大埗头汛、城门凹汛、深圳墟汛、白石塘、龙塘塘、麻雀岭汛、苦草峒汛等。此外还有兵丁巡洋。设有驿站到东莞县，县前铺（铺兵四名）十里至离流塘铺，又十里至息民亭铺，又十五里至栗木冈铺，又十里至周家村铺，又十五里至阿公山铺（以上每铺兵二名），又十里至东莞县分界铺。②

---

① 史澄修纂，广东省地方史志办公室辑：《广东历代方志集成·广州府部·广州府志（三）》，广州：岭南美术出版社，2007 年，第 1135—1137 页。

② ［清］毛鸣宾、郭嵩焘等修，桂文灿纂：《广东图说》，台北：成文出版社，1967 年，第 154—157 页。

四、清末新政在新安的推行

鸦片战争前，新安县和全国其他地方一样，实行延续了2000多年的封建政治体制。光绪二十七年（1901），在慈禧太后的默许下，清廷改革图存，在政治、经济、军事、法律、文化、教育等方面进行系统性改革，史称"清末新政"。虽然新政没有取得太大进展，但是一定程度上推动了中国社会的现代化进程，也为辛亥革命的兴起准备了有利条件。

光绪三十三年（1907）10月，清廷下令筹设谘议机关。光绪三十四年（1908）7月，清廷公布《钦定谘议局章程》和《谘议局议员选举章程》，要求全国各省马上设立谘议局。谘议局为省级议会形式的机构，有权议决本省行政兴革事件、预决算、税法、公债等重大事项及选举中央资政院议员等。为推进谘议局的筹建事宜，广东先行设立谘议局筹办处，筹办处由指定的 22 人组成。[①] 广东谘议局议员人数规定为 94 人，议员不是由选民直接选举产生，而是采用复选举法选任，即先由选举人选举出若干"合格选举议员人"，再由这些人投票选举出议员。初选在州县，复选在道府。新安县为初选区，知县为监督。[②]《谘议局议员选举章程》对"合

① 《广东谘议局筹办处第一次报告书》，广州大典编纂委员会编：《广州大典》第三十七辑《文史政书类》第四十二册，广州：广州出版社，2015 年，第395 页。

② 《广东谘议局筹办处第一次报告书》，广州大典编纂委员会编：《广州大典》第三十七辑《文史政书类》第四十二册，广州：广州出版社，2015 年，第392 页。

格选举人"的条件有严格的限制，只有为数不多的有特定资格的人才有参加选举的权利，新安县有选举权的仅有1464人，应选出初选当选人数10名。省谘议局筹办处还核补各府、州、县选举经费，分为三等，其中新安县为二等初选举区，补助经费银二百五十两；向新安县派出新安县籍贯、广府自治研究所毕业优附生陈宗轼为司选员，负责宣传有关谘议制度并筹办选举一切事宜，每月资助银圆七元。[①] 经过一段时间的初选、复选，广东最终共选出议员94人，其中新安县人、五品顶戴、中书科中书陈柏森当选。谘议局第二次常年会议员有新安县的文为任、陈柏森。谘议局的权力表面上看起来很大，但是"各项议事发动之机虽在谘议局，主持之权实在督抚""采纳与否，凭诸督抚"[②]，督抚对谘议局全部议决案拥有最后裁夺权。清政府所要求建立的谘议局只不过是在清朝地方行政长官严密控制下的点缀门面的咨询机关。

清承明制，司法制度和司法机关设置没有大的变化，府县司法事务由行政长官兼管，民、刑不分。光绪二十八年（1902），清政府成立修订法律馆，参酌中外情形制定法律。光绪三十二年（1906），清政府推行"宪政"，准备采用资本主义国家司法和行政分立的原则，推行司法机构改革，实

① 《广东谘议局筹办处第一次报告书》，广州大典编纂委员会编：《广州大典》第三十七辑《文史政书类》第四十二册，广州：广州出版社，2015年，第405—469页。
② 韦庆远、高放、刘文源：《清末宪政史》，北京：中国人民大学出版社，1993年，第288页。

行"司法独立"，并要求各省成立司法筹备处。同年 11 月，清政府公布中央官制改革方案。司法机构方面，把原来掌管审判的刑部改为专门负责司法行政的法部；把原来掌管案件复核的大理寺改为大理院，使之成为全国最高的审判机关，同时负有解释法律、监督各级审判机关等职责。司法审判实行"四级三审制"，四级法院为初级审判厅（州县）、地方审判厅（府、直隶州）、高等审判厅（省）和大理院（中央）。为体现"司法独立"，实行司法监督检察制度，各级审判厅相应设置了检察厅，检察厅负责对刑事案件进行预审，决定被告应否接受审判，提出公诉并监察判决的执行。实行"审检合一"的司法制度，使各级审判机关独立执法，不受行政长官的干预。根据司法体制改革的要求，从光绪三十三年（1907）3 月起，全国各地陆续成立各级司法机构。宣统三年（1911）3 月，广东成立高等审判厅，审判厅设 7 名推事（审判官）。同时，新安县所在的广州府设立了地方审判厅，设 12 名推事：府以下州县设立初级审判厅，每厅设 3 名推事。新安县成立审判分庭，设承审员、监察检察官，但县令仍兼理司法。①

　　鸦片战争前，新安县和全国其他地方一样，社会治安秩序管控职能被多个部门分割。知县是县城治安管控的主要承担者，负责缉捕、听讼、教化等；兵营负有包括解送、解

---

① 宝安县地方志编纂委员会编：《宝安县志》，广州：广东人民出版社，1997 年，第 557 页。

饷、守护地方衙门仓库监狱及城门、缉捕、察奸倡设邪教以及拜盟结会等"图谋不轨"事件、抗粮械斗流氓诈勒等事项。此外，保甲制度也负有对国内流动人口的管控职能，例如每户由该地方每年给门牌，标识家长姓名、职业，附注男丁人数；管理人员往来，查报犯罪等。

广东省在清末率先从传统治安制度向近代警察制度转型，是模仿西方近代警政、进行巡警创设实践的主要地区。光绪二十六年（1900），创设广州西关巡警总局。光绪二十七年（1901）9月12日，清廷谕令各地将各营改为常备、续用、巡警等，两广总督德寿更改、制定保甲章程。光绪二十八年（1902），广东裁废保甲制度，筹办广东巡警。[①]翌年3月，组建省城巡警总局，总局下设总办、会办、提调、坐办（知府、知县级官员专任）。光绪三十一年（1905）11月，创设水巡总局，下置三个分局，归水师提督管辖。1906年8月，巡警总局扩大组织，最高长官改称巡警总监。1906年11月，清廷宣布实施官制改革，中央设立民政部，原有之巡警部改为警政司，隶属民政部。官制改革后，规定警官外出执勤时必须穿规定的制服并佩带长剑。1907年7月7日，清廷下令将各省巡警总局裁撤改为巡警道，负责各省警务工作。1908年4月，民政部拟定《直省巡警道官制并分科办事细则》，经宪政编查馆考核修正后，于1908年6月6日

---

① 《广东巡警总局章程》，广州大典编纂委员会编：《广州大典》第三十七辑《文史政书类》第四十四册，广州：广州出版社，2015年，第11页。

起颁发各省执行。1908 年 9 月 11 日，广东巡警道正式成立。宣统元年（1909），广东省巡警机构定名为警务公所，警务公所下分总务科、行政科、司法科、卫生科四科。总务科负责办理机要等事；行政科下辖治安、户籍、营业、正俗、交通、建筑六股，负责整饬风俗、编查户口、保护治安、稽查工程并兼管行政警察、高等警察、国际警察事宜；司法科下辖刑事、侦察、违警三股，负责预审人犯、科罚违警、捕送罪犯、侦控秘密等并兼管司法警察；卫生科下辖保健、医务、清洁三股，主管卫生警察，负责清道、防疫、检查食物、屠宰、考验医务、药料等事项。

　　光绪三十二年（1906）10 月，新安县西乡巡警局开办，所在地为西乡。光绪三十三年（1907）2 月，深圳巡警局开办，所在地为深圳墟。至宣统元年（1909），新安县设有新安警局、深圳墟分局、西乡分局。据统计，1909 年农历七月至十二月，新安县共有警官 3 名（新安警局、深圳墟分局、西乡分局各 1 名），巡长 7 名（其中新安警局 1 名、深圳墟分局 3 名、西乡分局 3 名），巡警 54 名，差遣巡警 8 名；警局管理的轿担馆有 14 个，轿夫和挑夫 153 名，设立火油街灯 12 个，查处并处以处罚、拘留、没收、送戒烟所、封禁、勒令歇业等涉烟案件 15 宗，窃盗、摸窃、斗殴及其他犯罪 11 宗；处理违警罪 13 件、17 人，处分 17 人；设有卫生警察，深圳墟分局就曾做出"禁止"处罚 1 宗。①

五、三洲田起义

1894 年 11 月 24 日，孙中山在夏威夷檀香山创建中国近代史上第一个资产阶级革命团体——兴中会，提出了"驱除鞑虏，恢复中国，创立合众政府"的革命纲领。旅居檀香山的新安县龙华乡横朗村人钟水养认识了孙中山，并加入了兴中会。返回龙华后，钟水养被推举为当地三合会首领，他经常穿洋人装束出没于乌石（位于龙华乡牛地铺村西南方）、棠下等墟，自称大元帅，下设军师、先锋。② 光绪二十四年（1898），钟水养利用三合会首领身份，打出"反清灭洋"大旗，组织发动"乌石岗起义"。钟水养率领黄福（又名黄远香，新安县龙华乡早禾坑村人，三合会首领）、陈有成（又名陈义，新安县观澜乡马坜村人，牙买加归侨）等首先攻占了龙华墟。随后，起义军越过阳台山进攻南头城。两广总督谭钟麟急令广东水师提督何长清率领 1000 余官兵，与地主武装联合攻打起义军。起义失败后，钟水养逃往香港，后前往檀香山。

1899 年秋，孙中山命陈少白自日本返香港创办《中国日报》，大力宣传革命。1899 年 11 月，兴中会、哥老会、

---

① 《宣统元年广东警务公所第二次统计书》，广州大典编纂委员会编：《广州大典》第三十七辑《文史政书类》第四十四册，广州：广州出版社，2015 年，第 253—383 页。

② 深圳市档案馆编：《明清两朝深圳档案文献演绎》第四卷，广州：花城出版社，2000 年，第 2048 页。

三合会代表在香港召开会议，推举孙中山为总会长，决定在广东发动武装起义，地点选在三洲田。三洲田位于今深圳市盐田区境内，清末属惠州府管辖，是一个肥沃的山间盆地，距离大鹏湾北五英里、香港新界东部边界不到十英里，便于得到来自海上或香港的增援，具备"盖起点之地，不拘形势，总求急于聚人，利于接济，快于进取"①的条件。

1900 年，义和团在北方开展声势浩大的反帝运动，各帝国主义国家联合起来武装侵华，清朝统治力量遭到严重削弱。孙中山决意趁机加紧在广东起义。4 月，杨衢云、郑士良先后抵达日本，与孙中山商议起义事宜。6—7 月间，孙中山和杨衢云等 10 余人乘船抵达香港海面，在船上举行会议，决定派出郑士良等到惠州，史坚如等到广州发动起义，杨衢云、陈少白等在香港负责接济饷械。9 月 25 日，孙中山赶赴台湾。台湾总督儿玉源太郎根据日本政府指示，企图趁列强瓜分中国之机，霸占福建和东南沿海一带的其他地区，因此，他表示"赞成"中国革命。孙中山将购得的军械储存在台湾。

郑士良来到三洲田，联络三合会、绿林会党廖庆发、廖仁玉等人，以设立拳馆作掩护，组织聚集起义力量，下冲、碧岭村等附近大量村民参加，3 个多月的时间就发展到 600 多人，他们成了三洲田起义的主力军。郑士良到龙华洪门反清大本营联络。钟水养、黄福与郑士良是故交，得到他们的

---

① 《孙中山全集》第一卷，北京：中华书局，1985 年，第 184 页。

支持，挑选了几百精壮准备随时进入三洲田。但郑士良只有洋枪300杆，只得在惠州隐蔽待命。

郑士良在惠州、新安的活动引起了清军的注意，两广总督德寿命广东水师提督何长清部进驻深圳，惠州陆路提督邓万林率部驻淡水、镇隆，对三洲田形成包围之势。郑士良察觉形势危急，仍电告孙中山，请求急速接济枪械。孙中山在台湾复电称，枪械筹备没有完成，暂时解散队伍。起义将领们认为烈火已燃，不可不发，仍再请孙中山设法迅速接济弹药，孙中山再复电称："若能突出，可直越厦门，至此即有接济。"孙中山的复电还未到起义军手中，清军何长清部200多人已赶在起义军进攻沙湾前布好阵势，哨骑已达横岗，逼近三洲田。1900年10月6日，起义军在马栏头举行祭旗仪式，指挥部设在罗生大屋，正式揭竿而起。黄福率领冲锋队80人从三洲田向西进攻沙湾，沙湾有座兰花庙，驻守清军四五十人。黄福率军向西从三面迂回包抄兰花庙，清军乱成一团、四处逃散，被打死10余人。深圳清军接到兰花庙失守的消息，立即派兵驰援，清军人多势众，起义军牺牲2人。接着起义军300多人陆续赶到，杀得清军夺路而逃，向深圳方向退去。此役杀敌40人，俘敌30余人，缴获快枪一批，首战告捷。黄福拟于翌日天明时乘胜追击，与虎门、新安一带的江恭喜部等义军会攻深圳、南头。正在这时，郑士良收到孙中山的第二次电报，于是全军改道，往厦门方向进发。江恭喜部未及集合，迅速撤离。

另一方向，林海山率领起义军一部向东沿坪山金龟洞山路行军，当晚赶到惠阳新墟驻扎。队伍从新墟出发，走了四五里，接到探报说清军已前来，起义军迅速攀上佛祖坳，择要冲设伏，准备迎头痛击清军。此时清陆路提督邓万林部正向镇隆方向追击，他们不知道佛祖坳设有埋伏，来到坳顶时天已大黑。埋伏的起义军发动突然袭击，杀敌守备一人，俘获清军数十人，夺得枪支700余杆、子弹5万余发。起义军在永湖与清军遭遇，起义军仅有洋枪千余，但以少胜多，起义军又增获一批枪支弹药。18日，起义军到达崩岗墟，夺得制高点，居高临下，击败隔河清军。21日，起义军乘胜进入三多祝，在白沙扎营，参加起义的人越来越多，队伍发展到两万多人。郑士良等在白沙整编军队，但枪支弹药已近竭绝。

孙中山在台湾接到起义军将沿海岸东上的电报后，急速筹集武器弹药。他一面致电宫崎寅藏，令将原先为菲律宾独立军筹集的枪支，速送惠州；一面与儿玉源太郎接洽，请其援助武器弹药。但是日本军火商贪污混骗，菲律宾独立军所存的日本军械全是废品，无法使用。日本政府这时已发生更迭，新任首相伊藤博文奉行保全清政府以作其代理人的政策，禁止台湾总督帮助革命党人，并禁止武器出口。这样，孙中山接济武器和潜回祖国大陆的计划彻底破产。孙中山派日本人山田良政抵达起义军白沙大营，告知"政况忽变，外援难期；即至厦门，亦难接械，可自决进止"。郑士良立即召集军事会议，决定起义军大部解散，仅留洋枪手千余人，分水陆两路回到三洲田，设法从香港购取弹药，袭击深圳、横岗的清军，随后会合新安、虎门义军，以攻广州。行至大鹏时，军中粮饷弹药用尽，被迫于11月7日解散队伍。郑士良率少数骨干逃回香港。三洲田起义失败后，清军对三洲田及起义村庄的人民进行残酷镇压，大肆烧杀抢掠，滥杀无辜。

三洲田起义是辛亥革命的前奏，标志着中国民主革命迎来了新纪元。正如孙中山所说，"当初次之失败也，举国舆论莫不目予辈为乱臣贼子、大逆不道，咒诅谩骂之声，不绝于耳。吾人足迹所到，凡认识者，几视为毒蛇猛兽，而莫敢与吾人交游也。惟庚子失败之后，则鲜闻一般人之恶声相加。而有识之士，且多为吾人扼腕叹息，恨其事之不成矣。"[1]黄兴对三洲田起义在历史中的作用，曾给予很高的评价，指出"堂堂正正可称为革命者，首推庚子惠州之役"。1905年，中国同盟会成立，革命党在广东的组织有很大的发展。1907—1911年间，革命党人前仆后继，在广东境内又发动了多次武装起义，推动了革命高潮的到来。

第三节　社会经济

清代后期，中国的民族危机日益严重。英国割占新安县所属的香港岛、九龙和强租新界后，进一步侵犯中国主

---

① 《孙中山选集》，北京：人民出版社，1956年，第199页。

权和领土完整，肆意掠夺财富。晚清政府为遏制鸦片走私活动，设立九龙关，征收厘金，查缉走私，英国通过协定关税和要挟手段，把持海关行政管理权，使中国的关税蒙受巨额损失，独立完整的司法审判权也遭遇挑战。英、美等国以香港、澳门为基地，掠夺大批中国劳工前往海外务工。深圳地区海外华侨华人华裔中的第一代，很大部分是通过劳工这种方式输出国外的，他们为当地社会经济发展作出了较大的贡献，也关注着祖国的前途和命运。国内外局势动荡不安，新安县妇女组织掀起了抵制清末户口调查的抗阻风潮。

一、九龙关的设立

英国在侵占港九地区后，利用当地有利的地理位置，向中国走私和倾销大量鸦片，致使中国的白银大规模外流，清政府还损失了巨额的税收。1866 年 11 月，两广总督瑞麟为遏制鸦片走私活动，增加地方税收，决定开放东莞、顺德、香山和开平 4 处口岸，规定凡民船载运的鸦片，只有缴纳厘金后，才准许销往全国各地。但此举并未奏效。1868 年 7 月，清政府在九龙边界东西两面及澳门各进口处（均属非通商口岸）设立了 6 个厘卡，由广东省厘金局管辖，专责征收鸦片厘金和查缉走私，对民船载运的鸦片，每箱（1 司马担，60 千克）仅征收厘金 16 两，贴上印花后携至指定地点，不受其他关卡勒索。这一税率远低于外轮运往其他通商口岸每箱须纳正税 30 两之数。因此，该做法颇具成效。粤海关监督也仿照办理，于 1871 年 6 月在香港四周的汲水门、长洲、佛头洲、九龙城4处设立关卡，对进出香港的民船所载鸦片及其他商品征收常关关税，还建立了缉私船队，查缉海上走私活动。上述厘卡和关卡，分别由广东省厘金局和粤海关各自进行税厘征收工作。

港英政府对清政府设立厘卡和关卡的举措提出强烈抗议，认为此举是封锁香港且损害其自由港地位，要求撤除关卡。清政府不予同意。"马嘉里事件"①发生后，清政府被迫签订《烟台条约》和《烟台条约续增专条》，规定自1887年2月起，将原由各省厘金局及常关经办的鸦片税厘征收工作移交海关（洋关）。为实行香港地区的鸦片税厘并征，清政府于1886年任命总税务司赫德和江海关道台邵友濂为中方代表，前往香港与英方代表会商，于是年9月11日订立了《管理香港洋药事宜章程》。章程规定，港英政府负责对境内鸦片的进出口、储存、运输、销售等事宜进行管理，非经许可，不得随意移动。清政府承诺建立由总税务司管辖的九龙关，并在九龙界限街北侧设置保税仓库或专用趸船，用以储存进口鸦片，实行一次税厘并征。

① 又称"云南事件"或"滇案"。1875年2月，英国驻华使馆翻译马嘉里（A. R. Margary）持总理衙门所发路引，前往云南中缅边境迎接英国"探路队"，在返程途中被杀。此案发生后英方表示强烈不满，经多次交涉，最终清政府被迫与英国签订不平等的《烟台条约》作为滇案的善后。相关论述和研究可参考《马嘉里案和〈烟台条约〉》，王绳祖：《中英关系史论丛》，北京：人民出版社，1981年，第65—158页；A. J. Sargent, Anglo-Chinese commerce and diplomacy, mainly in the nineteenth century, Oxford: The Clarendon Press, 1907.

根据上述章程，清政府于 1887 年初批准建立九龙关，同时撤销原由粤海关监督和广东省厘金局在香港周围设置的厘卡和关卡，并将其征税业务交由九龙关办理。同年 2 月 9 日，总税务司署通令成立九龙关，直属总税务司领导，2 月 24 日任命马根（英籍）为九龙关首任税务司。[①]

（一）机构设置

九龙关成立后，按惯例，总关关址应设于该关的辖区内，但该关辖区环绕香港，比较偏僻，交通落后，各支关之间来往不便，只有香港才是设立总关最合适的地点；另外，当时治安不好，使用货币为银两，如将海关设在境内，在香港的商人携款到海关交税，得经偏僻地段，易遭歹徒抢劫，极不安全；海关还需自建房屋，雇用看银师鉴别税银成色，再运往银行存放，困难甚多。因此，清政府极力要求将九龙关设在香港。英方则予拒绝，认为这有损于其主权。后经清政府多方努力，赫德还利用汇丰银行经理沃尔特贪图存放海关税款有利可图的心理，促其向有关方面游说，终于使英方默许清政府将九龙关设在香港境内，但税务司必须由英国人担任。从此，九龙关税务司一直由英国人担任至 1949 年 10 月止。1887 年 3 月 15 日马根到香港任职，随即租用香港维多利亚城内皇后大道中 16—18 号银行大厦 2 楼作为九龙关总关本部的办公地址。经与广州、香港有关的政府官员商洽

---

① 九龙海关编志办公室编：《九龙海关志》，广州：广东人民出版社，1993 年，第 67—68 页。

后，接管了香港周围的4个粤海关常关关卡及广东省厘金局的厘卡，并从同年4月2日起对外办理业务，对来往香港与内地之间的船只及所载货物实行管理，先后开征鸦片进口税、厘金及一般货物的厘金与常关税。

建关初期，九龙关的总关机构设有总务课（即业务办公室）、秘书课（管文书档案）、财务课（管税款、开支费用）、监察长办公室（管外勤、各支关查私及行政事务）、海务税务司办公室（负责船艇维修与保养）等部门，下属机构则设有4个关厂，即汲水门、长洲、佛头洲、九龙城等关厂，人员为328人，其中洋员13人，接收常关、厘金关卡华员315人。

1887年底，对下属关厂（即关卡）予以改组，汲水门关厂下设荃湾、朱谷湾、深水埗分厂，九龙城关厂下设沙田分厂。同时建立缉私队伍与巡逻船队，拥有7艘船艇及军火、鸦片趸船各1艘，全关员工增至474人，其中洋员34人。

1891年，汲水门、佛头洲、九龙城3个关厂迁入新建关址办公。1895年9月，深水埗关厂迁入新址办公，撤销鸦片趸船，其业务由该关厂办理。

1895年，甲午战争后，清政府割地赔款，帝国主义列强借此机会纷纷要求在中国划分势力范围。1898年，在法国租借广州湾（今湛江）后，英国借口香港的安全受到威胁，要求清政府同意拓展香港界址，以利其保卫香港。在英国的压力下，清政府被迫于是年6月9日与其签订了《展拓香港界址专条》，将九龙半岛北部直至深圳河的土地及其附近岛屿和海域租借给英国，租期 99 年。该专条还规定：保留九龙城仍归中国管辖，清政府文武官员照常行使职能；九龙通向新安（即宝安）的陆路，中国官民可照常行走出入；保留九龙城原旧码头一处，供中国兵、商船及渡艇使用，以便九龙城内官民进出；在大鹏湾、深圳湾内，中国的军舰和商船无论是战时还是平时，都可以自由行驶和停泊。

英国外交部在签订该专条后，于是年 6 月 24 日通过驻华公使窦纳乐询问总税务司赫德关于"今后中国海关有何安排建议、并将于何处设立关卡"等问题。赫德于 6 月 27 日函复英方，就在港保留中国海关权益问题，提出几条建议，主要有：中国海关有权在香港保留办事机构，目前为非正式接受，应予正式承认，海关税务司地位应按中国官员身份确认；中国海关应有权在香港征收鸦片税厘，征收来往中国之民船所载一般货物的税收和其他税费，中国海关为查验核对货物，应有权在民船停泊处所附近地点保留一个或数个专用码头；中国海关船艇仍可继续在租借地内的水域中执行任务；非经海关批准，军火及违禁品不得在香港装船；香港应通过有关法令，使上述各款具有法律效力。

对于赫德的建议，英国外交部未予答复。是年 7 月 15 日，两广总督谭钟麟致函英国驻广州领事曼斯菲时指出："既然专条（指《展拓香港界址专条》）中规定官方衙门仍保留不变，按此原则，中国海关也应依照原样无须撤出。"但遭到英方拒绝。其主要原因是香港英国商会、伦敦英国商会、伦敦中国协会上书英国政府，不仅反对中国海关在香港收税，还要求中国海关机构及船艇撤离香港，并对《展拓香港界址专条》中有关保留九龙城归中国管辖，大鹏湾、深圳湾水域及九龙码头准由中方使用，以及中国官员在九龙城内照常行使职能等条款持反对态度，认为这等于是在英国领土上容许外国权力机关执行公务。

1899年3月18日，广东补用道王存善到达香港，与港英政府辅政司骆克一起勘测边界，经实地勘察后，于3月19日签订了《九龙租借协定》，具体确定了双方的实际边界。根据该协定，九龙半岛应于是年4月16日起租借并移交给英方，九龙关各关厂应同时迁出。后经与英方协商，对九龙关的搬迁问题做了变动，主要有：九龙城、深水埗关厂如期关闭；汲水门、佛头洲、长洲关厂延至是年10月4日迁出；九龙关总关及鸦片验征工作仍保留于香港。

英国强租九龙半岛后，立即将九龙城内清政府官员及士兵逐走，对九龙关关卡则以武力威胁。香港总督卜力向九龙关税务司义理迩表示，英国接管九龙租借地后，中国海关如继续工作，则将派出军警强行制止。1899年4月17日，九龙关关闭了深水埗关厂，九龙城关厂和沙田分厂则被英警强占，但汲水门、长洲和佛头洲3个海上税收关厂仍继续工作，未受干扰。

1899年6月8日，两广总督谭钟麟通知九龙关，应在所定边界线上另建关厂，并指定海上关厂的地址为东和（即沙头角）、伶仃、大铲、沙鱼涌、沱泞（即三门）等处，陆上关厂则应建在从赤湾起，沿深圳湾、深圳河、大鹏湾到大鹏角上的边界线和海岸线上，具体地点由税务司自行选定。

随后，九龙关加紧修建边境关厂，至同年9月底止，共建成13个关卡。因时间紧迫，经费拮据，所有关卡房舍设施均极简陋。

新建陆上缉私关厂9个，即：

赤湾关厂：借用定海庙（免租金）作为巡缉站，配关勇6人；

车公庙关厂：租用车公庙一部分（月租港币5元），配关员2人，关勇30人；

龙津墟关厂：租用小庙1间（月租港币5元），配关员1人，关勇18人；

沙头角关厂：在东和墟中租屋2间（月租港币8元），配关员2人，关勇20人；

盐田关厂：借用原盐务司旧房1间（免租金），配关员2人，关勇20人；

溪涌关厂：建草房1间，配关员2人，关勇30人；

沙鱼涌关厂：建草房3间，另占用盐务局小砖房1间，配关员1人，关勇15人；

下沙关厂：租用小庙1间（月租港币5元），配关员5名，关勇15人；

叠福关厂：占用大鹏城县台私房一部分，与县台兵丁同住，准备作为沙鱼涌关厂的分厂，人员由沙鱼涌关厂配备。

新建海上税收关厂4个，即：

大铲关厂：建草房4间，汲水门关厂部分人员迁入该处，另在海边建一小型码头及煤仓、船艇棚、休息室等简陋建筑；

伶仃关厂：建草房 2 间，汲水门关厂部分人员迁入该处；

沙鱼涌关厂：共用陆上关厂的房舍，并另建简陋厨房 2 间，工人用小草棚 1 间，人员由佛头洲关厂迁入；

沱泞关厂（即三门关厂）：建草房 3 间，并在村中租一小屋供水手居住（月租港币 3 元）。另外，还出资修复村中一间曾被焚毁的房屋作办公室（一年内免费，以后月租港币 2 元）。长洲关卡部分人员迁入该处。

至此，新边界各关卡基本筹建就绪。1899 年 9 月 9 日，两广总督谭钟麟通知九龙关，汲水门、长洲、佛头洲 3 个关厂应于 10 月 4 日关闭，迁入边境新址办公，其中长洲关厂部分人员迁往珠江口外东澳岛另建关厂（该关厂移交拱北关管辖）。

1899 年 10 月 4 日午夜，汲水门、长洲、佛头洲 3 个关厂停闭，翌日黎明新建的大铲、伶仃、沙鱼涌、三门等关厂开始办公。根据两广总督及粤海关监督的联合通知，自 10 月 5 日起，九龙关改称"九龙新关"，并以新关名义进行公务往来，对设在沿海和边境的关厂，都竖立"九龙新关"的界碑（至 1931 年国民政府下令裁撤常关机构后，恢复原称）。

自边境后移后，清政府对深圳地区的管理一直处于宽松的状态，大批土洋货物自由进出。1900 年 3 月，九龙关在该地建立深圳河关厂，专责该地区的税收及缉私工作。

九龙关关卡搬迁后，在港不动关产均归港英政府。其中，九龙方面的关厂于 1899 年 7 月 8 日被接收，汲水门及佛头洲关厂于同年 12 月 29 日被接收，长洲关厂房舍是租用的，并非关产，英方于 1899 年 5 月 30 日做了形式上的接收。

鸦片验征工作原在昂船洲北部海面的中国海关趸船上进行，该船移至深水埗海面后，再迁移至深水埗关厂进行。此项工作中英双方均甚关注。在香港境内征收鸦片税厘，对香港鸦片商人和港英政府有利，对九龙关开展验征工作也方便。因此，英方在要求中国海关关卡迁出的同时，主动提出愿代中国征收鸦片税厘，中方不予答复。于是，鸦片仍暂时在深水埗关厂内查验。1901 年 3 月 20 日，港英政府辅政司函告九龙关税务司，同意鸦片征税工作随同税务司一起留于香港境内。据此，九龙关将鸦片验征工作从按约应交给英方的关厂内迁出，另在深水埗租民房 3 间作为办公室和工作人员的宿舍。

自边界迁移后，陆上边界由原来的 2.5 英里扩展至 60 英里，海界也由原来的 20 英里扩展至 80 英里，海关的缉私任务更加繁重。因此，九龙关对边境关卡进行调整，并加强了缉私力量。1901 年 2 月，将沙头角关厂改为税收兼缉私关厂。同年 10 月，新建了罗坊、南澳和沙头等关厂，并将车公庙关厂迁至桂庙。全关缉私人员也由 136 人增至 268 人。至此，九龙关边境关卡的分布与机构设置基本定型，各方面工作趋于正常。当时，除总关与深水埗鸦片验征站仍留于香港境内外，在沿边沿海设有关厂18处，其中，税收关厂6处，即：

大铲关厂：负责珠江口各口岸出入民船查验征税工作，员工84人；

伶仃关厂：负责来往香港与中山县地区民船验征工作（包括石歧、南荫、下棚等地），员工15人；

深圳河关厂：负责对深圳与香港、澳门间进出货物的征税工作，员工28人；

沙头角关厂：负责对来往香港民船货物的验征工作，员工5人；

沙鱼涌关厂：负责对来往香港民船货物的验征工作，员工20人；

三门关厂：负责对来往香港与广东省东部各口岸及大鹏湾等地民船货物的查验征税工作，员工43人。

缉私关厂12处，即：

赤湾关厂：负责巡逻湾下、后海等边境地区，检查来自香港的3次渡船旅客行李，员工7人；

桂庙关厂：负责巡逻湾下、大涌等深圳湾沿海地带，检查来自香港渡船旅客行李，员工25人；

沙头关厂：负责巡逻东成堂、皇岗等深圳湾沿岸地区，员工21人；

龙津墟关厂：负责巡逻皇岗、深圳等沿边地带，员工25人；

罗坊关厂：负责深圳河关卡至莲麻坑边境地区的巡逻，

员工 25 人；

沙头角关厂：负责巡逻由莲麻坑至沙头角的边境及附近沿海地带（沿海岸至盐田路程的一半，另一半由盐田关厂负责），员工 27 人；

盐田关厂：负责附近沿海地带的巡逻（西接沙头角关厂，东面经大梅沙与溪涌关厂交接），员工 24 人；

溪涌关厂：是领导沿边各关厂的总部，负责检查各关厂工作，巡逻自土洋至大梅沙沿海地带，员工 64 人；

沙鱼涌关厂：负责下关至叠福之间沿海地带巡逻，员工 20 人；

叠福关厂：协助检查香港渡船的旅客行李，并负责每谷至下沙关厂沿海地带夜间的巡逻，员工 5 人；

下沙关厂：负责每天早晨派出人员前往叠福检查香港渡船的旅客行李，以及叠福至水头沙之间沿海地带的巡逻，员工 23 人；

南澳关厂：负责从水头沙至大鹏角（石牛角）沿海地带的巡逻，员工 18 人。

另外，海上缉私船艇亦由 7 艘增至 10 艘。

此后，九龙关为适应工作需要，不断增设和调整关厂。1907 年 6 月，总关从皇后大道中迁至渣打路约克大厦。同年 10 月，在新安县乡彭城盐埠地区，开设税收分厂，归属大铲关厂管辖。1908 年，深圳、三门、南澳等关厂迁往新址办公。1910 年，大铲税收关厂从大铲岛迁上新购的趸船办公。

1911 年 10 月，广九铁路全线建成通车，根据中英《广九铁路工作协定》，九龙关在终点站——九龙车站（即尖沙咀）设立关卡，查验货物，征收关税。这是九龙关首次在香港境内设卡，其业务范围也从征收鸦片税厘、缉私和代征常关关税和厘金，转为开始兼管外洋贸易的监管验征工作。同时，还在深圳车站设立了关厂。[①]

（二）征收关税

征收关税是九龙关的首要任务，也是其设立的初衷。九龙关对鸦片的进口税和厘金的征收工作，开始于1887年4月15日。当时由香港装上民船运往内地的鸦片，按规定须先存入停泊于昂船洲海面的九龙关趸船之中，由九龙关加以监管，缴纳有关税厘并取得税收单据后，才能从该趸船提取鸦片。根据海关税则，进口鸦片每箱（60千克）一次征收进口税关平银30两，协定厘金关平银80两，合计关平银110两，免征其他税费。是年，九龙关征收鸦片进口税厘关平银16.7万两，1888年征收31.3万两，1889年为26.9万两。此后，由于进口鸦片减少，税收逐年降低，最少的一年仅4.5万两。1905年征收关税有所上升，根据时任九龙海关总税务司赫德在光绪三十二年（1906）二月二十一日呈递给外务部的清折显示，自光绪三十一年（1905）九月初三至十月

---

① 九龙海关编志办公室编：《九龙海关志》，广州：广东人民出版社，1993年，第68—84页。

初六, 九龙海关共收洋药税厘关平银 27476 两 4 钱 1 分 9 厘。[①]
由此估算, 是年九龙关征收的鸦片进口税厘关平银当超过 30
万两。1911 年 5 月 8 日起, 根据中英《限制印度鸦片输入中
国协定》, 将进口鸦片的税厘提高至每箱关平银 350 两, 但
由于进口鸦片数量减少, 故税收并未增加, 全年仅为 4 万两。

　　1887 年 7 月 1 日, 九龙关开始按常关税则, 征收一般
进出口商品的常关关税。当时九龙关下设 4 个关厂, 每个关
厂负责征收一个地区进出口货物的关税, 其中汲水门关厂负
责广州及珠江三角洲各口岸, 长洲关厂负责澳门及其以西的
沿海口岸, 佛头洲关厂负责香港以东的沿海口岸, 九龙城关
厂负责九龙地区。因当时陆路交通不便, 进出口货物多为民
船装运, 故关税主要通过民船货运监管环节征收。

　　在建关初期, 除海关外, 设在边境关厂附近的煤油、火
柴等专项税收机构和包税商, 也在继续征收货物税款, 货主
因而被迫分别申报, 多重纳税。至 1890 年, 这些机构及包
税商先后撤离, 九龙关方成为边境地区唯一的税收机构。此
外, 在建关时, 总税务司曾指示, 接办常关、厘金局站卡的
税收稽征工作后, 应仍按原规定进行, 不予变动, 以避免惊
动商民, 导致贸易改道。因而在建关后, 各税收关厂仍按以
前各自不同的税收标准征税, 以致同一商品在不同税厂应交
的税款不一样。九龙关历任税务司曾多次要求予以改进, 按

---

① 《总税务司赫德致外交部清折九龙关征收华船税厘数目》(光绪三十二年二月
二十一), 中国第一历史档案馆编:《明清宫藏中西商贸档案(八)》, 北京:
中国档案出版社, 2010 年, 第 4915 页。

统一的税率征税，但直到 1909 年，即建关后的 22 年，始获批准，对当时的 6 个税收关厂实行《九龙关六厂划一税则》。

在九龙关所监管的进出口货物中，占贸易额近 1/5 的稻米免征关税。另外，经九龙关进出口的货物，税捐并非全部由九龙关征收，其中广州地区的进出口货物约占总数的 60%，均由当地常关征收。在九龙关交税的仅为非广州地区的进出口货物。由于大部分进出口货物在异地征税或免税，因而九龙关的税收与进出口贸易总量的比例远远低于全国平均水平，其税收仅占贸易额的 1.75%，而全国海关平均为 7.5%—8%。1877 年，九龙关征收的一般货物进口关税 7.21 万两。1888 年升至 15.05 万两。1889 年和 1890 年分别为 15.69 万两和 16.00 万两。1891 年 7 月，从香港进口的煤油开始改由小型汽船径运广州，并在广州申领转运单以继续内运。九龙关无法对其征收关税，故税收额呈下降趋势，是年为 14.43 万两。1892 年，茶叶、大米等大宗进口商品也改由汽船运输，加以经费税率降低 50%，故是年进口贸易额虽较上年增加，税收却下降了 20%。1897 年，由于开放西江口岸和严格贯彻转运单规则，执行子口税制度，导致很多货物由民船运输改为汽船运输，民船货运进一步减少。1898 年，海关开始对烟草、盐、火油、酒等商品加征厘税捐，不少货主为逃避这些税捐而改辟他途进口货物，故这一时期海关税收连年下降。

1899 年，英国强行租借新界地区，九龙关关卡被迫后移，在新的边界建立了大铲、伶仃、三门、沙鱼涌 4 个海上税收关厂，随后又建了深圳和沙头角等税厂，继续开展征税工作。除沙头角外，各税厂均设核税员，沙头角税厂的征税工作则由验货员代办。关税一般用港币支付，也可用银圆。核税员经香港汇丰银行提名并担保后，由海关雇用，各税厂征收的税款半月（或一月）一次解交汇丰银行。由于新界被租借后边境线随之扩展，造成海关缉私力量不足，导致走私加剧，影响了海关税收。是年至 1901 年税收每年在 7 万至 9 万两之间，1902 年始恢复正常。至 1910 年，每年在 10 万至 20 万两之间。这一时期，九龙关兼有"洋关"和"常关"的性质，因而与其他关的税收标准不同，仍有不少商民改变货运渠道，以避开九龙关的征税。如将民船运输改为汽船运输，有的还改由专门制造的洋式铁驳船运货（主要装运火油），并悬挂外国旗帜，这样便不属九龙关管辖范围。

1911 年，广九铁路建成通车。九龙关成立深圳车站关厂，并根据中英《广九铁路工作协定》，在香港境内的九龙车站设立税收关厂，查验货物，征收洋关关税，即按总税务司管辖的各通商口岸海关统一执行的协定税则（1902 年修订本）征收进口货物关税，不代征厘金、经费等其他税捐。这样，在九龙关关区内，同时执行两种不同税则，即铁路货运按协定税则（即洋关税则）征收，而民船方面则沿用常关税则办理，造成同一种货物，如蔬菜、鸡鸭等鲜活商品，由民船运载便可免税，由火车运载则需征税，商民对此反应强烈。为缓解这一矛盾，税务司决定在铁路通车之初，对列车所载的征免税不一致的商品暂缓征税，至 1912 年 7 月方一律按协定税则办理。虽然铁路货运在货运总量中所占比例较小，但铁路运输货物全部由九龙关征税，所以在税收总额所占比例并不低。1912年，九龙关共征收货物进口关税16万两，其中铁路货运税收1.85万两，约占11.6%。随着铁路货运量的增加，其税收所占比例也逐年上升。该时期，由于治安不佳，海盗横行，不少过去由水路运往石龙、东莞、深圳等地的货物改由铁路转运。①

（三）查缉走私

查缉走私是九龙关的一项重要任务，也是稽征关税工作的继续和延伸。深圳与香港水陆相连，但两地的政治、经济情况差异很大。清代后期，两地间的走私活动从未停止过，并且多次出现走私高潮，损害了国家利益，对人民生活也造成很大的影响。九龙关不断加强缉私力量，在陆路边境及海上防堵走私活动，但由于受到诸多因素的制约，走私活动长期禁而不止。1842年英国强占香港后，即将其作为基地，向内地大量倾销和走私由印度及中东一带运来的鸦片，据记载，香港被占后，由印度输入香港的鸦片逐年增多，从1841年至1850年，平均每年为3.7万多箱（每箱60千克）；1851—1860年，每年达6.8万多箱；至1886年，每年9万多箱，其中90%以上输入或走私进内地。

清政府向来将鸦片列为禁品，不准贸易，但长期禁而不

---

① 九龙海关编志办公室编：《九龙海关志》，广州：广东人民出版社，1993年，第241—243页。

止。鸦片战争后，清政府屈服于外国势力，不敢再言禁止。1858 年，清政府在签订《中英通商章程善后条约》时，被迫将鸦片改称为"洋药"，准予完税进口。于是，鸦片贸易变得合法，并以空前的速度发展。各省均乘此机会，以不同税额开征鸦片厘金，其中广东省定为每箱征银 16 两，再加上其他税捐，使进口鸦片成本不断增加，逐渐难以与国产鸦片竞争。在此情形下，中外鸦片商贩为逃避税捐，获取高额利润，猖狂进行走私。港英政府对此则采取纵容的态度，庇护鸦片走私，以保证其财政收入。据赫德估计，仅 1869 年，洋药到香港 8.8 万箱之多，进口报税者只有 5 万箱，其余 3 万箱走私可知，清政府因此每年损失了巨额税银。

1886 年，中英双方签订了《管理香港洋药事宜章程》。根据章程规定，港英政府负责管制香港境内的鸦片移运，防止鸦片走私。但港英政府并未履行该义务，相反却更有意识地依赖鸦片包税商人的走私作为其主要的财政收入来源，故鸦片走私仍然非常严重。1887 年九龙关建立后，即面对着猖狂的鸦片走私活动。当时香港辖区仅限于香港岛和九龙半岛的南端，陆上边界仅 2.5 英里，九龙关沿边界筑起竹栅围篱并派关勇队日夜全线防守，陆路鸦片走私基本上被控制。海上边界虽只 20 英里，但是因海上进出船只繁多，海关查缉力量不足，未能遏制海上鸦片走私狂潮。1898 年，中英签订《展拓香港界址专条》以及其后的《九龙租借协定》以后，香港辖区范围大为扩展，陆路边界随之扩至 60 英里，海界则扩至 80 英里，边界扩展后，海关查缉力量更严重不足，走私活动非常猖獗，走私物品除鸦片外，还有酒、盐及其他生活用品。

一是货运走私的查缉。清代后期，内地与香港之间的货运主要由民船承担。当时从事运输的船只近900艘，其中船体较大者（300—600吨）主要为政府许可的运盐船，小船则以装运水果、蔬菜、木柴为主。它们每年进出达数万艘次，内地的启运和到达地点有70多处（半数以上为珠江三角洲地区）。九龙关建立后，设有3个支关监管民船货运，查缉走私活动。其中汲水门关厂设于香港西北汲水门水道的妈湾岛上，负责查缉前往广州方向的民船货运走私活动；长洲关厂设于香港西南的长洲岛，负责查缉前往澳门及其以西海岸的民船货运走私活动；佛头洲关厂设于香港以东的鲤鱼门外数英里处，负责查缉前往香港以东海岸的民船货运走私活动。查缉工作主要在民船停靠各关厂中报时进行，因过往民船较多，海关人手不足，无法对民船所载货物全部翻查，漏洞颇大，每年均有不少鸦片及各类私货走漏过关。

对进出境的政府船只，如汽艇、炮舰等，九龙关最初在其过关时并不要求申报，也极少进行检查，后来鉴于该类船只不时参与走私活动，遂于1891年1月起规定一切政府船只每次过境时必须停靠并向海关申报，由海关派外籍人员登船进行检查。1898年英国强租九龙半岛后，九龙关边境关卡后移，新建了大铲、伶仃、三门、沙鱼涌等关卡，负责监管民船货运。由于监管区域扩大，常有货运船只闯越海关关卡进行走私。为此，九龙关向各船只发放了来往登记簿，并派出巡缉艇在各航道上巡逻，如发现货运船只未将登记簿交由海关关卡登录者，予以查扣，并没收走私物品。1902 年起，一些商民开始使用由汽船拖带的洋式铁驳船运输进出口货物，这类船只速度较快，不时有闯关走私活动发生。1911 年，广九铁路全线通车，九龙关先后在九龙车站和深圳车站建立关卡，对进出口货物进行监管。在其后的几十年间，铁路货运渠道的走私活动比较少，其原因主要有两个方面：一是海关对铁路货运监管比较严密，各类货物进出口均须经过多次查验核对，走私活动较难得逞；二是海关在沿边及海上所设防线比较松散，走私得逞率较高，走私分子无须从口岸冒险。因此，九龙关在铁路货运监管中极少查获重大走私案件。①

二是沿边沿海走私的查缉。清代后期，边境地区的鸦片走私活动十分猖獗。九龙关建立后，立即组建了关勇队，配备各类英式武器，沿边境日夜巡逻。当时常有走私分子携带鸦片闯越海关防线，并与关勇枪战，造成关勇多人伤亡。1891 年，九龙关在陆上边境沿线建立了竹围篱，并在中方一侧筑有硬实道路以便关勇巡逻。采取该项措施后，有效地制止了陆路边境上的鸦片走私。1898 年英国强租新界后，陆路边境由过去的 2.5 英里扩展至 60 英里，且边境地区多为荒山野岭，山路崎岖，海关无法再建围篱防卫，巡缉十分困

---

① 九龙海关编志办公室编：《九龙海关志》，广州：广东人民出版社，1993 年，第 292—293 页。

难。而且两边居民多与走私分子有关联，海关的缉私行动往往因边民向走私分子通风报信而一无所获。于是，九龙关将防堵走私的重点放在通往香港的要道上。是年至1901年，九龙关先后在边境建成12个缉私关卡，平均每隔5英里即设一卡，每卡配关勇20人左右。各卡的主要工作是检查经该卡所在路口进出的行人所携带的行李物品，发现走私物品即予没收；同时，各卡还将关勇3—5人组成一班，每天由关员带领分别向东西方向巡逻，与另一关卡巡逻人员半途相遇而返。每天出巡两次，每次4小时左右，从而在边界形成了一道稀疏的防线。此外，为防止陆上边境及沿海土地被利用作为走私据点，九龙关经报请两广总督岑春煊批准，控制了沿边沿海0.5千米范围内的土地买卖、建筑等。新安县还为此专门发布布告，并将布告刻于多块石块上，分别竖立于沿边界各处及大铲支关，晓谕居民遵守。当时，海关所设防线虽然漏洞颇多，但不法商人要逃避税收，就必须花费大笔资金雇请人员搬运私货，通过十分难行的荒山与溪涧后方能进入内地，其费用与正当进口所纳税费相差无几，故走私活动不多。①

三是海上走私的查缉。建关初期，香港地区与内地之间海上的边界仅有20英里，九龙关建立了巡逻船队，配有缉私船艇7艘，不定时在环绕香港岛的水上防线进行巡逻，以

---

① 九龙海关编志办公室编：《九龙海关志》，广州：广东人民出版社，1993年，第297页。

防止鸦片走私。由于当时海关在陆上边界的防守较为严密，走私分子大多将私货转为水路运输，他们常用的方法是：将私货装在小船上，在香港水域中等候，一旦海关巡逻船驶离，立即快速越过海上边界，停靠在附近海岸卸下私货。这类走私小船多达数百艘，海关船只在巡缉时往往顾此失彼，缉私效果不甚理想。

1898 年英国强租新界后，海上边界增至 80 英里。当时香港管辖的海域，东、南、西 3 个方向均可通向公海。无须遵循一定的航道路线，船只可以随时随处航行。香港南部各小岛均有居民点，大型走私船只可在该处停泊补充给养，一俟风向气候适宜，便扬帆向外驶出公海，超出九龙关巡缉范围，然后向东或向西航行，直奔广东沿海目的地。小型走私船只则多数结队在沿岸浅水部分水域航行，利用夜间闯过九龙关的三门、大铲、伶仃等支关，即使被发现，海关大型舰艇因吃水较深而无法对其采取行动，海关小艇虽可接近走私船只，但因数量有限，只能查扣其中小部分。从当时情况看，走私水域有五个：一是珠江口内水域。即从赤湾至淇澳灯塔一线以北，为从香港前往广州及珠江三角洲其他城镇的走私捷径，尽管九龙关在此设有大铲和伶仃两个支关，并有舰艇巡逻，但由于河道纵横、支流曲折，对装运私货的小型民船和机动快艇往往难以防堵。二是珠江口外水域。由于该水域岛屿众多，走私船只往往从香港之南或西出海，在各岛屿之间航行，伪报开往澳门或广州湾，以逃避海关检查。三是深圳湾水域。该水域属英方管辖，且其中多为浅滩，退潮时船只难以靠岸，因此走私分子常利用小型船只，在黑夜涨潮时将私货运往南头，然后转往全国内地。四是大鹏湾水域。该水域也属英方管辖，水面辽阔，湾内有坪洲、吉澳等岛，方便大型走私船只航行。五是三门岛附近水域。该水域与公海相连，海面辽阔，水深浪急，为国际航运水道，也是大规模走私活动的地区。

自1899年起，海上走私一直比较活跃，其方式多种多样，其一是利用民船运载私货于夜间绕过海关关卡。由于水域辽阔，夜间视线不良，海关难以缉捕。其二是利用下海作业渔船走私。数以千计在香港注册的渔船出海捕鱼时，按例不受海关检查，港英政府也不准渔船运载客货，但少数渔船受不法分子利用装运私货出海，如被海关发现，即将私货抛入海中，消灭证据，如未发现则可得逞。由于渔船众多，海关力量不足，无法严加检查，漏洞极大。其三是利用香港水域和岛屿走私。走私船只载货后，在深圳湾、大鹏湾、深圳河等水面停留，候岸上同伙发出安全信号，即迅速驶往目的地卸货，然后在当地居民的协助下，翻山越岭将私货转运至全国各地。走私分子还在大鹏湾的坪洲、吉澳等岛和新界的元朗、南坑等地，建有私货中转贮存所，一有机会即利用船只将私货驳运过境。该时期，由于《九龙租借协定》签订后，香港附近水域多属英方管辖，九龙关巡逻舰艇已不能像过去那样沿边界线巡行，只能按一定的巡逻航线，在距离边界较远的海域进行巡逻。具体做法是：分别在香港南部水道至澳门东部的海面、三门岛水道至大亚湾的海面、珠江口内河水域等处配备缉私船艇1—3艘，日夜不停地巡逻，抽查过往船只。经关员的努力，每年均查扣不少走私船只，缴获大批走私物品。①据相关史料记载，光绪三十四年（1908）正月，九龙关缉私人员在附近海域抓获私运枪械的日本轮船大造丸，并在船内缴获枪支2400杆，折合大洋6万元。②

九龙关的建立和早期经营是清代后期的深圳地区逐步沦为半殖民地半封建社会的历史性产物，清政府在对九龙关的日常管理上多受掣肘，较为突出的表现是当局在查缉走私过程中的案件处理方面缺乏独立审判权。1868年，清政府根据中外不平等条约中的"治外法权"条款，订立了《船货入官会讯章程》，规定外商的船货因违法而被扣留后，须由海关税务司会同当事人国家的领事共同参与审讯，中方无权单独处理案件。据此规定，所有海关缉获的案件处理权由税务司独揽，其他司法机关均无权过问，由此造成了外籍海关税务司在缉私案件处理中的绝对地位。③

---

① 九龙海关编志办公室编：《九龙海关志》，广州：广东人民出版社，1993年，第305—306页。

② 《税务大臣咨外部据拱北关电捕获私运枪械日轮文》，王彦威、王亮辑编，李育民、刘利民、李传斌、伍成泉点校整理：《清季外交史料7》，长沙：湖南师范大学出版社，2015年，第3760页。

③ 九龙海关编志办公室编：《九龙海关志》，广州：广东人民出版社，1993年，第312页。

二、出国华工和海外华侨

深圳是广东省重要的侨乡之一，21世纪初居住在香港、澳门等地的深圳籍同胞约有40万人，另有祖籍深圳的海外华侨和外籍华裔30万人。[①]海外华侨华人华裔中的第一代很大部分是以华工的形式输出国外的。鸦片战争爆发后至19世纪末，深圳地区有大批华工出国。原因有五：其一，自然经济的逐步解体导致劳动力市场充足。清代后期外国资本主义势力的大肆入侵，造成中国自然经济的破坏，使大量农民和手工业者破产，这就为西方资本主义国家提供了劳动力市场，无以为生的劳苦大众为生活所迫，有不少人逃到海外谋生。其二，海外经济的发展导致用工需求激增。西方工业的发展需要巨量东南亚的矿产、橡胶、蔗糖等原料，而当地劳力严重不足，奴隶贸易被废止后，北美洲、西印度群岛和南美洲的种植园、矿场的劳动力也出现严重不足，为了找到能保证经济发展的廉价劳动力，资本家便以人口众多的中国为目标，攫取中国丰富的劳动力资源。第二次鸦片战争后，西方列强迫使清政府签订《天津条约》，促使雇佣劳工与鸦片贸易合法化，它们肆无忌惮地在中国东南沿海掳掠华工。其三，靠近香港的地理位置导致出国务工更为便捷。香港作为当时劳工出国重要的口岸之一，与海外市场联系密切，贩卖

---

① 袁易明主编：《中国经济特区产业结构演进与原因》，北京：商务印书馆，2010年，第21—22页。

华工情况本较为严重，而深圳地区因处于比邻香港的重要地理位置，自然首当其冲。据统计，1860 年至 1881 年，华工经香港被贩运到美国的人数达到高潮，其后的 1883 年至 1898 年，经过香港输出的华工就累计达 991568 人。其四，社会危机加剧导致海外流亡。譬如，太平天国运动失败后，大批兵民为躲避地方政府的围剿，选择出走海外。其五，发财梦的驱使导致奔赴海外淘金。譬如，1848 年，在美国加利福尼亚发现金矿的消息传到香港，街头到处充斥着到美国去开矿可发财的广告，沿海地区有大批人奔赴旧金山。

当时出国的华工大体有三种类型：一是契约工，即被人贩子拐骗、掳掠并强迫或以其他形式签订卖身五至八年契约的年工，契约期满后，该工人可自便自择雇工安身。[①] 他们大多被运到南洋群岛、西印度群岛及美洲的古巴、秘鲁、巴拿马等地从事种植园、开矿、修铁路等苦役劳动，或从事磨坊、场圃、看牲畜等各项东家要求的工作。深圳地区的出国华工大多属于此类。契约工也被称为"苦力"或"猪仔"，从贩卖到运输，其中的利润高得惊人。"由于苦力供不应求，市价不断提高、贩卖苦力的利润越来越大，使这种商业投机活动形成狂潮。运输苦力的航运投机商贪图暴利，超额滥

---

① 契约工在合同期内，不能为己取益，亦不得为他人取益，单为所益东家，东家应当保证其工作安全，每月支付工银，提供其居住及日间食用，每年过唐人年停工 3 日。《何荣往秘鲁国受雇合同书》（1864 年 4 月 1 日），广东省档案馆：G2013- 华侨史料 -0002。

载，根本不顾苦力死活，不择手段地加以野蛮迫害。"①与此同时，当时也存在招工毁约现象。据1904年2月6日《香港华字日报》记载，法国人魏池招聘数百名华工前往法属海外殖民地开垦，规定一年后华工可自由选择去留，然而期满后，华工的人身不仅难以获得自由，还会遭到农场主的虐待，处境悲惨。②

二是赊单工，即出国华工的船票款由招工代理人垫付，到国外后以工资加高利的形式予以抵还。在债务未清偿以前，这类华工要听从债权人的控制与驱使。以加利福尼亚为例，旧金山的中国商人于1876年估计，加利福尼亚境内共有148000名中国人，他们当中只有一小部分是自由移民，或者是由他们的亲友代付船票的移民，其余的人全都是在赊单制度之下被引进美国的。③1862年以后被运到美国、加拿大、澳大利亚、新西兰等地的多属赊单工，到南洋群岛华工的一部分也属此类。

三是得到亲友资助，自费移居的华工。以美国为例，1868年中美《蒲安臣条约》签订以后，规定两国人民可以自由移民，美国签订该条约是为了满足本国对中国廉价劳动力的大量需求，这也在一定程度上为美国拐骗华工铺平了道路。然而，这类华工大多移居南洋群岛，他们到达目的地后，也往往陷入招工经纪人及其爪牙的魔掌中。

① 陈翰笙主编：《华工出国史料》第四辑，北京：中华书局，1981年，第196页。
② 《香港华字日报》，1904年2月6日。
③ 陈翰笙主编：《华工出国史料》第四辑，北京：中华书局，1981年，第284页。

在马来西亚的华侨中，原籍深圳地区的最多，有5万人以上，大部分是客家人。移居马来西亚的深圳人主要从事锡矿工人和割胶工人的职业，因而深圳人去马来西亚俗称"过锡山"，称吡叻州（今霹雳州）为"正锡山"。深圳华侨和惠阳淡水叶氏华侨曾在吉隆坡经营锡矿和橡胶业，对当地的发展作出过重大贡献。在英属马来西亚的华工所受的剥削和压迫要比印度尼西亚及其他国家的华工轻。契约期满后，华工们在国外极力寻找机会转到华人经营的企业，或联合起来经营种植业和矿业，独立自主地开拓自己的事业。深圳龙岗人邱满在当地经营锡矿厂而成为富户，马来西亚的知知港是祖籍深圳坪地镇（今深圳市龙岗区坪地街道）肖姓同胞比较集中聚居的地方，成立了马来西亚肖氏总会。祖籍深圳的马来西亚华侨华人成立有很多社团组织，早在1805年，马六甲成立了第一个华人会馆"惠州会馆"，成员中有不少深圳籍人士，以龙岗、观澜、石岩人居多。①

印度尼西亚的深圳籍华工，绝大多数是1855年之前与其他苦力华工一起从马来西亚转运而来。在印尼设有"猪仔馆"，"猪仔头"倒卖华工给荷兰人，每卖一名华工可获利80盾荷银。后来荷兰和印度尼西亚资本家认为价格高，于是由荷兰政府出面，于1888年派员前往中国，与清政府订立佣工章程。从此契约华工可以不经过新加坡而直接被运抵

---

① 深圳市人民政府侨务办公室编著：《深圳侨务史志》，深圳：海天出版社，2012年，第41—42页。

印尼。1864 年以后，每年都有几千名中国苦力被贩卖到苏门答腊东海岸地区的烟草种植园工作。自 1888 年到 1931 年约有 30.5 万中国苦力被运入勿拉湾。60 年间，苏门答腊烟草种植的工人几乎全是中国苦力。在印度尼西亚华人中，原籍深圳者为数不少，他们多是龙岗镇爱联乡的李姓、观澜镇的陈姓及横坑村的何姓，石岩镇官田村及罗租村、布吉镇沙湾及三联村一带，其中观澜横坑村的最多，仅在爪哇一岛便有观澜横坑村华侨 50 多户人家。横坑村华侨何石崇在 1880 年前后到达爪哇，经过打拼，在中爪哇淡猛公县创办"利索纳"雪茄烟厂①，在荷兰统治时期已是当地第二大雪茄烟厂，闻名全印尼，至今仍存在。

据《牙买加中华会馆会刊》记载，深圳契约苦力最早到达牙买加是在 1854 年。当时 472 名苦力华工为躲避瘟疫，从巴拿马果朗迁至牙买加岛，在乘船远洋途中死亡过半，幸存者中有 3 个是深圳人，分别为横岗长坑村人陈八、布吉丹竹头村人凌三、横岗人何寿。在 1864 至 1870 年间抵达牙买加的深圳籍华工有林丙、黄昌等人。1884 年，牙买加政府请港英政府辅政司代招华工 680 名，在澳门搭乘"钻石号"后转乘德国"亚历山大太子号"，航行 167 天到达牙买加金斯敦，当中多数人来自新安县。② 先后抵达牙买加的苦力华工，

---

① 宝安县地方志编纂委员会编：《宝安县志》，广州：广东人民出版社，1997 年，第 606 页。

② 宝安县地方志编纂委员会编：《宝安县志》，广州：广东人民出版社，1997 年，第 605 页。

大多从事甘蔗种植工作，在 5 年的契约期满后，他们各谋生路。其中有不少人开始做小本生意，开设咸杂店、水果店等中型商店。经过不断努力，他们当中有的成为批发商，有的设立工厂。最先经营批发行的有陈八，最先经营代理行的有沙湾人戴丁贵，最先经营货物行的有龙岗岗贝人李天培。观澜鳌湖人陈陆谦于 1939 年创办了莱耶钦摩雪糕厂；观澜马场人陈华福在第二次世界大战前创办了牙埠规模最大的新同汽水厂；观澜鳌湖人陈英豪、胡竟先夫妇创办了技术较高的铁器工厂。他们为牙买加的繁荣作出了重要的贡献。1905 年，家住龙岗鹤湖新居的客家后生罗定朝横渡太平洋，前往牙买加谋生，他更名为塞缪尔·罗，结识了一位当地姑娘并育有一女。100 余年后，他的外孙女葆拉在退休后开启了跨越两个大洲、四个国家和七个城市的寻根之旅。葆拉是美国资深媒体人，曾被评为美国商界最具影响力的非洲裔女性之一，在她不懈的努力下，最终在深圳实现了外祖父一脉 8 个家庭100 多人最完整的一次相聚。①

聚居在南太平洋的法属玻利尼亚群岛中的主岛大溪地（塔希提）的华人，绝大部分是原籍观澜松元厦村陈氏、龙岗各村及坪山廖氏、钟氏后裔。他们的迁徙历史与牙买加以及其他国家的苦力华工大同小异，于 19 世纪中期开始陆续被当作"猪仔"卖到这里，契约期间大多种植棉花。近代大

---

① 罗敏军：《远渡加勒比：彼岸的祖父》，深圳：深圳报业集团出版社，2016 年；〔美〕葆拉·威廉姆斯·麦迪逊：《寻找罗定朝：从哈莱姆、牙买加到中国》，深圳：深圳报业集团出版社，2016 年。

溪地首富陈世崇（又名陈福）是观澜松元厦村人，1888 年（时年 18 岁）以契约工的身份被招募，从澳门上船抵达大溪地。在契约期满后，经营香草生意，其后又到首府巴比特经营百货及土产品出口生意，后来创办"大溪地陈福银行"及"太平洋航业事务所"，经营轮渡生意，还创办了"椰油公司"。①

苏里南第三代华人迈克·杨进华，祖籍深圳市龙岗区龙城街道龙西社区楼下村，其祖辈早在 100 多年前就移居苏里南。凭借中国人吃苦耐劳的秉性和坚忍不拔的意志，他们不但在异国他乡扎根下来，迈克·杨进华还成功融入当地主流社会，2002 年步入苏里南政坛，先后担任苏里南工业贸易部、环境整治部和土地森林政策部的部长，成为苏里南有史以来为数不多的华人部长之一。特立尼达和多巴哥位于中美洲加勒比海南部，紧邻委内瑞拉外海，早在 200 多年前，华人便来到此处谋生，何才爵士于 1962—1972 年担任特多独立后的首任总督，其父母均为广东省宝安县客家人。同为宝安籍的加斯东·童桑于 2009—2011 年担任法属波利尼西亚总统，致力于中法波之间的多领域合作交流。

清代后期深圳地区的出国华工大多具有顽强的生命力，从他们及其后代的发展史可以体现出中华民族具有自立于世界民族之林的信心和能力。这些海外的华人华侨华裔历尽磨难，艰苦创业，不仅为促进当地工、农、商业的发展作出了

---

① 深圳博物馆编：《深圳近代简史》，北京：文物出版社，1997 年，第 85—90 页。

较大贡献，而且他们时刻关注着祖国的前途和命运，为中华民族的强盛而奉献，在近代中国革命史上写下了光辉的篇章。

三、家族与区域社会

清代后期的深圳地区一些大家族，如布吉凌氏、鹤湖罗氏、坪山黄氏和观澜陈氏等，大多很早移居到该地区，随着经年累月的发展壮大，在当地颇具声望，深受乡民爱戴和拥护，为该时期深圳地区的社会经济发展和区域社会的稳定团结作出了巨大的贡献。

布吉凌氏是晚清时期深圳地区的大家族。咸丰二年（1852），凌振高与其子凌启莲接受韩山文教士的洗礼，成为深圳地区较早受洗的本地人。凌启莲育有八子，皆有建树，小儿子凌善芳毕业于耶鲁大学桥梁建设系，后归国参与广九铁路建设。凌启莲的后代凌道扬，祖籍广东省新安县布吉丰和墟（今深圳市龙岗区布吉老街），是中国近代著名林学家、教育家、水土保持专家，他发起创建了中国第一个林业社团组织"中华森林会"，倡导设立中国第一个"植树节"，参与制定了中国第一部《森林法》，参与创办香港中文大学。除凌道扬外，布吉凌氏在多个领域人才辈出，如凌善安曾任国子监教授，教过光绪皇帝英文；凌宪扬曾在抗战时期动员各方力量在大后方重庆恢复了沪江大学的日常工作，在抗战胜利后，主持了学校在上海的复员工作，担任沪江大学的最后一位校长；凌筱英是新中国成立后的第一批妇产科专家。凌氏的后代当中也有较早移居海外的，1882 年前后出生的凌卓扬已经是布吉凌氏在美国檀香山出生的第二代华侨。[①]此外，鹤湖罗氏、观澜陈氏、坪山黄氏都是该时期深圳地区素有声望的大家族，它们为深圳地区乃至全国的各项事业发展作出过重要贡献。

新界邓氏是晚清时期香港地区的大家族，在香港新界五大家族[②]中定居新界的时间最早，经济上最为富裕，也占有最富饶的土地、最具权势。邓氏先祖邓汉黻于北宋开宝年间（968—976）由江西吉水迁南雄珠玑巷，其曾孙邓符迁祖坟于元朗，新界的邓氏子孙从锦田分支到元朗、粉岭等地，分衍出 50 多个村子。邓氏家族涌现出诸多爱国人士，深受当地民众的拥护。如邓氏家族的后人邓仪石知书达礼、心存正气，深得乡民爱戴，1899 年初，英殖民主义者染指新界，锦田、粉岭、元朗等村一万多民众推举德高望重的邓仪石为领导，组织武装抵抗英军。乡民们在他的带领下，修工事、筑隘寨，与英军进行了艰苦卓绝的斗争。此外，文氏家族、廖氏家族、侯氏家族、彭氏家族都是历经数百年发展而来的大家族，在清代晚期的香港地区占据重要的地位。

---

① 宝安县地方志编纂委员会编：《宝安县志》，广州：广东人民出版社，1997 年，第 606 页。

② 关于"新界五大家族"的称呼，最早来自英国人类学者贝克（Hugh D. R. Baker），他于 1962 年至 1963 年在新界上水做田野调查，并于 1966 年在香港发表专题文章《新界五大家族》。有关新界五大家族的具体内容可参考萧国健：《新界五大家族》，北京：现代教育出版社，1990 年。

清代后期的深圳地区素以"民风强悍"^①著称，在广九铁路的修建与筑路权斗争的过程中发挥了积极作用。光绪十四年（1888）九龙商民筹划修筑广州至九龙铁路，得到李翰章、张之洞赞可，并于光绪十六年（1890）对路线进行了踏勘。光绪二十四年（1898）英国插手索要此路承筑权。后迭经交涉，改为九龙界内由港英当局承办，广州至深圳墟段由中国借英款一百五十万镑自办。两段都在光绪三十三年（1907）兴工，宣统三年（1911）完成，全长 178.6 公里。与此同时，该地区常有匪徒流民啸聚山林之事发生，地方治安不算太平。1882 年 8 月 18 日，《字林沪报》上出现报道，声称广州府属新安县有匪徒"啸聚山林，联盟拜会，将谋不轨"^②，当地派兵弹压反为所伤，匪徒很快达到数千之众。九龙副将赖偏将军唯恐酿成大祸请求上级增兵援助，得知消息，邓保臣都督带兵 400 余名前往镇压。另据 1905 年 12 月 4 日《香港华字日报》报道，新安县境内盗贼横行，更甚者一村之中为盗者十之八九，当局决定实施清乡，缉拿盗匪。当时的深圳地区也不乏乐善好施之人，据 1880 年 11 月 24 日的香港《循环日报》记载，广东新安县人郑汝佳捐助直赈银 1000 两，朝廷为表彰其功，特为其建造牌坊。

该时期新安县妇女地位较高，组织性也较强，她们可以

---

① 《粤督抚谭钟麟鹿传霖奏报九龙关租界办理情形折》，王彦威、王亮辑编，李育民、刘利民、李传斌、伍成泉点校整理：《清季外交史料6》，长沙：湖南师范大学出版社，2015 年，第 2678 页。

② 《新安警报》，《字林沪报》，1882 年 8 月 18 日，0002 版。

自行组织规模较大的集会，对清朝中央和地方政府的相关政策表达自己的强烈不满，甚至公然发动骚乱，进行强有力的抗争。1910年，为推行新政，顺利完成户口调查，新安县依赖地方乡绅在各地调查户口。当时的新安县共分五区，西乡、固戍、上川等村均属第二区，西乡乡绅郑文贯因与调查员郑善钧有纠纷，为挟私报复，郑文贯遂捏造谣言，声称郑善钧调查户口的目的在于抽收户口人丁税，肆意煽动新安妇女群起抵制。不明真相的广大民众，将户口调查活动与征税抽捐联系起来，为维护自身利益，遂群起抵制，多次发生妇女聚众围扰警局、冲击县署的群体事件。①

　　1910年5月15日早上，固戍村几百名妇女趁调查员姜宜外出之际，涌入他的家中，辱骂其家人，大肆喧闹。为避免事态扩大，当局决定暂停西乡的户口调查事宜。次日早上，又有数百名妇女趁着调查员郑善钧和冯润霖外出之际，鸣锣聚众，涌入各乡绅家中，破坏房舍，并围堵当地警局。聚众规模与日俱增，到18日上午8时，当地已纠集西乡、上川、固戍等村妇女1000余人，她们聚众闯进县衙，勒令官府出具告示，解散调查员，停止户口调查活动。

　　新安妇女群起抵制户口调查事件其势汹汹，还有肇事者从香港潜回，鼓动各乡妇女寻衅滋事。6月6日，当地纠集1000余名妇女，聚集在北帝庙及沙坑，联盟抗官。当局派

---

① 对该事件的具体研究可参考叶锦花、李飞：《清末户口调查与广东新安民变》，《广东社会科学》，2021年第5期。

兵介入，捉拿到温冯氏、郑姜氏、郑袁氏、吴范氏、温黄氏五人，她们对自己纠众闹事，抵制户口调查一事供认不讳，官府遂将其收押候审。不料，当地妇女在 12 日纠集西乡、固戍、上川等村数千人，再次围堵新安县衙，勒令官府释放温黄氏等人。经历多次恶性事件后，迫于压力，部分乡绅请求辞去户口调查工作，但鉴于时间紧急，被当局驳回请求。①此类事件虽发生在新安县一隅，但影响颇大，对清末户口调查产生了不小的阻碍。尤其是妇女群起抗争一事，在当时也的确实属罕见。《东方杂志》评论道："以妇女而与官绅抗争，且起绝大风潮，亦各省鲜有之事也。"②该事件受到当局的密切关注，清政府火速使用武力弹压。1910 年 7 月 21 日，《时报》刊载消息："新安县（广州府属）居民因清查户口大起风潮，均是妇女出而抗阻，营县秉请大吏速由省派兵驰往弹压。"③妇女群体抵制户口调查的风潮在武力镇压下很快失败，户口调查最终也得以进行。

---

① 《新安调查户籍长请退不准》，《香港华字日报》，1910 年 7 月 25 日。
② 《东方杂志》，1910 年第 8 期，第 225—226 页。
③ 《时报》，1910 年 7 月 21 日，0003 版。

第四节　文化教育

伴随着经济和人口方面的掠夺，西方殖民主义者还对深圳地区的民众在精神文化方面进行渗透。清代后期，西方传教士随意出入深圳地区，在当地通过传教和兴办慈善机构等方式，建立教网，收集情报，扩张势力。西方殖民主义者的涌入客观上促进了中西方文化之间的交流，源远流长的中华文化逐步为西方社会所熟知；西方先进的生产技术和专业人员也能进入新安市场，为我所用，促进地方社会的进步。随着新安县与西方社会的交流日益频繁，造就了大批接受新式正规教育的各领域人才，也促进了当地近代教育的兴起和发展。

一、西方传教士的进入

嘉靖二十年（1541），耶稣会总会长派遣方济各·沙勿略从葡萄牙的里斯本出发，前往远东传教。沙勿略因身染疟疾，没能实现进入中国传播天主教的计划，但他提出的促使中国天主教化的设想，成为后来天主教传教士们为之奋斗的目标。万历七年（1579），传教士罗明坚抵达澳门，经过一年多的汉语学习，他开始到广州进行传教活动。万历十一年（1583），罗明坚在肇庆建立内地第一所天主教堂。同年，意大利天主教传教士利玛窦跟随罗明坚在肇庆传教，万历十七年（1589）在韶州（今韶关）建立了内地的第二座天主教堂。在来华的传教士中，利玛窦是影响最大的一位，他知识渊博，且能因时达变，他极力争取士大夫和上层人士的理解和支持，充分运用西洋科学仪器和先进知识，借助学术的力量传播教义，主动疏远葡萄牙殖民者，坚持与中国政府和民众友好，他的传教事业取得了较大的成功。利玛窦去世时，天主教在内地的传播有了初步的发展，当时设有天主教堂四处（北京、南京、南昌、韶州），总计领受人数约2500人。可以说，利玛窦为天主教在中国的传播奠定了初步基础。[1]

自康熙四十五年（1706）开始，因"礼仪之争"，清政府施行愈加严格的宗教政策，最终决定禁止天主教在中国传播，不允许西方传教士进入中国。[2]直至鸦片战争前夕，西方传教士们才跟随殖民侵略者的商船、炮舰再次踏上了中国的土地。1831年至1833年，德国基督教牧师郭士立曾三次游历我国沿海各省，在1835年继马礼逊牧师担任英国商务监督处的翻译，随英军参与中英鸦片战争中交涉的事务，1843年又继马儒翰担任港英政府的中文秘书，直至1851年在香港逝世。郭士立一方面担任行政职务，另一方面招收信徒，传授教理，1844年在香港成立"福汉会"，其宗旨是

---

① 晁中辰：《明朝对外交流》，南京：南京出版社，2015年，第251—257页。
② 康熙的宗教政策经历了由容教到禁教的转变，天主教在中国的发展也经历了巨大的转折。鸦片战争爆发后，中西实力对比已经与康熙时期大相径庭，天主教在中国的传播出现了新的局面。张先清：《康熙三十一年容教诏令初探》，《历史研究》，2006年第5期。

"广播教道，造福汉人"，凡会员信教者随即潜入内地传教，不断扩大影响。福汉会的早期工作较为顺利，1844 年会员只有 20 人，1845 年增至 80 人，1846 年 6 月洗礼人数为 179 人，到 1847 年底受洗礼者 900 人，1848 年 5 月，会员达 1300 人，其中任传道及助理者 112 人。1844 年至 1846 年间，福汉会先后在广州、佛山、顺德、三水、韶州、南雄、潮州等地设立福音站，在广西也设立了桂林、柳州、梧州、桂平、南宁、太平等 6 个站。传道人所到之处远至海南岛、广西、江西、福建等地。①

道光二十七年（1847），巴色会传教士韩山文、黎力基等人来香港协助郭士立传道，他们研习粤语、客家话和潮汕话，然后分赴内地传教。巴色会对客家人聚居地区影响较大，传道遍布 16 个客家县，成立 130 余支会，并设有教会学校。韩山文是有史以来第一位专向客家人传教的基督教传教士，也是第一位进入深圳地区的传教士，他早期常在新安县沙头角、布吉、李朗一带向客家人传教。1853 年 9 月 20 日，韩山文在布吉替洪仁玕施洗，洪仁玕便正式成为巴色会的一名教徒，韩山文根据其口述完成《洪秀全的梦魇与广西暴动的起源》②，所记洪氏世系、洪秀全童年、考试患病及异梦，读《劝世良言》及创立拜上帝会，传教与发动金田起义、洪仁玕谷岭起义及在香港流亡生涯。从严格意义上来

① 茅家琦编著：《晚清史论》，郑州：河南人民出版社，1989 年，第 196—197 页。
② 洪仁玕口述，〔瑞典〕韩山文笔录，刘中国译释：《洪秀全的梦魇与广西暴动的起源》，广州：花城出版社，2007 年。

说，该书系中国近代第一部口述回忆录。[①] 为了便于向客家人传教，黎力基还在 1855 年编纂了客家罗马字典。

1852 年，德国传教士韦永福在布吉办学，收张纯波、陈超瑞、江永宏、凌启莲等人为门徒，并聘请张广明担任教习。[②] 1857 年，传道会为培育传道人才，选送新安县布吉李朗人江云章、樟坑径人陈乐真及李承恩三人赴德国柏林神道大学留学。1864 年，德国传教士贝德明等人在布吉李朗创办存真书院（后改为传道书院），教神道学，这是第一所以客家方言授课的神学院。巴色会交友广泛，热衷于团结教会人士共同促进传道事业的发展。1879 年，新安巴色会江启明为解答林乐知牧师关于种茶一事的相关疑惑，在《万国公报》上刊登专栏，详细解答种茶之法。[③]

1860 年前后，香港监牧区的范围扩大，几乎包括新安县全境。1874 年 11 月 17 日，教皇庇护七世颁布法令，扩大并晋升香港监牧区为代牧区，委任高蒙席为第一任宗座代牧，其管辖范围包括新安县、归善县和海丰县。1898 年中英签订《展拓香港界址专条》，新界从新安县划分出去，新界西贡和南头城渐渐成为传教中心，其他县则逐渐变成教会自治区。从 19 世纪中叶到 20 世纪初期，新安县有天

---

① 刘中国：《洪仁玕、韩山文与近代中国第一部口述回忆录》，《特区实践与理论》，2007 年第 4 期。
② 王庆成编著：《稀见清世史料并考释》，武汉：武汉出版社，1998 年，第 194 页。
③ 《答茶：广东新安巴色教会弟江启明禀上》，《万国公报》，1879 年第 534 期，第 13—14 页。

主教堂 20 余所。

天主教自 19 世纪初以来在中国大行其道，主要原因在于资本主义列强把它作为对中国进行殖民侵略的工具。1844 年签订的中法《黄埔条约》规定，法国人可以在五个通商口岸建造教堂、坟地，清政府有保护教堂的义务。在法国政府的胁迫下，1845 年 2 月，清政府同意取消对天主教的禁令。1858 年的《天津条约》又规定各国传教士可到内地自由传教。从此，西方各国耶稣基督教会纷纷而来。鸦片战争前，传教士在中国经常为殖民侵略军搜集情报，如郭士立曾多次到深圳湾等沿海地区侦察。鸦片战争期间，他们充当英国商务官和港督翻译，马儒翰和郭士立还是《南京条约》的起草人。郭士立在第二次鸦片战争时又充当了英军进攻上海的向导。

19 世纪中叶，意大利天主教神父佛伦特里在尼格里的帮助下，几乎走遍新安县的每一个角落，绘制出《新安县全图》，全图绘成于同治五年（1866），是一张古羊皮纸地图，地图附有英文简介："新安县图（广东省）乃传信会一名意大利神父，以其专门技艺、作实地勘察，历时四年所完成者，并为有关该地迄今首次出版之唯一地图。一八六六年五月。""直至一八九八年新界租约成立为止，多年来，该图不单对传教士有用，对英军及政务当局亦有很大的帮助。"佛伦特里对《新安县全图》有这样一段描述："若直接从实用及地方的观点来看，该图的作者有理由相信，他的努力不会白费。……作者认为，这幅地图对自然学者、旅行人士、运动家及传教士也颇有用；对英国当局来说，在应付猖獗的海盗……这幅地图亦很有帮助。"①显然，佛伦特里所绘制的地图，为英国殖民主义者拓展新界和镇压新安人民的抗英斗争提供了帮助。

二、中西文化交流

西方传教士的传教活动客观上促进了中西文化之间的交流。传教士在中国开展的各项活动，如开设医院、创办学校、著书出版等，直接参与了当地的文化事业发展，对中国文化从传统进入近代起到了重要的促进作用。与此同时，传教士也热衷于学习推介中国传统文化，中西之间的文化和人才交流日益频繁。

天主教会在深圳地区传道的同时，也兴办了一些育婴堂、教会医院和教会学校等慈善机构。1905 年，意大利嘉诺撒女修会在深圳南头城内兴建了一座育婴堂，收养新安、东莞、惠阳一带的弃婴，最多时有 100 多人，这是天主教会在广东省内开办的最早的慈善机构。②在清代后期的深圳地区，由于当地的贫困和落后，弃婴现象颇为频繁，被遗弃的婴儿大多为残疾儿童和女婴，往往被弃于育婴堂门外。弃婴孱弱的身体通常经受不住折磨，导致大部分夭折。部分幸运的弃婴则被育婴堂收养，他们的父母或亲戚可以每天来育婴堂探

① 深圳博物馆编：《深圳近代简史》，北京：文物出版社，1997 年，第 97 页。
② 赵春晨、郭华清、伍玉西：《宗教与近代广东社会》，北京：宗教文化出版社，2008 年，第 213—214 页。

望两次，甚至可以在条件成熟的情况下把他们接回家去。在育婴堂的孤儿可以得到较好的调教，他们可以学到裁缝、刺绣、熨衣等手工艺。育婴堂有一位中国籍的圣保禄修女负责教这些孩子读书、写字，并有华籍神父为孩子们传授天主教义。在育婴堂长大的女孩子，一般到了 20 岁左右多由神父介绍与本教区的天主教徒结婚。①此外，布吉李朗有一所颇具规模的神学院，龙华浪口还有一间虔贞女校，传教士企图通过教会学校以培养具有基督教精神的人物，从而实现影响世人的目的。

人才是文化的载体，人才和文化的流动总是相互进行的。在西方传教士向深圳地区输出宗教文化的同时，西方先进的工业文化也受到了当地富绅的青睐，他们大力延揽通晓西方实用技术文化的专业人才，致力于地方经济的发展。1908 年，新安县富绅郑莫为发掘当地阳台山金矿，特意聘请专业的西矿师担任该矿矿师。《并州官报》以"实业：广东请开新安金矿"为题刊登了这则消息，指出新安富绅有意聘请西矿师担任开发当地金矿的矿师："新安县富绅郑莫现集股二十万，拟开办该县阳台山下金矿。已延聘西矿师勃达君为开办该矿矿师。昨已由张安师咨请农工商部查核允否开办矣。"②

---

① 深圳博物馆编：《深圳近代简史》，北京：文物出版社，1997 年，第 98 页。
② 《实业：广东请开新安金矿》，《并州官报》，1908 年第 12 期，第 13 页。

三、近代教育的兴起

随着中西文化相互交流的日益频繁，清末广东社会在接受西方新式教育的认识方面，有着一定的思想基础。在时人看来，随着中外通商的日益发展，洋务显得愈发重要，以往通过学习八股文参加科举考试致仕，不再被人们视为出人头地的唯一途径，学习西方知识文化，促进中西商务往来，成为新的成才道路。新旧世界的激烈文化碰撞，对时人的教育心态产生了巨大而深远的影响："惟是时中国为纯粹之旧世界，仕进显达，赖八股为敲门砖，予兄方在旧塾读书，而父母独命余入西塾，此则百思不得其故。意者通商而后，所谓洋务渐趋重要，吾父母欲先着人鞭，冀儿子能出人头地，得一翻译或洋务委员之优缺乎。"[1]这种心态在当时广东人当中较为普遍。清政府派出的赴美幼童绝大多数是广东籍，其中不少人成长为近代中国外交、教育、科技领域的领军人物。在1872年至1875年间，清政府分4批派出120个幼童赴美公费留学，其中有84人来自广东，另外还有7名广东学生随着第二批幼童自费前往美国留学，周寿臣则是留美幼童里唯一一位新安县籍学生。值得一提的是，广东学生接受西式教育的热衷程度甚至超过同时期的上海。例如，第一批赴美留学选择在上海招考，因报考人数较少，组织者不得不四处动员，曾国藩也特地告诉广东商人徐润，劝说广东人积极送

---

① 容闳:《容闳回忆录》，北京：东方出版社，2012年，第1页。

子应选。最后，第一批赴美留学的 30 个幼童中，就有 25 人来自广东。

清代后期的广东学者欧榘甲在《新广东》一文中，专门论述过其时广东区别于其他各省的四大特质：一是人才之出众，广东开埠通商最早，风气最开，所育人才既能通外事也可知内情，海内外广东儿女为国家发展作出过巨大贡献；二是财力之雄厚，清代后期的广东"以财雄闻于天下，中外所公认也"；三是地方之握要，"外国文明输入中国者，以广东为始"，广东良港众多，"与海外交通之便利，万物皆可运入，无能留阻"；四是户口之繁殖，"广东人口滋生之易，世界殆无其比，每年疾疫水旱风鱼之灾，死亡者动逾百万，其接踵而生者，转瞬即过于其旧"，原因在于广东优越的地理环境，"一则地当温带，生产易盛；二则海舶纷来，偏灾易救"。[①]上述论断同样适用于当时的深圳地区，尤其是在近代西式教育的影响下，清代后期的深圳地区涌现出诸多接受过完整的正规教育、思想自由进步的人物。郑毓秀是其中的重要代表，她出生于新安县西乡乡屋下村（今深圳市宝安区西乡街道乐群社区），是中国著名的革命家、法制建设先驱、女权运动倡导者，也是中国近代史上第一位女性博士，第一位女性律师，第一位省级女性政务官，第一位参与起草《中华民国民法典草案》的女性，第一位地方法院女性院

---

① 太平洋客（欧榘甲）：《新广东》，张枬、王忍之编：《辛亥革命前十年间时论选集》第一卷，北京：生活·读书·新知三联书店，1960 年，第 269—311 页。

长与审检两厅厅长。郑毓秀的一生颇具传奇色彩，她出生在一个封建官吏家庭，却是一个"个性倔强，反对封建保守制度"①的人，年少时接受西式正规化教育，在日本留学期间，又经廖仲恺介绍，加入孙中山先生领导的同盟会。郑毓秀是一位"有血气、有意志"②的革命者，她曾参加过革命党人组织的暗杀载沣、袁世凯和良弼的活动，时人赞曰："巾帼丈夫吾当以郑毓秀为巨擘。"③1925年，她通过《中国立宪活动》的毕业论文，成为首位获得巴黎大学法学博士学位的中国女性。④郑毓秀的传奇一生既是清代后期深圳地区人才培养和成长的历史缩影⑤，也是近代中国教育兴起与发展的时代印记。

　　清代后期，新式学堂在深圳地区的不断涌现，让新安学子无须远赴海外，在当地就能够接受到正规的新式教育，为近代深圳地区的发展培养了大批优秀的新青年。光绪四年

---

① 〔法〕叶星球：《法国华人三百年》，巴黎：巴黎太平洋通出版社，2009 年，第 25 页。

② 徐永昌：《徐永昌回忆录》，北京：团结出版社，2014 年，第 250 页。

③ 陈定山：《春申续闻》，北京：海豚出版社，2015 年，第 86 页。

④ 有关郑毓秀的生平可参阅：郑毓秀口述：《来自中国的少女》，广州：广东经济出版社，2018 年；郑毓秀：《我的革命岁月》，广州：广东经济出版社，2018 年；郑毓秀著，刘中国、柳江南译：《玫瑰与革命：民国奇女子郑毓秀自传》，香港：香港中和出版有限公司，2021 年。

⑤ 清代后期的深圳地区接受良好教育的人物不少，如陈观海（1851—1920）及其夫人，是近代中国最早留德学生，也是基督教信义宗最早的华人牧师；陈桂籍为道光二十一年（1841）进士；江逢辰（1859—1900）为光绪十八年（1892）进士，曾任户部主事。

（1878），在浪口福音堂建立 12 年之际，别加麟牧师在村民吴其昌的支持下，以其自办的私塾为基础，创办了虔贞女子学校，开始办学育才。虔贞女校开办之初，专门招收来自浪口村的基督教女学生，后来周边地区甚至香港等地的女生也闻名而来读书，遂成为广东地区最早的女子寄宿学校之一。随着时间推移，学校也开始招收 13 岁以下的男学生入读，并更名为虔贞学校。该校设有语文、算术、手工劳作、体育和音乐等科目，培养学生全面发展，鼎盛时有学生 120 余人，教师 6 人。① 光绪三十二年（1906），南洋华侨黄子光、黄子文、黄丽春、黄观保等以南洋万兴公司的名义捐款 1 万银圆，参照上海南洋公学的结构规模，兴建了新式的光祖学堂，即光祖中学的前身。同年，始建于清嘉庆六年（1801）的凤冈书院正式更名为凤冈学校（南头中学前身）。

---

① 深圳市龙华新区羊台山文史研究会编：《深圳往事：龙华史话 1949—1979》，广州：羊城晚报出版社，2015 年，第 50—51 页。

第二章　民国前期的深圳地区

辛亥革命期间，新安县的革命者积极主动克复县城，并向省城广州方向展开攻略，策应了革命发展的大局。民国前期，全国政局动荡极为频繁。新安县复名宝安县。在广东革命力量与各种军阀、反动势力的反复缠斗中，宝安县非常曲折地继续着从清末就开始的带有近代化性质的行政建置演变和社会经济、文化教育发展。第一次国共合作时期，中国共产党积极在宝安县成立和发展党组织，开展农民运动。省港大罢工期间，宝安县作为支援香港罢工工人、封锁香港的斗争前沿，发挥了巨大作用。随着广九铁路通车运营，位于广九铁路沿线重要交通节点的深圳墟，其重要性和知名度越来越高，逐渐发展成宝安县新的经济中心。

第一节　政治变迁

孙中山领导的辛亥革命推翻了清王朝的统治，但是以袁世凯为代表的大大小小的反动军阀窃取了胜利的果实，全国陷入了革命力量与反动军阀反复斗争的局面。在辛亥革命策源地之一的广东，两种力量的缠斗尤为激烈。宝安县经历着民国前期广东的动荡政局，同时也发挥着自己的独特作用。在中国共产党领导下，宝安县人民大力支援省港大罢工工人，积极配合封锁香港的行动，为反对帝国主义的斗争作出了重要贡献。

一、辛亥革命结束清朝在新安县的统治

1911年4月27日，革命党人在广州发动起义，史称"黄花岗起义"。出生于牙买加、祖籍新安县龙华弓村的同盟会会员卓凤康，与同村义士周振源一起，秘密组织和发动龙华、乌石岩两地民众近千人起义，声援广州黄花岗起义，坚持斗争了3天。①黄花岗起义后，革命党人在各地秘密组织队伍，就地潜伏待命，新安、东莞及周边一带有胡汉贤（广东开平人）组织的昭字营革命军，主要由"广九路筑路工人，驻扎在新安、岗头等地的义勇军（即护路军）和驻防东莞、石龙与四邑中路巡防营的防军"组成；惠州人谭瀛也组织了瀛字敢死军，主要由"部分居留港九、惠州等地的工人和一些樟木头、增城等地的被压迫的农民"组成。②

1911年10月10日，武昌起义爆发，全国纷起响应，广东的革命党人迅速联络全省各地会党、绿林，招募民军，举

---

① 深圳市地方志编纂委员会编：《深圳市志·社会风俗卷·人物志》，北京：方志出版社，2014年，第16页。

② 胡汉贤：《记广东瀛字敢死军（节选）》，深圳市史志办公室编：《民国时期深圳历史资料选编》，深圳：深圳报业集团出版社，2014年，第18页。

行起义，一时间涌现出数十路民军。①昭字营革命军和瀛字敢死军接到隐藏于广州城内的革命机关的总动员令后，赶赴广州城郊外秘密集中，待命攻城。昭字营革命军于10月31日"到达广州小北郊外龙眼洞各乡潜伏"，瀛字敢死军也随后来到附近会合，两军合在一起"有千余人左右"。胡汉贤与谭瀛协商后决定，昭字营革命军和瀛字敢死军合并，以瀛字敢死军担任攻城敢死先锋队，昭字营革命军也采用瀛字敢死军的旗号。②

另外，参加过黄花岗起义的同盟会会员王兴中（梅州人）从避居地香港返回内地新安县，于10月30日与叶玉山等40余人在新安县与东莞县交界的观澜墟起义。起义军筹饷、扩军，打击、招降清军，并竖起了"粤省第四军"的旗号。11月5日，清哨官梁全率兵80余人从新安县城过来投降革命军。11月6日，在王兴中所部革命军与卓凤康、何玉山（龙华赤岭头村人）、吴兆祥（龙华浪口村人）等人组织的龙华民军大举进军新安县城态势的压力下，清军游击吴敬荣和清新安知县翁贻孙送书投降，龙华民军3000余人率先闯门进城，王兴中部革命军午后进城。11月7日，起义军公推王兴中为第四军司令，王兴中部革命军移驻新安县深圳

---

① 李克义：《广州银河公墓所见辛亥革命史料》，《佳木斯教育学院学报》，2012年第5期，第429页。

② 胡汉贤：《记广东瀛字敢死军（节选）》，深圳市史志办公室编：《民国时期深圳历史资料选编》，深圳：深圳报业集团出版社，2014年，第18页。

墟，而以何玉山率领部分龙华民军驻守新安县城南头城。[①]

在各路民军对广州形成包围之势以及全国革命形势进一步发展的情况下，清廷在广州的统治集团分崩离析，清两广总督张鸣岐无奈接受广州各界人士提出的"和平独立"主张。[②] 11 月 8 日，广东咨议局副议长丘逢甲和巨绅江孔殷等人召集各团体代表 200 余人在总商会开会，讨论宣布共和独立的问题，张鸣岐与龙济光（清陆军第二十五镇镇统[③]）均派代表与会。会议决定，次日宣布广东"共和独立"，推举张鸣岐、龙济光为临时正副都督，新军协统蒋尊簋为军事部长，以咨议局为议事机关。张鸣岐不敢就职，当夜潜逃香港。龙济光也不肯就职。[④] 11 月 9 日，全省各团体代表在咨议局召开大会，作出十条决议，包括"欢迎民党组织共和政府及临时机关""宣布共和独立，电告各省及各国"等，并推举胡汉民为粤军都督，蒋尊簋为军政部长兼代理临时都督。蒋尊簋以中华民国军政府粤省代理大都督的名义发布

---

① 王兴中著、周惠均注：《粤省第四军革命日记》，深圳市史志办公室编：《民国时期深圳历史资料选编》，深圳：深圳报业集团出版社，2014 年，第 19—21 页；《寻访辛亥革命深圳记忆》，《深圳晚报》，2021 年 10 月 25 日；深圳博物馆编：《深圳近代简史》，北京：文物出版社，1997 年，第 108 页。

② 钟卓安、汪叔子主编：《广州通史》近代卷上册，北京：中华书局，2010 年，第 362—368 页。

③ 《粤省辛亥光复后十四年政局概述》，中国人民政治协商会议广东省委员会文史资料研究委员会编：《孙中山与辛亥革命史料专辑》，广州：广东人民出版社，1981 年，第 140 页。

④ 方志钦、蒋祖缘主编：《广东通史》近代下册，广州：广东高等教育出版社，2010 年，第 348—349 页。

《安民告示》，称"照得广东全省本日已宣告独立，改隶中华民国军政府之下"，在政治层面结束了清朝在广东的统治。①

在新安县，11月7日，王兴中部革命军到达深圳墟时，当地绅商界均燃放爆竹欢迎，深圳墟商民还捐助军食六日。11月8日，革命军组织四十余人作为深圳墟警察，以防兵民扰乱。先前革命军派遣叶玉山、廖福泰前往东莞石马（即樟木头）招降清军管带姚洪阶，"不及四日而降书至"，这时"还报事成"。11月9日，当时广九铁路已停车三日，革命军队伍"多铁路公司工人"，他们"寻获火车一辆、运泥车四辆"，革命军就自己驾驶这些火车，移师前往石马受降。11月10日，革命军到达石马，姚洪阶所部清军已等不及革命军到来，因为"警报纷传，惊疑不定"，而向广州方向逃窜了。11月11日，革命军继续进军至石龙，当地清军也已溃散。革命军在石龙接到了省城宣布独立的情报，遂不再沿广九铁路线向广州进发，改为进攻增城。在攻城战中革命军"死八人，伤十七人"。11月12日，"省城反正"的消息传到增城，当地清朝官员逃亡，增城商民打开城门燃放爆竹欢迎革命军进城。11月13日，革命军奉广东军政府的电令，移师防护省城，驻广州东较场。该部革命军"初在官澜、深圳、增城、石龙义兵及降兵不下四千余人，奉电后沿途遣

---

① 《广东独立记》，刘萍、李学通编：《辛亥革命资料选编》第三卷下册，北京：社会科学文献出版社，2012年，第736—737页。

散义兵过半，到省后复遣"。至 11 月 18 日，该部革命军所剩人员被编为三个营，其中一营编入广东北伐军，剩下两营"尚剩百余人，皆给私费遣往原籍"。① 从新安县向广州进发的这支革命军，控制了当时非常重要的战略交通线广九铁路，沿途声势越发壮大，有力促进了辛亥革命形势的发展，完成了自己的历史使命。

辛亥革命中，新安县的革命者积极主动，先于省城广州取得了克复新安县城的胜利，并沿广九铁路向广州方向展开攻略，策应了革命发展的大局，为辛亥革命的胜利作出了贡献。随着辛亥革命的胜利，新安县与整个广东省一起，结束了清朝在本地区的统治。

二、复名"宝安县"与行政建置演变

1911 年 11 月 10 日，也就是广东各界代表决议宣布"共和独立"的第二天，胡汉民由香港抵达广州，即日召开大会，就任都督之职，宣布广东军政府正式成立。11 月 17 日，各界代表增选陈炯明为副都督，黄士龙为参都督。军政府随后委任了军政部、财政部、民政部、司法部、外交部、交通部、实业部、教育部正副部长，以及军政府总顾问，并设立枢密院帮助都督处理政务。同盟会会员在军政府各部首脑中占绝大多数。省议会成立前，由"各界代表大会"作为议政

---

① 王兴中著、周惠均注：《粤省第四军革命日记》，深圳市史志办公室编：《民国时期深圳历史资料选编》，深圳：深圳报业集团出版社，2014 年，第 21—22 页。

机关。由此，辛亥革命后广东建立的第一个资产阶级革命政
府——广东军政府初具规模。[1]

1912 年 1 月 1 日，中华民国临时中央政府在南京成立，
孙中山就任临时大总统，胡汉民随孙中山北上，被任命为总
统府秘书长，陈炯明则留在广东任代理广东都督。1912 年南
北议和告成，清帝退位，孙中山辞去临时大总统职务，由袁
世凯接任，胡汉民回到广东，于 1912 年 4 月 27 日再次被推
举为都督。广东军政府改部为司，并增设若干厅、处、院、
局。民国初期的广东省级地方政府大体维持 9 司、2 厅、2
署、5 处、1 院和若干局的行政体制格局。[2]

民国初建时，广东省地方行政建置设省、县二级，新
安县属广东省直辖。[3]其后在省、县之间设道，成三级建置。
全省划分为 6 个道，其中粤海道辖原广州府、肇庆府、罗定
州，属下 30 个县，其中包括宝安县（新安县改名）。各道设
观察使，为行政长官，道署改称观察使公署。后观察使改称
道尹，观察使公署改称道尹公署。各署分设内务（兼总务）、
财政、教育、实业 4 科。各道以下设县，县行政长官称知事，
行政机关称县知事公署，分置 2 科或 4 科。每县立一议事会，
设议长、副议长各 1 人，议员若干。议事会为咨议机构，没

---

① 方志钦、蒋祖缘主编：《广东通史》近代下册，广州：广东高等教育出版社，
2010 年，第 349—350 页。

② 方志钦、蒋祖缘主编：《广东通史》近代下册，广州：广东高等教育出版社，
2010 年，第 364 页。

③ 宝安县地方志编纂委员会编：《宝安县志》，广州：广东人民出版社，1997 年，
第 56 页。

有实权。至 1920 年底，全省各道均撤销。[①]但实际上在省、县之间还是会设置不同名目的临时或正式政区，形成事实上的三级地方行政建置。

辛亥革命后新安县的行政机关称新安县公署，1912 年成立，行政长官称民政长，县治仍在南头。何恩明为首任新安县民政长。1913 年，新安县公署改称新安县知事公署，行政长官称县知事，下设总务、实业、教育、财政、民政 5 个课和巡警事务所。[②]1914 年 1 月，全国行政区域整编，新安县因与河南省新安县同名，更名复称宝安县。[③]新安县知事公署改名为宝安县知事公署，下设 4 个科，分理总务、财政、教育、实业等事项，每科置科长，下设科员、书记，并设技士和雇员。各科的设置由广东省行政长官核定，并呈报中央政府国务总理及内务总长。1921 年，县知事改称县长。1926 年，在广东国民党政府的管辖下，宝安县知事公署改称宝安县政府，陆国垣为首任国民党政府的宝安县长。[④]

民国初年，新安县沿袭清光绪三十四年（1908）公布的《城乡镇地方自治章程》，延续乡镇自治。1924 年，宝安县

---

① 方志钦、蒋祖缘主编：《广东通史》近代下册，广州：广东高等教育出版社，2010 年，第 392—393 页。

② 《深圳百科全书》词条"新安县公署""新安县知事公署"。深圳百科全书编委会编：《深圳百科全书》，深圳：海天出版社，2010 年，第 31 页。

③ 宝安县地方志编纂委员会编：《宝安县志》，广州：广东人民出版社，1997 年，第 56 页。

④ 《深圳百科全书》第 31 页，词条"新安县知事公署""宝安县政府"。按道理宝安县知事公署改称宝安县政府，行政长官才会由县知事改称县长，因此同书所称"1921 年，县知事改称县长"，存疑。

实行区乡编制，全县划分为 7 个区、99 个乡、3 个镇。①

表 2-1　民国前期宝安县（新安县）建置沿革表

起始时间	建置名称	隶属上一级行政区
1912 年	新安县	广东省
1914 年 1 月	宝安县	广东省
1914 年 6 月	宝安县	粤海道
1920 年	宝安县	广东省
1925 年	宝安县	广州行政委员公署
1926 年	宝安县	广东省

注：本表资料来源为《宝安县志》"建置区划"。②

表 2-2　民国前期宝安县（新安县）行政长官表

序号	姓名	职务	任职时间	备注
1	何恩明	新安县民政长	1912.8—1913.6	广东都督府任命
		新安县知事	1913.6—1914.1	广东都督府任命
		宝安县知事	1914.1—1918.3	广东都督府任命
2	周德馨	宝安县知事	1916 年前后	平湖"纪劬劳学校""念妇贤医院"两处保护布告刻石署有宝安县知事兼警察事务所所长周德馨之名，时间是 1916 年 12 月 29 日，这个时间与何恩明任宝安县知县的时间有重合，待考

---

① 宝安县地方志编纂委员会编：《宝安县志》，广州：广东人民出版社，1997 年，第 18 页。

② 宝安县地方志编纂委员会编：《宝安县志》，广州：广东人民出版社，1997 年，第 57 页。

序号	姓名	职务	任职时间	备注
3	邓敬惺	宝安县知事	1918.3—1919.5	广东都督府任命
4	曾应中（曾辨）	宝安县知事①	1919.5—1924.3	宝安县新桥人，福永凤凰岩的石头上留有刻诗
5	刘步塘	宝安县知事	1924.3—1925.8	
6	梁树熊（梁士雄）	宝安县长	1925.8—1926.6	1925年曾率军攻打农军，被俘。农军释放他交换回被掳农军
7	何启礼	宝安县长	1926.6—1926.7	
8	陆国垣	宝安县长	1926.7—1927.7	
9	李树培	宝安县长	1927.7—1927.11	

注：本表资料来源为《深圳市志·社会风俗卷·人物志》。②

表2-3　1924—1932年宝安县行政区划表

区名	所辖镇名（数目）	所辖乡名（数目）
第一区	九街、十约（2个）	第一甲、向南、北头、南园、南山、湾下、上沙河、下沙河（8个）
第二区		西乡、上川、固戍、钟屋、林屋、臣田、刘塘、隔岸、凤凰岗、铁岗、庄边、公爵薮、更鼓岭下莆（13个）

---

① 《深圳百科全书》第31页，词条"宝安县知事公署"称，1921年县知事改称县长，则曾应中任职期内由县知事改称县长，其后的刘步塘的职务也应为县长。而《深圳市志·社会风俗卷·人物志》第97页所记二人职务仍为县知事。两书说法不一致，待考。

② 深圳市地方志编纂委员会编：《深圳市志·社会风俗卷·人物志》，北京：方志出版社，2014年，第97页。

区名	所辖镇名（数目）	所辖乡名（数目）
第三区	深圳（1个）	上梅林、向西、笋岗、南塘、皇岗、下梅林、凹厦、塘尾、沙尾、新洲、福田、丰田、布吉、湖贝、石厦、罗湖、沙头角、沙湾、下沙头、沙嘴、贝岭、蔡屋围、上沙头、盐田、上步、岗厦、赤尾（27个）
第四区		新桥第一、新桥第二、新桥第三、新桥第四、万家萌、辛养、衙边、塱岗、凤岭、桥头、塘尾、怀德、三星堂、白石下、步涌、两山、后头、东塘、沙头、沙井（20个）
第五区		报美、水贝、罗田、田寮、许屋、江边、上头田亚山、谭头、大围、沙莆、楼岗、将军围、木杰、塘尾围、塘下涌、楼村、薯田埔、李松萌、马山头、合水口、燕川、石围、松岗、山门、山尾（25个）
第六区		乌石岩、龙华、杆栏（观澜）、平湖（4个）
第七区		溪涌湾、油福沙（2个）

注：本表资料来源为《宝安县志》"建置区划"。[1]

1917年，宝安县城南头设有警察30名，警察长官为警佐。还设有3处分所，第一分所设于西路云霖，警察30名；第二分所设于东中路深圳，警察21名；第三分所设于东路大鹏，警察10名。另设分驻所7处。"警费均由各店

---

① 宝安县地方志编纂委员会编：《宝安县志》，广州：广东人民出版社，1997年，第62页。

铺、村户及渔艇等捐支给"，即由县政府地方财政支出。宝安县西路"云林、黄松冈、茅洲及西乡、固戍、盐田等处"驻有警卫军一营。深圳墟也有警卫军第十三营 3 个排的驻军。宝安县一些乡组织了保卫团，属地方武装，西路 4 处，东路 3 处①。

三、动荡政局中的宝安县

民国前期政局混乱，宝安县（新安县）作为一个县随整个广东省在时局变幻中沉浮。民国建立后，袁世凯窃夺了辛亥革命的胜利果实，当上了临时大总统，千方百计想削弱革命派的力量。1912 年 8 月，以同盟会为首的革命派联合组成国民党，试图通过选举取得议会多数而出面组阁，用和平手段同袁世凯抗争。在 1912—1913 年举行的民国第一届国会选举中，国民党取得重大胜利，所获席位数在各党派中占据绝对优势，有望组阁。但是，1913 年 3 月 20 日，正准备北上组阁的国民党代理理事长宋教仁在上海火车站被暗杀，这就是震惊中外的"宋案"。1913 年 4 月 26 日，以袁世凯为首的北洋政府为获取帝国主义国家财政上的支持，以铲除异己军事力量，未经国会同意，即以盐税、关税作为担保，与英、法、德、俄、日五国银行团签订了条件极为苛刻的"善后大借款"合同。这两件事迅速激起了革命党和全国广大民

---

① 《粤海道尹王典章巡行日记（节选）》，深圳市史志办公室编：《民国时期深圳历史资料选编》，深圳：深圳报业集团出版社，2014 年，第 29—30 页。

众对北洋政府的强烈反对。

　　革命党内部对讨袁斗争的方式意见不统一，袁世凯趁此机会先发制人，先是于 1913 年 6 月 9 日罢免李烈钧江西都督之职，随后于 6 月 14 日免去胡汉民广东都督之职，改任陈炯明为广东都督。1913 年 7 月 12 日，李烈钧奉孙中山之命在江西湖口宣布讨袁，各地革命党纷纷跟进，"二次革命"爆发。在广东，陈炯明试图调和袁世凯与革命党的矛盾失败，在革命党的压力下，7 月 18 日发表讨袁通电①，广东正式加入"二次革命"。但是"二次革命"进展不顺，江西讨袁军全线动摇，广东也军心不稳。7 月 26 日，拒绝兴兵讨袁的龙济光被袁世凯任命为广东镇抚使，主持广东军政事务。7 月 30 日，龙济光所部"济军"由梧州顺流东下，进逼广州，讨伐陈炯明。②全国范围内讨袁战争形势失利，陈炯明也无法控制广东各军，于 8 月 4 日逃往香港，随后接连上台的苏慎初、张我权均以都督的名义发表通电取消讨袁。8 月 11 日，龙济光军队开进广州，至 14 日晚"济军"完全占领广州城，广东"二次革命"失败。龙济光入据广州后，缉拿、镇压、屠杀革命党人、反袁将士和进步人士，成为袁世凯在广东的代理人。龙济光出任广东都督，广东进入军阀统治时期。③

---

① 《广东省议会都督讨袁通电》，《民立报》，1913 年 7 月 21 日。
② 钟卓安、汪叔子主编：《广州通史》近代卷上册，北京：中华书局，2010 年，第 402—403 页。
③ 钟卓安、汪叔子主编：《广州通史》近代卷上册，北京：中华书局，2010 年，第 412—413 页。

龙济光统治广东三年，倒行逆施不胜枚举，单是为扩充以"济军"为骨干的庞大军事力量，就花费巨额军费：1913年8月—1914年7月为1946.1万银圆，占全省财政总支出的70.1%；1914年8月—1915年7月为1250.4万银圆，占54%；1915年8月—1916年7月为1137.7万银圆，占46.9%。3年间军费支出高达4334.2万元，而当时广东的财政收入每年仅2600万银圆左右。[①]"济军"人数猛增，从1914年时的5000人，增加到1916年7月的159800人。[②]广东财政不堪重负，龙济光就开禁烟（鸦片烟）赌，妓院复业，巧立名目，横征暴敛，以致"吾粤屋有捐，地有捐，米有捐，柴有捐。屠牛也，市肉也，售卖鸡犬也，亦莫不有捐。细至于品茗，微至于拜神，几无一能免者"[③]。

1915年12月中旬，袁世凯宣布接受帝位。同年12月25日，蔡锷、唐继尧等人在云南通电讨袁，发起护国运动。云南起义后，龙济光派兵征滇，结果全军覆没，滇桂护国军大兵压境，各地民军蜂起。在广东民军包围省城广州的形势下，龙济光秉承袁世凯"独立拥护中央"之策，于1916年4月6日宣布广东"独立"，自任都督，却只字不提"护国讨袁"。并在4月12日制造了"海珠凶杀事件"，在广州海珠岛水警署召开的关于"独立"善后问题的会议上，指使卫兵枪杀枪伤护国军、民军代表多人。事后，护国军及广东各路

---

① 广东省财政厅主计局统计科编：《广东财政厅十七年收支统计图表》，1938年。
② 《广州民国日报》，1916年7月26日。
③ 熊理：《策广东》，泗水：泗滨日报社，1916年，第72页。

民军纷纷声讨龙济光，坚决要求将他驱逐。在广西护国军总司令陆荣廷、都参谋梁启超主持下，各方于4月19日谈判达成协议。根据协议，5月1日在肇庆成立两广护国军都司令部，岑春煊任都司令，总摄两广军务；梁启超任都参谋；龙济光仍暂任广东都督。5月8日，中华民国军务院在肇庆成立，规定"一切军政民政对内对外事宜，以军务院名义行之"，与北京袁世凯政府对抗。军务院推举唐继尧为抚军长，岑春煊为副抚军长，梁启超任政务委员长，唐绍仪为外交代表，各方实力派为抚军，采取合议制裁决政务。因抚军长唐继尧不能离开云南，由岑春煊摄抚军长职权。两广护国军都司令部、中华民国军务院的实权均掌握在滇桂军阀手中。

1916年6月6日，袁世凯病死，黎元洪继任总统，段祺瑞出任国务总理，北京政府仍由北洋军阀控制。6月9日，龙济光宣布取消广东"独立"，服从北京政府。龙济光指使其势力与护国军摩擦不断，已为广东各路势力所不容。段祺瑞迫于各方压力，于7月6日任命陆荣廷为广东督军、朱庆澜为广东省省长、龙济光为督办两广矿务，陆荣廷到任之前，由龙济光暂署广东督军。8月23日，朱庆澜到广州就任省长。9月，黎元洪电令龙济光率其部移驻琼崖。10月2日，陆荣廷自佛山率军进驻广州，宣布就任广东督军。龙济光于10月5日率部离开广州前往海南岛。以陆荣廷为首的桂系开始了前后5年（1916—1920）"桂系据粤"的军阀统治。

1917年4月10日，北京政府任命陆荣廷为两广巡阅使，并按其意愿，任命陈炳焜为广东督军、谭浩明为广西督军。

随着北京政府黎元洪与段祺瑞的矛盾白热化，5月5日发生了"解散国会"的闹剧，全国各地纷纷声讨胁迫解散国会的督军团祸国殃民。6月20日，在陆荣廷授意下，两广督军宣布"两广自主"，宣称"拥护约法""尊重国会"。桂系几经权衡利弊后，决定接纳孙中山南下护法。7月17日，孙中山乘军舰抵达广州。8月6日，在孙中山的号召下南下护法的海军也抵达广州。8月25日，孙中山将南下的国会议员组织起来，召开"非常国会"。非常国会于8月31日通过《中华民国军政府组织大纲》，9月1日选举孙中山为军政府大元帅，唐继尧、陆荣廷为元帅。9月10日，孙中山正式就任中华民国军政府海陆军大元帅。

桂系参与护法运动的目的其实是拥兵自重、割据一方，故很快就与孙中山领导的军政府矛盾加剧，摩擦冲突不断。在桂、滇等系西南军阀操控下，1918年5月4日非常国会通过《中华民国军政府组织大纲修正案》，目的是排挤孙中山领导的革命党势力。孙中山认识到南北军阀"如一丘之貉"，愤然辞去大元帅职务。5月20日，非常国会选出总裁7人，包括孙中山，但孙中山拒绝就任，次日离开广州。改组后的中华民国军政府名义上实行总裁合议制，岑春煊、伍廷芳、林葆怿、陆荣廷、唐继尧先后就任总裁；唐绍仪的代表陈策，孙中山的代表徐谦，也来到广州参加政务会议；岑春煊被推举为政务会议主席总裁。非常国会被改组为"正式国会"。军政府的实权仍然被西南各系军阀操控。1919年1

月，广州"正式国会"通过，军政府改名为"护法政府"。①

1919 年 6 月以后，西南军阀掌控的广东军政系统内讧不断，孙中山力促陈炯明所率以漳州为据点的援闽粤军回师广东，驱逐桂系。1920 年 8 月，桂系出兵进攻援闽粤军，粤军挥师回击，在多个战场击败桂军，节节胜利，广东人民也纷纷加入讨桂的行列。10 月 29 日，粤军攻克广州。11 月 21 日，陆荣廷通电桂军全部撤出广东，结束了桂系军阀在广东的统治。

1920 年 11 月 10 日，由孙中山任命，陈炯明通电就任广东省省长兼粤军总司令。在陈炯明治理下，广东地方建设有一些发展，禁赌、禁鸦片，恢复被军阀停刊的报纸，开展一些教育改革和广州市政建设。陈炯明以"联省自治"为主张实行地方自治，1921 年 4 月颁行了《广东自治条例》《广东暂行县自治条例》《广东暂行县长选举条例》《广东暂行县议会议员选举条例》，在广东首次实行县长民选。同年 11 月，广东有 84 个县的县长由陈炯明审定公布就任。

1920 年 11 月 28 日，孙中山返回广州主持政局，次日恢复军政府，孙中山、唐绍仪、伍廷芳、唐继尧任军政府政务总裁。经过护法运动的波折，孙中山意识到"广东此时实

① 本目从"二次革命"到"护法政府"这段历史时期的重要史实叙述，主要参考方志钦、蒋祖缘主编：《广东通史》近代下册，广州：广东高等教育出版社，2010 年，第 405—484 页。

有建立正式政府之必要"①。1921年4月7日，在广州举行的国会非常会议参众两院联合会通过了《中华民国政府组织大纲》，孙中山当选为非常大总统。5月5日，孙中山就任非常大总统，广州中华民国政府正式成立。

撤回广西的桂系投靠北洋军阀，取消广西独立，接受北洋政府的命令进攻广州革命政府，在此情况下，孙中山任命陈炯明为讨桂军司令，出兵西征。至1921年9月26日，粤军西征历时3个多月取得全面胜利，桂军溃败，陆荣廷逃往越南，两广统一于广州革命政府。但孙中山举行北伐、铲除军阀、建立统一的民主共和国的主张与陈炯明"联省自治"、割据地盘的打算矛盾加剧，不可调和。1922年4月21日，孙中山免去陈炯明广东省省长、粤军总司令之职，任命伍廷芳为广东省省长。6月16日凌晨，陈炯明叛变，派兵围攻广州观音山（今越秀山）总统府，孙中山几经周折登上"永丰"舰与叛军对峙。8月9日，孙中山乘英舰到达香港，再转赴上海，第二次护法运动再遭失败。

陈炯明叛变后，自任粤军总司令，并操纵广东省议会选举香港汇丰银行买办陈席儒为广东省省长。陈炯明军阀政权通过陈席儒向香港联华公司借款，并以广东的烟酒税、广三铁路及电话、自来水公司等公产做抵押，激起广东人民的强烈不满。与此同时，原集结于江西、湖南边界的由孙中山领

① 《在广州军政府的演说》，《孙中山全集》第五卷，北京：中华书局，1985年，第449页。

导的北伐军分别进入福建、广西，以此为基础逐渐形成讨伐陈炯明的东路军和西路军。1923 年 1 月 4 日，孙中山通电讨伐陈炯明，1 月 16 日讨陈军攻入广州，陈炯明率残部逃往惠州。

1923 年 2 月 21 日，孙中山回到广州，3 月 2 日在广州成立陆海军大元帅大本营。大本营军政部成立军法处，颁行《临时军律》七条，严惩军人扰乱社会、侵害百姓的行径。1924 年 1 月 8 日，大本营财政委员会成立，实行统一财政、收回军队征收税捐权的措施；2 月 20 日，广东筹饷总局成立，办理抽收广东全省防务经费和统筹解决各军军费分配事宜，基本解决了军队擅征地方税捐的问题。3 月 5 日，大本营颁布军律正式规定："以后各军长官不得擅行征收各种杂捐，紊乱纲纪。"①

1924 年 1 月 20—30 日，中国国民党第一次全国代表大会在广州召开，这次大会通过了以国共合作为政治基础的大会宣言；通过国民党新的党章，明文规定中国共产党党员和社会主义青年团团员以个人身份加入国民党的原则；成立有中共党员参加的国民党中央执行委员会；在广州设立国民党中央党部。国民党一大召开期间，1924 年 1 月 24 日成立了军校筹备委员会。6 月 16 日，中国国民党陆军军官学校（黄埔军校）举行开学典礼。孙中山明确创办黄埔军校的目的

---

① 中国社会科学院近代史研究所：《陆海军大元帅大本营公报选编》，北京：中国社会科学出版社，1981 年，第 366 页。

"就是创造革命军，求挽救中国的危亡"。①

1924 年 10 月 10 日，明里暗里反对广州革命政府的广州商团武装，枪击声讨反动商团的游行示威群众，公然发动武装叛乱。在中共党组织的支持配合下，孙中山调集力量采取果断措施，于 10 月 15 日一举平叛，为革命政府统一广东打下重要基础。1924 年 10 月，直系将领冯玉祥发动"北京政变"，通电主张和平，邀请全国各方贤达到北京会商。孙中山于 11 月 10 日发表《北上宣言》，主张召开国民会议，以谋中国之统一与建设；12 月 4 日抵达天津。1925 年 3 月 12 日，孙中山在北京病逝。

孙中山北上病重期间，盘踞粤东的陈炯明认为机不可失，自任"救粤军"总司令，并下达进攻广州的总动员令。面对陈炯明的军事压力，国民党中央执委会成立军事委员会，决议组织东征。1925 年 2 月 1 日，革命军开始第一次东征。2 月 10 日，东征军进入今深圳地区，攻占平湖；11 日，占领深圳镇，控制了广九铁路沿线地区。东征军在粤东各地激烈战斗，基本控制了东江、潮梅地区，4 月 20 日占领惠州城，胜利完成第一次东征。但是革命军中的旧军阀势力滇系杨希闵、桂系刘震寰逐渐与革命政权离心离德，勾结内外势力密谋推翻革命政权。1925 年 6 月，杨希闵、刘震寰在广州发动武装叛乱，东征军回师广州，迅速平定了叛乱。

---

① 《在陆军军官学校开学典礼上的演说》，《孙中山全集》第十卷，北京：中华书局，1986 年，第 290—300 页。

1925 年 6 月 15 日，国民党中央委员会召开全体会议，决定大元帅府改组为国民政府。7 月 1 日，国民政府在广州正式成立。7 月 3 日，成立国民政府军事委员会。8 月 26 日，成立国民革命军。

东征军回师平定杨、刘叛乱期间，为稳定地方局势，又将粤东潮、梅、惠地区各县让给已经败退江西、福建的陈炯明军回来驻防。陈炯明势力在粤东地区向革命的工农群众发动进攻，破坏省港大罢工，得到港英当局和北方军阀的赞助。9 月 16 日，陈炯明由上海抵达香港，策划向广州国民政府发动进攻。9 月 21 日，国民政府军事委员会决定东征；10 月 1 日正式出兵。经连番激战，至 11 月中旬，第二次东征取得完全胜利，陈炯明残部败退福建、江西。

第二次东征的同时，国民政府又成立"南路联军总指挥部"，出兵进攻盘踞南路八属（高、雷、罗、阳、钦、廉、琼、崖）的军阀邓本殷。至 1926 年 2 月中旬，南征取得完全胜利，国民政府统一广东全境。

1926 年 1 月，国民党二大在广州召开，虽然会议代表左派居多，但在当时的中共主要领导人陈独秀右倾退让政策下，使右派势力壮大，特别是以蒋介石为首的新右派地位明显提高。蒋介石集团随后通过制造"中山舰事件"和"整理党务案"，排挤、限制共产党人。6 月 5 日，蒋介石被国民政府任命为国民革命军总司令。根据《国民革命军总司令部组织大纲》规定，国民政府的陆海空各军均归总司令统辖，国民政府所属军、民、财、政各部机关，均受总司令指挥，蒋介石基本上实现了集军、政权力于一身。7月9日，国民革命军在广州东较场誓师北伐，北伐战争正式开始。北伐军相继攻克武汉、南昌，国民政府随着形势发展酝酿"迁都"。11月8日，国民党中央政治会议决定：国民政府及中央党部于近期内北迁武汉。11月26日，国民党中央政治会议决定在广州设政治分会。12月1日，国民党中央决定广州政治分会管理粤、桂、闽政务，委员为李济深等7人。与此同时，国民政府对广东省政府也进行了改组，实行11人委员会制，下设民政厅、财政厅、建设厅、教育厅、司法厅、军事厅、土地厅、农工厅、实业厅等9厅，厅长均为委员担任。11名委员中，陈树人、李济深、孙科、甘乃光、宋子文5人为常务委员。省政府不设主席，只设常务会议主席。李济深担任军事厅厅长，掌握军权，实际上由他掌控着广东的政局。12月5日，国民党中央、国民政府在广州正式停止办公，人员分期分批北上。

1927年4月12日，蒋介石在上海发动四一二反革命政变。当天，李济深从上海回到广州，立即着手在广东实施"清党"活动。4月15日，李济深在广州发动四一五反革命政变，对共产党员和革命群众进行大捕杀。广东全省各地的反动派也随之进行血腥的"清党"屠杀，镇压革命群众，一度轰轰烈烈的"大革命"，或称"国民革命"，在广东遭到失败。①

民国前期广东政局基本上一年，有的时候甚至半年就有一场大变，其中敌友变换如走马灯似的让人眼花缭乱。孙中山领导的革命政府，以在全中国范围内建立民主共和国为己任，是这期间广东政局发展的主线。各类军阀和反动势力出于各自的一己之私，始终对革命进步力量缠斗不休，是造成这段时期广东政局极端复杂的原因。

通过以上梳理，结合宝安县所处的地理位置及当时的行政隶属关系，从1911年11月至1927年4月，就宝安县实际上所属的政治势力而言，大致可划分为几个时期：

（一）1911年11月—1913年8月，隶属于广东军政府；

（二）1913年8月—1916年10月，龙济光军阀统治时期；

（三）1916年10月—1920年10月，以陆荣廷为首的桂系军阀统治时期；

（四）1920年10月—1922年6月，隶属于广州革命政府；

（五）1922年6月—1923年1月，陈炯明军阀统治时期；

（六）1923年1月—1925年6月，隶属于广州革命政府，为广州革命政府与陈炯明军阀势力对抗的前沿；

（七）1925年7月—1927年4月，隶属于国民政府。

① 本目从"粤军回师"到四一五反革命政变这段历史时期的重要史实叙述，主要参考方志钦、蒋祖缘主编：《广东通史》现代上册，广州：广东高等教育出版社，2014年，第52—325页。

四、中共宝安县党组织的建立与宝安农民运动的发展

民国前期，在县一级层面，宝安县多数时候处于各路军阀交替控制的局面中。在轮番上台的军阀统治下，各种苛捐杂税名目繁多，几乎达到无时不捐、无物不税的程度。各路军阀基本上只顾得上抽取捐税，对基层政权的管理则是不闻不问、毫无兴趣，因此宝安县基层的农村政权，实际上落入土豪劣绅之手。宝安县农民一方面要承受军阀繁多的税捐，另一方面还要承受土豪劣绅的残酷压迫和剥削。例如，当时宝安县西路的福永、沙井、新桥、松岗、公明一带地区就被"地方三大害"陈炳南、文侣臣、曾亦樵把持。他们设立联乡局，成立联团武装作为压迫剥削农民的工具。[1]这"三大害"加上沙井陈翼朝就凑成"四大臭"，再加上周家村麦成泰、潭头文槐轩、沙井陈素学（陈葆真）、燕川陈僚初（陈了楚）合起来被称为"八大魔王"。[2]土豪劣绅勾结贪官污吏狼狈为奸，鱼肉乡民，加重了人民的苦难，使得本地本已尖锐的阶级矛盾更趋激烈，广大被压迫民众必然产生革命的要求。

1924年1月，国民党第一次全国代表大会在广州召开，以国共合作为主要形式的革命统一战线正式建立，大革命拉

---

[1] 深圳市史志办公室：《中国共产党深圳历史（第一卷 1924—1950）》，北京：中共党史出版社，2012年，第15页。

[2] 深圳市宝安区革命老区发展史编委会编：《深圳市宝安区革命老区发展史》，广州：广东人民出版社，2021年，第25—26页。

开帷幕。1924 年初，中共广东区委就根据党的三大《农民问题决议案》，派遣共产党员深入农村，建立农会组织，并推动国民党开展农民运动。1924 年 3 月，国民党中央成立农民部。6 月 30 日，国民党中央执行委员会决定以广州附近各县为重点，派遣农民运动特派员到当地开展工作。7 月 3 日，国民党农民委员会主办的农民运动讲习所正式开学，共产党人承担了农讲所的主要工作。[①]

　　1924 年下半年，中共广东区委派遣广州农民运动讲习所第一、二期学员黄学增、龙乃武、何友逖，以国民党中央农民部特派员身份来到宝安县开展农民工作。黄学增驻第五区，龙乃武驻第四区，何友逖驻第三区。[②]第五区主要是茅洲河上游一带与东莞县接壤的乡村，第四区主要是茅洲河下游南边沙井一带的乡村，第三区主要是以深圳镇为中心分布的乡村。宝安县的农民运动，最早就是发端于第五区与东莞接壤的乡村。与宝安邻近的东莞县霄边乡，首先发起组建了东莞农民协会，并联络周围各乡农民参加，吸引了毗邻的宝安县第五区罗田、燕川、楼村、水贝、沙浦等村农民纷纷加入。[③]

　　黄学增等中共党员，以建立国民党基层组织的名义开展

①　方志钦、蒋祖缘主编：《广东通史》现代上册，广州：广东高等教育出版社，2014 年，第 250—252 页。

②　深圳市史志办公室：《中国共产党深圳历史（第一卷 1924—1950）》，北京：中共党史出版社，2012 年，第 19—20 页。

③　深圳市宝安区革命老区发展史编委会编：《深圳市宝安区革命老区发展史》，广州：广东人民出版社，2021 年，第 24 页。

工作，在成立国民党乡区分部的同时，吸收其中的先进分子为共产党员。1924年底，在四、五区发展了第一批共产党员。1925年上半年，又在三区发展了一批共产党员。中共党组织继续在各区发展，随着党员人数的增加，各区还相继成立了党小组。各区中共党小组以国民党乡区分部为活动中心，先号召群众加入国民党，然后从中吸收中共党员，最后发展成立农民协会，以掌握乡村基层政权。①

1925年3月22日，宝安县楼村乡农民协会开会成立，黄学增以国民党中央执行委员会农民部代表身份参加。1925年4月26日，宝安县农民协会成立，至此全县已有区农民协会4个、乡农民协会34个，还有正在筹建的乡农民协会20余个。郑奭南、陈芬联、潘寿延任县农会常务委员，会址设在县城南头关口郑氏宗祠。4月27日，"东宝两县农民联欢大会"在东莞霄边乡召开，东莞、宝安两县有70多个乡的1000多名农民代表，以及武装农民自卫军数百人参加。黄学增、龙乃武也以农民部特派员的身份参加了大会。②

① 深圳市史志办公室：《中国共产党深圳历史（第一卷 1924—1950）》，北京：中共党史出版社，2012年，第20—21页。
② 深圳市宝安区革命老区发展史编委会编：《深圳市宝安区革命老区发展史》，广州：广东人民出版社，2021年，第24—25页。

图 2-1　1925 年 4 月 26 日，宝安县农民协会在南头关口郑氏宗祠成立时的合影

宝安县农民协会成立后，组织了农民自卫军模范队，军营设在县农会会址南头关口郑氏宗祠。广东省农民协会派来 3 名黄埔军校学生帮助训练宝安县农民自卫军模范队，3 个月为 1 期，每期 50 人（每区 10 人，成立党小组），军装、枪械、膳食由各区农会负责，其他费用由县农会承担。训练班开设军事课和政治课，以提高农民自卫军的思想和战斗力。训练班开办了 2 期，共训练了 100 人，为宝安县农民运动培养了骨干力量。

1925 年 7 月中旬，根据中共广东区委指示，中国共产党宝安县支部成立，黄学增任书记，龙乃武、郑奭南任支部委员，隶属中共广东区委领导。1925 年底，黄学增调离宝安，龙乃武接任支部书记。

1925 年 8 月底，东莞、宝安两县农军与国民党阵营内部的旧军阀势力发生冲突，取得胜利，克复宝安县云霖、松岗一带。1925 年 9 月底，国民党右派张我东部队，偕同宝安县长梁树熊，进驻宝安县西路的云霖，与当地土豪劣绅勾结，包围农民协会和农民自卫军，逼迫农军交回西路联团局，并退至茅洲河以北。10 月初，农军与张我东部队在云霖发生激战，农军、农民多人死伤，许多妇孺老弱被迫逃往东莞。宝安县农会急报省农会并发出通电。10 月 13 日，黄学增以农民部特派员身份，向农民部详细报告了此次事件的原委、经过、伤亡、财产损失等情况，并在报告末尾，详列了阵亡农军姓名。① 宝安县农会、广东省农会、国民党中央农民部要求从严查办劣绅逆军的强烈呼声，以及中华全国总工会的声援，迫使当时国民党右派实力人物之一，国民革命军第一军军长蒋介石于 10 月 14 日复函农民部部长陈公博，同意查办宝安云霖惨杀案凶手。

中共宝安县党组织建立起来以后，根据中共广东区委和广东省农民协会的指示，放手组织发动群众，宝安农民运动呈现出蓬勃发展的局面。当时宝安县的国民党驻军向地方征收防务经费，其中一种名为启征税，把商店分为大小二级，大的须月缴 30 元，小的 20 元，一年总数分两次缴清，迟缴则封铺拉人，同时随意抽剥小贩，弄得鸡犬不宁。中共宝安

---

① 深圳市宝安区革命老区发展史编委会编：《深圳市宝安区革命老区发展史》，广州：广东人民出版社，2021 年，第 27 页。

县党组织领导的县农会约见国民党深圳驻军旅长司徒非，要求取消防务费，包括启征税和户口税等，但无结果。县农会便发动群众游行示威，全面开展反苛捐杂税运动，并把启征税等扰民情况呈报国民党中央党部，请求制止征收。国民党中央党部直接命令宝安县驻军撤征，并颁发布告，规定凡是未经中央财政部批准的，不得巧立名目，横征暴敛。于是，宝安县的启征税、户口税及其他杂税均被废除，反苛捐杂税斗争取得胜利。宝安县农会还领导群众开展减租减息运动。根据县境内山地多、耕地少，自耕农半自耕农比例多，大地主、佃农、雇农比例少的实际情况，中共宝安县党组织没有明确提出减租减息口号，多数情况下只是将一些被土豪劣绅霸占的房族公田收归农民集体所有。

中共宝安县党组织领导的反苛捐杂税和减租减息斗争，得到广大农民的拥护。宝安农民纷纷加入农会。至 1926 年春，全县 7 个区中有 6 个区建立了区农会，有 94 个乡建立了乡农会，会员人数达 13759 人，居全省各县第 10 位。每当有农会举行成立开幕典礼，各乡的农民都组织武装队伍参加，会后举行武装示威游行，声势浩大。

1926 年 3 月，中共宝安县党组织各区负责人会议召开，决定撤销县党支部，建立县党部，推选龙乃武为县党部负责人，龙乃武、郑奭南、潘寿延为县党部常务执委。县党部设在县城南头关口郑氏宗祠，隶属中共广东区委。宝安县的五、四、三、二、一区相继建立了中共区党部，各区党部均以各区农会会址为活动中心点。当时六区中共党员很少，七区没有党员，未建区党部。至 1927 年初，全县中共党员发展到近百人，农会在全县政治事务中发挥着主导作用，县长行政也要得到农会许可才能进行。①

五、宝安民众支援省港大罢工

1925 年 5 月 30 日，英帝国主义在上海制造了"五卅惨案"，开枪屠杀手无寸铁的游行示威群众，当场打死打伤数十人。中共中央当天连夜召开紧急会议，决定组织行动委员会，建立统一战线，发动上海全市工人罢工、学生罢课、商人罢市，反击帝国主义。"五卅惨案"震惊全国，激起全中国人民的极大义愤，在中国共产党的领导和推动下，五卅运动的狂飙迅速席卷全国，包括工人、学生、商人、市民、农民等社会各阶层，全国各地约有 1700 万人直接参加了运动，形成了全国规模的反帝怒潮。② 6 月 6 日，中共中央发表《中国共产党为反抗帝国主义野蛮残暴的大屠杀告全国民众》书，号召全国人民反抗野蛮残暴的帝国主义，"务使野蛮残暴的帝国主义在中国之特权与统治不断的动摇，务使其在华的政治经济地位发生永久的危机"。③

---

① 本目从"组织农民自卫军模范队"到 1927 年初这段历史时期的重要史实叙述，主要参考深圳市史志办公室：《中国共产党深圳历史（第一卷 1924—1950）》，北京：中共党史出版社，2012 年，第 25—31 页。

② 《永远的丰碑·红色记忆——震惊中外的五卅运动（下）》，新华网，2006 年 8 月 31 日。

③ 《中国共产党为反抗帝国主义野蛮残暴的大屠杀告全国民众》，《向导》周报第 117 期，1925 年 6 月 6 日。

6月19日，英商省港澳轮船公司行驶省港之间的"佛山""龙山""金山"等轮船抵达香港后，船上海员宣布一致罢工离船，省港大罢工爆发。香港电车工会也于当晚发出罢工令。次日，离开香港前往广州的工人达 2000 人；全港交通停顿，秩序大乱，陷于瘫痪状态。20 日起，香港各行业工人纷纷罢工。

6月23日，广州农、工、商、学、兵各界群众举行反对帝国主义的游行示威。游行队伍行至沙基，在沙面东西桥之间的地段行进时，驻守沙面的英帝国主义者突然开枪扫射人群，停泊在白鹅潭的英、法、葡等国军舰亦鸣炮挑衅。当场造成游行群众死 53 人，重伤 170 多人，轻伤无数。①"沙基惨案"的消息传到香港后，香港罢工进入高潮，原来持观望态度的一些行业的工人也都相继参加罢工。

由于有广九铁路沿线的便利，省港大罢工期间，参加罢工的香港工人纷纷经由宝安县深圳墟前往广州，前后约有 25 万人。中共广东区委于 6 月 19 日即在深圳设立罢工工人接待站。接待站设于深圳墟南庆街 22 号思月书院，由中华全国总工会委员、中共广东区委监察委员会副书记、罢工特派员梁桂华任站长。据当时罢工委员会主办的《工人之路特号》报道，香港工人"每日由深圳搭车上省（广州）者有千数百人。该处（深圳）并有罢工委员会特派员，

---

① 方志钦、蒋祖缘主编：《广东通史》现代上册，广州：广东高等教育出版社，2014 年，第 239—240 页。

办理招待粮食等事。工友由英界到者，极受英人虐待及鞭打，由九龙至深圳车费，原价四角，近忽起价二元"。"华界则有车务科专理工友免费车票，秩序甚好。至该处（深圳）各商号及各乡农民多有备办茶粥，欢迎工友，尤以农民为踊跃云"①。

1925年7月5日，为在经济上援助省港罢工工人，深圳商会、学会、农会、工会发起成立"对外协会深圳分会"，有40多乡加入。成立大会在深圳召开，工农商学兵各界代表数百人参加，中华全国总工会、广东省农民协会、中国青年军人联合会均派代表到会。大会推选李耀先等9人为对外协会深圳分会委员。

1925年7月9日，省港罢工委员会发出从7月10日起封锁香港的通告，封锁香港及新界的口岸，所有轮船轮渡一律禁止前往香港及新界，"务使绝其粮食制其死命"②。7月23日，省港罢工委员会派遣罢工工人纠察队第三大队第九支队进驻深圳，沿宝安县沙头角至沙头约30千米边境水陆要冲布防，把守河口，日夜巡查，禁止所有轮船往来香港、新界口岸，断绝对香港的粮食、蔬菜和生活用品供应。随后，广州大元帅府铁甲车队也奉命陆续开抵深圳，协同罢工工人纠察队执行全面封锁香港的任务。铁甲车队和工人纠察队配合中共宝安县党组织开展农民运动，向群众宣传省港大罢工和

① 《深圳近讯·农民欢迎罢工工友》，《工人之路特号》第9期，1925年7月2日。
② 《实行封锁香港》，《工人之路特号》第16期，1925年7月10日。

封锁香港的重大意义，发动广大农民群众与工人纠察队、铁甲车队互相配合，积极投入封锁香港的斗争，阻断不法奸商、走私分子越界走私贩运，使在香港的英帝国主义陷入困境。

驻宝安县的工人纠察队很快发展到 3 个支队，负责东起沙鱼涌、西至南头一线的封锁任务。后封锁线又向西延伸到沙井一带，前后有多个支队参与了宝安县的封锁任务。工人纠察队与港英政府警察的冲突越发激烈，港英警察抓扣、射击纠察队员事件屡有发生。8 月 27 日，英军开枪扫射在罗芳截获走私奸商的纠察队员，队员陈锡中弹牺牲。省港大罢工组织者之一，共产党员邓中夏专门发表了《吊陈锡烈士》一文，指出陈锡的牺牲，"在此次反帝国主义运动中，有重大的价值"。"'香港变臭港，臭港变荒岛'，乃计日可待之事"①。鼓励参加封锁的纠察队员和宝安人民不要怕敌人的恐吓，坚持斗争。

为突破罢工工人联合宝安人民对香港的封锁，英帝国主义唆使军阀陈炯明残部在宝安县东部的大鹏一带进行骚扰破坏活动。10 月 30 日，陈炯明残部袭击驻守沙鱼涌、王母墟的工人纠察队。铁甲车队闻讯后，派遣 4 个班 50 余人由深圳墟一带赶往沙鱼涌救援。11 月 4 日，港英当局纠合民团、土匪和陈炯明残部共 1000 多人进攻沙鱼涌。驻守沙鱼涌的铁甲车队和工人纠察队合共只有 100 余人，面对 10 倍之敌，

---

① 《吊陈锡烈士》，《工人之路特号》第 69 期，1925 年 9 月 1 日。

他们顽强作战，打退敌人多次进攻，给敌人造成重大伤亡，但己方战士也有不少人牺牲或负伤，终因寡不敌众，在当地群众引导下突围，绕道返回深圳墟。12月10日，省港罢工委员会在广州隆重举行追悼铁甲车队和工人纠察队阵亡烈士的大会，邓中夏在会上发表演说，高度评价烈士们是"为民族解放牺牲的"①。

省港大罢工在经济、社会方面对港英政府造成沉重打击。香港输入输出货物总额，1925年仅为1924年的一半，相关税收锐减。到港船数和吨数也大为减少。社会上的一般物价比罢工前贵5倍以上。由于清洁工人罢工，街上垃圾堆积如山，臭气冲天。港英政府只得出动英军上街清理垃圾，驾驶公共交通的电车和渡海小轮。由于各行各业无法正常经营，人们纷纷离开香港，提款突增，也一度造成银行挤提现象。②

为结束省港大罢工，港英政府被迫于1925年9月派遣华商代表团到广州商谈解决罢工问题。国民革命军北伐前夕，为全力支持北伐战争，国民政府也于1926年6月5日致函港英政府，提出共同商讨解决罢工问题。7月15日，双方代表在广州开始谈判。国民革命军北伐战争节节胜利，数千名省港罢工工人也组织了运输队、宣传队、卫生队随军出

---

① 《追悼纠察甲车各烈士情形》，《工人之路特号》第168期，1925年12月11日。

② 本目从省港大罢工爆发到罢工对香港的影响这段内容的重要史实叙述，主要参考深圳市史志办公室：《中国共产党深圳历史（第一卷 1924—1950）》，北京：中共党史出版社，2012年，第31—37页。

征①，国民革命的重心迅速北移，为适应形势的发展，省港罢工工人代表大会于 1926 年 9 月 30 日召开第 16 次会议，决定自动停止封锁香港，结束罢工。10 月 10 日，省港罢工委员会宣布"将各属驻防纠察队一律撤回"。国民政府接受罢工工人代表大会的建议，在海关关税中设立附加税，凡国民政府辖区内各港口出入口货物，普通货物加征 2.5%，奢侈品加征 5%，用以妥善解决结束罢工的经费问题。②

1926 年 10 月 20 日，省港罢工宝安纠察第三大队奉命全队撤退回省城广州集中训练。当天上午在国民党宝安县党部召开欢送大会，到会各界民众数千人。各界代表相继演说，各团体举行授旗礼，"县党部、县农会、宝安一区农军、宝安妇女解放协会，及茶居总工会等各赠旗帜一面"。12 点钟，宝安纠察第三大队开拔返回广州，沿途各界团体燃放成串的鞭炮，列队欢送，"人民围观者道为之塞"。12 点 30 分，队伍才出宝安县城，欢送群众在城外集合，"揭帽扬巾，依依不舍"③。

省港大罢工期间，宝安县人民积极配合、协助香港、广州的罢工工人和组织，表现出了强烈的爱国热忱。中共宝安县党组织积极推动国共合作，参加改组国民党县党部的工

① 深圳市史志办公室：《中国共产党深圳历史（第一卷　1924—1950）》，北京：中共党史出版社，2012 年，第 38 页。
② 方志钦、蒋祖缘主编：《广东通史》现代上册，广州：广东高等教育出版社，2014 年，第 246—247 页。
③ 《宝安各界欢送纠察回省之热烈》，深圳市史志办公室编：《民国时期深圳历史资料选编》，深圳：深圳报业集团出版社，2014 年。

作，广泛宣传发动，大量吸收工农群众加入国民党，使之成为以共产党员和革命左派占优势的工人、农民、小资产阶级和民族资产阶级的民主革命联盟。1925 年 12 月 27 日，国民党宝安县党部成立，选出 7 名执行委员、3 名监察委员、3 名候补执行委员，其中共产党员占绝大多数，保证了共产党在国民党县党部中的领导作用和核心作用，保证了这个民主革命联盟的革命性质。

第二节　军事形势

民国前期的政局动荡，交织着激烈的军事斗争，战争也波及宝安县。陈炯明背叛革命后，盘踞粤东，宝安县处于广州革命政府与陈炯明军阀势力对峙的前沿地带。广州革命政府为统一广东，出兵进击陈炯明军阀势力，宝安县也成为其中的战场和进军的必经之路。东征军过境宝安县，在当地传播了新的革命理念。省港大罢工期间，广州革命政府铁甲车队进驻宝安县，协同罢工工人纠察队执行封锁香港的任务，在沙鱼涌激战中英勇迎击 10 倍之敌，展现了反帝反封建的坚定信念。

一、平湖战役

1923 年 1 月，拥护孙中山的讨陈军收复广州，陈炯明退据惠州，但其势力仍盘踞粤东大部分地区。宝安县境内的平湖、深圳、南头一带重要据点，也由陈军占据，特别是平湖、深圳，控扼广九铁路交通要道，最具战略价值，为兵家必争之地。1923 年 11 月，隶属于广州革命政府的滇军沿广九铁路从东莞樟木头向宝安平湖进击陈军。11 月 6 日在平湖打败陈军，继续沿广九铁路向深圳方向追击陈军。这时滇军接到情报，陈军杨坤如部 3000 人，自东莞清溪一带前来救援从樟木头一路败退下来的陈军。滇军军长范石生下令停止追击，察看地形后，在清溪来路和深圳来路交会处平湖老虎隘驻扎待敌。7 日中午，陈军杨坤如部果然从清溪赶来，但人数不过六七百人，且纪律松懈。范石生见此情景马上率领滇军奋勇迎击清溪来敌，枪炮交攻。这时从深圳方向杀回来的陈军也已赶到，并利用火车厢运兵放枪。滇军从老虎隘一起杀出，从清溪来的陈军杨坤如部先已不支，沿铁路溃退，反与从深圳来的陈军撞在一起，一片混乱。滇军连发十余炮攻击陈军的火车，将陈军的火车炸翻轨外，陈军一片慌乱，败军四散，大部分逃往深圳方向。此外，驻扎在宝安县西路隶属于广州革命政府的桂军黎鼎鉴部也向南头方向杀出，南头城中陈军练演雄部约 30 人向深圳溃逃。持续两日的大战，陈军七零八落，被压缩在深圳一地，外围平湖、南头的大片地方尽被广州革命政府军克复。陈军伤兵、溃兵则由火车运到香港。① 不过广州革命政府军与陈炯明军在宝安县境内的

---

① 《滇军在老虎隘再败陈军战报》，深圳市史志办公室编：《民国时期深圳历史资料选编》，深圳：深圳报业集团出版社，2014 年，第 50 页。

拉锯并没有因这次战役而结束，双方势力仍反复进退，至1925年2月广州革命政府军第一次东征前夕，陈炯明军仍占据着平湖、深圳及广九铁路沿线地区。

1923年11月的这次平湖战役，宝安县中部平湖、深圳一带广九铁路沿线成为战场的核心，当地人民"被祸至惨"。单就深圳墟得来的报道而言，深圳附近有一处名为岳口的地方，"有地雷爆发，伤毙人民二十余命"。深圳墟内的街市，"于两军剧战之际，被乱兵土匪拥入，洗劫商店六十余家，损失财物逾十万外。当炮声猛烈时，有流弹射入，致墟内数处起火，妇孺哭喊之声，震天动地"。至于"被毁店户多少""伤毙人命数目"，则"尚难查悉"，战争使深圳墟经历了一场"浩劫"。①

二、东征军过境宝安

1925年2月，广州革命政府组织第一次东征，讨伐军阀陈炯明。东征军的右路军由粤军和黄埔军校校军组成，负责沿广东南部的海岸线向淡水、平山、海丰、陆丰及潮汕推进，承担了这次东征的主要任务。2月4日，东征军右路军攻克石龙镇和东莞县城。② 10日，东征军中的黄埔军校校军教导第一团由东莞县常平墟向天堂围前进，并击退陈炯明部

① 《深圳兵祸之惨闻》，深圳市史志办公室编：《民国时期深圳历史资料选编》，深圳：深圳报业集团出版社，2014年，第49页。
② 方志钦、蒋祖缘主编：《广东通史》现代上册，广州：广东高等教育出版社，2014年，第188—191页。

在宝安县平湖的守军。11 日，校军本部行营移至平湖。当天校军进入深圳墟，陈炯明部守军望风而逃。13 日，校军进据当时属惠阳县的龙岗。14 日，校军进军惠阳县淡水城。①从 2 月 10 日至 14 日，东征军主力之一，当时革命性最强的一支军事力量黄埔军校校军在今深圳地区经过，在本地群众中较大规模地传播了新的革命理念。

时任黄埔军校政治部主任周恩来率领政治部人员在宝安县平湖、深圳等地组织了军民联欢。周恩来出席群众大会并发表讲话，阐明讨伐军阀陈炯明的意义，说明这次战争的目的是解除东江人民的痛苦，扫除军阀割据，建立广东革命根据地。②攻打淡水前夕，周恩来率部转移到位于今深圳市坪山区坑梓街道文化新村的光祖学堂，当时这个地方属惠阳县境内。周恩来将指挥部设在光祖学堂教学楼二楼东南角的一间教室内，曾在此与该校师生晤谈，向该校进步学生发表演讲。周恩来勉励光祖学堂的青年学子要积极宣传反帝、反封建思想，为国家富强而读书，投身大革命浪潮。在先进理念感召下，光祖学堂（后改名为光祖中学）的学生中后来走出了广东人民抗日游击队东江纵队司令员曾生（新中国成立后曾任交通部部长）、叶锋（曾任新华社香港分社副社长）、严尚民（曾任广东省工业厅厅长）、黄冠芳（曾任东江纵队

---

① 深圳市史志办公室：《中国共产党深圳历史（第一卷 1924—1950）》，北京：中共党史出版社，2012 年，第 23 页。

② 深圳市史志办公室：《中国共产党深圳历史（第一卷 1924—1950）》，北京：中共党史出版社，2012 年，第 23 页。

港九独立大队大队长）、黄国伟（新中国成立后宝安县首任县长）等先进人物。①

图 2-2　由南洋华侨集资修建于 1906 年的坑梓光祖学堂，后改名为光祖中学

　　东征军过境宝安、惠阳地区时，宝安、惠阳地区广大农民积极支援东征军，为东征军带路、送信、抬担架、运输物资等。东征军取得胜利，也削弱了本地区农村的封建势力，对于宝安县中共党组织的发展壮大和农民运动的广泛开展具有重要意义。②

①　深圳市史志办公室编：《深圳村落概览·第二辑·坪山卷》，广州：华南理工大学出版社，2020 年，第 498—499 页。
②　深圳市史志办公室：《中国共产党深圳历史（第一卷　1924—1950）》，北京：中共党史出版社，2012 年，第 23—24 页。

三、铁甲车队进驻宝安与沙鱼涌激战

1924 年 10 月，广州大元帅府大本营为加强警卫工作，在共产党人倡议下，决定成立铁甲车队，共 3 个排 136 人，由苏联顾问指导。队长徐成章、副队长周士第、军事教官赵自选、党代表廖乾五、政治教官曹汝谦都是共产党员。铁甲车队除拱卫大元帅府外，还参加了支援广宁农民运动、第一次东征和平定杨刘叛乱等战役，后来编入国民革命军中叶挺领导的独立团。①

1925 年 7 月，省港罢工委员会发出封锁香港的通告，铁甲车队奉命进驻宝安县，协同罢工工人纠察队全面封锁香港。铁甲车队队部设在深圳墟附近的蔡屋围村，一部分队员则住在铁甲车上。由于铁甲车队队长徐成章调任罢工纠察委员会委员长兼总教练，副队长周士第接任队长。铁甲车队分兵驻守蔡屋围、沙头角、莲塘、罗芳、黄贝岭、福田、新村、南头等处，执行封锁香港的任务。铁甲车队派遣队员到宝安县沿香港边境一带乡村，配合中共宝安县党组织，开展农民运动，宣传国内外革命斗争形势，着重宣传省港大罢工和封锁香港的重大意义，提高农民的阶级觉悟，号召农民团结和组织起来，建立农民协会。宝安县广大农民群众被动员起来，积极投入到封锁香港的斗争中。

---

① 方志钦、蒋祖缘主编：《广东通史》现代上册，广州：广东高等教育出版社，2014 年，第 164—165 页。

图 2-3　1925 年 7 月，省港大罢工爆发，图为工人纠察队和建国陆海军大元帅府铁甲车队奉命开赴深圳地区巡逻，封锁深港边界

　　香港被封锁后，港英政府加派大批警察和 300 多名印度兵到上水、罗湖岗背后布防，挖掘散兵沟，架起大炮，与铁甲车队对峙；并千方百计组织偷运食品，甚至武装押运。宝安县与香港边境的形势日益紧张，8 月 15 日，港警在罗芳越过边境，抓走罢工纠察队员 1 名，后在纠察队的严词交涉下被迫将人放回。当天下午，纠察队在沙头角检查 2 艘偷运粮食到香港的船只，遭英舰射击，纠察队、铁甲车队被迫还击，英舰扫射 45 分钟后退走。此后，港英政府又在边界加筑炮垒，增驻重兵，每日数次向中方挑衅。8 月 27 日，在罗芳的英军乱枪扫射事件中，纠察队员陈锡中弹牺牲。

为打破省港大罢工对香港的封锁，港英政府唆使陈炯明残部在宝安县大鹏一带骚扰破坏，挑起事端。10月30日，陈炯明残部邓文烈、罗坤等部队武装袭击驻沙鱼涌、王母墟的工人纠察队，抓走10余名纠察队员。铁甲车队闻讯后，由周士第、廖乾五率领4个班50余人从深圳墟一带赶往沙鱼涌救援。沙鱼涌是一个狭深的小港湾，地势险要，控扼来往葵涌、坪山、大鹏的咽喉要道，清末曾在这里设立九龙关沙鱼涌缉私关厂，省港大罢工期间，罢工工人纠察队第十支队就驻扎在沙鱼涌关厂，这里成为罢工工人打击走私、封锁香港的要地。

11月4日，港英当局纠合民团、土匪和陈炯明残部共1000多人进攻沙鱼涌，而驻守沙鱼涌的铁甲车队和工人纠察队兵力只有100余人。当日凌晨，反革命军队趁天黑抢占了沙鱼涌东、南、北三面山头，并控制了西边一片海滩，将工人纠察队和铁甲车队团团包围。周士第命令班长黄华然率领一个班坚守小高地，奋力抗击。天明时，2艘英国小兵舰拖来载着反革命军队的4艘小船实施登陆。反革命军队的包围圈越来越小。7时30分左右，又有1艘英国兵舰从香港驶来，对革命军队阵地进行扫射。并有1架英国军用飞机在沙鱼涌上空盘旋，掩护反革命军队的进攻。在激战中，铁甲车队黄华然班全部壮烈牺牲。铁甲车队和工人纠察队虽然顽强作战，终因寡不敌众，于上午9时开始向东突围。在宝安县三区农民协会组织农民的引导下，绕道龙岗、横岗，于11月5日凌晨2时左右才返抵深圳墟。深圳墟附近的农民纷纷携带慰劳品慰问战士们。

沙鱼涌激战中，铁甲车队和工人纠察队英勇迎击港英政府支持下的 10 倍之敌，甚至与敌军展开肉搏战。在战斗中击毙敌军参谋 1 名、连长 2 名、排长 5 名，毙伤敌军共约 200 名。革命军队方面，铁甲车队伤亡 20 多人，工人纠察队伤亡 10 多人。铁甲车队排长李振森和驻守沙鱼涌的工人纠察队第十支队支队长蔡林蒸（黄埔军校毕业生，中共著名人物蔡和森、蔡畅的三哥，1923 年加入中国共产党）也在这次战斗中牺牲。[①]这场战斗，表现了宝安县人民反帝反封建的坚定信念，在省港大罢工期间坚决完成封锁香港任务的坚强决心。

第三节　社会经济

民国前期，一方面，政局动荡，军阀割据，各种势力设立的税捐数不胜数，宝安县人民深受其害，更加艰难地徘徊在近代化入口处。另一方面，广九铁路在这一时期通车运营，推动了宝安县社会经济的近代化进程。广九铁路沿线的重要交通节点深圳墟，由此逐渐发展成为宝安县新的经济中心。这一时期，华侨、港胞回乡建设，在城镇建设中开始融

---

① 本目从铁甲车队进驻宝安县到激战沙鱼涌这段时期的重要史实叙述，主要参考深圳市史志办公室：《中国共产党深圳历史（第一卷 1924—1950）》，北京：中共党史出版社，2012 年，第 33—37 页。

入近代化理念，在建筑设计上也融合了一些西方文化因素，形成中西合璧的建筑风格。

一、广九铁路与深圳墟

1910 年 10 月 1 日，广九铁路在香港境内的九龙至罗湖段（英段）建成通车，长 35.4 千米。1911 年 10 月，广九铁路广州至深圳段（华段）建成，长 143.2 千米。[①]1911 年 10 月 4 日（农历八月十三日），中英双方联合举行了广九铁路通车典礼，会场设于深圳站旁，全长 178.6 千米的广九铁路正式全线通车。[②]深圳站靠近罗湖桥，为边界衔接处的重要站点，主要处理出入境事宜，民间俗称"大站"；深圳站往北约 1.5 千米处，挨着深圳墟，还设有一个深圳墟站，民间俗称"小站"，方便乘客进出深圳墟。随着广九铁路全线通车，九龙关在九龙车站设立关卡，并在深圳车站设立关厂。九龙关边境关厂分为东中西三区，其中新安县与香港的陆上边境各关厂为中区，总部即设于深圳站。[③]

---

① 深圳博物馆编：《深圳近代简史》，北京：文物出版社，1997 年，第 92 页。
② 《广九全路通车行礼纪事》，《香港华字日报》，1911 年 10 月 5 日。
③ 深圳博物馆编：《深圳近代简史》，北京：文物出版社，1997 年，第 84 页。

图 2-4　1910 年 10 月，在罗湖举行广九铁路"英段"通车典礼

图 2-5　靠近罗湖桥的深圳车站旧影

广九铁路全线通车没几天，辛亥革命爆发，清朝在广东省的统治随后约一个月时间就土崩瓦解了，广九铁路的长期

使用，以及对新安县（宝安县）境内的区位格局造成越来越大的影响，实际上是进入民国时期以后的事情了。广九铁路建成通车，给沿线地区带来前所未有的陆路交通便利，促进了沿线地区商业贸易和社会经济发展，深圳墟因其独特的地理位置在新安县（宝安县）的区位优势越发明显。广九铁路从中部纵贯新安县（宝安县），当时从香港乘火车进入内地，抵达的第一个车站就是深圳站，遇到的第一个城镇就是深圳墟，奠定了深圳墟在新安县（宝安县）的交通枢纽地位。广九铁路的运营与深圳墟重要性的逐渐提高，两者相辅相成，是民国前期宝安县社会经济方面一个比较积极和显著的发展变化。

根据一份当时日本人开办的带情报机构性质的上海东亚同文书院工作人员于 1912 年由香港往广州的旅行记录，他们即是搭乘广九铁路的火车由九龙前往广州的。当时来往省港之间可以搭乘英国的汽船，广九铁路通车后又多了一个选择，可以搭乘火车。火车驶过横跨深圳河的大桥（即罗湖桥），到达深圳火车站。当时国内刚经历辛亥革命，局势仍然动荡不稳。罗湖桥附近的深圳河两岸驻扎着港英政府的 150 名印度兵，他们过着帐篷生活，维持边境治安。这一行 7 名日本人到深圳站下车后，走向距离深圳站"十町多远"（即 1 千米多）的"中国市街"（即深圳墟），联系上广东军政府在深圳墟的驻军，寻求保护和住宿等事项，在驻军引领下投宿了深圳墟的一所客栈。他们在深圳这个"香港和内地的交界地"度过了一晚，而且在客栈中还遇到了 2 个自称来自新义州的朝鲜人。这些日本人第二天再到深圳火车站乘火车向东莞县石龙进发。他们在石龙留宿了2晚，然后继续乘火车向广州进发。①

1912年，广九铁路香港段从粉岭站通往沙头角车坪街的支线铁路正式开通，全长约11.67千米，共设3站，全程票价2角。车坪街距中英街不到100米。该支线铁路的开通运营，使沙头角成为宝安县与香港之间另一个重要的过境通道。其全盛时期1919年，当年乘客超过8万人次。沙头角公路开通后，沙头角支线铁路旅客量大跌，1928年结束了维持17年的运营并拆除。

《粤海道尹王典章巡行日记》留下了关于民国前期宝安县社会经济发展情况非常珍贵的记录。1917年，粤海道尹王典章乘广九铁路火车到宝安县视察，抵达深圳站下车，首先视察的就是深圳墟。深圳墟有深圳商会，成立于1912年，设于安仁善堂，此处亦为王典章抵步小憩和离开宝安县前夜宿一晚之地。深圳商会有1名会长、1名副会长、18名会董。深圳墟内有商店240家，可见商业颇盛。虽说王典章认为自广九铁路开通后，由于"各乡货物均由省港直接输运"，因此深圳墟的商业"近已渐不如前"，但这个认识应该是片面的，受到当时当地某些局限认识的影响。从事物发展的客观角度看，交通的便利无疑是有利于人员流动和货物流通的，

① 《上海东亚同文书院大旅行记录（节选）》，深圳市史志办公室编：《民国时期深圳历史资料选编》，深圳：深圳报业集团出版社，2014年，第24—27页。

否则货物也没必要来到这个地方；王典章也不会来到宝安县的第一站就是深圳墟，他到南头视察，在凤冈书院留宿一晚后，还是要返回深圳墟再住一晚然后坐火车离开宝安县。实际上，深圳墟当时已发展成为一个货物集散地，"产物以蚝豉为最佳，油糖、花生、菠萝、沙梨、萝卜、荔枝等亦出品之大宗云"。深圳商会的成立时间正是广九铁路开通的第二年。随着商业贸易的发展，人口进一步聚集，从学龄人口数据看，深圳墟当时有 7 所私塾，"每所学生平均三十人，当有二百余人"，建立一所正式的现代学校在王典章眼中已经应该提上议事日程。深圳墟当时设有警察 21 名，也是宝安县下一级行政建置"区"的驻地。另驻有军队 3 个排，属警卫军第十三营，而该营营长也驻于此。以上说明深圳墟当时已发展成宝安县辖范围内一个重要的地方经济和行政中心。[①]后来省港大罢工期间，参加罢工的香港工人也主要是经由深圳墟乘坐火车前往广州的，罢工工人的接待站也设在深圳墟。

---

① 《粤海道尹王典章巡行日记（节选）》，深圳市史志办公室编：《民国时期深圳历史资料选编》，深圳：深圳报业集团出版社，2014 年，第 29—31 页。

图 2-6　1927 年英国人拍摄的深圳墟及附近村庄的旧照

　　1912 年，曾有县议会议员梁翊侯提议将县治迁往西乡（县城西十里），后因"兹事体大"没有实行，当时应该还没有考虑到深圳墟的重要作用。① 随着广九铁路长期运营，深圳的重要性和知名度越来越高，终于在 1953 年，宝安县政府没有迁往西乡，而是迁往深圳；1979 年，宝安县改为深圳市。② "深圳"，原是宝安县中部一个墟的名字，又成为广九铁路一个重要站点的名字，最终替代"宝安"成为代表这一整块地域的名字。

---

① 《广东宝安县最近行政区域调查（1928 年 11 月）》，深圳市史志办公室编：《民国时期深圳历史资料选编》，深圳：深圳报业集团出版社，2014 年，第 110 页。

② 宝安县地方志编纂委员会编：《宝安县志》，广州：广东人民出版社，1997 年，第 26、39 页。

二、宝安县社会经济概貌

现存有关民国前期（1912—1927）宝安县社会经济数据的资料非常少，根据粤海道尹王典章于 1917 年视察宝安县时留下的记录，仍可以管中窥豹。王典章在巡行日记中称，1917 年宝安县在行政建置上已分设 7 个区，总人口 287450 人。其中宝安县城南头城内有民居 1000 余间，人口 2000 余人。宝安县当时还是一个传统农业县，国家层面每年向农民定额征收农业税，税额合计银圆 28411 元 6 角 1 分 5 厘。但是如果逐年征收，只能征收到五成以上；如果考虑到农业生产丰收、歉收情况，照顾农民的缓急，分五年征收，则可以征收到八成。

表 2-4 1917 年前后宝安县农业税额表 [①]

农业税名	银圆数额
地丁正杂粮捐	14823 元 3 角 2 厘
民米正杂粮捐	10494 元 4 角 3 分
屯米正杂	3093 元 8 角 8 分 3 厘
合计每年额征	28411 元 6 角 1 分 5 厘

除国家层面的农业税外，还有繁多的地方税捐，包括"房铺捐，渔业捐，驳艇捐，渔步捐，居牛捐，花捐，租谷，

---

① 《粤海道尹王典章巡行日记（节选）》，深圳市史志办公室编：《民国时期深圳历史资料选编》，深圳：深圳报业集团出版社，2014 年，第 29 页。

猪、牛、蚝各秤佣捐，以及各寺庙报效"等，合计每年约24745银圆。这笔钱要上缴一部分到省政府，余下2万银圆作为县政府的财政收入，由县政府拨支本县"教育、警察、游击队及地方公益各经费"①。

在王典章眼中，1917年的宝安县是"商务凋敝"的，"墟市中唯深圳、黄松冈、云霖、观澜、沙头角、王母、西乡较为繁盛"。为什么有这种看法，实际上是有比较的。"然地近香港，营业者竞趋于彼。境内物产，滨海渔业莫不以香港为市场。地方实业不兴，物价腾踊，小民生计殊感困难，根本之图，当以振兴农工为至要。"②如1912年，即有记载宝安县生蚝、熟蚝输出香港等地，换回银圆约150元。③当时的宝安县，仍以传统农业社会经济为主，徘徊在近代化门槛处缓慢发展，但原属宝安县（新安县）的香港、九龙等地方被英国殖民者占据后，客观上迅速开启了近代化进程，使深圳河两边经济发展层次产生了巨大反差。王典章指出原属宝安县（新安县）的九龙一地，"前清田赋所入岁不过千余金，自隶英后，平治其通路，经理其疆土，轮轨交通，市厘辐辏。今即以地税言，闻岁收已达二十余万矣。等是土地，今昔悬殊，若此虽曰气运，岂非人事哉"。他认为能使

① 《粤海道尹王典章巡行日记（节选）》，深圳市史志办公室编：《民国时期深圳历史资料选编》，深圳：深圳报业集团出版社，2014年，第29页。
② 《粤海道尹王典章巡行日记（节选）》，深圳市史志办公室编：《民国时期深圳历史资料选编》，深圳：深圳报业集团出版社，2014年，第30页。
③ 深圳博物馆编：《深圳近代简史》，北京：文物出版社，1997年，第222页。

宝安县赶上时代发展步伐的"补救之道"唯有"修其内政，观摩败效，使人民知识日增、学术日进，从事于实业商务，以期竞争于将来而已"①。

当时距宝安县南头城二三里的阡尾冈发现了煤矿，本地商人郑汝骏建议开采，已着手试探。王典章为此非常受鼓舞，认为"如有成效、亦为地方辟一富源"②。但此事后来终因该矿资源有限作罢。直至1920年，才在布吉、甘坑开采出钨矿，开始宝安县的近代矿业。③

民国前期宝安县虽然已有铁路，但公路建设非常落后，20世纪20年代末以前基本上还没有正式的公路。如1917年王典章巡视宝安县时的一段行程，中午12点30分从深圳墟出发，"行四十里"，至下午5点30分才抵达宝安县城南头，约20千米路程历时5个小时，只能是步行的速度。④

宝安县（新安县）于光绪二十八年（1902）即设立了南头邮政局，后又增设深圳邮政局，邮差徒步肩挑接传邮件。邮递路线由南头至深圳，深圳至惠阳、淡水，深圳至南头转东莞太平等线组成。民国前期基本上沿袭了清代邮路，并增加了广深铁路运送邮件。1915年，全国邮政局统称邮局。民

---

① 《粤海道尹王典章巡行日记（节选）》，深圳市史志办公室编：《民国时期深圳历史资料选编》，深圳：深圳报业集团出版社，2014年，第31页。

② 《粤海道尹王典章巡行日记（节选）》，深圳市史志办公室编：《民国时期深圳历史资料选编》，深圳：深圳报业集团出版社，2014年，第30页。

③ 深圳博物馆编：《深圳近代简史》，北京：文物出版社，1997年，第224页。

④ 《粤海道尹王典章巡行日记（节选）》，深圳市史志办公室编：《民国时期深圳历史资料选编》，深圳：深圳报业集团出版社，2014年，第29页。

国前期，南头、深圳邮局开办的邮政业务包括信函、汇票、包件、印刷书籍四大类。邮政资费根据目的地分为5类收费，如1914年时的信函资费，内埠1分，国内（除东北外）3分，香港、澳门4分，日本、朝鲜、东北3分，欧美外洋1角起算（超重以6分递加）。①

古代宝安县地区重要的经济支柱盐业，至民国前期已经凋敝。自乾隆五十四年（1789）撤销位于南头的东莞场后，本地纷纷将原来的盐田拆毁，灌注淡水，改作稻田。民国前期宝安县只有东部的盐田至大鹏半岛，西部的南头至黄田，还有零星灶田，统称宝安厂。1934年前后，宝安县仍有产盐区3处：南头城西5千米处，有盐田60余亩，年产盐约3000担；南头城东约10千米处，有盐田30余亩，年产盐约1000担；南头城西北约45千米处，有盐田10余亩，年产盐约300担。②这大概与1927年以前宝安县的盐业生产数据也相差无几。

据1928年3月29日《中共宝安县委给省委报告》中的判断，当时的宝安县"绝没有产业工人，只有店员数百人"，因此当时宝安县的党组织还"很少注意到工人运动"。这说明民国前期，宝安县基本上还没有真正意义上的近代工业和产业工人。但在中国共产党的领导下，以深圳墟为中心，于1927年初成立了宝安县总工会，其下按行业分设若干工会，

---

① 宝安县地方志编纂委员会编：《宝安县志》，广州：广东人民出版社，1997年，第304—307页。

② 深圳博物馆编：《深圳近代简史》，北京：文物出版社，1997年，第223页。

"有茶居工会（工人百余人），京果杂货工会（工人百余人），木匠工会（工人五十余人），车衣工会（工人不满百人），烟丝工会（工人五十余人），屠行工会（工人四十余人），米业工会（工人亦不满百人），船艺工会（工人七十余人），渔业工会（工人不满百人），竹器山货工会（工人六十余人），理发工会（工人七十余人）"。这数百名"店员"显然就是以深圳墟为中心分布的。[1]这些非农业雇佣劳动数据从一个角度反映了当时宝安县的非农业经济体量，反映了近代宝安县正在缓慢发展起来的非农业经济，同时也印证了深圳墟已逐渐成为当时宝安县的经济中心。

三、向近代化转型的城镇建设

晚清民初，香港被英国逐步割占，宝安县一带毗邻香港，由于地理条件的便利，很多人出境成为华侨、港胞。一些赚了钱的华侨、港胞回乡建设，在城镇建设中开始融入近代化理念，在建筑设计上保留本地传统建筑模式的同时，往往还会融合一些西方文化因素，形成中西合璧风格的建筑形式，这是民国前期宝安县城镇建设和建筑风格演变过程中比较突出的特点，也从一个侧面反映了这一时期宝安县缓慢前行的近代化历程。

清末民初香港著名商界领袖刘铸伯是宝安县平湖人，活

---

[1] 《宝安县社团状况和党的工作》，深圳市宝安区党史研究室编：《中国共产党深圳市宝安区历史资料汇编（1924—1949）》，北京：中共党史出版社，2023年，第66页。

跃于香港、宝安两地，现存已有百年历史的平湖火车站旧址、益民公司碉楼、纪劬劳学校、念妇贤医院等，都是刘铸伯出资建造的。广九铁路最初的设计是偏离平湖的，热爱家乡的刘铸伯利用自身影响力，以愿意独资修建平湖火车站为条件，说服粤港政府和有关当局修改了线路，同意在平湖设站。从 1910 年起，刘铸伯在平湖火车站附近又规划兴建平湖新墟，有纵横 6 条街，呈田字形布局，街道宽阔，可通卡车。1916 年，刘铸伯在平湖新墟兴建的纪劬劳学校、念妇贤医院相继落成。纪劬劳学校由教学楼、运动场、花园、草坪、厨房组成，总占地面积 1500 平方米。教学楼占地面积 464 平方米，为 2 层瓦面大屋，砖木及钢筋混凝土结构，可容纳数百学生同时上课，其后是瓦面平房，再后是厨房和运动场地，学校周围砌以围墙。念妇贤医院为三间一进两层建筑，占地面积 194.32 平方米，大门前筑有围墙。在刘铸伯的规划建设下，平湖新墟成为宝安县近代意义上初具雏形的新型城镇。①

---

① 深圳市史志办公室编：《深圳村落概览·第二辑·龙岗卷》，广州：华南理工大学出版社，2020 年，第 62—63 页。

图 2-7 纪劬劳学校

图 2-8 念妇贤医院

图 2-9　沙井龙头村曾耀添宅

民国时期在宝安县西部广府人聚居区涌现了一批中西合璧式民居，俗称西洋楼。如沙井龙头村曾耀添宅，建于民国初年，面阔 15.6 米，进深 12.8 米，高三层，混凝土浇筑结构。内院式天井，房间沿天井四周排列，每面各三间。三楼外有一圈回廊式（方柱小拱）阳台，二楼和三楼东、西两侧各有外凸（平面为梯形）的封闭式阳台。楼顶部有罗马式八圆柱穹隆顶凉亭，还有一小平房。沙井壆岗村陈禅生新楼（寿仁堂），建于 1917 年，高三层，面阔 12.5 米，进深 20.2 米，钢筋混凝土加砖石结构。二楼和三楼为清水砖墙，墙上装饰了玻璃质马赛克。一楼正面向外凸出一门廊，立有 4 根古罗马爱奥尼克式柱，并有大弧度的拱门装饰。门廊上为封闭式阳台。门内的布局为天井在中间，房间沿天井四周分布，每面有三间。南头附近南园村满庆堂，单开间，面阔 5.3 米，进深 8.5 米，高二层，砖石混凝土结构。门前有花边式拱形门廊，用爱奥尼克式圆柱支撑，其上为骑楼式阳台，装饰有围栏，围栏上立有 4 根圆

形檐柱呈三跨圆拱式。①此
外还有桥头植利楼（建于
1934 年）、沙头广居（建
于 1929 年）、下山门文华
楼（建于 1936 年）、流塘
锦基苑（建于 1930 年）、
流塘镇业国际大厦、碧头
浣浦楼、水田 1932 碉楼、
沙井龙头村福德堂等一大
批中西结合风格的建筑。

　　清末民初宝安县（新
安县）东部以及当时属惠
阳县（归善县）的龙岗、
坪山地区的客家人聚居区，

图 2-10　下山门文华楼

其客家围屋在传承传统的四角楼平面分布、中轴设祖公堂的
格局基础上，受西洋文化影响，在建筑构件、装饰题材等方
面逐渐引入异国情调。如位于横岗（当时属归善县）的茂盛
世居，建于清道光年间，在其中轴祖公堂的中堂，竟然以欧
陆风情的大拱门作为装饰。晚清民国时期，宝安县一带的客
家人聚居区又创新出一种开放式的客家民居，称为"炮楼排
屋"或"炮楼院""排屋村"。这种"排屋村"已不设堡垒森

---

① 深圳市地方志编纂委员会编：《深圳市志·社会风俗卷·文物志》，北京：方志
　出版社，2014 年，第 521—522 页。

严的围墙，但有炮楼拱卫，炮楼一般高达 5 层。一座炮楼通常拖三至七开间排屋。①龙岗沙背坜村的璇庆新居，为马来西亚华侨邱满所建，1936 年建成，占地面积约 2200 平方米，被誉为"中华巴洛克"。整体布局为三堂两横带四角楼结构。横屋高两层，砖木结构，硬山顶。角楼为炮楼建筑，高三层，顶部有灰塑。中轴祠堂为三进式，正面开三门，前立面为中央三拱罗马柱和伊斯兰风格券顶，女儿墙灰塑卷草纹、西洋柱，其特点是正面门廊和檐口装饰使用了西洋文化建筑风格纹样，花纹繁复，题材多样，而室内装饰则多用中国传统的檐口壁画和浮雕封檐板，形成了中西文化的强烈对比。②在观澜牛湖，也有比较密集的炮楼排屋，其中可确定为民国前期建成的有，约 1911 年建成的凌贤辉炮楼，1921 年建成的鸿兴楼。③在晚清民国时期，这种中西合璧的客家围和炮楼排屋，几乎遍布宝安县一带每一个客家乡村。④可见无论是广府村落，还是客家村落，这一时期的建筑都深受中西文化交流的影响。

---

① 张一兵、曲文：《深圳炮楼探秘》，深圳：深圳报业集团出版社，2015 年，第 174 页。

② 杨宏海等：《深圳（龙岗）：滨海客家图文志》，深圳：深圳出版社，2022 年，第 188—189 页，第 193—194 页。

③ 张一兵、曲文：《深圳炮楼探秘》，深圳：深圳报业集团出版社，2015 年，第 36 页。

④ 杨宏海等：《深圳（龙岗）：滨海客家图文志》，深圳：深圳出版社，2022 年，第 198 页。

图 2-11 璇庆新居

第四节 文化教育

民国前期，宝安县文化教育事业逐步变革发展。县教育行政机构几经更迭，教育界交流团体宝安学会成立，县小学、中学等均有发展建设，教会学校、民办学校、官办学校并存，华侨办学也成为宝安县教育发展的一支重要力量。

一、教育体制演变

辛亥革命结束了中国两千多年的封建君主专制制度，1912 年 1 月 1 日，中华民国临时政府在南京成立。1 月 9

日，南京临时政府教育部成立，蔡元培出任南京临时政府首任教育总长。蔡元培发表《对于新教育之意见》，对清末教育宗旨进行深入剖析，阐明其对于新教育方针的思考，对民国教育方针进行了整体的构想和系统的探讨。7月至8月，全国临时教育会议召开，会议讨论通过中华民国新学制草案。9月初，教育部正式公布了学制系统的结构框架，后又陆续公布一系列法令规程，形成了一个全面完整的学制系统，1913年合并为完整的学制系统，称"壬子癸丑学制"，亦称"1912—1913年学制"。"壬子癸丑学制"对清末实施了近十年的"癸卯学制"进行改革，废除了传统封建旧教育。[1]

民国时期，宝安县教育逐渐取得进步，初等小学、高等小学、初级中学等均有发展，教会学校、私立学校、县立学校并存。[2]

民国前期，宝安县教育行政机构几经更迭。1913年，宝安县公署设教育科[3]，设科长1名，科员、书记、技士（办理技术事务）各1名，另有雇员若干人[4]，后将教育科改为劝学所。1917年，粤海道尹王典章巡行粤海道所辖各州县，《粤

① 熊贤君：《深圳教育史》，北京：社会科学文献出版社，2010年，第174—178页。
② 熊贤君：《深圳教育史》，北京：社会科学文献出版社，2010年，第179—180页。
③ 宝安县地方志编纂委员会编：《宝安县志》，广州：广东人民出版社，1997年，第635页。
④ 熊贤君：《深圳教育史》，北京：社会科学文献出版社，2010年，第182页。

海道尹王典章巡行日记》记载了宝安县的教育机构设立情况，"劝学所甫于今年成立，所长吴斐然"[1]。1926 年，宝安县劝学所撤销，当年 11 月，县公署改为县政府，劝学所更名为教育局。

据粤海道尹王典章于 1917 年的视察，当时深圳墟有 7 所私塾，"唯尊孔堂塾师温致枢授徒十六人，管教及程度均有可观，当饬宝安县即就该塾改组学校，以示奖劝"[2]。王典章巡视了设于县城南头凤冈书院的县立第一高等小学校，由于前校长腐败，学生多已散去，时任校长吴芷湘接办，招集学生到校者仅 26 人，大多未经国民学校毕业，教育程度低下，还需分班补习。城内有 2 所国民学校，一名励志，校长雷振威，学生 28 人，在校 22 人，女生 1 人；一名蔼士，校长温翔凤，学生 26 人，在校 18 人。两所学校均只设一个年级，王典章认为也是"布置缺略""学生未届毕业即已升学""尤属不宜"。[3]

王典章还考察了宝安县其他学校，在日记中记录了学校的校长、学生人数、教室数量等大致情况。石桥头崇实国民学校距离县城"一里许"，校长为梁鼎铭，学生 56 人，讲室 1 间，比较狭小。福源乡立国民学校距离县城"约二里"，

---

① 《粤海道尹王典章巡行日记（节选）》，深圳市史志办公室编：《民国时期深圳历史资料选编》，深圳：深圳报业集团出版社，2014 年，第 31 页。

② 《粤海道尹王典章巡行日记（节选）》，深圳市史志办公室编：《民国时期深圳历史资料选编》，深圳：深圳报业集团出版社，2014 年，第 29 页。

③ 《粤海道尹王典章巡行日记（节选）》，深圳市史志办公室编：《民国时期深圳历史资料选编》，深圳：深圳报业集团出版社，2014 年，第 30 页。

校长郑勉之，学生 42 人，大小教室各有 1 间，光线尚足，校具整洁。大新街冕庄国民学校距城"约四里"，校长李銮鉴，教员郑维然，学生 80 人，都在同一间教室教学，座位拥挤，布置不当。南园乡立国民学校距城"约六里"，校长陈伯美，教员 2 人，学生男 87 人、女 7 人，教室 2 间，光线不足，该校原有学款 480 元，拟增添一名教员，费用恐怕不够，由县里筹款补助。[1]

据《粤海道尹王典章巡行日记》统计，1917 年"全县只高等小学校一所，国民学校十一所，另改良私塾三十九所"。[2]一所高等小学校显然即为县立第一高等小学校，而其他的国民学校、改良私塾，其实也是当时在发展中尚未完全成形的公立、私立小学。

1918 年，宝安学会成立，出版《宝安学会杂志》，向读者介绍外国的教育情况及教学方法，并针对宝安教育的状况提出一些建议。[3]宝安学会是主要由教员参加的专业委员会组织，通过定期集会讨论教育问题，宝安县教师通过宝安学会开展活动，进修学习。《宝安学会简章》对宝安学会的性质作了明确规定："本会以联络感情研究学术振兴本邑教育促进公益事业为宗旨。"有"大会一次于每年暑假后寒假

① 《粤海道尹王典章巡行日记（节选）》，深圳市史志办公室编：《民国时期深圳历史资料选编》，深圳：深圳报业集团出版社，2014 年，第 31 页。
② 《粤海道尹王典章巡行日记（节选）》，深圳市史志办公室编：《民国时期深圳历史资料选编》，深圳：深圳报业集团出版社，2014 年，第 31 页。
③ 宝安县地方志编纂委员会编：《宝安县志》，广州：广东人民出版社，1997 年，第 649 页。

前举行之，其时间由会长临时酌定""每月开职员会议一次，商酌及报告进行情形于每月之最后星期举行之"。《宝安学会杂志》成为全县教师进修学习的重要资料，并起到联络同人，互通教育革新信息，更新教育观念的作用。《宝安学会杂志》第二期发行于"民国十三年六月廿日"，即1924年7月21日，为现今存世仅见的一期。[①]这一期杂志的主要篇目如《对于我县教育的观察和感想》《废娼运动》《婚丧改良的管见》《改造乡村的建议》《改造地方的一个方法》等[②]，均是对宝安县当时教育及社会文化的观察与思考。

民国初期，宝安县的学制为初小四年，高小三年；中学阶段四年，不分初高中。1924年实行新学制，小学四二制（初小四年、高小二年）、中学三三制（初中三年、高中三年）。[③]

二、学校建设

宝安县传统民间教学设施有书院、社学和私塾。民国初年政府明令取缔私塾，改办学堂，大兴新学。宝安县的私塾虽然未能立即全部废除，但也普遍按照要求进行了改良。宝安县总体上按照民国教育发展方针要求推行"壬子癸丑学

---

① 熊贤君：《深圳教育史》，北京：社会科学文献出版社，2010年，第230—231页。
② 《〈宝安学会杂志〉史料（十则）》，深圳市史志办公室编：《民国时期深圳历史资料选编》，深圳：深圳报业集团出版社，2014年，第51—73页。
③ 宝安县地方志编纂委员会编：《宝安县志》，广州：广东人民出版社，1997年，第649页。

制"，建立新型学校，改造旧有私塾。

光绪三十二年（1906），南头凤冈书院更名为凤冈学校，采用新学制、新课程。民国前期，凤冈学校更名为"宝安县立第一高等小学"，是民国时期宝安县设立的第一所公立学校，当时有近200名来自宝安县、东莞县、香港新界等地的学生在此就读。该校后来几经易名搬迁，今为深圳市南山区南头城小学。民国前期，宝安县比较有名的小学还有庚子革命首义中山纪念学校。该校始建于1912年，校址在三洲田起义的发源地，原名"三洲田学校"，是辛亥革命成功后，孙中山为纪念1900年爆发于三洲田的反清起义而派员、拨款创办的。1925年，孙中山逝世，孙科为该校题写校名。

今深圳地区在民国前期创办的比较有代表性的小学还有：1911年，深圳墟张氏在私塾"雍睦堂"基础上开办深圳小学，由张氏家族提供办学经费，并聘请了清末秀才张树人担任校长。1912年，松岗潭头的文明学堂、龙华的广培学校创办。1914年，坪山墟的坪山学校、马峦乡由孙中山手书校名的强华学校、南澳东山的大礁学校、观澜的永修小学（1923年更名"振能学校"）创办。1915年，横岗墟的横岗学校、龙华的早禾坑学校、龙岗的龙兴私立小学创办。1917年，沙头角中英街东侧的东和学校、龙岗水围的新生小学、坪山的坪山学校创办。1918年，大鹏布新乡的四乡屯学校、平湖响水墟的同庆学校、新桥的新桥小学、沙井的沙井学堂创办。1921 年，葵涌屯洋乡的崇德学校创办。[①] 1922 年，新安的上合小学、宝安石岩官田的静天学校创办。1925 年，松岗沙浦的沙浦小学、石岩罗租的蔚文学校创办。当时办学比较好的小学有观澜松元厦振能学校、平湖墟纪劬劳学校、布吉曾族贯一学校等几所。[②]

清末民初，今深圳地区与西方社会的交流日益频繁，出现了一些新式学堂，本地学子无须远赴海外，就能够就地接受比较正规的新式教育，光祖学堂、凤冈学校等都是在这一时期兴建的。一些接受新式正规教育的人才，也促进了本地近代教育的兴起和发展。1908 年美国退返部分庚子赔款，设立清华留美预备学堂，新安县布吉人凌道扬考取庚款留美生资格，1909 年赴美留学，1914 年获得耶鲁大学林学博士学位，归国后呼吁"森林救国"，成为中国近代林业科学之父。新安县西乡人郑毓秀在接受西式正规化教育后，加入孙中山领导的同盟会，成为中国近代著名的革命家、法制建设先驱、女权运动倡导者。

1925 年，由基督教崇真会于 1864 年创办的布吉李朗神学院迁往兴宁坪塘，其旧址改为乐育初中（为德国天主教会主办），设二级各 1 个班，学生 42 人，教职员 6 人。这是

① 宝安县地方志编纂委员会编：《宝安县志》，广州：广东人民出版社，1997 年，第 638 页。
② 宝安县地方志编纂委员会编：《宝安县志》，广州：广东人民出版社，1997 年，第 638 页。

宝安县中学教育的开始。① 李朗神学院作为教会大学级学校，在李朗时间长达 61 年，是深圳历史上第一所大学。当时李朗神学院以客家话教授神学，并先后开设希腊文和德文课程。凌道扬及其父亲凌善元、祖父凌启莲都是布吉李朗神学院的毕业生。②

1927 年，宝安县立第一高等小学扩大建制，扩办中学部，中学部设址于南头城东门外义学街的东门学宫，名为"宝安县立初级中学"（1928 年更名为"宝安县立第一初级中学"，现为"深圳市南头中学"），因校舍不够用，小学部后来迁至南头城东门外学宫旧址。

民国时期华侨回乡办学蔚然成风，经费筹措、营运管理均独立操作，由此催生教育模式新气象，为本地提升教育事业水准，推行近代化教育打下重要基础，作出重要贡献。③

1912 年，观澜牛湖村华侨陈亚庆、陈福庆、陈均高等发动华侨筹资，合并了源合、荣盛、下围等 6 间私塾，兴建"广培学校"，设一至六年级 6 个班，教学设施配套较完整，是当时较正规的一所学校。1914 年，观澜松元厦村的陈姓华侨捐资，办起"永修小学"，1923 年更名为"振能学校"，

---

① 宝安县地方志编纂委员会编：《宝安县志》，广州：广东人民出版社，1997 年，第 641 页。
② 刘中国、余俊杰：《刘铸伯传》，广州：花城出版社，2017 年，第 314 页。
③ 深圳博物馆编：《深圳博物馆基本陈列·近代深圳》，北京：文物出版社，2010 年，第 166、172 页。

设六级 6 班。① 1917 年，岗头华侨又在三栋屋村，开办了培英学校。1921 年，南园华侨回乡捐资创办南园小学。1925 年，厄瓜多尔归侨黄伟鹏、南洋归侨黄丽春等远涉重洋，到厄瓜多尔和南洋为光祖学堂募捐筹款。② 1916 年，香港同胞、开明绅士刘铸伯在家乡平湖墟创办"纪劬劳学校"，得到广东督军陆荣廷、广东省省长朱庆澜、宝安县知事周德馨的推崇及表彰，并分别发出布告，要求政府与军民人等予以保护。③北京政府大总统黎元洪也送"急公好义"之横匾。④

---

① 宝安县地方志编纂委员会编：《宝安县志》，广州：广东人民出版社，1997 年，第 637—638 页。

② 熊贤君：《深圳教育史》，北京：社会科学文献出版社，2010 年，第 217 页。

③ 刘中国、余俊杰：《刘铸伯传》，广州：花城出版社，2017 年，第 325 页。

④ 宝安县地方志编纂委员会编：《宝安县志》，广州：广东人民出版社，1997 年，第 637—638 页。

第三章　国民党新军阀统治时期的深圳地区

1927年"四一五"反革命政变以后，李济深、陈济棠等国民党新军阀先后对广东实行独裁统治。随后，完全确立了国民党在宝安县的反动统治。国民党新军阀独裁统治时期，宝安县先后隶属中区善后委员会、中区绥靖公署、第一行政督察专员公署。宝安县治虽有讨论迁移但未果，一直在南头。

1927年11月至1928年5月期间宝安县组织了三次工农武装暴动。三次暴动以失败告终，中共宝安地方党组织活动转入低潮，建立秘密交通站开展革命活动。在全国抗日救亡运动的影响下，深圳地区组织大规模的抗日游行示威活动，成立夜校、识字班、妇女会、儿童团、青年团、读书会等群众抗日救亡团体。

这一时期，宝安县农、渔、盐业稳定发展，手工业和商贸业亦出现生机。道路、邮政、电话、电报等基础设施持续新增，文化教育发展较为明显。

第一节　宝安县的治理

1927 年 4 月，国民政府正式废除全国省道县三级制，建立省县两级制。1928 年，广东在全省设立东南西北中五个善后委员会公署，宝安县属中区善后委员会。陈济棠统治时期，又将全省分为东区、中区、西北区、南区、琼崖区五个绥靖公署，宝安县属中区。1936 年，广东省除广州市外，设立第一至第九行政督察专员公署，其中宝安县属第一区。

一、1927—1937 年的广东政局

1927 年 4 月 12 日，以蒋介石为首的国民党右派在上海发动反革命政变，国共合作破裂，轰轰烈烈的大革命走向失败。15 日，广东的国民党李济深当局在广州实行反革命大屠杀，大批共产党员和革命群众被杀害。"四一五"反革命政变后，以李济深为首的国民党新军阀取得对广东的统治权，并引来黄绍竑的桂军进入广州以稳固统治。

为恢复国民党在广东的统治秩序，强化统治力度，国民党新军阀在严厉"清党"的同时，也着手重建国民党在广东的权力机构，先后重建中国国民党中央政治会议广州政治分会和广东省政府委员会。1927 年 5 月 20 日，中国国民党南京中央政治会议任命李济深、古应芬、黄绍竑、李宗仁等 16

人为广州政治分会委员。① 27 日，以李济深为首的广东当局通电宣布广州政治分会的改组工作完成，广州政治分会恢复行使职权，4 月 15 日成立的广东特别委员会同时取消。② 28 日，南京国民政府改组广东省政府，南京中央政治会议任命李济深、古应芬、李文范等 11 人组成广东省政府委员会，李济深任省政府主席。③ 8 月，李济深又被任命为广州政治分会主席、国民革命军第八路军总指挥。④ 至此，以李济深为首的国民党新军阀独揽广东党政军大权，借助国民党的权力体系，彻底取得了在广东的统治地位。

1927 年 9 月，宁汉合流，国民党政府在形式上实现统一。该月，北伐军将领张发奎、黄琪翔，借口"剿共"，率军自江西南下广东。李济深无可奈何，只能做出欢迎姿态，并企图利用回粤的张发奎部消灭南下的南昌起义军余部。11 月 17 日，趁李济深离开广州前往上海参加国民党二届四中全会预备会议之机，张发奎、黄琪翔率部在广东发动兵变，驱逐李济深及新桂系在广东的势力，黄绍竑逃回广西，张、黄夺得广东党政军大权。月底，黄绍竑率领桂系军队陈兵梧州等地，准备联合李济深部夺回广州，张发奎也派主力部队前往肇庆迎击，双方剑拔弩张，进入临战状态。

---

① 广东省档案馆编：《广州起义前后的全国时局》，1982 年，第 77 页。
② 广东省档案馆编：《广州起义前后的全国时局》，1982 年，第 27 页。
③ 广东省档案馆编：《民国广东政府机构沿革和组织法规选编》，1996 年，第 21 页。
④ 广东省档案馆编：《广州起义前后的全国时局》，1982 年，第 67、77 页。

"张黄事变"后，张发奎部队的主力大多在外阻挡李济深及桂系，广州城内空虚，张太雷、叶挺、叶剑英等共产党人于12月11日利用这一有利时机发动起义，建立苏维埃政府。13日，广州起义被镇压，张发奎、黄琪翔被国民党各方攻击纵容共产党暴动，被迫下野，离开广东。月底，李济深由沪返粤，重掌广东政权，但其势力大为削弱，已无力对抗蒋介石。1928年8月，南京国民政府发动的二次北伐结束。12月，东北易帜，南京国民政府在形式上完成了国家统一。为消除地方军阀势力及缓解因军费过巨导致的财政紧张问题，身兼国民党中央常务委员会主席、中央政治会议主席、中央军事委员会主席的蒋介石开始提出裁军主张，其对象主要是冯玉祥、阎锡山与桂系。李济深因与桂系关系密切，也一道被蒋介石视为裁减的重要对象。1929年1月，蒋介石在南京召开编遣会议，以裁军进行建设的名义，要求冯玉祥、阎锡山、李宗仁等缩减军队，引发各方不满，蒋介石与各派系军阀矛盾加重。3月，李济深应邀赴南京调解蒋介石与桂系之间的矛盾，却于26日被蒋介石扣押在汤山，成为阶下囚。

李济深被蒋介石强行扣留后，时任第四军军长的陈济棠成为最大受益者。在广东各界大多主张讨蒋救李的形势下，陈济棠被蒋介石拉拢任命为广东编遣区特派员。陈济棠电令广东部队不得妄动，并与陈铭枢发表联合宣言，表示广东将服从中央，不再参与蒋、桂之争。此后，陈济棠又迫使桂系军队撤离广东。3月底，中国国民党第三次全国代表大会开除李济深党籍，并选举陈铭枢为中央执行委员，陈济棠为候补委员。此外，蒋介石还任命陈济棠为国民党讨逆军第八路军总指挥，以接替李济深的军权，李济深统治广东的时代结束。如此，广东逐渐形成了陈济棠掌军、陈铭枢掌政的共治局面。①

1929 年 3 月底，蒋介石突然下令罢免李宗仁、白崇禧的职务，李、白随即通电反蒋，蒋桂战争爆发。4 月，李宗仁、白崇禧兵败退回广西，转而攻打支持蒋介石的陈济棠粤军。5 月，陈济棠发表讨逆宣言，率军西进迎敌，第一次粤桂战争爆发，双方在清远、花县一带大打出手。经过激战，粤军在付出重大代价后于月底击溃桂军，并一路反攻占领广西部分地区。凭借战争功绩，陈济棠在蒋介石的默许下进一步扩充军队，充实力量，压制陈铭枢。9 月，从海外回国的张发奎通电反蒋，并联合李宗仁等桂系力量，试图夺取广东作为反蒋基地。11 月，陈济棠向张桂联军宣战，第二次粤桂战争爆发。张桂联军来势汹涌，兵锋一度迫近广州市郊。陈济棠则集中优势兵力，并出动空军助阵，张桂联军不敌，被迫退回广西。陈济棠长驱直入，占领梧州等地。两次粤桂战争的胜利，为陈济棠独霸广东奠定了基础。战后，陈济棠一方面扩充军队，一方面将陈铭枢的嫡系部队调往河南等地参加中原大战，为蒋介石卖力。这样，陈济棠独掌广东军权，

① 《陈济棠主粤始末》，广州市政协文史资料研究委员会编：《南天岁月》，广州：广东人民出版社，1987 年，第 5—6 页。

在力量上超过陈铭枢。

1931 年 2 月 28 日，为推行个人独裁，蒋介石下令拘禁粤籍政治领袖、时任立法院院长的胡汉民，引得国内外舆论哗然，广东军政高层反应尤其强烈。陈济棠在胡汉民亲信、国民政府文官长古应芬的策动下，决意反蒋，试图在赢得广东人心的同时趁机扩张势力。此后，全国反蒋力量云集广州，陈济棠声威大震，一向亲蒋的陈铭枢无法立足，于 4 月离开广州，陈济棠顺势让民政厅厅长许崇清代理省政府主席一职，后又自己兼任。5 月 28 日，各方反蒋力量在广州成立"国民政府"，与蒋介石的南京政府分庭抗礼，作为广州政府主要军事后盾的陈济棠声誉与势力大增。9 月，广州国民政府出师讨蒋，一度占领湖南衡阳，双方形成对峙。18 日，日本发动九一八事变，入侵东北三省。国难当头，在全国舆论的压力下，宁粤双方都提出和解的意愿。10 月，双方在上海谈判，达成和平协议。12 月 15 日，蒋介石通电下野。31 日，广州国民政府宣布取消。遵照国民党四届一中全会决议，设立中国国民党中央执行委员会西南执行部、国民政府西南政务委员会、国民政府军事委员会西南军事分会。西南执委会和政委会在名义上以胡汉民为领袖，但实际上则由陈济棠控制，陈本人也担任军委会委员和第一集团军总司令，牢牢掌控军权。通过一系列政治、军事操作，陈济棠独霸广东，成为宁粤对立事件以来的最大赢家，成为名副其实的"南天王"。

1932 年后，陈济棠在广东再无政治对手，凭借军队，依靠国民党党政军机构开始其军事独裁统治。为巩固统治，陈济棠大力扩编军队，派亲信控制国民党各级党政机构，镇压学生运动及革命力量，将全省划分为 5 个绥靖区，实行保甲制度，其中宝安县属中区。为笼络民心，陈济棠提出抗日反蒋的主张，声称"广东的军队，一面抗日剿共，一面反蒋"①。同时，为建设广东，1932 年底，陈济棠效仿苏俄五年计划经验，提出并制订"三年施政计划"，要求建设新广东。通过大力整顿吏治、整理税务金融、引进人才技术、发展工业、加强市政建设等，广东的经济、教育、文化建设等取得了一定发展，陈济棠也因此进一步加强了其个人统治。

1936 年 5 月，长期被陈济棠、李宗仁等粤桂军阀奉为名誉政治领袖的胡汉民病逝。为控制两广，蒋介石趁机提出取消西南执委会、西南政委会等机构，要求陈济棠将权力交还南京中央。但此时陈济棠已在广东经营多年，实力强大，果断拒绝了蒋介石的要求，并联合桂系力量，以抗日之名反蒋。6 月 1 日，陈济棠、李宗仁、白崇禧等通电反蒋，派军北进，史称两广事变。但局势的发展很快超出陈济棠的预料。陈济棠虽然长期以来在表面上宣扬抗日，但暗地里却与日本军方早有勾结，多次接受日本援助，甚至在军队中安插日本军官助阵②，引起粤军官兵的一致愤慨。加上蒋介石自

---

①　广东省政协文史资料研究委员会编：《粤系军事史大事记》，广州：广东人民出版社，1986 年，第 104 页。

②　广东省政协文史资料研究委员会编：《粤系军事史大事记》，广州：广东人民出版社，1986 年，第 188 页。

1931 年以来便长期斥巨资收买拉拢粤军内部将领，粤军更是军心不稳。6 月底，粤空军首先叛变，大批飞行员驾机投蒋。7 月 9 日，陈济棠最为倚重的军事力量、粤军第一军军长余汉谋公开表示拥护中央，对陈济棠实行兵谏。之后，粤军将领纷纷效仿。13 日，国民党五届二中全会通过议案，撤销西南执行部和西南政委会，免去陈济棠一切职务，任命余汉谋为广东绥靖主任。次日，余汉谋通电就任，大批粤军将领响应，表示服从中央。四面楚歌之下，陈济棠不得不接受现实，于 18 日宣告下野，赴香港避难。24 日，余汉谋进入广州，接管粤军。29 日，蒋介石政府任命黄慕松为广东省政府主席，并改组国民党广东省党部。8 月，蒋介石设立国民政府军事委员会委员长广州行营，控制了广东政局，陈济棠统治广东的时代彻底结束。

二、国民党新军阀在宝安县的统治

1927 年"四一五"反革命政变之后 3 天，国民党广东省党部任命宝安籍的郑启中、潘佑临、文栋卿为"清党"委员，以"清党"特派员名义到宝安进行"清党"，清除共产党影响，完全确立了国民党在宝安县的反动统治。

1927 年 4 月，根据孙中山《建国大纲》的设想，国民政府正式废除全国省道县三级制，建立省县两级制。但由于辖县繁多，很多省份在实际运作中突破限制，在省县之间设置行政层级。1928 年，广东在全省设立东南西北中五个善后委员会公署，宝安县属中区善后委员会。1932 年陈济棠统治时期，又将全省分为东区、中区、西北区、南区、琼崖区五个绥靖公署，宝安县属中区。1936年6月与10月，国民政府行政院先后公布《行政督察专员公署组织暂行条例》及其修正条例，正式确定各省划分若干行政督察区，设置行政督察专员公署为省政府常设的派出机构，协助省政府监督区内各县行政。遵照条例，广东省除广州市外，设立第一至第九行政督察专员公署，其中宝安县属第一区。

1928年9月，国民政府颁布《县组织法》，推行新县制，明确了县政府组织机构及各项职责，规定各县一律采用县长制，县长由各省民政厅任命。县以下设区—乡（镇）两级自治单位，区长、乡镇长由选民产生。此一时期，宝安县县长分别由李树培、邓杰、江龙图、郑启聪、谭达伦、胡钰、沈岩、李晖南、张远峰、香莹辉、马灿荣、伍季酬、阎模楷等担任。1930年7月，国民政府修订《县组织法》，规定"各县县政府按区域大小，事务繁简，户口及财赋多寡，分为三等，由省政府编定，咨内政部呈行政院请国民政府核准公布之"①，将县分为三等，其中宝安县为广东51个三等县之一（一等县17个，二等县26个）。

在行政区划方面，1931年，全县分为7个区、99个乡、3个镇。1933年，根据地理及人口分布，又调整为5个区、37个乡、3个镇。

---

① 《中华民国国民政府县组织法》，中国第二历史档案馆编：《国民党政府政治制度档案史料选编》下册，合肥：安徽教育出版社，1994年，第524页。

表 3-1 1933 年宝安县区划

区	下辖乡镇
第一区	十约、九街 2 个镇，南园、南厦、沙河、西乡、八合、上川、固戍、黄田 8 个乡
第二区	新桥、沙井、雍睦、塘涌萌、德星桥、凤石、第一、第二、第三、第四、第五、第六 12 个乡
第三区	深圳 1 个镇，雍和、布吉、保和、靖安、五合、福民、亲睦 7 个乡
第四区	平湖、杆栏、龙华、乌石岩 4 个乡
第五区	王母、鹏一、南平、葵华、沙溪、东和 6 个乡

至于乡镇以下区划，1930 年，陈济棠统治广东实行《广东区自治条例草案》，规定"县以下为区，区以下为乡镇，乡镇以下为里，里以下为邻"①。1937 年 2 月，国民政府立法院通过、行政院颁布修正《保甲条例》，将 1932 年为配合"剿共"而设立的保甲制度推向全国实行，此时的国民政府已完全控制广东，自然也在实施之列。为此，宝安县在乡镇以下设 415 保、5552 甲。

根据国民党以党治国原则，国民党基层党部在地方行政中发挥着重要作用。1927 年四一二反革命政变以后，国民党对宝安县党部进行改组，全县党员人数骤减。1928 年 3 月 10 日，国民党宝安县党部在县城南头召开第三次党员代表大会，出席代表 50 余人，广东省党部特派廖石峰到会监督选举，郑赞生等 30 人当选执监委员。10 月 11 日，国民

---

① 钱端升：《民国政制史》，长沙：商务印书馆，1939 年，第 673 页。

党宝安县党部召开第四次党员代表大会。大会选举郑国安、黄斌华、叶长江、陈启平、叶贡廷为执行委员，姜国华、简根容、张焯芬为候补执行委员，陈亭、胡维、陈振廷为监察委员，叶百祥为候补监察委员。县党部执监委员选出后，因内部互相倾轧，监察委员陈亭控告郑国安、陈振廷、黄斌华等，使郑被拘押，陈、黄潜逃，无人就职。直至1929年3月28日，始由执委叶长江、陈启平、叶贡廷，监委陈亭、胡维在县党部草草就职，实无人负责，工作停顿。为此，国民党广东省执行委员会第八次会议决议：该县党部无人负责，党务停顿，有整理之必要。7月3日，国民党广东省执行委员会第十一次会议决议：由组织部执行改组。此后，广东省党部组织部先后委派张寿仁、云程等4人为整理委员，成立宝安县党务整理委员会，开展党务整顿工作。

三、宝安县治迁移之议

自明万历元年（1573）设新安县以来，南头便一直是新安县（宝安县）县治所在，是全县的政治、经济、文化中心。但南头偏居一隅，交通不便，因此在民国元年（1912）便有县议会议员梁翊侯提议将县城迁往县城以西十里的西乡。[1] 1911年，广九铁路开通后，在宝安县毗邻香港新界的深圳墟设站，深圳火车站成为连接内地与香港的交通枢纽，

---

① 《广东宝安县最近行政区域调查》，深圳市史志办公室编：《民国时期深圳历史资料选编》，深圳：深圳报业集团出版社，2014年，第110页。

南来北往的物资与客流聚集于此。至20世纪20年代末，深圳墟商铺鳞次栉比，达数百家之多，除日用百货、酒家旅馆之外，还有戏院、书店、相馆、赌场、金铺，甚至汽车厂、电厂电灯房等，比县城所在的南头还要繁华，兴盛一时的深圳墟甚至吸引了不少香港人前来"投深圳墟"（赶集）。除商业机构外，深圳墟还聚集了国民党第三区党部、九龙海关税站等大批党政机构，在事实上成了全县的经济、文化中心。为此，20年代初以来便一直有将宝安县城迁到深圳的议论。

　　1928年7月，广东省政府委任郑启聪为宝安县长。深圳虽然"素称商业繁盛，人烟稠密，且为省港交通之咽喉，诚运输之重地"①，为宝安县经济最为繁盛之地，但墟内建设缺乏规划，秩序混乱，卫生条件堪忧。为改造深圳墟，11月，宝安县政府决定在深圳墟开办市政，设立市政办事处，组织拟定《深圳市政组织条例》，县长郑启聪委任李伟雄为市政办事处主任，负责墟内市政建设事宜。李伟雄上任后，"即将全市情形体悉，陆续规划"②，市政建设焕然一新。1928年12月，广东省政府筹建由广州到香港的长途电话，其主要线路即经过宝安县，从深圳墟接入香港③，深圳的位置更加优越。在县政府的重视下，同月，深圳市政办事处公布《深

---

① 《宝安县深圳墟市政已开办》，《广州民国日报》，1928年11月17日，第11版。

② 《宝安县深圳墟市政已开办》，《广州民国日报》，1928年11月17日，第11版。

③ 《粤政府筹建粤港长途电话》，《申报》，1928年12月30日，第10版。

圳市政改善第一期计划》，其主要内容包括修建贯通东西南北四门的十字马路，新修市场、公厕，加装电灯，开通自来水等，而在其中，卫生清洁工作尤为迫切。为此，深圳市政于 12 月 25 日联合市政各机关、国民党驻防军队等召开清洁运输大会，发动公务人员、官兵、群众大扫除。①

郑启聪在任县长期间，县内各界舆论对于将宝安县城迁往深圳墟的议论已然热烈，因此对深圳墟市政建设颇为重视。经过一段时间的改造，深圳墟的市政面貌得到了明显改善。此外，这一时期，宝安县政府还积极谋划全县建设各项事业，如筹办深圳至南头电话等，而其中尤以修建由县城南头到深圳的宝深公路及南头到东莞太平墟的宝太公路最为重要。②但受限于资金等问题，两条线路的修建进展极为缓慢。

1929 年 3 月，郑启聪卸任宝安县县长，省政府委任谭达伦接任。6 月 22 日，宝安县县事委员会召开会议，来自七区的县事委员会委员萧砚农临时提议"宝安县公署，向在南头城，偏处一隅，各属治安极难兼顾，拟请县长将县署迁往深圳，以备居中策应全属治安"③。县事委员会通过提案后，即转呈县长谭达伦。根据县事委员会提案，谭达伦以宝安县政府名义正式向省政府民政厅发文，正式呈请将县署迁往深

---

① 《深圳市政改善第一期计划》，《广州民国日报》，1928 年 12 月 29 日，第 11 版。

② 《宝安县地方建设之规划》，《广州民国日报》，1929 年 3 月 1 日，第 11 版。

③ 《宝安县迁署问题》附《县委会并县署呈请迁署》，《广州民国日报》，1929 年 7 月 14 日，第 7 版。

圳。7月，民政厅派遣视察员黄炳蔚会同省政府丘顾问（名字未详）等前来宝安调查走访，体察民意，并在南头、深圳、香港等地组织召开各团体会议，研究宝安县政府迁移一案是否合适。7月27日，黄炳蔚将走访及会议讨论情况上报省政府，报告内容如下：

> 呈省政府据视察员黄炳蔚呈复遵令会同省府丘顾问联赴宝安县查明该县县署是否有迁移深圳之必要并访求各团体公意据实呈核转请察核由（十八年七月廿七日）
>
> 呈为呈覆事，案奉
>
> 钧府民字第二九五三号训令，关于宝安县长谭达伦呈请将县署迁往深圳一案……
>
> ……
>
> 奉令前因，理合将遵令会同省政府丘顾问，联赴宝安县查明该县县署是否必要迁移深圳，并访求各团体公意之详情，据实备文，呈复察核等情前来，理合备文呈复。
>
> 钧府察核办理。谨呈
>
> 广东省政府。[①]

---

① 广东省政府秘书处编译室：《广东民政公报》第 43 期，1929 年，第 123—128 页。

在报告中，黄炳蔚详细描述了宝安县下辖七区的地域及发展特点。县城所在的一区地势平坦，人口适中，文物鼎盛，治安较好，但县城附近大多种植果树，田地荒芜，城内贫苦居民超过一半，商业寥寥，商店才 30 间，学校才 2 所。至于党政机关，只有县公署、县党部、县事委员会、法院、沙田分局、区事委员会等，连邮电局都未设置。县城也没有旅店，空屋到处都是，学宫等地都被乞丐占据，一片衰败景象。二区（今西乡、固戍一带）毗邻一区，特产是海鲜。四区（今新桥、沙井一带）在二区的北面，主要产蚝谷。五区（今松岗、光明一带）在四区之北，专产米粮。四、五两区是全县人口最多、纳税最多、学风最盛的地方，但同时也是土匪最多之地，民风较蛮。六区（今石岩、龙华、平湖等地）与二、三、四、五等区都有毗邻，山岭较多，人口稀疏，出洋谋生者较多，特产是梨。七区（今大鹏一带）在全县最东部，人口虽然最少，但学校却最多，七区多海盗土匪，特产海鲜和柴炭。三区（今罗湖、布吉、盐田一带）是全县中枢，广九铁路直穿而过，与大鹏、南头、东莞等地皆有公路规划，交通便利，人民最富。深圳墟有 3000 多居民，230 间商店，数所学校、私塾，此外还设置了党部、军警、邮电、关税、防务、烟酒、禁烟等机关，是全县交通商业最发达的地方。

根据黄炳蔚所作报告，7 月 4—6 日，调查组分别在县城南头、深圳墟与香港宝安商会组织召开三场团体会议。其中参加南头会议者代表性最广，除南头乡绅耆老外，各区

（三区除外）均有代表与会。南头会议中，四、五、六等区主张在解决建设搬迁费用及完成宝深、宝太公路的前提下将县城迁至深圳。至于一区，则除梁鼎铭代表外，大多反对迁城。5 日召开的深圳墟会议，由于代表全部来自三区各界，所以对迁城一事比较赞成，其中尤以深圳商会最为积极，甚至表示深圳商民可为迁城先垫付三千元。6 日在香港召开的深圳宝安商会会议，则对迁城一事意见纷纭。

根据三次会议的召开情况，全县对是否迁城一事争议较大。主张迁城深圳的，主要理由有三：一是交通便利，方便控制全县；二是靠近香港，对外交涉方便；三是商业繁荣，有利于全县经济发展。反对县城搬迁的，则主要基于四点考虑：一是南头城历史悠久，为广州重要门户，不可轻言废弃；二是便于控制历来抗税的四、五区等区并保证一、二区治安；三是搬迁建设费用筹措压力较大；四是深圳无险可守，易受战乱影响。三次会议结束后，就在黄炳蔚准备将调研报告上呈省政府时，驻港宝安商会会长周寿臣来文表示，侨居香港的数十位宝安商人一致反对县城搬迁一事，请求宝安县政府体恤民意，迅速停止此事，以安民心。

在向省政府上报完宝安各界意见后，黄炳蔚也根据一路走访情况，提出了自己的看法。关于南头衰弱的原因，黄炳蔚认为是因香港发展所致。在黄炳蔚看来，要想发展南头，就必须先修路通车，解决行旅交通问题。与其违背时宜强行发展为政治中心，不如因势利导，专门在此处发展农业，解决失业问题。有反对者以四、五两区土匪较多，县城在南头方便弹压为理由，但七区的大鹏海盗土匪同样横行，主张迁移深圳者也可以此为理由。相反，如果将县城移往深圳，则对国家、广东省和宝安县都有利好。深圳南接九龙，北连惠州，水陆交通便利，如果移县城于此，专心发展，则此前为避战乱逃难香港的民众都会返回。如果再适当地出台一些税收优惠政策，一些香港的实业也能转移到深圳。此外，得益于深圳站的设置，县政府与省城、香港之间的文书往来及宝安县与临近地区的贸易都会有巨大的便利。从以上几方面来看，将县城迁至深圳对宝安县来说有着非常重要的意义。不过，对于如何筹措迁城费用及迁城与开辟道路的先后次序等问题，黄炳蔚却并未给出解决办法，只是提到要"统筹兼顾"。

随着黄炳蔚一行到南头、深圳墟等地调研，全县各界对县城迁移一事的讨论开始变得热烈。但对于此事，全县舆论普遍偏向反对。就在黄炳蔚一行结束考察之际，驻港宝安商会即向广东省政府主席陈铭枢、民政厅厅长许崇清等发电文，称"宝安县谭县长拟将县署迁移深圳，阖邑惶恐，请速行制止，以靖人心，而安邑民"①。由于分歧严重，省民政厅表示"唯兹事体大，已转呈省政府核办"。②

就在省、县都对宝安县署迁移一案举棋不定时，7月底，省民政厅将谭达伦调离宝安，另以胡钰接任县长。8月

① 《宝安县长拟迁县署》，《广州民国日报》，1929年7月8日，第9版。
② 《宝安县公署迁移问题迄今犹未解决，民厅已转呈省府核办》，《广州民国日报》，1929年8月6日，第9版。

初，正当新旧县长交替时期，宝安县民众组织召开各区公民大会，一致主张"县署仍旧，不必迁移，以保存三百余年历史所在地，为控制东南西北各路土匪、保卫地方计，亦应仍旧"①。8月8日，宝安县公推郑维常、吴辑南、黄子华等三十多人为代表，赴广州省政府请愿，要求保留南头县城，省政府主席陈铭枢派梅秘书接见，并向各代表表示"（宝安）县迁署问题，是一件重要事项，政府未便轻信一面之词，现尚在考虑中"②。

由于全县特别是南头所在的一区反对意见较大，再加上迁移费用无法解决，宝安县政府对县城迁移深圳一事未能持续推进。1929年11月，县长胡钰发布《宝安县县政计划书》，仍然坚持县城迁移深圳确实有诸多益处，"是以谭前任有迁县治于深圳之建议，非无见也"，③但同时提出"唯兹事体大，费用浩繁，必须征全县之民意，权目前之需要，值兹县政未臻郅治，人民尚非富庶，公路集资，已形竭绌，民力有限，负荷难堪"，因此县治仍设在南头。此后，关于宝安县治迁移深圳一事暂告段落，提议迁城的舆论也逐渐减少。

宝安县治由南头迁移深圳之事虽然未能实现，但由此引发的议论却非常热烈。迁治议案的提出，也反映了当时宝安

---

① 《宝安县公民代表来省请愿保留旧署》，《广州民国日报》，1929年8月9日，第9版。

② 《宝安县公民代表来省请愿保留旧署》，《广州民国日报》，1929年8月9日，第9版。

③ 《宝安县县政计划书》，深圳市史志办公室编：《民国时期深圳历史资料选编》，深圳：深圳报业集团出版社，2014年，第131页。

县各区域之间的发展存在巨大的差异，以深圳墟为中心的三区由于交通的便利，其发展已远超县城所在的南头。深圳虽未能成为县治所在地，但其市政建设、经济发展等在此后却一直优于南头，如深圳墟的卫生条件就远远强于县城。1931年4月，深圳墟举行清洁运动，全墟警察、宪兵、商会及各界群众上千人分七队参加，之后还制定了《深圳墟洁净规则》十三条。[1]同年，深圳墟设镇，深圳墟的繁荣也为1953年宝安县政府最终迁至该地奠定了基础。

四、筹办地方自治

根据孙中山《国民政府建国大纲》，建立民国的程序分为军政、训政、宪政三个时期。其中训政时期政府的主要任务是"派曾经训练、考试合格之员，到各县协助人民筹备自治"[2]。当各省下辖所有县都完成地方自治后，则可结束训政，进入宪政时期。1928年底东北易帜后，南京国民政府宣布军政结束，训政开始。在国民党的设想里，训政时期由国民党主持一切政治事务，"以党治国"，并训练地方及人民参政能力，即帮助人民了解如何行使四权（选举权、罢免权、创制权、复决权），以最终完成地方自治。[3]

---

[1] 《深圳举行清洁运动，分为七队出发扫除》，《广州民国日报》，1931年4月29日，第8版。

[2] 《国民政府建国大纲》，《孙中山全集》第九卷，北京：中华书局，1986年，第127页。

[3] 陈天林：《民国时期的"地方自治"理念及其初步实践》，《中国政法大学学报》，2010年第1期。

1929 年 3 月，国民党三大第十次会议通过"确定地方自治之方略及程序以立政治建设之基础案"，确定以县为自治单位，努力扶持民治，以推进地方自治。6 月 15 日，国民党三届二中全会讨论通过《完成县自治案》，要求各地"二十二年底，各地筹备自治机关，完全设立；二十三年底以前，完成县自治"，①确立了完成地方自治的时间表。10 月 2 日，国民政府颁布《县组织施行法》，确立了区长民选、成立县参议会的具体步骤及各省完成自治的时间，其中要求广东于 1930 年 6 月前完成。

李济深、陈济棠治下的广东对地方自治颇为重视，根据广东实际，研究将地方自治分为训练、实施、完成三个阶段，并提出设立自治机关是实施阶段的首要任务。② 1929 年 9 月，广东省政府要求民政厅在 2 个月内划定各县自治区、自治乡镇并筹措自治经费。③但是，由于全省各地情况复杂，各县已有基层组织的形态及控制程度差异极大，想要在既定的 1930 年 6 月前完成自治显然难以实现。为此，省民政厅不得不连续催促各县加快进度，甚至严厉批评各县敷衍应对④，但收效甚微。1930 年 5 月，省政府以地方有困难为由，

---

①　中国第二历史档案馆、海峡两岸出版交流中心编：《中国国民党历次全国代表大会暨中央全会文献汇编》第五册，北京：九州出版社，2012 年，第 281 页。

②　广东省政府秘书处编译室：《广东民政公报》第 5 期，1928 年，第 1—2 页。

③　广东省立中山图书馆、广东省档案馆编：《广东省政府公报》，1929 年第 24 期，北京：国家图书馆出版社，2016 年，第 11 页。

④　广东省政府秘书处编译室：《广东民政公报》第 60 期，1930 年，第 140 页。

向南京政府内政部请求延期两月。① 但即便如此，各县工作仍然滞后，到 1930 年底，"未能组织完竣"②。

1931 年 2 月，蒋介石拘禁胡汉民引发政治风暴。此后，宁粤双方虽然和解，但陈济棠则趁机取得了对广东的完全统治权，并凭借西南政务委员会的招牌施政，广东在事实上成为半独立状态。地方自治是孙中山建国理论的基础和最为重要的内容之一③，因此成为陈济棠施政的重点，以此来标榜自己是总理遗志的继承者，树立西南政委会的合法性。④ 1931 年 7 月，广州国民政府颁布《县地方自治条例》（1933 年修正）、《县地方自治条例施行细则》、《县参议员及自治人员选举规则》，为推行地方自治提供制度保障。作为在广东全省推行自治的根本性法规，《县地方自治条例》明确规定县为自治单位，这比南京政府颁行的《县组织法》更进了一步。此后，广州国民政府又陆续颁布《县参议会组织条例》等，并限各县于 1931 年 10 月前完成区自治组织⑤，广东的地方自治进程明显加快。

这一时期，在广东省政府的统一部署下，宝安县的地方

① 广东省政府秘书处编译室：《广东民政公报》第 65 期，1930 年，第 157 页。
② 广东省政府秘书处编译室：《广东民政公报》第 67 期，1930 年，第 39 页。
③ 《地方自治为民国之础石——在上海召开演说大会发表政见》，《上海民国日报》，1916 年 7 月 18 日，第 3 版。
④ 项浩男：《民国时期自治机关与县域政治——以 20 世纪 30 年代广东县参议会的创设及运作为例的研究》，《汕头大学学报》（人文社会科学版），2022 年第 6 期。
⑤ 广东省立中山图书馆、广东省档案馆编：《广东省政府公报》，1931 年第 160 期，北京：国家图书馆出版社，2016 年，第 41 页。

自治筹办工作也随之铺开。1931年1月，沈岩任宝安县县长，开始根据省政府法令，推行地方自治，但因为时间紧迫、缺乏专业人才等因素，成效甚微。同年8月，为指导各县开展地方自治工作，广东省政府出台《筹办地方自治员办事细则》，决定设置筹办地方自治协助员20名，划分区域，分赴各县指导协助完成区级自治组织并考察各县自治经费、筹措办法、人民负担等。① 根据省民政厅第2738号训令，由协助员陈翰华负责宝安、南海、番禺、顺德、中山、东莞等六县工作。② 根据规定，协助员每十日向省民政厅汇报一次工作推进及阻力情况。③ 10月，为培训自治人才，广东省民政厅决定在广州燕塘筹办地方自治人员养成所，专门招收中学以上毕业生120人入所训练，培训三个月合格后分派到各县推进自治事务。1932年3月1日，在省民政厅的统一部署下，宝安县政府增设地方自治科，由地方自治人员养成所毕业学员叶国柱担任科长，负责具体推进全县地方自治事宜。

厘定县界、确定地方归属是实行地方自治的前提。早在1930年初，广东省民政厅即根据《县组织法》的规定，要求各县尽快划分各级自治区域并绘制地图上呈民厅。④ 此后，南京国民政府陆续发布《省市县勘界条例》《县行政区域整理

① 广东省立中山图书馆、广东省档案馆编：《广东省政府公报》，1931年第163期，北京：国家图书馆出版社，2016年，第18—19页。
② 广东省民政厅编：《广东省地方自治工作概况汇编》，1934年，第7页。
③ 广东省民政厅编：《广东省地方自治工作概况汇编》，1934年，第18页。
④ 《民厅再令各县速划定自治区》，《广州民国日报》，1930年1月25日，第4版。

办法大纲》，明确了相邻的省市县均需勘界，对以往无分歧的传统习惯线予以确认，对有争议的边界进行协商。①广东省随即向各县下发《条例》《大纲》，要求各县遵照其中内容作为处理县界纠纷的准则。宝安县与东莞、惠阳两县毗邻，在勘定县界的过程中主要与东莞就观澜墟的归属产生纠纷。

观澜墟位于宝安县北部与东莞县交界处，在行政上分属宝安第六区与东莞第四区，在历史上本没有清晰严格的界线，两区人民混杂同处，形同一家。乾隆年间，当地百姓集资建设观澜墟，"无分彼疆此界"②，墟内置有公产，作为办理两县相关政务的费用。由于以往官府缺乏现代意义的划界意识，观澜墟自创设以来，宝安、东莞两县对其归属一直没有争议。但自广东省大力推动地方自治以来，要求"各县区域，划分清楚"③，再加上观澜墟有规模不小的公共产业可充作办理自治所需费用，宝安、东莞两县遂围绕该地归属，于1931年9月至1932年3月间，展开了大规模争执。在宝安、东莞两县与省民政厅博弈期间，观澜"墟内两县自治筹备机关，暂时停止进行，静候上峰解决"④，而这也影响了宝安县第一届各级自治人员的选举进度。1932年3月，在历经大半年的文书争执后，广东省民政厅判定观澜墟归东莞所有。

---

① 徐建平：《民国时期的县级行政区域整理（1927—1937年）：以浙江省为例》，《历史地理》辑刊第三十辑，2014年，第114—138页。
② 宝安县政府咨1931年第四二号，宝安档案馆藏。
③ 宝安县政府咨1931年第四二号，宝安档案馆藏。
④ 《快邮代电》（1931年9月），宝安档案馆藏。

1932 年 3 月，受观澜墟之争影响而停滞大半年的宝安县地方自治筹备工作加快了进度。宝安县政府地方自治科刚设立时，各乡镇公社筹备会大多尚未成立，全县除"第七区民智较高，由是该区民众筹办地方自治亦颇热烈"[①]外，百姓对地方自治观念较为薄弱，基础条件较差。对此，宝安县政府派出自治科员分赴各区宣传督促，协助各乡镇公所成立筹备会及各里产生筹备员。区、乡镇各级筹备会成立后，即组织民众开展宣誓登记等各项工作。根据计划，各区选举产生区委员 5 人，各乡镇、里等产生委员若干。到 1932 年 8 月，宝安县第一届各级自治人员先后正式选出，到 9 月，区、乡、镇、里各级自治机关也全部成立。

表 3-2 宝安县各区第一届委员当选名单[②]

区	当选委员
第一区	郑仲英、陈以缉、吴栋坤、陈福如、陈礼谦
第二区	陈君如、姜黼章、黄耀卿、林栋升、温汝桢
第三区	欧康、黄冠亚、何宝树、张文辉、丘锦璋
第四区	文觉惺、曾紫卿、曾岳峰、陈闰保、陈伯苏
第五区	麦藻祯、麦乐潘、蔡泽云、文凤俦、文籍珊
第六区	陈宝荣、刘耆卿、游大炎、陈佩瑜、刘荣周
第七区	欧阳晃云、钟顺谦、潘学修、钟耀宾、曾曙光等

---

① 叶国柱：《宝安县自治进行实况》，《新村半月刊》第 16—17 期，1934 年，第 42 页。

② 叶国柱：《宝安县自治进行实况》，《新村半月刊》第 16—17 期，1934 年，第 42—48 页。潘学修，原文为"审"，当为"潘"之误。

各区委员当选以后，对于地方建设事业起到了一定的推进作用，如第七区委员欧阳晃云、钟顺谦、潘学修、曾曙光、钟耀宾等，"当选以来，对于该区建设事业，颇为努力，如架设电话接驳县城，建筑区内鹏福公路，均有相当成效，即县府委办事项，该员等亦多能如期办竣"。[①] 为此，宝安县政府依据《县地方自治人员暂行奖惩章程》的规定，对五人以记功奖励。而对不认真履职的四区委员陈伯苏、曾紫卿等，则予以停职处分。各级自治机构成立后，县政府自治科还拟写乡镇自治公约草案，分发至各乡镇公所参照办理。

根据《县地方自治条例》规定，县以下各级自治机构及人员每年选举一次，但由于全省各县进度不一，民政厅向省政府建议延长第一届自治人员任期，[②] 再由省政府统一安排第二届改选事宜。根据省统一部署，1933 年 12 月，宝安县开始筹备县属第二届各级自治人员选举工作，但此时正好赶上农历年底，农村民众都在准备钱粮过年，无暇他事，因此一直迁延到 1934 年初才陆续展开。与第一届选举工作相比，此次改选赋予了香港居民选举资格。宝安县政府参照《奉行修正县地方自治条例施行细则》中"住居租界之中国人民，准其于邻近租界之县区域内宣誓登记，取得公民资格"的规定，并援引《遂溪县呈定在广州湾租界居住之遂溪人民取得公民资格办法》，允许香港居民到县属第三区公所宣誓登记，

---

① 叶国柱：《宝安县自治进行实况》，《新村半月刊》第 16—17 期，1934 年，第 42—43 页。

② 广东省民政厅编：《广东省地方自治工作概况汇编》，1934 年，第 104—106 页。

取得公民资格并获得参加选举的权利。

参议会是国民党政权在县一级政权设置的自治机关，对县政权的组织形态、权力结构有重要影响。① 1931 年 8 月，陈济棠控制下的广州国民政府颁布《县参议会组织条例》，规定了县参议会的组织机构和运行规则。1932 年 8 月，宝安县属各区及以下各级自治机构成立后，县参议会的成立条件渐趋成熟。9 月底，全县各区参议员全部选出，每区 2 人，当选者为：一区许少伯、郑泮林，二区黄秩芬、钟灼文，三区何恩明、张济航，四区陈启开、曾秉孙，五区文槐轩、文兆年，六区陈桂森、钟灼如，七区曾日新、王仲芬。各区参议员当选后，1932 年 10 月 5 日，宝安县参议会正式成立，来自三区的何恩明就任县参议会主席。当天，宝安县在南头举行参议会成立及参议员就职典礼，省民政厅委派宝安县县长张远峰到会监誓，国民党宝安县党部、县地方警卫队、各区公所、县立中学师生等四百多人参加典礼。② 宝安县参议会成立时租县城南门直街东莞会馆办公，狭小不堪，遂由何恩明等筹款千余元，将城外安平社学重新修葺作为会址。参议会成立后，定期召开常务会议，讨论各项决议案，其内容主要是关于促进县属自治、建设、教育等计划。县政府根据参议会议案，结合地方实际情况，酌量执行。

---

① 项浩男：《民国时期自治机关与县域政治——以 20 世纪 30 年代广东县参议会的创设及运作为例的研究》，《汕头大学学报》（人文社会科学版），2022 年第 6 期。
② 《宝安参议会成立》，《广州民国日报》，1932 年 10 月 9 日，第 7 版。

第二节　国共两党在宝安县的活动

1927 年 8 月 1 日，南昌起义爆发，中国共产党打响了武装反抗国民党反动统治的第一枪。7 日，中共中央在汉口召开八七会议，确定了土地革命和武装斗争的总方针。为贯彻八七会议精神，中共宝安县委集中工农武装，于 1927 年 11 月至 1928 年 5 月期间，在宝安县组织了三次工农武装暴动。三次暴动以失败告终，中共宝安地方党组织活动转入低潮，开展秘密交通站活动。在全国抗日救亡运动的影响下，深圳地区一批先进的知识青年自发地投身到抗日救亡运动中。

一、三次宝安武装暴动

"四一五"反革命政变后，以李济深为首的国民党新军阀取得了对广东的统治权，并在广东推行白色恐怖。在此影响下，广东各县都出现了大规模的"清共"浪潮。6 月 16 日，广州政治分会通过《反革命裁制条例》，规定"无论任何人，一经被查获是破坏国民革命为首者，将予处死，并没收其全部财产"[①]。在国民党的高压政策下，宝安县的中共党员也遭到逮捕和驱逐、杀害。据不完全统计，被杀害的共产党员和群众达 15 人，被捕 10 余人。受局势影响，中共宝安县委被

---

① 广东省档案馆编：《广州起义前后的全国时局》，1982 年，第 40 页。

迫转入地下，县党部负责人龙乃武出走香港，农民协会随之自行解散。为保存革命力量，县党部销毁所有证件，并撤退到五区楼村活动。同时，还要求各区农军对武装实行"坚壁清野"，进行秘密活动。

1927年8月7日，中共中央在汉口召开紧急会议，史称八七会议。会议批判和纠正了陈独秀右倾机会主义错误，撤销了他在党内的职务，选出了新的临时中央政治局，确定了土地革命和武装斗争的总方针。毛泽东出席了这次会议，并提出了著名的"枪杆子里出政权"的论断。11日，根据中共中央临时政治局的决定，中共广东省委成立，张太雷任书记。20日，广东省委通过了《中共广东省委拥护中央紧急会议之决定》，并制定了《暴动后各县市工作大纲》。11月下旬，中共广东省委召开会议，认为广州暴动的时机已到，但认为要保卫广州的胜利，需要各地农民一起暴动方有把握，特别是海陆丰暴动必须向惠州之南发展，直趋广九路与东莞、宝安之农民汇合，还特别指出"东莞、宝安目前工作很重要，已派专人去要他们组织起来暴动"①。

（一）第一次暴动

为贯彻八七会议精神，以革命武装反对反革命武装，广东省委派候补委员赵自选，在东莞常平周屋厦村召开东莞、宝安两县党领导人联席会议，决定共同组织东宝两县工农革

---

① 《中共广东省委给中央的报告》（1927年11月29日），中央档案馆、广东省档案馆编：《广东省革命历史文件汇集（中共广东省委文件 1927年）》，1982年，第159页。

命军，并立即成立"东宝工农革命军总指挥部"：指挥部顾问赵自选，总指挥蔡如平，副总指挥郑奭南，军令处陈兆魁，秘书处谭适存，总务处潘寿延。下设4个大队，第一大队、第二大队属东莞，第三大队、第四大队属宝安，其中宝安两个大队队长分别由麦福荣、陈义妹担任。会后，郑奭南回到宝安，在楼村召开会议，决定改编农军，作为工农革命军的基本队伍，随时准备起义。至12月上旬，宝安工农革命军已拥有2000余人，人员主要来源于农民。因给养困难，秘密分散在原籍进行训练。枪支、弹药极少数由上面拨给，一部分在民间搜集，还有一部分自购自用。

暴动前，中共广东省委派傅大庆到宝安县委机关所在地楼村，向宝安县委传达省委指示，限于12月13日前进军深圳，会同铁路工人夺取火车，直赴广州接应起义。县委立即从2个大队的工农革命军中抽调200多人，于12月12日集中于楼村，将原来的三、四2个大队混编于一、二大队。第一大队由郑奭南、麦福荣、陈义妹带领，第二大队由潘国华、潘寿延、陈绍芬带领。当晚，第一大队经观澜、龙华，向深圳进军。13日凌晨抵达梅林径时接铁路工作传报得知，广州起义已于11日提前举行，不幸失败，队伍已退出广州，令宝安工农革命军退回原地候命。郑奭南召集各领导同志磋商，将接应广州起义的计划临时改为攻打深圳。14日，工农革命军分四路突破深圳东西南北墟门，包围军政机关，郑奭南带队挺进警局，击毙警局巡官江秀词，俘虏区长兼警察局长陈杰彬和两名局员，缴获长枪10余支。暴动队伍于当日下午开出深圳到乌石岩集中；第二大队攻县城未下，亦到乌石岩集中。其后，宝安县县长邓杰督率3倍于革命军的县城、沙井、新桥的民团包围乌石岩，工农革命军先是转移至东莞梅塘东山庙屯扎，然后分散隐蔽。县长邓杰所率武装随后攻打楼村，烧毁中共宝安县委驻地陈氏宗祠。深圳理发工人何连、商人何梅、黄贝岭教师张沛、医生张炳寿因平时参加农民运动，被抓后杀害。

中共广东省委得知宝安暴动后，分别致函东江特委、海陆丰和惠阳县委，要求他们立即组织和帮助邻近宝安的平山、淡水、三多祝等地的暴动，以与宝安的起义会合。函中均转告："平山、淡水、三多祝一带，必须坚决勇敢地起来"，"并与东莞、宝安会合，以至直达广州"。

中共广东省委在听取了到宝安指挥暴动的傅大庆的报告后，于12月19日致函宝安县委，对宝安县委组织农军攻打深圳，提出了批评意见，认为事前没有作具体的计划，也没有充分发动群众，且对土地革命的宣传不够。另外特别提出四条指示：

"宝安决不能因广州暴动之暂时停止而不争斗；

"惠州农民已经起来，他们特别注意平山、淡水一带，海陆丰工农革命军第二师现亦积极帮助惠州农民起来争斗，以期与东宝会合直达广州，你们必须与之联络；

"暴动必须是群众的。群众不起来，徒然指挥一些农民或利用土匪攻打某处，结果必然是失败的。你们应不迟疑的把土地革命不还债等口号积极宣传并切实使其实现，只有这样才能使各乡村农民起来，这样才能破坏金融税收、动摇反革命政权、分散敌人武装，使其穷于应付，最后我们才能得到完全的胜利；

"……以后应注意党的发展和整理。省委通讯以及一切重要通告都应在党员大会中报告讨论，使党员群众有深切的了解，必须在争斗中建立党的基础。"①

1928 年 2 月 23 日，中共广东省委派巡视员阮峙垣到宝安，总结第一次暴动的经验教训，调整领导班子，明确斗争方向。

（二）第二次暴动

1928 年 4 月上旬，中共宝安县委根据广东省委关于东江总暴动策略报告的要求，决定再次发动暴动并开始制订暴动计划，明确暴动的任务是响应东江各县暴动，造成东江割据局面；实行土地革命，建立"苏维埃的宝安"。暴动口号是："反抗恢复民团""反抗抽收人头税""反抗抽收过路费""杀尽豪绅地主""杀尽一切反动派""建立工农兵贫民

---

① 《中共广东省委致宝安县委函》（1927 年 12 月 19 日），中央档案馆、广东省档案馆编：《广东省革命历史文件汇集（中共广东省委文件）1927 年》，1982 年，第 219—221 页。

苏维埃政府""没收土地归农民"等。暴动前组织侦探队、交通队、破坏队，由赤卫队指挥部指挥；组织宣传队，由县委指挥。计划于 4 月 12 日召集全县农民代表大会宣布暴动。暴动时以五区为中心首先暴动，向附近几个区发展，然后进攻县城，形成全县总暴动局面。暴动后立即焚毁反动派炮楼和豪绅地主的当铺，没收反动商店和豪绅地主反动派财物。暴动时由革命委员会指挥，县苏维埃成立后以革命委员会名义指挥。4 月 19 日，广东省委派黄学增到宝安指挥。由于未及时得到省委的指示，暴动时间后延。4 月 26 日，六区迳背，四区长圳、玉律、新桥反动派，勾结县兵包围迳背，抢走农民财物，六区区委负责人钟永恩被捕，临刑时破口大骂，震惊全城。南头县城除南门外，东、西、北门关闭。县长不敢在县衙，潜往南山避宿。27 日，四区沙井豪绅又捕拿中共党员陈榜、陈耀。29 日，集中各乡农民武装包围迳背，毙 4 人、伤 2 人。焚烧地主屋宇 4 间。慑于暴动的声势，四区和五区区长、巡官和豪绅地主相继逃走，宝安县县长及沙井、新桥豪绅地主纷纷告急，到广州、虎门、深圳搬兵。宝安县委本来决定集中全县农民武装，进一步扩大暴动成果并攻占县城南头。但因为一些农民与豪绅地主之间存在各种利益纠结，对土地革命的意义和目的缺乏明确认识，同时害怕报复，因而不愿继续参加；四、五两区农会有 2000 余人的武装，仅有不足 200 人参加暴动；暴动中农民伤亡 3 人，有房屋被烧、财物被抢等，使得一些党的领导人和农民群众思想发生动摇，致使这次暴动未能按中共广东省委对东江总暴动的统一部署进行，也没有得到邻近地区的及时配合和声援，致使暴动未能按计划完成。

暴动失败后，中共广东省委给宝安县委发来指示：（一）必须使暴动成为土地革命的行动，不能只是单纯的军事行动，而忽略了没收地主的土地分配给农民和建立苏维埃；（二）必须使此次暴动积极扩大，向三区发展，与东莞、惠阳会合，造成大的暴动；（三）必须召集每乡开群众大会，扩大土地革命及苏维埃的宣传；（四）必须积极注意党及群众组织的发展，在已发动暴动的区域，组织要极力扩大，可公开征求党员、扩大赤卫队。

1928年5月2日，暴动正在进行中，黄学增代表宝安县委给省委回信汇报，解释省委提出的有关问题，详细汇报了本次暴动发生之后的宝安形势，承认党的工作及党的基础仍然薄弱。

（三）第三次暴动

5月初，根据广东省委指示，中共宝安县委再次集中武装，在黄学增领导下，决定举行第三次暴动。计划在五区发起，然后向三区发展。上旬，暴动在第五区发起，因被国民党军队、民团包围于新围，被迫撤出，第三次暴动计划流产。

5月下旬，宝安县委再次集中力量，继续进行武装斗争。当时可动用和集中的武装力量有周家村、楼村、燕川、罗田、圳尾等乡村常备力量约180人，东莞有180人，准备进攻东坑、木墩、塘尾、长圳、玉律等乡村。宝安县委要求省委指示东莞县城、石龙、虎门、太平、增城等加紧做好暴动工作，以免宝安被孤立；同时要求省委给予武器援助。省委迅速回复宝安县委，不能孤注一掷，应该先在楼村发动群众起来杀他们最痛恨的豪绅地主，或集中力量攻打塘尾或青坑。宝安目前的工作是斗争，而不是暴动；不要过于依靠武装，而要普遍进行土地革命宣传和开展各种小的斗争，注意恢复党的组织和有计划地开展县城职工运动和士兵运动；在香港行刺由宝安逃出的豪绅地主的计划和用手榴弹搞赤色恐怖的观念是不正确的，要改正。

省委决定将宝安与东莞的一部分武装联合起来，实行游击战争。宝安、东莞两县武装约 300 人，于 5 月下旬分别由东莞、宝安两县军事负责人周满、周光赤带领，进入东宝交界之东山，并在东山庙举行联席会议，按红军制度进行整编；决定以东山为中心，扩大红军和赤卫队，向东宝乡村发展，深入开展土地革命。但在国民党"围剿"下，部队粮草、武器缺乏，武装斗争被迫停止，人员疏散到香港、新界等地待命。共产党领导的宝安县的武装革命斗争从此处于低潮，党组织活动基本停顿，各级农会也大部分解散，极少部分农会则以协耕会、银会、谷会、牛会等名义分散继续活动。

宝安县的三次武装暴动，是在当时落实中共中央八七会议精神，在全国各地武装暴动的大潮中，由中共广东区委统一安排、统一领导而开展的，连暴动的标语口号也由中共广东区委统一拟定。对于当时发动在全国尤其是在城市举行暴动的做法，当时定性为"左倾盲动主义"。盲动主义使反革命锋镝之余保存下来的更加弱小的革命力量蒙受了重大的损失，使中国共产党开始冷静地重新考虑问题。1928年4月，共产国际执委会第9次扩大会议，通过了中国问题的决议，批评了盲动主义的错误。中共中央接受了共产国际的批评，并于6月18日至7月11日在莫斯科召开了第六次全国代表大会。大会认真总结了大革命失败以来的经验教训，并决定把工作重心由组织全国暴动转到从事群众工作上来，把争取群众作为党的首要任务。

三次暴动失败以后，中共宝安地方党组织活动转入低潮。

二、中共宝安县党代表大会的召开

从1924年底中国共产党在宝安县活动以来，中共宝安县党组织积极开展工农运动，先后经历了支部、党部等，队伍逐渐壮大。国民党在宝安县"清党"以后，中国共产党在宝安县的活动被迫转入地下。1927年11月，宝安县第一次工农武装暴动失败后，中共广东省委要求宝安县党组织总结经验教训，继续保持革命高涨的态势。

1928年1月，中共广东省委在香港举行全体会议，决定改组党的各级组织，把计划组织工农群众进行革命暴动工作作为党的中心任务。会后，省委任命阮啸垣为中区巡视员，奉命从香港返回广州，负责改组宝安、东莞等县的地方党组织，筹备军事活动，进行土地革命战争。2月20日阮啸垣到达宝安，传达省委全会精神。根据省委指示，宝安县委常委决定召开县党代表大会，并对县委进行改选。会前，宝安县委派同志到各区指导各支部选举产生县党代会代表。

1928 年 2 月 23 日，根据广东省委指示，中共宝安县委在燕川村素白陈公祠召开全县党代表大会，到会代表 19 人，其中农民代表 14 人，工人 4 人，知识分子 1 人，会期 1 天。大会公推由麦福荣、吴学、麦志兴 3 人组成主席团，张丽川为记录员。省委中区巡视员阮啸垣作政治报告，中共宝安县党部常务执委郑奭南作党务报告。阮啸垣传达了省委关于加强革命斗争的指示，并总结了第一次工农武装暴动的经验教训。会上，各区党代表还汇报了各区党的工作情况。三区代表庄年贵指出宝安暴动后，该区白色恐怖更加严重，各级党组织负责人被迫逃避，普通党员缺乏指导，没有自救能力，各级党部在无形中被消灭。皇岗的土豪劣绅活动异常，时刻准备进攻农民武装。石厦乡的潘柏夏同志在开会的路上被土豪诱捕枪决。湖贝、向西的土豪劣绅宣传倡办反动民团，若县委无法派人指导区乡工作，将来三区斗争形势更加艰难。五区代表郑大就提出，该区虽然有 30 多个乡（村），但大多数乡无党员活动，而且之前发展的党员缺乏训练，党的组织不完善，各级党组织有名无实。自县委指定他为区委书记以来，经过 1 个月努力，该区党员精神不同以往，党员数量明显增多，燕川乡由 2 个增至 5 个，罗田乡由 3 个增至 6 个，周家村由 5 个增至 20 个，其他乡（村）也有增加，但县委指导不力，导致区委尚不健全，县委书记刘伯刚要负责。六区代表钟永恩表示该区两乡虽有党员 10 余人，但这两乡反动势力猖獗，暴动以来环境更加恶劣，党员不仅不敢活动，甚至连在乡里居住都不敢，有同志跑到他处做雇工，党组织名存实亡。会上，郑奭南对二届县委的工作提出批评，认为最大的错误是军事投机，部分党员工作散漫，有的甚至不称职，有的同志不开展具体工作，反而沉溺于打麻将。

大会还通过提案大纲，主要分为五项：

（一）组织问题

1. 重新整顿原有之区委、支部及小组，使各级党部健全。

2. 未有党组织的区须加紧设法发展组织。

3. 未有党组织的乡须加紧发展组织。

4. 代表大会结束后一个月内增加同志二百人。

（二）宣传问题

甲、对内的：巡视训练。乙、对外的：1. 有可能的乡须设法创办农民学校夜学。2. 每周须翻印党的《红旗》《布尔什维克》及各种宣传品。

（三）民众运动问题

甲、执行省委通告成立士兵运动委员会。

1. 游击。2. 警察。3. 防军。4. 土匪。

乙、执行省委通告成立工人运动委员会。

1. 被解散的工会须设法使其秘密恢复团结精神受党指导。

2.凡有工人的地方须设法产生党的组织。

（四）C.Y.[①]问题

1.执行省委关于C.Y.问题一切决议案。

2.指定三个同志负责C.Y.工作。

3.有党组织的地方须产生C.Y.组织。

4.县委对于C.Y.应予以物质上、精神上的帮助。

（五）各种斗争

1.土地革命。

2.抗租，抗捐，抗税，及抗缴一切行政费。[②]

大会选举郑大就、麦福荣、麦德明、陈昌林、庄玉堂、谭少华、蔡励卿、陈义妹等九人为三届县委委员（其中农民成分占四个，工人三个，知识分子两个），陈细珍、麦齐亮、麦志兴为候补委员（其中农民成分两个，工人一个）。大会结束后，随即开县常委第一次会议，省委巡视员阮峙垣到会指导。会议接受了代表大会决议案，讨论了县委工作分工，决定由郑大就、麦德明、蔡励卿、陈义妹四人为县委常委，书记由省委派人来负责，但未派来之前暂由郑奭南负责，并决定任命郑奭南为秘书，常委经常会议每五日一次，县委经

---

① C.Y. 是共青团（Communist Youth League）的英文缩写。

② 《中共宝安县委给省委报告》（1928年2月25日），中央档案馆、广东省档案馆编：《广东省革命历史文件汇集（中共广东北江、西江、琼崖等县、市委文件）1928—1931》，1982年，第269—270页。

常会议每月一次。常委会还讨论了各区工作分配问题，决定一区由徐启华负责，二区由一区兼理，三区请省委派该区籍工人同志返回负责，四区由谭少华同志负责，五、六区由常委兼理，各区委支部限两星期内一律以民主改组完成。常委会决定加强共青团工作，具体由蔡励卿、张丽川、张国勋三人负责发展。常委会还讨论了其他事项，决定县委设常备交通一人，指定张全寿同志负责。陈绍芬同志是海员工人，由县委介绍去海员处工作；陈芬联、刘伯刚同志介绍去省委安排工作；张作铿同志留县委做特别交通并印刷等工作；张金满同志负责共青团所办农民学校杂役。

中共宝安县一大是在国共分裂、白色恐怖笼罩全国时召开的一次重要会议，这是新中国成立之前深圳地区召开的第一次也是唯一一次党代会，具有重要的意义。在广东省委的领导下，宝安县党组织重新找准了革命的方向，党员队伍不断壮大，至 1928 年，全县党员人数达 280 人，分布在全县各区。

三、中共秘密交通站活动

1927 年大革命失败后，中共宝安县委被迫转入地下秘密活动。皇岗交通站和山厦村交通站就是在这种艰苦斗争的情况下建立起来的，它们曾经是中共宝安县委和省委，中共东莞、广州地下组织联系的交通枢纽，在反抗国民党反动统治的斗争中起到重要作用。

1927 年 8 月间，中共广东省委领导陈郁等指示宝安县委，要求在深圳河附近建立交通站。庄泽民遵照中共广东省委和宝安县委的指示，在皇岗水围村建立起党的秘密交通站，任务是沟通当时设在香港的省委机关与广州及各区县的联络、收集传送情报及护送重要人物进出香港。皇岗位于深圳镇与县城南头之间，与新界的落马洲、米埔村一河之隔，深圳至南头公路横贯村北，水陆交通便利，是国民党统治力量比较薄弱的地方。该村 300 多户人家，有 1000 多人，农会会员占 300 多人，建立了党组织并掌握了部分武装，群众基础较好。基于这些有利条件，县委决定以皇岗为交通大站，建立一条红色交通线，主要任务是确保省委和县委的联系，传递秘密文件、指示等。

皇岗交通站由共产党党员庄泽民任站长，交通线分内线和外线。外线由曾品贤负责，这条路线是从皇岗出发，经罗湖乘火车到九龙，在香港指定的联络地点接受上级交给的任务，主要是把密写文件、指示带回宝安，转送到上级指定的目的地。内线由庄海添负责，这条路线是从深圳出发，到九龙旺角大华戏院附近接受任务，然后返回皇岗，经上梅林、龙华、白石龙至楼村宝安县委驻地。为确保交通线安全，各点都选派了可靠人员负责，上梅林由黄焕廊负责，白石龙由蔡耀负责。交通站也负责收集和传送情报，使领导机关及时掌握敌情，部署行动。1927 年 12 月，宝安工农武装在出发参加广州起义途中，接到广九铁路交通员送来广州起义失败的消息，并传达省委要求宝安工农武装返回原地待命的指示，避免了扑空广州而受损失。

皇岗交通站还兼有负责护送干部出入边境线的任务。入境的路线是由九龙、新界到落马洲，在落马洲设一落脚点，负责人是张贯卿。出境的路线是由东莞石龙或山厦、平湖，沿广九铁路到罗湖，直至皇岗，再由交通站派人护送到新界、九龙抵达香港，这是省委控制的交通线，一般情况下不使用。落马洲站在1928年因张贯卿迁居而改在米埔村海员工人冯水家里设立接待点，其他路线仍未改。这条红色交通线曾护送过许多同志，其中有广东省委领导人李源、蔡如平、黄学增、阮啸垣、赵自选等。

1928年，中共广东省委在山厦村安排建立秘密交通站，其优势是依靠邻近广九铁路便利传递情报。交通站有长、短枪各1支用作自卫，主要工作任务是把塘厦、石鼓、天堂围、清溪、平湖几个地方送来的情报转送到宝安去，并为经过平湖的地方党和游击队同志提供临时住宿。何鼎华、谢阳光、赵学、肖凡波、曾鸿文等中共地方领导干部，武工队的严志胜、黄月新、王克光等同志都曾在此临时住宿。

山厦村秘密交通站随时更换接头地点，以流动的形式灵活隐蔽地开展活动。最初在洗九礼的山寮屋，后搬到井头岭军培仔屋，最后搬至梨头寮。尽管反动势力包围下的山厦村形势极为危险，但这个秘密交通站始终未被国民党反动派破坏，在革命的惊涛骇浪中经受住了考验，成为大革命失败后不倒的红旗。

1928年5月，宝安暴动失败后，国民党县党部组织县兵和反动民团对共产党及农民自卫军进行"清剿"，斗争异常艰苦。为保存实力，宝安党组织决定将革命力量全部转移到香港等地。

1928年5月，庄泽民率领皇岗水围农会武装，参加东宝工农革命军，分别攻打深圳和南头，随后因力量不足而失败，中共地下组织成员和农会骨干分散转移到香港隐蔽，庄泽民也到香港士丹利街张福记洋服店以学徒身份掩护工作。

1930年2月，党组织决定恢复皇岗交通站，派庄泽民从香港返回皇岗，在水围开设杂货店作为掩护，并在庄海添家设立临时秘密接待站，恢复了皇岗党组织和交通站的工作。1931年3至4月，宝安三区中共地下组织恢复，庄泽民任区委副书记兼交通站负责人。交通站仍分内外两条线，外线由曾品贤负责，内线由庄海添负责。

1931年12月，曾品贤、庄海添先后被捕叛变，出卖了深圳大来金铺、鱼街广德祥店联络点及蔡屋围农会负责人、石厦村以及皇岗交通站负责人，致使蔡子湘、林权初、蔡成汉、庄泽民、潘兴达、庄林贵、潘柏芳、潘火有、潘丁等9名党员被敌人抓获。叛徒又带敌人到平湖，包围纪劬劳学校，逮捕了以教师身份为掩护的共产党员刘伯刚、刘仲德。在党员叶庆光的领导下，当地商民、店员工人、农民拿起大刀、棍棒等器械，将刘伯刚、刘仲德救出。至此，宝安党组织和皇岗交通站遭到严重破坏，红色交通线被迫中止了一切活动。后来，刘伯刚流亡新加坡，刘仲德流亡越南。蔡子湘、潘兴达被押往广州枪决，潘柏芳被保释出狱，其余6人直至1936年6月宋庆龄、何香凝等提出释放政治犯后才获得自由。①

四、抗日救亡运动的兴起

近代以来，日本确定了以中国为中心的"大陆政策"，不断对外发动侵略。民国成立以后，日本政府通过政治、经济、军事等手段频繁干涉中国内政，侵犯中国主权，激起了中国人民的无比愤慨，特别是"二十一条"后，国内反日情绪逐渐高涨。

宝安人民与社会各界向来坚决反对日本帝国主义对中国的侵略与粗暴干涉。1927年5月28日，在日本田中内阁授意下，日军以"保护侨民"的名义向中国山东派兵2000余人，占领了青岛及胶济铁路沿线，威胁济南。消息传来，全县人民无不愤慨。为抵制日本帝国主义，宝安各界民众发起反日运动，深圳、南头、沙头角等地民众纷纷自发起来拒绝日货，其中尤以深圳反应最为激烈，"其禁止日货出入口发售之声势，颇为热烈"，深圳各团体派出纠察队在深圳站等地严行搜查，并要求各店中有日货者，须在三日内售完，不得补充。②

1928年，国民革命军进行二次北伐。为阻止中国统一，维护既有利益，4月17日，日本政府决定出兵山东，派遣

---

① 深圳市史志办公室：《中国共产党深圳历史（第一卷 1924—1950）》，北京：中共党史出版社，2012年，第54—58页。

② 《深圳各界反日之猛烈，派出纠察检查日货》，《广州民国日报》，1927年7月14日，第10版。

第六师团 5000 多名日军强行登陆青岛。5 月 3 日，日军强行攻占济南，搜杀中国官兵和平民，并以惨无人道的手段屠杀中国外交官蔡公时，制造了震惊中外的"济南惨案"。日本出兵山东，干涉中国革命，激起中国人民的抗日运动，全国范围内出现声势浩大的抵制日货运动。蔡公时的夫人郭景鸾为宝安县人，其子蔡今任在宝安出生，宝安舆论对济南惨案异常愤怒，南头、深圳墟等地均举行哀悼仪式。1928 年 5 月 23 日，在国民党（广东）省、（广州）市党部的指挥、策划下，广东全省统一的抵制日货运动机构——广东各界对日经济绝交委员会（简称"对日会"）正式成立。此后，对日会又会同省市党部致函省内各县市，要求各地按照广东对日会章程、办法尽快成立对日会分会。9 月底，在国民党县党部的推动下，宝安县在县城南头成立对日分会。① 宝安对日分会成立后，对全县日货进行登记检查，号召全县抵制日货。到 1929 年初，"仇货已寥寥无几，惟县属深圳与香港交通近便，仇货输入，时有所闻"②，为此，对日分会于 1929 年 1 月 13 日迁到深圳，并召集各界团体开会，成立纠察机构，派出检查员到深圳车站及第三区各出入口检查，严厉禁止日货进入。

济南惨案对深圳地区各界特别是青年学生产生了重要影响。消息传来，县立第一初中等学校教师纷纷在课堂上对学

① 《各县市对日分会成立一览》，《广州日日新闻》，1928 年 11 月 7 日，第 6 版。
② 《深圳成立反日会》，《广州民国日报》，1929 年 1 月 19 日，第 11 版。

生进行宣传，号召学生抵制日货，部分学校还举行了游行示威。特别是光祖中学，除了日常上课学习外，由学校组织了大规模的抗日游行示威活动，抗议日军的暴行。时任校长叶史材具有强烈的爱国思想，毅然支持师生的抗日爱国行为。在校长叶史材组织下，光祖中学全体师生分成多支队伍，佩戴校徽，列队在学校操场集合，队伍前面打着光祖中学校旗，游行队伍从校门出发，高举"打倒日本帝国主义""打倒列强"的标语，高呼各种口号，到附近各个村进行游行示威活动。学校师生通过表演话剧、发放传单等形式，进行多种形式的抗日宣传。光祖中学师生的爱国行动，唤醒了附近各界群众的爱国意识，附近一些农会会员纷纷参加游行。当时游行示威的"光中反日出兵山东宣传队第三组"宣传旗帜现仍保存于学校校史馆，是深圳发现的最早的抗日旗帜之一。

1931 年 9 月 18 日，日本驻中国东北地区的关东军突然袭击沈阳，以武力侵占东北，制造了震惊中外的九一八事变。面对严重的民族危机，国民政府却一再坚持"不抵抗政策"，在不到半年的时间内，整个东北三省 100 万平方千米的土地被日军占领，无数同胞遭日军杀害。日本对东北三省的大规模侵略强烈地震动了中国社会，群众性的抗日救亡运动很快在全国兴起。由于当时实际统治广东的陈济棠与国民党中央貌合神离，因此对抗日运动限制相对宽松，甚至国民党各级政府也常通电反对蒋介石中央的妥协政策。1933 年 6 月 28 日，国民党宝安县党部召开第九次全县党代表大会，大会通过决议案，通电反对蒋介石政府对日妥协及中美棉麦借款及力争苏俄出售中东路。[1] 1934 年 4 月，国民党宝安县党部通电反对溥仪在伪满称帝。[2]

在全国抗日救亡运动的影响下，深圳地区一批先进的知识青年自发地投身到抗日救亡运动中。坪山学校高年级学生在老师带领下，在坪山墟开展抗日宣传活动，以钟仕开（坪山田心罗谷村人）为首的一批学生，走上街头演讲，宣传抗日，到大和公司等商店搜查日货，在街上焚烧日货。学生的这一爱国行动，对损害国家民族利益的奸商震动很大。1932 年开始，坑梓乡的黄达、黄秉等一批进步知识青年通过自编自演抗日救亡话剧、办夜校、唱救亡歌曲、出版进步期刊《春芽》和自编教材《大众课本》等，宣传抗日救国的道理。1935 年冬，在中国共产党的领导下，北平（今北京）爆发了一二·九运动，全国各地纷纷响应，掀起抗日救亡运动的高潮。具有强烈爱国主义思想的光祖中学广大师生，在民族危难的时刻，勇敢地站在抗日救国的最前头。中共香港地下组织派黄佛光从香港回到坑梓，与学校进步教师黄秉秘密商讨抗日救亡工作，决定成立不公开的生活读书会。

1936 年 1 月，光祖中学召开生活读书会成立大会，参加会议的有黄佛光、黄振、黄达、黄子基、黄惠侬、黄嫦

---

[1] 《宝安县党代表会前月廿六开幕通过十余案，通电反对蒋日妥协及借款》，《广州民国日报》，1933 年 7 月 6 日，第 8 版。

[2] 《粤宝安等县党部通电，一致声讨溥逆僭号》，《南宁民国日报》，1934 年 4 月 26 日，第 2 版。

娥、黄挺芬、李帝送、黄铜钦、黄慧清、黄秉、黄欢喜和黄坚等，大部分为光祖中学师生，也有部分社会进步青年。会上讨论通过了订阅《永生》《读书生活》《生活知识》《世界知识》和《妇女生活》等进步刊物，会员按时集中讨论交换学习心得，会员每月交纳一定会费，会员暂时对外保密生活读书会相关事宜，团结进步青年，采取各种方法和形式开展反封建和抗日救亡工作等决议。会议推选黄佛光、黄秉、黄达为负责人，口号是"读书不能离开生活，生活不能离开理论的指导"。生活读书会成立以后，积极开展抗日救亡和反对封建迷信的宣传工作，开办农民夜校、识字班，教群众唱救亡歌曲《义勇军进行曲》《松花江上》等，积极组织抗日话剧演出、街头宣传、化装游行等。读书会会员、光祖中学教师黄秉经常利用学校周会及其他纪念活动作演讲，痛斥日本军队侵略东北三省的罪行，揭露国民党的反动政策，号召同学们认清形势，积极投身抗日救亡运动。

生活读书会是坑梓乡第一个全乡性的进步团体，标志着坑梓人民抗日救亡运动的开始，并为中国共产党后来在坑梓建立第一个党组织打下思想和组织基础。读书会许多成员加入中国共产党，奔赴抗战前线，许多成员成为东江纵队的骨干，甚至为祖国献出自己的生命，为国家和民族的独立与解放作出贡献。

1936 年春，坑梓乡新桥围黄云鹏、黄运鸿等进步青年成立了新桥围生活会。性质与光祖生活读书会类同，均为宣传抗日救亡工作。在此基础上，1937 年 6—7 月间，坑梓乡成立了全乡性的包括各阶层人士在内的抗日救亡团体——坑梓乡御侮救亡工作团。各村的夜校、识字班、妇女会、儿童团、青年会、读书会等群众抗日救亡团体相继组织成立。

一二·九运动爆发后，大鹏地区知识青年的抗日激情高涨。1936年西安事变和平解决后，抗日民族统一战线逐渐形成和发展。在全国抗日救亡形势一片大好的鼓舞下，同年冬，在大鹏各地教书的知识青年黄闻、蓝造、黄业、陈永、陈培等集中在坝光村，讨论如何开展抗日救亡运动的问题，会上决定在坝光成立"海岸读书会"。"海岸读书会"成立后，从香港购回一批进步书籍，广泛吸收当地青年阅读进步书刊，举行时事座谈会和文艺歌咏等活动，开展抗日救亡的宣传，要求国民党政府停止内战，联合抗日。蓝造、李惠群、李伯棠、陈培、黄捷英、陈通等人还先后来到葵涌土洋村崇德学校任教，开展抗日救亡的宣传活动。学校宣传队按照《松花江上》《大路歌》《码头工人》《义勇军进行曲》等抗战歌曲的内容，编成表演，经常到葵涌、沙鱼涌和溪涌等地演出，宣传抗日，抵制日货。宣传队还发动学生做纸花义卖，组织商民捐献，发动沙鱼涌渡船和东笏驳艇船工做义工，以实际行动支援抗日救国。

1936年，东莞党组织安排共青团员何与成到平湖纪劬劳学校教书。何与成大胆地向高年级的同学宣传共产主义思想。下半年，在何与成的倡导下，刘云、刘仁、刘茜芬等10多个高年级同学组织了读书会，阅读《大众哲学》《大众周末》《世界知识》等进步书籍，开展抗日救亡的宣传活动。

他们通过阅读，提高了政治思想觉悟，明白了只有依靠中国共产党才能救中国。何与成调回东莞力行小学后，与纪劬劳学校的学生仍有书信往来，继续指导平湖的抗日救亡工作，并把平湖的一些进步青年调到东莞工作。何与成在纪劬劳学校的活动，为平湖乡抗日战争时期的建党工作打下了思想基础，参加读书会的同学后来大部分加入了中国共产党，成为革命的骨干力量。

1936 年 9 月，中共南方临时工作委员会（简称"南临委"）成立，薛尚实任负责人，积极恢复和建立南方各地党组织，开展抗日救亡运动。12 月，南临委先后派共产党员梁金生、张权衡到宝安布吉草埔村小学，以教书作掩护，开展抗日救亡工作。1937 年 6 月，南临委又派吴燕宾、张伟烈、何柏华到草埔协助梁金生等开展工作。在山厦村，随着革命形势的变化，党支部将"牛会"改名为"造林植树会"，以集体开荒耕田为名，开展抗日救亡的宣传，壮大革命力量。至 1937 年初，山厦村党支部共有 7 名党员，严仲喜任支部书记。

1937 年 2 月，中共香港海员工作委员会组织部部长曾生介绍傅觉民到龙岗大井育贤小学，以教师职业为掩护，开展抗日救亡运动，发展党组织。同年，由黄闻等知识青年发起，在大鹏坝光村成立"海岸流动话剧团"，剧团的主要成员有黄业、黄岸魁、陈培、蓝造、陈永、黄林、陈通、陈秀、陈瑞、黄捷英、黄德明、黄贯东、林丰时、黄文琛、钟少华、袁庚、钟莹斌、刘黑仔（刘锦进）、赖仲元、张平、潘清等人。海岸流动话剧团成立后，在大亚湾、大鹏湾海岸沿线进行巡回演出，以坝光为起点，经大鹏、东山、东涌、西涌、下沙、沙头角、葵涌、淡水、澳头、小桂等地，行程100多千米。演出的主要剧目有《放下你的鞭子》《保卫家乡》等。海岸流动话剧团从成立到解散，虽然只有几个月的时间，但它的活动和宣传演出在惠宝沿海地区产生了很大的影响，为后来的抗日斗争培养了骨干和中坚力量。同一时期，光祖中学青年教师陈志期、古曼心等联合淡水爱国青年黄固成立抗日政治团体——淡锋社，宣传抗日思想，发表《告淡水同胞书》，"天下兴亡，匹夫有责"，号召广大同胞在民族最危难的时刻，勇敢地站出来与日本帝国主义作斗争；印刷抗日宣传文告500余张，发放到各街道居民；创作张贴配有抗日标语的漫画。淡锋社的抗日政治主张，唤醒了坪山地区及附近广大群众的爱国意识，吸引一大批进步青年参加，当时年逾花甲的教育界前辈张肇覃主动把自己家的大厅作为淡锋社活动场所。

第三节　经济社会文化

1927年至1937年，广东社会环境相对稳定，各项经济社会建设渐次发展。1933年，省政府颁行《广东三年施政计划》，对发展地方经济起了一定作用。宝安县农业、渔业、盐业稳定发展，手工业与商贸业出现了生机。道路、邮政、电话、电报等基础设施持续新增。文化教育水平虽在广东省范围内属于较落后状态，但相对宝安县自身发展取得较为明显的进步。1927—1937 年，宝安县成立了 35 所学校。

一、经济状况

（一）农渔盐业

这一时期的宝安县以农、渔二业为主要产业，其中农业以荔枝、姜、芋、橙、菠萝为大宗，海产以鱼、虾、鲜（干）蚝为大宗。盐业衰弱，仅存几处。

宝安县的农业生产基本上处于小生产状态。由于土地贫瘠，粮食不能自给，各区人民的经济生产一直处于较低的水平，根据 1929 年 1 月份的粮食调查报告，黏谷年产 3040 万斤，糯谷年产 309 万斤，薯芋年产 1006 万斤，瓜菜年产 1077 万斤，除糯谷外，其余均比年需求额略少。

表 3-3　1929 年 1 月宝安县粮食调查

类别	每年需要额（万斤）	每年出产额（万斤）	价格（每百斤）
黏谷	3050	3040	六元七八
糯谷	294	309	七元六七
薯芋	1057	1006	（薯）一元五毫 （芋）二元六毫
瓜菜	1266	1077	三元

据广东省调查统计局的资料，宝安县 1935 年水稻种植面积 230566 亩，总产 1001850 担，平均商产 434.5 市斤。

1937 年水稻种植面积 184630 亩，总产 738520 担。[①]

宝安县的渔业历史悠久，渔民众多，宝安渔区向来被视为广东沿海渔业的重要区域。据史料记载，万历九年（1581），宝安县有纳税鱼塘面积 2698 亩。民国时期，由于自然灾害、战乱多种原因，池塘养鱼业停滞不前，1935 年仅有鱼塘 2000 亩。宝安县水产以蚝为大宗，1927 年前后，宝安县 4 个区蚝的出口量约值银 137 万元。其中第一区（陈屋、向南、大涌、湾下吴屋、白石洲、后海）20 万元，第二区（固戍）2 万元，第三区（沙头、赤尾）15 万元，第四区（沙井、福永）100 万元。1931 年，全县有蚝田 2 万井，蚝船 300 艘，收入白银 200 万元[②]。1934 年宝安县蚝的岁值约二三百万元，沿海一带，赖养蚝为生者，达万余人[③]。1936 年，沙井蚝庄约 1 万人，蜑船 350 艘，年产鲜、熟蚝共 1.6 万担[④]。1936 年，宝安干鲍鱼产量为 10 担，价值 800 元；干（海）蜒产量 4000 担，价值 56 万元；干豉产量 8000 担，价值 144 万元；蚝油产量 200 担，价值 5 万元；干鱿产量 30 担，价值 2100 元。[⑤]

---

① 宝安县地方志编纂委员会编：《宝安县志》，广州：广东人民出版社，1997 年，第 182 页。

② 宝安县地方志编纂委员会编：《宝安县志》，广州：广东人民出版社，1997 年，第 202、207 页。

③ 广东省民政厅编：《广东全省地方纪要》第二册，第四十七篇，1934 年，第 190 页。

④ 深圳博物馆编：《深圳近代简史》，北京：文物出版社，1997 年，第 222 页。

⑤ 宝安县地方志编纂委员会编：《宝安县志》，广州：广东人民出版社，1997 年，第 197—198 页。

宝安县的盐业发展较早，但在民国时期已凋敝。1927年，宝安销售食盐5659担。1928年，销售6947担。[1]1934年前后，宝安县只有产盐区3处，共有盐田100余亩。[2]

（二）手工业与商贸业

这一时期的宝安县仅有家庭作坊式的小型渔船蚝艇修造、搓麻织布、编网等手工业。1930年，旗头山钨矿开采。1932年，西乡"永丰"碾米机投产，为宝安县使用机械生产的第一家私营作坊。[3]

随着生产的发展，宝安县逐步新增墟市等商贸中心。至民国后期，全县共有26个墟市[4]，其中1927年至1937年期间新形成的墟市有福永新墟（1927年）、公明墟（1929年）。福永旧墟建于清嘉庆以前，1925年，福永村与怀德村发生宗族纠纷，怀德村人不准福永村人入墟。1927年，福永村在墟的西北面另建一墟，称福永新墟，墟内只有一条街，街长180米，宽3—4米不等，泥路面，有店铺25间。墟内有车公庙，庙对面为猪仔亭，有鱼栏，以鱼档、虾档为主，两边有摆卖的摊档。公明墟于1929年由楼村人陈海臣、合水口村人麦晓先，集资于合水口村附近建立，初名公平墟，

---

① 宝安县地方志编纂委员会编：《宝安县志》，广州：广东人民出版社，1997年，第216页。

② 深圳博物馆编：《深圳近代简史》，北京：文物出版社，1997年，第223页。

③ 宝安县地方志编纂委员会编：《宝安县志》，广州：广东人民出版社，1997年，第19页。

④ 宝安县地方志编纂委员会编：《宝安县志》，广州：广东人民出版社，1997年，第321—327页。

取意"买卖公平"，1931 年改名公明墟，取意"公道光明"。

  这一时期宝安县商业比较繁华的墟市有深圳墟、观澜老墟、东和墟等，其中最为繁华、商业活动最活跃的当数位于三区的深圳墟。深圳墟位于今罗湖区东门一带，至少在明末就形成墟市。清代以后，深圳墟发展成闻名遐迩的商贸中心，并被康熙版《新安县志》收录，为今天深圳市得名由来。1911 年 10 月，广九铁路通车，设在深圳墟的深圳火车站成为连接内地与香港的重要枢纽，深圳墟成为粤港交通门户，地位愈加重要。深圳墟除了有数百商铺外，还有戏院①、游泳池②、赌场等。1929 年，深圳墟的商店有 230 间，而当时县城所在的南头只有不到 30 间商店。省港大罢工期间，深圳墟也是中国共产党领导的罢工工人重要中转站。深圳墟原有东南西北四个门，1938 年被日军轰炸后，只剩东门，因此，深圳墟亦称"东门"。观澜墟位于观澜河畔，建于乾隆三十一年（1766），繁盛于清末民初，是宝安沟通惠阳乃至粤北的重要商品集散地，由观澜大街、卖布街、新东街、东门街、西门街、南门街、龙岗顶街、立新巷等十几条街道、巷道组成，总面积达两万平方米，包括店铺 100 多间、民居数百栋。观澜墟的繁荣使它成为近代深圳地区的战略要地。观澜墟因其保留有大量近代客家建筑而被称为"深圳近代民俗文化第一街"。东和墟位于沙头角，建于道光十年

---

① 《深圳戏院改建落成》，《国华报》，1935 年 2 月 24 日，第 2 版。
② 《深圳设游泳场》，《国华报》，1935 年 4 月 17 日，第 1 版。

（1830）左右，建墟初期有店铺 72 间，每逢墟期门庭若市。后来东和墟被一场台风摧毁。而立着界碑的河道两侧，则开始出现店铺，逐渐形成今中英街。①

（三）赌博业

从 20 世纪 20 年代开始，广东赌场泛滥，宝安县也不例外，被时人评价为"集赌极盛"②，其中深圳赌场更是名噪一时。

深圳和香港仅隔深圳河，香港的赌客可以当天往返。香港有诸多赌场，但缺乏摊馆，所以民国初年就有深圳当地土豪张寿而在深圳墟内开办了一家摊馆，但规模不大。为吸收香港赌客，该赌场聘有男、女"进客"到香港拉拢赌客，按照赌客赌注的大小为"进客"提取佣金。"进客"即"知客"，意思为专门招待宾客的人。因"知"与"支"（支出）同音，犯了赌场的忌讳，因而改"知客"为"进客"。

由于赌场是重要税收来源，广东当局也默认其发展。1930 年前后，与广东省税捐局存在重要联系的郑六叔在深圳墟设立了一家名为"大利公司"的宝安防务经费公司（实际上专营赌场），并收购张寿而的摊馆。由于大利公司资本雄厚，又有官方支持，业务日益扩大，原张氏摊馆满足不了需求，大利公司又在广九铁路深圳站旁新建了一个面积比原张氏摊馆大数倍的深圳大赌场，还在深圳墟开办 5 家较小的

---

① 程建：《阅读宝安》，北京：新华出版社，2006 年，第 150 页。
② 《民政厅令饬各县整饬纲纪纠正陋俗》，《广州国民日报》，1929 年 12 月 7 日，第 9 版。

赌场。大利公司为招揽赌客，规定只要是外地来的赌客，无论输赢，回程的车旅费都由公司承担，由此香港有一句流行的歇后语"深圳赌番摊——唔忧冇归翻"（来深圳赌博，不用担心没路费回家）。此外，大利公司还免费提供瓜果、点心、香烟及午餐。随着赌场的扩大，深圳墟周边的旅馆、妓寨等也兴旺起来。[①]

陈济棠掌握广东军政大权后，也盯上了深圳的赌博业，派其心腹霍芝庭（广东最大的赌商）接管了宝安县的"防务"。霍芝庭和傅老榕（澳门第一代赌王）合作运营深圳大赌场，将大利公司改名为"又生公司"。同期，陈济棠在省城广州等大城市禁赌，许多赌徒被"赶"到了深圳。霍芝庭在深圳墟再建一个大赌场，并配套建起大酒店、大餐馆等。随着霍氏赌场的兴旺，陈济棠之兄陈维周等人也看上深圳赌场，在郑氏大赌场原址上建了名为"深圳大饭店"的皇宫式大楼，里面有赌场、烟馆、妓寨和餐厅。为引诱赌客，深圳赌博场馆还设台表演，甚至招揽粤剧名角靓少凤等登台，一时引起轰动。[②]深圳赌博业的兴盛在一定程度上带动了深圳镇的繁华，1935年9月，有位署名为"梦梦生"的作家在《国华报》发表《深圳小事记》，认为"深圳南缴荒落，向

---

① 纪汝贤：《深圳赌场》，中国人民政治协商会议广东省广州市委员会文史资料研究委员会编：《广州文史资料》第12辑，1964年第2辑，广州：广东人民出版社，1964年，第174—178页。

② 《千里驹靓少凤赴深圳登台》，《国华报》，1933年7月11日，第1版。

等乡村，自开博场，三年成聚，酒帘茶肆，遂附骥朋兴"，^①虽不乏夸张之辞，却也道出了当时深圳墟的赌博业盛况。

1936年，蒋介石控制广东之后，推行禁烟赌之令。7月22日，为避免深圳赌场的财产被广东省政府没收，陈济棠、霍芝庭等派人前往深圳，自行办理关停赌场的手续^②。9月1日，深圳赌场关停。之后，"烟赌禁绝，深圳乃顿行冷落"。^③12月10日，国民政府中央侨委胡文虎提出将深圳大饭店改造为教养儿童的机关，定名为革命遗族学校^④。但因种种原因，并未实现。

二、社会状况

（一）人口情况

1927年，宝安县户籍由县政府民政科管理，乡镇设户籍干事。1932年1月，国民政府颁布编查保甲户条例，规定保甲编组以户为单位，户设户长。县设户籍室管理全县户口，每保设户籍管理员1人，负责户口登记和人口统计工作^⑤。

民国时期的人口数量统计，不同的资料显示不一，这可能与当时的统计水平有关，也可能不同管理单位的统计口径

① 《深圳小事记》，《国华报》，1935年9月7日，第4版。
② 《年获巨利之深圳大赌场自动结束》，《时事新报》，1936年7月23日，第3版。
③ 《深圳酒店之今昔》，《国华报》，1936年10月24日，第4版。
④ 《深圳赌场改革遗学校》，《香港华商月刊》第二卷第四期，1936年12月。
⑤ 宝安县地方志编纂委员会编：《宝安县志》，广州：广东人民出版社，1997年，第559页。

不一。根据《广东全省地方纪要》，1931 年广东省政府以面积、人口、财赋 3 项为核算标准核定各县等级，面积以五百方里为 1 分，宝安得 8 分；人口以一万人为 1 分，宝安得 17 分；财赋包括田赋、契税、杂税、地方税四种，以一万元为 1 分，宝安得 9 分[1]，可见 1931 年宝安县人口分数为 17 分，按"一万人为 1 分"倒推当时人口为 17 万余。1934 年《宝安增城县土壤调查报告》提到"宝安县人口约一十五万"[2]。据《广东民政统计年鉴》，1937 年宝安县人口为 175437 人，当时广东省人口为 30626804 人[3]，宝安县人口约占全省人口 0.57%。

（二）基础设施

道路方面，民国期间宝安县的市镇道路一般狭窄弯曲，高低不平，布局无序，路面多以泥土铺成，亦有少数用砖块、条石、灰沙铺面。汽车每小时车速只有 15—20 千米，雨天则无法通车。南头城除中山路较宽，可达 3 米外，其余道路多为 2 米以下。深圳墟是县内最发达的商业中心，街道宽亦只有 2—3 米，狭窄弯曲，路面铺设条石、砖块，泥路面也不少。松岗墟街是较早形成的街市，路面虽有条石，但宽仅 2 米。平湖墟街建于清末民初，按规划兴建，道路较宽，

---

① 广东省民政厅编：《广东全省地方纪要》第一册，1934 年，第 1—30 页。

② 《宝安增城县土壤调查报告》，谢申，朱达龙编著：《国立中山大学农学院农林研究委员会丛刊 土壤报告》，国立中山大学农学院广东土壤调查所，1936 年，第 63 页。

③ 广东省人民政府地方志办公室、广东省立中山图书馆编：《广东民国年鉴丛编·广东民政统计年鉴》，广州：岭南美术出版社，2017 年，第 443 页。

有近8米，居于全县之首，布局也较合理，但路面却为泥土铺成，每逢雨天，道路泥泞。[1]

1929年3月，农办乡道深（圳）罗（湖）公路通车，全长5千米。8月，农办乡道宝（县城）深（圳）公路动工，全长34.75千米。10月，县道宝（县城）大（公明）公路通车，全长51.61千米。1930年，由李仰岐等集资兴办的乡道布（吉）龙（华）公路通车，全长30千米。1932年1月，民办乡道沙（湾）深（圳）公路通车，全长15千米。10月，由余景星等投资5万多元兴办的横（岗）沙（湾）公路通车，全长15千米。1933年10月，由陈耀南等集资兴办的乌（石岩）大（公明）公路通车，全长35千米。[2] 1935年，全县已建成的公路有岩口路、淡平路、横沙路、沙深路、观天路、布龙路、岩太路、深罗路、宝深路，一半通车，宝太路四段，第一段亦可通车。[3]

邮政方面，虽通各地，然因交通不便，传递迟滞。民国初期，南头、深圳邮局开办的邮政业务项目，分为信函、汇票、包件、印刷书籍四大类。1929年7月，办理征收邮电（洋包）厘费府衬税。1930年，开办邮政储金业务，形式分为储金及储汇两大类，储金即储蓄之形式，储汇分流通国内

---

[1] 宝安县地方志编纂委员会编：《宝安县志》，广州：广东人民出版社，1997年，第330页。

[2] 宝安县地方志编纂委员会编：《宝安县志》，广州：广东人民出版社，1997年，第19—20页。

[3] 深圳市史志办公室编：《民国时期深圳历史资料选编》，深圳：深圳报业集团出版社，2014年，第159页。

和国际两种。1935 年欧美各国侨汇归邮政局办理，设立侨汇投送业务。同年 5 月，国民党立法院通过决定，由邮政局办理"简易人寿保险"业务。[①]

电报电话方面，1932 年，宝安长途电话所的线路起讫仍只限于深圳至宝安小梅沙。1933 年 7 月底，深圳至广州的长途电话开通。1934 年，电报设局于深圳，离县城较远。电话由县城可通附城、吴屋、向南等乡，及西乡、深圳、云霖各区；黄公岗等区筹设电话。有军用电话一具，可由县府直达省会军事机关[②]。1935 年，除第六区外，全县电话均已架设通话，并计划拨款装设杆线，接驳东莞。1935 年，深圳成立电信局，经营电话、电报业务。[③]

卫生慈善方面，这一时期的卫生事业"尚无足述"。1928 年，广东民政厅视察员谭化雨在视察宝安县的报告里提到"现在城内亦有清道夫数名，清理街道，又医院两间，施赠医药"[④]。1934 年，宝安县"卫生事业，尚无足述。南头一带，苍蝇最多。近正筹灭蝇办法。至慈善救济事业，则城外大新街有乐善医院，城内有西人设立之育婴室。此外西

---

① 宝安县地方志编纂委员会编：《宝安县志》，广州：广东人民出版社，1997 年，第 306 页。

② 广东省民政厅编：《广东全省地方纪要》第二册，第四十七篇，1934 年，第 190 页。

③ 宝安县地方志编纂委员会编：《宝安县志》，广州：广东人民出版社，1997 年，第 310 页。

④ 《广东民政厅视察员谭化雨视察报告》，深圳市史志办公室编：《民国时期深圳历史资料选编》，深圳：深圳报业集团出版社，2014 年，第 111 页。

乡有医院一所，深圳有善堂一所，各聘医赠诊，及施种牛痘。"①1935年，宝安县的医院"有名无实"，"县善救济事业，甚为幼稚，全县有乐善医院一所，分院二所，均设备缺乏。有名无实，善堂三间，亦因缺乏经费，办理无甚成绩。"②

（三）治安状况

1928年，宝安县设有警察区署7所，分区署3所，游击队两队共60名队员，地方警卫队一大队，其分驻各市乡者有三中队十二小队。

1934年，警卫有警卫队、保安队及警察三种。警卫队分七区，各区中队小队分队。常备后备各队，有员兵1000余人，枪1000余杆；其中常备兵300余名，枪200余杆。保安队直属县府，有官佐4名，队兵61名，枪52杆，枪支由私人借用，无公有枪支。警察分七区，警员仅八九十名。设公安分局8处，直属县政府公安局。

1935年，县警卫常备队有4独立小队，后备队有71中队，12独立小队。

1935年，公安设有公安局及南头分局、西乡分局、深圳分局、云霖分局、黄松岗分局、大鹏分局。根据《广东民政统计年鉴》"广东省各县市局警察局所数"表格数据，1937

① 广东省民政厅编：《广东全省地方纪要》第二册，第四十七篇，1934年，第190页。
② 深圳市史志办公室编：《民国时期深圳历史资料选编》，深圳：深圳报业集团出版社，2014年，第159页。

年，广东省省会警察局 1 所（设于广州市），市警察局 1 所（设于汕头市），县警察局 97 所（宝安县有 1 所），警察分局有 36 所（宝安县没有），警察所 141 所（宝安县有 2 所），分驻所有 129 所（宝安县有 3 所），派出所有 182 所（宝安县有 6 所）。

三、文化教育

宝安县这一时期的文化教育水平，在广东省范围内属于较落后状态，但相对宝安县自身前后其他时期，这一时期的教育发展还是较为明显的。1927—1937 年，宝安县成立了 35 所学校，另有一些成立了不久但由于经济原因停办的没有统计。1927 年成立万丰小学、潭头小学、罗租小学、观澜中心小学、塘头小学，1928 年成立福田小学，1929 年成立靖轩小学、观澜中学、凤岭乡小学、松岗乡小学，1930 年成立皇岗小学、平冈中学、南约小学、兴著小学、宝岗小学，1931 年成立六约小学，1932 年成立梧桐小学、南头小学、梅沙小学、德风小学、西坑小学、南澳中心小学，1934 年成立安良小学、育贤小学，1935 年成立草埔小学、黄麻布小学，1936 年成立湖贝小学、珠光小学、上屋小学、布吉中心小学，1937 年成立罗湖小学、岗厦小学、梅林小学、向南小学、平湖中心小学。

表3-4　1927—1937年宝安县建立的学校

建立年份	学校名称				
1927	万丰小学	潭头小学	罗租小学	观澜中心小学	塘头小学	
1928	福田小学				
1929	靖轩小学	观澜中学	凤岭乡小学	松岗乡小学	
1930	皇岗小学	平冈中学	南约小学	兴著小学	宝岗小学
1931	六约小学				
1932	梧桐小学	南头小学	梅沙小学	德风小学	西坑小学	南澳中心小学
1934	安良小学	育贤小学			
1935	草埔小学	黄麻布小学			
1936	湖贝小学	珠光小学	上屋小学	布吉中心小学	
1937	罗湖小学	岗厦小学	梅林小学	向南小学	平湖中心小学

资料来源：深圳市地方志编纂委员会编《深圳市志·教科文卫卷》，方志出版社，2004年。

（一）初等教育

1936年，宝安县分7个区，共有小学92所，其中完全小学27所，高级小学1所，初级小学59所，短期小学5所。附设于县立中学内的高级小学及县立凤冈小学2所小学为公立，其余均为私立。每区小学数量不等，全县小学分布情况

如下表 ①：

表 3-5　1936 年宝安县各区学校分布情况表

	完全小学	高级小学	初级小学	短期小学	合计
一区	3	1	0	1	5
二区	1	0	7	0	8
三区	13	0	4	1	18
四区	1	0	8	1	10
五区	0	0	6	0	6
六区	2	0	11	1	14
七区	7	0	23	1	31
合计	27	1	59	5	92

（二）中等教育

这一时期，宝安县中等教育机构，仅有县立第一初级中学 1 所。该校于清光绪三十一年（1905）成立，初名官立高等学堂，原为高小程度，校舍在凤冈书院。1927 年，改办中学，将高小并设校内，1935 年迁入改建新校（孔圣庙改建）。1936 年有初中 4 班，附设第四类师范 1 班（金春毕业），全校经费每年 9720 元，教职员共 11 人，学生中学部 78 人，师范班 8 人，女生 2 人，小学部 32 人 ②。

---

① 梁叔文：《宝安县教育现况》，国立中山大学研究院教育研究所：《教育研究》第七十二期，1936 年，第 19 页。

② 梁叔文：《宝安县教育现况》，国立中山大学研究院教育研究所：《教育研究》第七十二期，1936 年，第 21 页。

（三）社会教育

1936 年，宝安县有几处社会教育的场所，如设于中山公园内的民众教育馆，内置《万有文库》1 部，《古今图书集成》1 部，及其他书籍。该馆每年经费约 540 元，由县地方款及文化建设委员会拨支，内薪俸办公费，估 240 元，建设费估 300 元。有 3 所由县政府拨款创办的民众学校，县党部及所属二、三区党部各设有民校 1 所，各私立小学亦开有附设，就学人数在 850 人以上。此外尚有公共阅报处 3 处，公共体育场 1 所，公园 2 所。社会教育全年经费总额有 5712 元，均由地方款项下拨支。[①]

---

① 梁叔文：《宝安县教育现况》，国立中山大学研究院教育研究所：《教育研究》第七十二期，1936 年，第 21 页。

第四章　全民族抗战时期的深圳地区

1938 年 10 月 12 日，日军从大亚湾登陆，11 月，侵占宝安县。南头城先后三次沦陷。日伪在宝安县城区部署兵力，驻扎武装，并建立治安维持会等敌特机构，加强对宝安县人民的残酷统治。在中国共产党的领导下，宝安县人民的抗日斗争风起云涌。东江纵队成为华南抗日战场的一支主要抗日力量。在党中央和南方局的统筹下，广东人民抗日游击总队机智开展文化名人大营救，被誉为抗战以来最伟大的抢救工作。

日本投降后，东江纵队开展收缴日、伪、顽军武器以及反内战工作，先后收复深圳墟、南头、西乡等地。国民党新一军在罗湖举行受降仪式，深圳地区得以完全光复。全民族抗战期间，宝安县百业萧条、经济衰败，文化教育事业遭受毁灭性破坏。百姓被迫流离失所，人口下降严重，整个宝安的社会发展完全停滞。

第一节 日伪在宝安县的统治

1938 年 10 月 12 日，日军分三路登陆大亚湾。国民党守军备战松懈，宝安陷落。日军先后三次攻占南头城，在城区周围驻扎部队，建立日伪政权，实行"三光"政策，日军的暴行成为深圳地区一段不堪回首的历史。

一、日军攻占宝安

（一）日军登陆大亚湾

1937 年 7 月 7 日，日本帝国主义发动了全面侵华战争。侵华日军为实现封锁中国南大门和进占东南亚各国的目的，加紧了对华南的侵略部署。特别在日军占据华北、华东许多战略要地和切断海上交通后，华南地区广九、粤汉两铁路的香港—广州—内陆区间这一路线就成为中国唯一的对外交通运输通道，从香港转运至广州等地的进口战略物资约占全中国进口总量的 80%。仅粤汉线就在抗战全面爆发后至广州沦陷期间，运送兵员达 200 余万，物资 54 万吨。[①] 广州当时人口约 120 万，不仅是广东省政府所在地，也是华南政治、经济、军事、交通、文化的中心，地理位置十分重要。大亚湾位于广州东南面，澳头港水深可泊数万吨巨舰，海面

---

① 吴相湘：《第二次中日战争史》上册，台北：综合月刊社，1974 年，第 295 页。

宽广，便于舰艇展开。尤其是岩前至霞涌一带有 8 千米长的沙滩海岸线，登陆后有公路通往淡水、平山、深圳、惠州等地，进军方便，适合大兵团活动，是一个理想的登陆港岸。早在日寇正式登陆大亚湾之前，已经对该地骚扰多时。1937 年 9 月 5 日，日军宣布全面封锁中国海岸。当年 9 月 12 日，大亚湾三门关卡遭到日军炮击，其后经常遭到侵扰，当地海关人员被迫于次年 5 月撤离。此后，日军侵占了大亚湾三门岛等岛屿，以此作为进攻大亚湾沿岸大陆和华南的准备基地。

1938 年 9 月 7 日，日本召开大本营御前会议，正式决定进攻广州。同时，日本抽调第五师团（师团长安藤利吉中将）、第十八师团（师团长久纳诚一中将）、关东军的第一〇四师团（师团长三宅俊雄中将）、第四飞行团（团长藤田朋少将）新编组第二十一军，同时还配备有第五舰队（含航空母舰"加贺""苍龙""千岁"号和"龙骧"号等）、陆军航空兵和海军航空兵一部、舰艇和木船 500 多艘、飞机 200 架共 7 万余兵力，代号为"波集团"，由原第五军司令古庄干郎担任司令官。9 月 19 日，日本大本营发布《大陆令第 201》，正式下达第二十一军战斗序列和攻击广州的命令。攻略广州作战分甲、乙两部分，甲作战预定 10 月 12 日实施，即陆军主力部队在大亚湾登陆；乙作战预定于 10 月 27 日开始，即第二十一军一部在珠江海岸登陆，控制广州正面；为运送陆军部队登陆，将动用运输船超 1000 艘。而第五舰队的任务是，以一部直接护卫运输船队，并全力协助登陆；航空队将协助登陆和之后的陆军作战；另以一部佯攻汕头海面，牵制国军兵力。

就在日军紧锣密鼓部署南侵之时，蒋介石却以为日军为避免与英国冲突，不可能进攻广东。蒋介石还认为敌人如果进攻华南，其目的只不过在切断我广九线深圳至石龙一段的陆上交通和宝安至太平这一段的海上交通，敌人主力必然使用在虎门要塞地带，而在大亚湾只是一种佯攻以牵制我军兵力而已。[①] 根据这样的判断，广东国民党守军更加忽略了大亚湾地区的防务。原本惠（州）、平（山）、淡（水）、澳（头）和大亚湾沿海的守备军是国民革命军第六十五军军长李振球指挥的一五一师和一五八师。但蒋介石将一五八师改调防守广州。这样，当时戍守惠州、平山、淡水和大亚湾沿海地带的只有国民党一五一师下辖的两个旅：温淑海旅驻龙岗、深圳和广九线上；何联芳旅守备惠、平、淡、澳。该旅罗懋勋团团部和两个营驻淡水一带；澳头驻一个营，营部驻亚妈庙；土湾驻步兵第八连；黄鱼涌的禾里巴驻一步兵连；禾堂头驻机炮第三连。如此薄弱的兵力部署，几乎等同于将大亚湾完全敞开。1938 年 9 月 7 日和 10 月 8 日，广东省省长吴铁城两次急电蒋介石，告知日军准备进攻华南，不日将从广东南海沿岸登陆的情报。然而，蒋介石及国民党军令部都不以为然，坚持认为"敌最近将来决无攻华南企图，万勿

---

① 《蒋中正总统档案：事略稿本》第 42 册，台北："国史"馆，2006 年，第 427 页。

听信谣言"①。

1938年10月9日，经两个多月的准备，日军第二十一军主力第十八、第一〇四师团和第四飞行团共4万多人，在20余艘舰艇的护航下，从澎湖马公岛出发，于11日傍晚到达广东大亚湾口。日军海军有小金水、出中岛、野崎、永田等部，陆战队有朝田、川通、态田、渡野、石丸等部，陆军有饭田、酒井、宇野、安田等部，空军有飞机八九十架。②12日凌晨3时30分，在强烈炮火的掩护下，日军乘坐小艇，分三路登陆。右路由第一〇四师团和第九旅团担任，他们兵分两支，一支在平海的碧甲沿海沙滩登陆，到稔山后沿西北方向继续进攻平山，沿途未遇抵抗；另一支在霞涌墟以东登陆，霞涌驻有国民党海军陆战队1个营，在沙公坳略作抵抗，即向盐灶背方向溃退。这支日军也在天黑前进抵平山。

左路第十八师团在澳头墟西南面约五千米的倒装湾小桂登陆，由于有汉奸做向导，日军避开澳淡公路沿线几十座钢筋混凝土碉堡工事，经大涌、洗马湖，中午左右到达长山子，然后进入荷树下，下午6时占领淡水城。淡水附近原驻有莫希德师第四五一旅旅部和罗懋勋团团部及两个营，但在敌人尚未接近时，未放一枪便弃城向惠州溃退。

---

① 中国第二历史档案馆藏：《军令部对吴铁城电报的批示》（1938年10月19日），国民政府军令部战史会档案。

② 《第十二集团军关于惠淡广增战役作战经过概要（1938年）》，中国第二历史档案馆：《中华民国史档案资料汇编·第五辑·第二编·军事（二）》，南京：江苏古籍出版社，1994年，第378页。

中路及川支队是日军的主攻部队，登陆地点在澳头墟以东5千米的官溪（现在的东联管理区）的马涌至霞涌以西的桂米涌，这里是一片长达七八千米的海岸沙滩。日军登陆后，在澳头通往淡水的新桥遭遇国民党部队一五一师一个营兵力的抵抗。澳头驻军凌云连及万年乡抗敌后援会会员数十人，在新桥附近首先与日军先遣支队交火。战斗坚持到上午10时，除一人负伤逃脱外，其余全部壮烈牺牲。这场战斗虽然规模不大，但是异常惨烈。新桥保卫战，打响了华南抗日的第一枪！

在日军已经大举发动进攻后，国民党政府对敌进攻的方向、兵力、意图等具体敌情判断，仍沿袭此前的看法，存在严重误判。蒋介石仍然坚持认为："敌既在大鹏湾登陆，我军应积极集中兵力，对于深圳方面，尤应严密布防，料敌必在深圳与大鹏二湾之间，截断我广九铁路之交通，此为其惟一目的，亦为其目前最高企图，故我军不必到处设防，为其牵制，先求巩固该处既设防线，一面多构预备阵地，以备节节抵抗，一俟兵力集中，再图出击，以敌军全部兵力之统计，决无大举窥粤之可能，知兄必能沉着应战，予寇痛创也。"[1]

13日，两路日军分别占领淡水、稔山后，同时向惠阳推进。16日惠阳失守。21日，广州沦陷。从日军登陆大亚湾至广州失守，仅10天时间，战局发展之快，出人意料。日

---

[1] 中国第二历史档案馆藏：《蒋介石致余汉谋电》（1938年10月12日），国民政府军令部战史会档案。

军评论："余汉谋的这次作战处于畏首畏尾，用兵错乱，在广州周围连外围阵地的抵抗都没进行即溃退了。"①广州的失陷，使日军实现了切断中国由华南接受外援的交通线，以及策应武汉作战的目的。对中国来说，不仅失去了重要的国际物资补给线，而且影响了全国战局。抗日战争进入相持阶段。

（二）日军三次占领南头城

日军在大亚湾登陆的当天，宝安人民就通过各种途径得知敌人入侵的消息，人们奔走相告，国民党宝安县的党政机关则忙着准备疏散。为作战时准备，驻南头的一五三师四五七旅旅长陈耀枢主持召开党政军民各机关团体负责人紧急会议。会议经过讨论，决定成立一个战时工作团随军工作，工作团定名为"一五三师战时工作团"，并公推一五三师政训处秘书章泽柱为团长，国民党宝安县党部书记长文鉴辉、宝安中学校长梁金生和"救亡呼声社国防前线工作队"队长王启光为副团长。工作团的团员主要是中小学教师与中学学生，随四五七旅行动并受其指挥。

1938年11月26日，日军攻占战略要地南头城。四五七旅抵抗不住，损失很大，旅长陈耀枢和驻深圳的一五四师四五三旅旅长温淑海临阵怯战，丢下部队跑到香港。县长梁宝仁弃十多万人民于不顾，闻敌来犯之风，将团队枪支四百

---

① 〔日〕堀场一雄著，王培岚等译：《日本对华战争指导史》，北京：世界知识出版社，2017年，第127页。

余杆抛掷入海，离开县城（南头）向深圳退走，只身逃避香港。宝安县社训总队队长梁述达奉命守南头城，反而不听命令，偏离守地，转向白石洲勒收□□□水及出口费，人民怨声载道，不堪忍闻。①日军就在这种情况下第一次占领宝安县城。但日军很快就撤回广州。"1938年11月，日军攻陷宝安县深圳墟，当日军撤离深圳时，将墟内商户铁闸、铁门及其他五金类搜掠一空，分用车辆数十辆，将所掠铁器及其他财物运往南头的军舰，转运回日本。12月1日，南头日军撤退时，纵火焚烧，而汉奸、地痞乘机抢劫。深圳经日寇蹂躏后，庐舍为墟，满目荒凉。"②

图4-1 1938年11月26日，日军竹下大佐部侵占深圳镇

① 《广东省政府快邮代电（1938年）》，深圳市史志办公室编：《民国时期深圳历史资料选编》，深圳：深圳报业集团出版社，2014年，第171、173页。

② 香港《工商日报》，1938年12月3日。

1939 年 8 月 13 日，日军为切断中国军队补给线，令第十八师团顺珠江集结虎门，准备进攻深圳，并通知英国当局勿碍行动。13 日晚，第十八师团从虎门启航，分水陆两路登陆宝安，陆路由蛇口登陆沿公路直进南头城，由骑步兵配合推进；水路由海军陆战队从西乡小河偷渡，直达宝安城大板桥登陆。国民党第一五三师、第一五九师不战而退，日军未遭任何抵抗。8 月 15 日晚 11 时许，敌军突而侵占南头城。这是日军第二次占领宝安。8 月 23 日，日军 1600 余人集结在宝安威胁香港。香港当局由新加坡调飞机 100 架充实防务，并征集英侨担任巡哨。次日，深圳日军续增至 4000 人。25 日，深圳大小舰 40 艘突至港外，港粤交通完全断绝，香港英海军决定封锁海面。从 9 月 30 日起，抗日军队向日军发起顽强的攻击，日军不断增加。到 11 月，整个宝安县沦陷。日军拆毁了南头古城东、南、西三座城门，他们利用城门楼残存的墙基，构筑了 20 多座钢筋混凝土碉堡。城内新安县衙以及西门内外的城隍庙、天妃庙、三官堂等都被日寇拆毁，木材、墙砖、石柱悉数运往西丽修建沙河桥，城内的许多民宅也被毁坏殆尽。日军先后建军用飞机场 3 个，其中后海机场可停飞机 30 余架。由于调兵进攻粤北，日军遂于 12 月 31 日撤退。撤退时，将接近南头的宝深公路破坏，并将各防御工事拆毁，沙尾乡因位于公路侧，全乡商店住房百余间全部被拆毁，居民被迫流亡于他处。

1940 年 6 月 22 日，日军第十八师团在赤湾登陆，当天占领南头、深圳镇，宝安县第三次沦陷。1941 年 12 月 8 日，日军以宝安县为基地大举进攻香港，18 天之后香港沦陷，直至 1945 年日本投降，宝安县一直处在日军铁蹄之下。为应付来自共产党抗日游击队以及国民党军的打击，日军在南头古城城墙上下及四周，修筑了 17 座大大小小的钢筋混凝土碉堡，城内外还修建了 10 多座碉堡和暗堡。大量的民房被改为军营，设置了马厩、军械修理所，挖了深达 11 米的水井。

（三）日军在宝安县的军事驻扎

宝安县城南头是日军重点控制地区。据 1940 年广东国民政府编制的《本省当面敌军位置番号兵种概见表》记载，日军第二十六师团步兵 1 个联队 2000 人驻扎南头城。南头城外大校场搭满日军帐篷，南头城东门、西门、南门均有日军站岗，老百姓出入城内，不仅要向日军鞠躬，而且被严格盘查。日军先后修建军用飞机场 3 个，分别是西乡机场、田面机场和后海机场。其中后海机场面积约 4000 亩，可停飞机 30 余架，周围壕沟环绕，有碉堡 5 座，高射炮 10 余门，机场工兵 130 余人，一个连日军机动部队强驻桂庙、南光、后海等 6 个自然村。日军第二十一军第十八师团二十二旅团五十六联队驻扎在深圳镇周边，共有兵力 6400 人，具体为：深圳镇 450 人、黄贝岭 400 人、罗芳莲塘 200 人、沙头角 350 人、湖贝 400 人、向西 600 人、蔡屋围 600 人、隔田 700 人、大头岭 400 人、沙头 800 人、南头陈屋 1500 人。

表 4-1　1940 年 11 月 11 日至 20 日日军位置番号兵种概见表 [1]

位置	番号	兵种	兵力（人）	部队长
深圳	二十一军一八师团二十二旅团五十六联队	步骑炮	450	木神德雄
黄贝岭	二十一军一八师团二十二旅团五十六联队	步骑炮	400	木神德雄
罗芳莲塘	二十一军一八师团二十二旅团五十六联队	步骑炮	200	木神德雄
沙头角	二十一军一八师团二十二旅团五十六联队	步骑炮	350	木神德雄
湖贝	二十一军一八师团二十二旅团五十六联队	步骑炮	400	木神德雄
向西	二十一军一八师团二十二旅团五十六联队	步骑炮	600	木神德雄
蔡屋围	二十一军一八师团二十二旅团五十六联队	步骑炮	600	木神德雄
隔田	二十一军一八师团二十二旅团五十六联队	步骑炮	700	木神德雄
大头岭	二十一军一八师团二十二旅团五十六联队	步骑炮	400	木神德雄
沙头	二十一军一八师团二十二旅团五十六联队	步骑炮	800	木神德雄
南头陈屋	二十一军一八师团二十二旅团五十六联队	步骑炮	1500	木神德雄
南头	二十六师团独立联队	步	2000	北路藤吉

日军第二十六师团独立联队驻扎在南头，有步兵 2000 人。常驻敌兵，共 500 余人，内有步、骑、炮、工、辎等兵种。枪械有小钢炮、野炮、迫击炮、勾仔步枪、曲尺短枪、重机枪、轻机枪及二丈余长之重炮两座，弹药甚为充足。总部设于大新街海光寺，分驻宝安县城大板桥商店、南较场平民戒烟医院及蛇口南廖乡等处。日军在深圳所筑炮垒，多为

---

[1]　深圳市史志办公室编：《民国时期深圳历史资料选编》，深圳：深圳报业集团出版社，2014 年，第 180—181 页。

品字形，前两个伪设，仅后一个系真炮垒。由深圳自来水厂起，东至晒布岭，西至蔡屋围，均有铁丝网两层，第一层系响铃，并有敌兵壕多处。在驻所屋顶及警备线铁丝网处还有警犬，协助哨兵担任警戒。

日军为了强化其野蛮统治，加紧扶植汉奸，建立伪军。深圳镇驻有伪和平军第一师第一团2000余人，伪自卫队30余人，部队附设于伪维持会内，即前深圳商会旧址。该队枪械概系土制，子弹每名日发5粒，夜发20粒。伪谍报队，队部亦附设于伪维持会内，有队员20余人，多为地痞流氓，并无枪械，常赴中英边界及布吉、沙深公路侦察我方军情。伪广东绥靖军宝安第一大队驻南头，大队部设于大新街郑氏伯公祠。所有伪军200余人，枪支多系民间杂牌穿田、土打、单筒、土七九等，弹药甚为缺乏。伪宝安自警队设于仓前马路旧镇公所，共有队兵50余人，无枪械，仅手执木棍而已。伪军大部系被港英政府驱逐出境的匪徒歹徒，素质极劣，每三五成群，到处聚赌；或沿街挨户，强索茶水费；或借故下乡搜索，劫掠民间鸡鸭粮食。且有夜间除去臂章，即为盗贼者。伪自警队着灰布服装，每日沿街出巡一次，作威作福。[1]

---

[1] 国民党中央执行委员会粤闽区宣传专员办事处编印：《增宝沦陷区报告》，1940年，第15—24页。

二、日伪宝安县政权的设置

1938 年 11 月 26 日，日军占领宝安，国民党宝安县政府搬迁到樟木头石马墟，时任县长为莫铖。县政府设政治、军事两科，分掌民政、经济、教育、军事及地方保安，协同国民党正规军作战等事项。宝安归第四区行政督察专员指挥，第四区公署驻惠阳，1940 年移驻河源。1940 年，国民政府推行新县制，以人口、面积、富力为标准，把所有县厘定为一、二、三等级，广东重新划定各县等级，共分五等，宝安县为三等县。1941 年调整行政区划，把宝安县的西、北、东三个地段划为 3 个区，即南头以西为一区，沙头角以东为三区，深圳为中区，乡镇数不变。1941 年底，国民党宝安县县署迁往平湖。

南头第三次沦陷后，日军设立行政专员公署，代替县政府。伪宝安县行政专员公署实系空衔机关，仅设行政专员一人，下辖伪宝安县治安维持会。其组织设正副会长各一人，秘书若干人，下分总务、宣传、财政、警务四股，每股设股长一人，股员若干人，会址设于城内当铺巷电灯局侧旧三方警卫队部。①日军占据南头后，即命汉奸利玉池为宝安县伪行政专员兼伪宝安县维持会会长，招天宝为深圳伪维持会会长，利玉犀为南头伪维持会会长，利替为南头伪警卫大

①　国民党中央执行委员会粤闽区宣传专员办事处编印:《增宝沦陷区报告》，1940 年，第 18 页。

队长，吴国有为南头九街镇伪镇长，黄作谦为南头西乡伪巡
官，陈润川为南头伪警长。伪组织所属各乡成立乡村维持
会，设乡长一名。伪维持会所辖地区，由南头城至沙鱼涌之
梧桐山脚止，内分三区：一区为南头城，二区为沙尾乡（即
乌石岩），三区为深圳至沙头角。计有蔡屋围、草布围、深
圳墟、布心乡、向东乡、向西乡、黄贝岭、湖背围、罗湖
村，以及铁路线由布吉站至深圳罗湖铁桥中英交界点止。到
1941年，宝安县面积有1298.25平方千米，设3区38乡2
镇，卫分驻所6个，警所1个，国民兵团自卫队1个大队、
4个中队。①

表4-2　1941年宝安县新编各区所辖乡镇一览表②

区别	所辖各乡镇名称	所辖乡镇数（个）	备注
第一区	十约镇、九街镇、南园乡、南厦乡、沙河乡、西乡、八合乡、上川乡、固成乡、黄田乡、新桥乡、沙井乡、雍睦乡、塘涌荫乡、德星桥乡、凤石乡、第一乡、第二乡、第三乡、第四乡、第五乡、第六乡	22	十约、九街、南园、南厦、沙河、西乡、八合、上川、固成、黄田等十乡镇均沦陷

① 《广东省宝安县概况（1941年）》，深圳市史志办公室编：《民国时期深圳历史资料选编》，深圳：深圳报业集团出版社，2014年，第182—183页。
② 《宝安县政府呈报调整各区区域提前办理新县制应办各事项遵办情形》，深圳市史志办公室编：《民国时期深圳历史资料选编》，深圳：深圳报业集团出版社，2014年，第185页。

区别	所辖各乡镇名称	所辖乡镇数（个）	备注
第二区	保和乡、布吉乡、雍和乡、靖安乡、五合乡、福民乡、亲睦乡、深圳镇、平湖乡、杆栏乡、龙华乡、乌石岩乡	12	保和、布吉、雍和、靖安、五合、福民、亲睦、深圳等八乡镇均沦陷
第三区	王母乡、鹏一乡、南平乡、葵华乡、沙溪乡、东和乡	6	东和乡半已沦陷

三、日军在宝安县的暴行

日军占领宝安县后，实行"三光"政策，对宝安县的百姓进行惨无人道的屠杀，机枪扫射、砍头、剖腹、火烧、水溺、活埋等手段都用在了平民身上，妇女受害最为惨烈，许多女性同胞更是受到日军的强奸、轮奸。宝安县的百姓哪怕逃过日军的屠杀，也逃不过日军的奴役，日军强迫宝安百姓为其搬运物资、修桥、筑路、修机场、建碉堡、挖战壕等。日军稍不如意，便对民工进行殴打。在高强度的劳作以及残酷的折磨下，许多百姓相继累死、病死甚至是被打死。日军的暴行成为一段不堪回首的历史。

在登陆大亚湾之前，日军就已经对宝安县有所行动。1937年9月，日军3艘军舰逼近宝安海面，企图登陆，并炮击宝安守军，后无果而撤走。根据宝安县县长梁宝仁发给省政府的电文，在1938年2月到5月间，日军多次派飞机、军舰袭扰宝安，向西乡、平湖、洪桥头等地投掷炮弹，使得多名平民殒命。3月30日上午10点20分许，日军一架飞机向马鞍洲投掷炮弹 4 枚，海边的军舰同时炮击，西乡第三约钟灵坊被一枚炮弹击中，一名妇女被炸身亡；5 月 9 日下午 7 点 20 分，日军军舰再次炮轰西乡，击坏铺户 4 间，1 名妇女身亡，4 名平民受伤；12 日下午 3 点 45 分，日军一架飞机轰炸平湖火车站，投掷炮弹 4 枚，炸毁车站工人宿舍 2 间，死伤工人、眷属各 4 人。①宝安地区沦陷之后，日军继续对宝安县进行轰炸。1939 年春节，日军飞机轰炸深圳河上罗湖桥和深圳墟上大街、鸭仔街，炸死百余人。布吉、龙华等地均遭受过日军的轰炸。根据《日军侵略广东档案史料选编》统计，1939 年，宝安县死于空袭的有 100 人，伤 150 人；1940 年死 7 人，伤 9 人；1941 年死 5 人，伤 10 人。②

1938 年 11 月，日军第一次占领南头后，日军强占南头中学、育婴堂以及周边一甲、关口、常兴围、涌下等处公房、民房，并对百姓实施暴行。在义学街门口一次杀了 10 多人，又在一甲村的大榕树下一次杀了数十人。距离南头城 1.5 千米有个叫乱坟冈的地方，即现在的荔香公园，日军占领南头期间，在此杀害的百姓至少有 500 多人。③在新围小学（今西丽小学）的操场上，日军一次性杀害被怀疑为游击队员的过路百姓与当地百姓 300 人，当时整个操场血迹斑

---

① 《关于日军袭扰宝安县的电文（六则）》，深圳市史志办公室编：《民国时期深圳历史资料选编》，深圳：深圳报业集团出版社，2014 年，第 165—166 页。

② 张中华：《日军侵略广东档案史料选编》，北京：中国档案出版社，2005 年，第 70、72、74、77、79 页。

③ 深圳市史志办公室编：《广东省深圳市抗战时期人口伤亡和财产损失》，北京：中共党史出版社，2010 年，第 10—11 页。

斑，尸首成堆。[①] 在后海机场旁边有个"麻癞村"，日军认为
此村有人害过麻风病，在 1941 年 11 月将全村 30 余间瓦房
全部烧毁，部分没有逃出村子的村民也被烧死。"麻癞村"
就是现在的粤海门村。

1941 年 2 月 19 日，日军在平湖惨杀民众 29 人，伤 28
人，焚屋 15 所。[②] 1942 年 8 月，日军在沙井制造了大王庙
惨案。当时沙井民团南团驻扎在大王庙，日军包围大王庙
后，采取欺骗的手段抓捕了 18 名民团队员。日本人用一条
铁线逐一穿过他们的锁骨，之后用机枪扫射，18 人当场死
亡。1944 年，驻守在沙井的伪军林建生团下属一个排 32 人
计划投诚东江纵队，行至西乡流塘附近被日军发现，林建生
下令将这 32 人全部枪杀。占领深圳地区的日军还到处强奸
妇女。据统计，日军侵占龙岗区期间，强奸妇女 552 人。此
外，还在福田区上沙老村设慰安站，强召外地女性为日军提
供性服务。[③]

除了对百姓人身进行惨无人道的屠杀、虐待之外，日军
还对居民财产进行烧抢。据 1938 年 12 月 3 日香港《工商日
报》报道，1938 年 11 月，日军撤离深圳时，将墟内商户铁
闸、铁门及其他五金类搜掠一空，用车辆数十辆将抢到的财

---

① 深圳市史志办公室编：《广东省深圳市抗战时期人口伤亡和财产损失》，北京：
　中共党史出版社，2010 年，第 11 页。

② 深圳市史志办公室编：《广东省深圳市抗战时期人口伤亡和财产损失》，北京：
　中共党史出版社，2010 年，第 60 页。

③ 深圳市史志办公室编：《广东省深圳市抗战时期人口伤亡和财产损失》，北京：
　中共党史出版社，2010 年，第 13 页。

物运往南头的军舰，转运回日本；12月1日，南头日军撤退时，纵火焚烧，而汉奸、地痞乘机抢劫。深圳墟经过日军的蹂躏后，满目疮痍。①1938年日军攻占南头城后，为了修筑工事，强拆房屋1000多间。1940年6、7月间，日军拆毁南头城及附近村子的民房约4000间。为了修建沙河桥，日军拆毁南头城内大多公共建筑，包括新安县衙以及西门内外的城隍庙、天妃庙、三官堂，将椽檩木材与墙砖、柱础悉数运往西丽修建沙河桥。直到日军投降前，南头城基本已成废墟。除了深圳墟和南头城，沙井的云霖墟、松岗的庙前街都被日军烧毁，百姓流离失所；赤尾村共有575间房屋被毁，皇岗村村民房屋被拆，环庆村房屋有260多间被破坏，恩上村全村的房屋全部烧毁。②许多房子的材料都被日军拆去建桥或做燃料使用。日军所到之处，家畜也遭掠夺。

除了民房，宝安县的许多历史古迹也遭到日军的破坏，共有164间古庙、祠堂和20间教堂被毁，14尊神像被烧毁。③皇岗村思田公祠、灵王古庙、吉龙神棚、吉龙静远堂被日军拆毁，水围村庄氏宗祠一座丁坛被拆毁抢走；沙头村车公庙、沙尾村温氏宗祠、洪圣庙、巡丁馆、莫氏祠堂、莫氏书坊被拆；沙嘴村欧氏宗祠、灯楼被拆；下梅林村三圣宫

---

① 《日军搜掠深圳圩》，深圳市史志办公室编：《民国时期深圳历史资料选编》，深圳：深圳报业集团出版社，2014年，第172页。

② 深圳市史志办公室编：《广东省深圳市抗战时期人口伤亡和财产损失》，北京：中共党史出版社，2010年，第14—15页。

③ 深圳市史志办公室编：《广东省深圳市抗战时期人口伤亡和财产损失》，北京：中共党史出版社，2010年，第22页。

图 4-2 聚集在深圳一带无家可归的难民

被破坏；赤尾村祠堂、寺庙被毁。许多古城堡、古民居、古桥梁和华侨建造的碉楼等建筑物被日本飞机炸毁。1943 年，日本兵曾经冲进鹤湖新居进行抢掠，罗氏家族的一些族人躲到了望楼，日军发现后便放火烧了望楼；在日军扫荡横岗茂盛世居时，何氏族人紧闭大门，而围屋的围墙十分坚固，日军久攻不下，在炮火中，茂盛世居内的 2 栋西班牙建筑轰然倒塌，下天街的部分房屋也被烧毁。据统计，日伪占领期间，深圳地区（包括当时不属于宝安县的龙岗、坪山、坑梓）财产损失（按 1937 年币值）共计约 265 万元，其中社会财产损失约 28 万元，居民财产损失约 237 万元。[1] 根据

---

[1] 深圳市史志办公室编：《广东省深圳市抗战时期人口伤亡和财产损失》，北京：中共党史出版社，2010 年，第 20 页。

社会调查统计汇总，日伪侵占期间，深圳地区人口伤亡共计25209人，分直接伤亡和间接伤亡两个部分。直接伤亡人口11810人，其中死5766人，伤5965人，失踪79人；间接伤亡人口13399人，其中被俘捕373人，灾民8368人，劳工4658人。[①]

第二节　深圳地区的抗日斗争

全民族抗战时期，国民党主要兵力被牵制在粤北正面战场，在抗日民族统一战线的指导下，叶挺到深圳成立东路守备军指挥部，召集国民党失散武装积极开展对日作战。国民党筹建的民众抗日自卫团配合主力部队，对日军实施突袭战。在中共中央南方局和广东省党组织的直接领导下，曾生、王作尧领导的东江抗日武装积极开展游击战争，创建阳台山抗日根据地，建立抗日民主政权。东江地区的华侨华商成立回乡服务团，全力支援国内抗日战争。

一、东江华侨回乡服务团的抗战支援

1938年10月12日，日军登陆大亚湾，直扑东江大地。家乡沦陷的消息传到南洋，立即激起广大华侨保家卫国的激

---

① 深圳市史志办公室编：《广东省深圳市抗战时期人口伤亡和财产损失》，北京：中共党史出版社，2010年，第17页。

情。英荷属 17 万惠州侨胞闻讯后，更是义愤填膺，心急如焚。10 月 30 日，南洋东江籍华侨代表在马来西亚吉隆坡的惠州会馆召开了各埠惠州华侨代表大会，正式成立"南洋英荷两属惠州同侨救乡委员会"（简称"南洋惠侨救乡会"）。经大会推举，吉隆坡惠州会馆总理黄伯才为主席，新加坡惠州会馆主席戴子良、槟城惠州会馆主席孙荣光为副主席，官文森、黄适安、何友逖等 8 名侨领为委员。12 月 1 日，黄适安率领南洋惠侨救乡会代表团抵达香港，与当地人士共商救乡计划，在八路军驻香港办事处主任廖承志、党支部书记连贯，以及恰逢在港的新四军军长叶挺等人的支持下，南洋以及更多来自五湖四海的爱国侨胞和香港当地爱国人士联合在一起。12 月中旬，在中共东南特委的主持下，南洋惠侨救乡会、香港惠阳青年会、海陆丰同乡会、余闲乐社等爱国团体，纷纷派代表出席在香港举行的会议，积极商讨抗战对策。会议决定在南洋惠侨救乡会的领导下，组建更大规模的"东江华侨回乡服务团"（简称"东团"），动员华侨青年回东江惠州十属地区开展保家卫国行动。

　　1939 年 1 月 2 日，东团在惠阳淡水正式成立，以动员东江群众协助军队及人民武装抗战，拯救伤兵难民及辅导民众组织各种救亡团体为工作宗旨。东团以原惠阳青年回乡救亡工作团为基础成立东团第一团，海陆丰同乡会回乡救亡团为第二团。主席黄伯才和广肇会馆主席张郁才两先生共同发起组织原吉隆坡的"马华蜜蜂歌剧团"回国，并负担 10 名队员回国的一切费用。该队命名为"两才队"，在队长黄志强的率领下，于 1939 年 3 月 27 日乘船离开新加坡回国；随后官文森先生又独资组织 1 支 7 人女子救护队回国，命名为"文森队"，在队长王春红率领下于当年 5 月回到惠州；南洋惠侨救乡会还采用公开报名形式，挑选组织吉隆坡华侨青年 73 人回国，命名为"吉隆坡队"，在队长黄义芳率领下，于当年 6 月 2 日回到惠阳坪山。此外还有"加影队""双葰队""暹罗队"以及"安南队"等先后回到祖国。从香港动员回来到东团的青年更多，仅由香港惠阳青年会动员回来的就有七八批之多。他们分别组成了东团第三团赴博罗县工作，第四团到紫金县，第五团到河源县，第六团到龙川县，第七团到和平县。在沦陷区和前线则成立东（莞）宝（安）队、增（城）龙（门）队。还有 1 个东江流动歌剧团。这样，东团在不到半年的时间内就组成了 1 支 500 多人的队伍，带着广大华侨的爱国热情，活跃在东江 13 个县广大地区，开展宣传动员、战地服务、赈济难民与保卫家乡工作。

1939 年 2 月 25 日，南洋惠侨救乡会在马来西亚吉隆坡举行第二次代表大会。惠宝人民抗日游击总队副队长兼参谋长郑晋应邀出席大会。为进一步支援祖国抗战，大会决定发动第二期募捐，把募捐所得款项的 40% 献给新四军，40% 献给惠宝人民抗日游击总队，20% 作惠州难民救济费。会后，在南洋各地掀起了抗日救亡的捐献热潮。一般工人、职员节衣缩食，捐出每月收入的 5%—10%；有的妇女把自己的积蓄、首饰，甚至订婚戒指捐献出来。①1940 年以前，曾生、王作尧率领的两支抗日队伍虽然冠以国民党部队番号，但并未入编，部队的被服、军鞋和药品，大部分是华侨和港澳同胞捐献的。抗日捐款名目繁多，有月捐、难童捐、救灾捐、购机捐、寒衣捐、劳军捐、特别捐和献金、义卖义演等。1939 年初，海外华侨通过宋庆龄转交给曾生部队的捐款单笔就达 20 万港币，他们此后还多次捐赠被服、军服、药物等物资。仅有 300 人的纽约惠属华侨，当年下半年为支持曾生部队和东团，分别汇款法币 5000 余元、港币 6800 元。南洋惠侨救乡总会在数年内筹集支援祖国抗战的捐款共达 1000 万元。

　　随着南洋各地抗日救亡运动的深入开展，华侨和港澳同胞的爱国热情不断高涨，他们纷纷要求回国、回乡参加抗日救国斗争，形成了父母送儿女、妻子送丈夫，甚至全家一起回乡参加抗战的热潮。东团到达东江前线后，一部分人参加东江人民抗日游击队，一部分人到东江各县搞民运工作。参加东江人民抗日游击队的归国华侨和港澳同胞在千人以上。1938 年 3 月，香港海陆丰同乡会，组织"海陆丰旅港回乡服务团"共 20 多人经过大鹏，回到海陆丰参加抗日活动。香港女教师李淑恒带领 7 个儿女，全家毅然回东江参加惠宝人民抗日游击总队。1939 年 6 月，73 名东江华侨回乡服务

---

① 中国人民解放军历史资料丛书编审委员会编：《华南抗日游击队》，北京：军事科学出版社，2008 年，第 1207 页。

团吉隆坡队的队员带回大批救济品和药品及慰劳品在沙鱼涌上岸，赴东江参加抗战。香港市工委和香港海员工委以香港"惠青回乡救亡工作团"的名义，先后组织100多名共产党员和爱国青年分三批回到惠阳、宝安边区的大鹏沿海地区，参加抗日救亡的组织和动员活动。

图 4-3　惠宝人民抗日游击总队在坪山列队欢迎南洋惠州同侨救乡会东江慰问团

1939年冬至1940年春，国民党顽固派在全国掀起第一次反共高潮。1940年1月，国民党东江当局捏造事实，以"勾结土匪，阴谋暴动"为由，逮捕了东团博罗队队长李翼（杨德元）等23人，制造了骇人听闻的"博罗队事件"。1940年4月，国民党广东当局宣布东团"良莠不齐，限即停止活动"，下令解散东团。东团被迫解散后，大部分成员参加了广东人民抗日游击队，深入敌后与敌、伪、顽斗争，他们中的大部分参加了中国共产党。东团从成立到最后汇入抗日武装，时间不长，却为东江抗战作出了重大的贡献。曾生同志在1988年12月13日举行的东团成立五十周年纪念大会上说："在抗战烽火中成立的东江华侨回乡服务团，是广东乃至华南地区规模和影响最大的一个华侨回乡服务团，在全国来说影响也是比较大的。它对于祖国的抗战，尤其是对于东江人民的抗日武装斗争，起了积极的作用，作出了不可磨灭的贡献。"[①]

二、叶挺指挥东路守备军开展对日作战

1937 年 12 月下旬，叶挺在汉口主持成立新四军军部后，曾于 1938 年 1 月中旬返回广东筹措军费和抗日物资。叶挺返抵广东后，坚决贯彻执行中共中央抗日民族统一战线工作的方针和政策，积极向国民党广东军事当局进行统战工作，促进团结合作抗日，揭露汉奸、亲日派和国民党顽固派压制抗日救亡运动，破坏国共合作，"宁亡于日，不亡于赤"的反动论调。他通过报界发表谈话，参加群众集会，接受群众访问，大力宣传中国共产党的抗日救国主张。他严正指出："对待日本侵略者挑起的侵略战争，必须实行坚决抗战。只有坚持抗战，国家民族方有前途；如果一味求和，屈膝退让，只会使人民沦为亡国奴。我是一个军人，在目前，只想怎样战胜日本帝国主义侵略者！"他呼吁："中国军民要团结起来，对日本侵略者采取全线攻势，要大力运用运动战和游击战；要充分发动民力，配合主力，坚持抗战下去，就一定

[①] 中国人民解放军历史资料丛书编审委员会编：《华南抗日游击队》北京：军事科学出版社，2008 年，第 1208 页。

可以打败日本侵略者。"①由于叶挺将军在广东人民心目中一向享有威望，因此他在广东积极宣传动员抗日，获得了人们的热烈响应，对于帮助人们认清当时抗战形势和抗日前途，鼓起抗战的信心与决心，起到了很好的作用。

1938年10月，广州沦陷，国民党第四战区副司令长官兼第十二集团军总司令余汉谋及广东省党政军事机关从广州撤往粤北。10月间，叶挺重返广东后，即与八路军香港办事处主任廖承志等会面，向他们表达了自己回广东家乡开展抗日游击战争的意愿，并表示准备从新四军抽调60名干部来东江开展抗日游击战争。中共广东省委书记张文彬、中共粤东南特委书记梁广等对此表示热烈欢迎。叶挺在廖承志等配合下，亲自到粤北向余汉谋做统战工作。而当时余汉谋正因为日军南侵广州战役时，"指挥失当，失守广州"，受蒋介石"革职留任"的处分。余希望借助叶挺的威望和力量使自己摆脱困境，当即任命叶挺为东路守备军总指挥部副总指挥，统管东江一带的抗日武装力量。

11月底，叶挺接受任命后，立即全力以赴投入组建总指挥部和整编抗日部队的工作。为支持和帮助叶挺，中共粤东南特委在香港动员组织60余人、40余支枪组成东路守备军总指挥部特务营②；再从香港调集30余名工人作为总指挥部

---

① 《救亡日报》，1938年1月26日。

② 《吴有恒关于粤东南特委工作给中共中央的报告》（1941年1月13日），中国人民解放军历史资料丛书编审委员会编：《华南抗日游击队》，北京：军事科学出版社，2008年，第402页。

的警卫排。12月8日，叶挺率领这几十人进驻深圳镇，在南庆街20号鸿安酒店设立东路守备军总指挥部（又称"东江抗日游击队指挥部"），随后又建立司令部和政治部。

为加强和充实叶挺所领导的抗日武装力量，中共粤东南特委又决定把曾生领导的惠宝人民抗日游击总队和王作尧领导的东宝惠边人民抗日游击大队调来，作为东路守备军总指挥部的警卫营；把香港惠阳青年会回乡工作团数十人调来，作为东路守备军总指挥部政治部的政工队。同时，抽调王鲁明、何鼎华、祁烽等一些党员干部到总指挥部政治部工作。据王作尧回忆："叶挺将军回到广东来了，担任'东路守备区游击指挥部'司令，在深圳设立指挥部。目前特委已经派了一些干部去办公，组织了武装队伍担任警卫。这个指挥部不但统一领导曾生同志和我们这边两支队伍，还将把东江一带各方面的武装统统管起来，用于抗日战争。"①

叶挺向溃散在东江地区的国民党散兵及地方团队发出命令，要他们前来联系，接受整编和指挥。1938年12月上旬，叶挺到驻宝安县龙华乌石岩的广东民众抗日自卫团第四区统率委员会莞增特务大队大队长袁华照（袁虾九）部视察，动员他们迅速归队参加抗日。不久，这一部分人在中共东莞中心县委领导人姚永光率领下，返回深圳整编，参加了担任警卫东路守备军总指挥部的任务，利用叶挺的副总指挥的关系，动员东莞的队员回宝安，成立东莞游击队第一大队、第

① 王作尧：《东纵一叶》，广州：广东人民出版社，1983年，第75—76页。

二大队两队。① 当他得悉国民党军队第一五一师四五三旅有1000 多人溃散于新界沙头角一带时，立即指示曾生尽快找到他们，带回东江敌后参加抗日游击战争②。当时，在东江一带还流散着不少国民党军队和地方团队，叶挺亲自带领指挥部人员前往宝安龙华、观澜等地，会见当地国民党武装团队的负责人，劝谕他们接受收编，参加抗日。曾生遵照叶挺将军和廖承志同志的指示，带领四五十名香港惠阳青年会回乡救亡工作团团员回到沙头角地方，与周伯明带领的队伍汇合，并收集了一批国民党军队撤退时遗弃下来的武器，武装了队伍，回到惠阳县叶挺家乡周田村一带，不久正式成立了惠宝人民抗日游击总队。

在余汉谋的大力支持和中共粤东南特委的积极配合下，叶挺很快就完成了东路守备军总指挥部的组建工作。辖区内所有的地方游击团队，统归东路守备军总指挥部编遣调用。当时，余汉谋正在组织东、西、北三路大军向广州外围挺进，伺机反攻广州。因此，他抽调第十二集团军六十三军一五三师（军长兼师长张瑞贵）、六十五军一五七师（师长黄涛）、八十三军一五一师四五三旅（旅长温淑海，暂归一五三师建制），作为东路军主力部队，由东路守备军总指挥部统一调遣。东路守备军总指挥部根据第四战区司令部的

---

① 《中共粤东南特委工作报告》（1939 年 1 月 29 日），中国人民解放军历史资料丛书编审委员会编：《华南抗日游击队》，北京：军事科学出版社，2008 年，第 213 页。

② 曾生：《曾生回忆录》，北京：解放军出版社，1992 年，第 106 页。

命令，迅速指挥所属各部攻击日军重要据点。

东路守备军首要攻击目标是广州外围的增城、东莞。1938年12月18日，国民党第六十五军一五七师奉命由兴宁取道河源、博罗进攻增城，先在九仔潭、长宁墟、罗浮山山脚一带与增城日军激战，日军不支退回增城，一五七师乘胜包围增城。19日，叶挺率部到达距离石龙20余里的东莞菉兰（今属博罗县），指挥东路守备军各部攻击石龙日军据点。他命令东路守备军特务营营长袁华照，联同东莞各游击自卫团队，负责收复石龙、石滩。30日晚9时，东路军主力部队分三路向石龙总攻，一路由张瑞贵率领，从横沥经茶山疾进；一路由谭邃指挥，沿东江两岸直迫石龙；一路由温淑海部从石龙东北侧击。敌我双方在距石龙15里之处展开激战，东路军夺取敌据点多处。1939年1月1日，东路守备军特务营袁华照部在宝安县政府政警队的配合下，袭击虎门太平日军。1月5日，袁华照部和东莞县抗日自卫团何煜坤、刘发如等部共七八千人，联同国民党军一五三师某部炮兵围攻东莞县城；刘发如部在莞城北郊与日军守兵发生遭遇战，日军伤亡过百，刘发如部阵亡数十人。6日，东路军主力部队攻下增城，即向石滩、新塘、雅瑶推进，从东北两面包围石滩、石龙；东莞游击团队向石龙发起进攻，先头部队与潜伏在石龙镇内的游击队取得联系，再度拼死攻入石龙，毙敌百余，后因日军前来增援，遂退出石龙，炸断莞龙公路桥。据当时报纸记载："广（州）九（龙）路樟木头至深圳一段，在华军扼守中，张瑞贵、谭邃、叶挺三部正分三路围攻石龙。谭师推进横沥桥头，宝安旅长吴道南、东路特务营袁虾九由龙岗、大沙墟攻克东莞茶山。另一路为叶挺所部由博罗罗浮山抄攻石龙。十二月二十八日深夜，便衣队攻进石龙，将日军后方节节遮断。增城、从化之间，三十一日起发生激战。日军野村、福田、高桥等部队，在太平场、榕树涌损失奇重。""传华军六日克复增城。日军退守新塘、大帽山、石滩，现正相持中。石龙前线战况亦烈，六日在石龙市内发生巷战，莞龙公路桥炸断。东江战事，华军在顺利进展中。"①中共粤东南特委在向省委和中共中央的报告中称："逃到香港去的长官都回来了，叶挺任职了，地方上太平了。"②对叶挺在广东的抗日活动给予高度评价。

叶挺在广东领导开展抗日游击战争的消息，很快就传到了蒋介石那里。蒋介石对余汉谋贸然答允叶挺回广东抗日并委以要职之举十分不满，责令立即撤销对叶挺的委任。在此情况下，1939 年 1 月，中共中央书记处在给项英、周恩来、叶剑英和廖承志等的致电中提出，"蒋在西安向我们同志表示，叶挺已离开新四军，因此新四军问题须重新解决，有另派他人去新四军任军长之意"③。为了抗日战争统一战线大局，

---

① 《申报》，1939 年 1 月 18 日。

② 《中共粤东南特委工作报告》（1939 年 1 月 29 日），中国人民解放军历史资料丛书编审委员会编：《华南抗日游击队》，北京：军事科学出版社，2008 年，第 214 页。

③ 《中共中央书记处关于反对蒋介石重新解决新四军问题致项英等电》，中国人民解放军历史资料丛书编审委员会编：《新四军·文献（1）》，北京：解放军出版社，1994 年，第 108 页。

周恩来约叶挺到重庆谈话，请他向蒋表示愿回新四军工作之意。2月中旬，叶挺离开重庆，返回皖南新四军军部（周恩来与他同行），继续领导新四军的抗日大业。

三、国民党筹建民众抗日自卫团

全民族抗战以来，能否有效地实行全国总动员，乃至充分地武装民众，成为中国抗战胜负的关键因素之一。1937年7月17日，蒋介石在庐山发表讲话，号召全国人民"如果战端一开，那就是地无分南北，年无分老幼，无论何人，皆有守土抗战之责任，皆应抱定牺牲一切之决心"[①]。不久，蒋又强调了发动民众抗战的重要性，"对于人民要普遍宣传训练，严密组织起来"，"充分利用民力与地物，发扬自动作战精神"，以此作为战胜日本"最根本最重要的一个秘诀"。南京沦陷后，蒋介石发布《告全国国民书》说："中国持久抗战，其最后决胜不但不在南京，抑且不在各大都市，而实寄于全国之乡村与广大强固之民心，我全国同胞，……人人敌忾，步步设防，则四千万方里以内，到处皆可做成有形无形之坚强壁垒，以制敌人之死命。"[②]1938年4月，中国国民党临时全国代表大会发布《抗战建国纲领》，在军事方面提出"训练全国壮丁，充实民众武力，补充抗战部队，对于

---

① 中共中央党史资料征集委员会编：《第二次国共合作的形成》，北京：中共党史资料出版社，1989年，第326页。

② 何伟初、杨宗志、刘剑冰编：《抗战手册》第一辑，自卫社印行，1938年，第1页。

华侨回国效力疆场者，则按照其技能施以特殊训练，使之保卫祖国。指导及援助各地武装人民，在各战区司令长官指挥之下，与正式军队配合作战，以充分发挥乡土捍御外侮之效能，并在敌人后方发动大规模游击战，以破坏及牵制敌人之兵力"。①

为响应蒋介石政府号召，余汉谋发布《敬告广东全省民众书》，号召"广东民众也应该自动武装起来，站在千万同胞的神圣岗位上，保卫自己的家乡，协助驻防的军队"②。1937年8月，国民党广东省政府发布《广东省民众抗日自卫宣传纲要》，提出要开放民众武装运动，允许人民拥有枪支以实行自卫，自卫团的任务之一，就是要"不断进行抗日斗争工作：在被占地区，不断地往来游击，扰乱敌人后方，牵制破坏敌人的进攻力量，摧毁伪政权，捕杀汉奸间谍。在前线破坏敌人的交通运输，抢毁敌人的军事器械，侦察敌人的消息。在后方，宣传民众，暴露敌人残暴行为及欺骗阴谋的事实，宣传我抗战意义，使民众参加抗战"。③据估计，当时广东全省的民枪，良好的有四五十万之多。为实现"全民抗战的武装总动员"，广东当局规定，省内男子凡18—45岁有自卫枪支者均应编入广东民众抗日自卫团，并于1938年

① 何伟初、杨宗志、刘剑冰编：《抗战手册》第一辑，自卫社印行，1938年，第4—5页。
② 广东省立中山图书馆编：《华南抗战时期史料汇编》第二辑，第105册，广州：广东教育出版社，2023年，第3页。
③ 广东省立中山图书馆编：《华南抗战时期史料汇编》第二辑，第108册，广州：广东教育出版社，2023年，第10页。

1 月 17 日在广州成立自卫团最高统率机关"广东民众抗日自卫团统率委员会"，隶属于广东绥靖公署。"广东省统率委员会"以余汉谋为主任，吴铁城、香翰屏、蔡廷锴、蒋光鼐任副主任，驻粤各军师长和一些社会名流任委员。全省划分为 12 个区。"广东省统率委员会"成立后，即派员至各区县指导自卫团组建，并根据广东特有的地理环境、自卫团编制、装备、民众素质等因素，制订了一套较为完备的军事训练计划。训练内容包括游击战术、步兵操典、射击教范、野外勤务等。在集训及召集作战期间由政府予以给养，平时以无给养为原则。在"军民合作"体制下，自卫团军训教官全部由军校或军队调派军官充任。为提高教官军事素养，广东当局还成立干部研究班以"培养教练人才"。而对各级队长，则在广东各地设 8 个自卫团干部教导队施以干部教育，军事政治并重。除常规训练外，广东当局认为自卫团以往"仅限于步枪教授，对于新式军械尚感缺如"，决定对"受训之自卫团队一律施以机关枪、大炮等装备训练"。[①]在战术方面，则"尤侧重于山地战及游击战，以适合粤省地理上之需要"。[②] 1938 年 4 月中旬，全省 90 多个县市已成立自卫团统率委员会，编组团员近 70 万人，自卫团组建成效显著，再次引起蒋介石关注。至 5 月下旬，全省已编成常备队、后备队 80 余万人，拥有枪械 70 余万杆。

---

① 《自卫团实施机械训练》，香港《工商日报》，1938 年 8 月 6 日。
② 《二期自卫团集训达三十万人》，香港《工商日报》，1938 年 8 月 22 日。

随着抗日战争转入相持阶段，大规模战事渐趋停息，敌后游击战遂转为自卫团的主要作战方式。1939年1月，广东当局再次强调自卫团要重视运用游击战术，"各团队充量发展广泛游击战略，勿固守一城一地之阵地战"等①，并下令各地驻军应就近协助自卫团军事训练，以进一步提高实战水平及"军民合作抗战"。整体而言，广东当局对自卫团军事训练周密、分工细致、要求较为严格，也为其后的对日作战奠定了一定基础。

1938年3月，广东民众自卫团第四区统率委员会成立，张我东任主任干事，协助主任蒋光鼐、副主任徐景唐和王若周，统率东莞、增城、宝安三县的抗日自卫团，在这三县收集民枪及发动常备壮丁编为普训集训队。中共东莞中心县委员会（领导东莞、宝安、惠阳三县的工作）支部委员张广业带领"民众抗日自卫团统率委员会"的一个政治工作队，到观澜章阁村，在章阁、白花洞、库坑一带发动群众开展抗日救亡宣传。同时，黄木芬争取到观澜乡抗敌后援会副主席、开明绅士吴盛唐和曾鸿文，龙华弓村周吉、周振熙，赤岭头村何伯琴、何赋儒等人的支持，在观澜、龙华地区征集民间枪支，组织抗日自卫队等形式的民众抗日武装。

省统率委员会在针对民众游击战训练时指出，游击战中最重要的就是埋伏、突袭。因广东许多地区河流纵横交错，当局强调自卫团应因地制宜，"埋伏河道两旁适宜地点以机

---

① 《强化粤省游击团队力量》，《香港华字日报》，1939年1月7日。

枪扫射"。1938 年 11 月 12 日上午 9 时，日军以汽艇 13 艘，自虎头门驶入，在向龙旗、沙头下二处登陆，由沙头下登陆之敌，300 余人，直向大鹏城进犯。由向龙旗登陆之敌，200 余人，经水贝村向王母塘推进，企图包围大鹏城。驻守该处的抗日民众自卫团集结大队长李瑞柏即分令所属第□中队据守大鹏城痛击。由沙头下登陆之敌，归由第□中队堵截，由向龙旗登陆之敌，第□中队即由南平乡迂回敌后，至 12 时许，据大鹏城之第□中队阵地，受敌舰炮火威胁，不得不转移黄歧塘附近阵地，与第□中队联络。第□中队迂回水贝凹附近与敌发生激战，当时附近各乡普训团队，纷纷击鼓出动，向敌四面包围，下午 4 时许，敌不支，败退回舰。我团队□尾追击，并将敌在大鹏城所纵之火扑灭。是役击毙敌官兵数十人，自卫队阵亡团队 8 名，伤 10 名。1938 年 11 月 25 日晨，日军步兵 400 余名，骑兵数十，由锦下经茅州河沙井进犯福永。我驻当地之自卫团集训第□大队文镇之一部，会同普训团队即起迎战，互战时余。敌另一路，步兵三百余，骑兵数十，则由东莞之霄边，经黄松岗万家朗，拟向我团队包抄。我团队为避免受敌夹击，即由凤石乡退守凤凰岩，占领阵地，对峙半日，敌不得逞。下午 2 时，敌用小钢炮 6 门，并沙井海岸浅水舰，向凤凰岩猛击，仍不得逞。下午 6 时，我大队长文镇乃新率团员袭击凤石乡之敌，击毙步兵数十，骑兵十余，并俘获敌马两匹，日军败退，我军上尉训练员关仲强及团员 40 余名牺牲。

自卫团的作战范围以县境为限，致使邻近各县自卫团无法集中抗击日军，但如各县境内的自卫团在面临小股日军侵扰时，却可出击应对。广东当局曾针对自卫团平时分散各乡镇的情形，为其制定了特定战术。一个总的作战策略就是"联防战术"，规定各县内"集中训练团队应与县市自卫团集训团队确实联防"，"今后如果甲地发生战争，乙地自卫团须迅速开往协助，至于消息上之沟通，亦已缜密布置情报网"。1939年4月11日上午10时，敌军干部百余人，由赤湾登陆，分三面包围南头城，一部冲入县城，将县府及中学焚毁，第□大队第□中队于东门外红珠岭一带，与敌激战，击毙敌3名，伤10余名。我军阵亡士兵1名，伤7名。下午4时，我援兵投入作战，将敌击溃。陈支队长慎荣率所部士兵到达深圳平湖，集结指挥，续向莞城敞门附近推进。[①]通过联防战术使得分散的自卫团有效集结，便可"一方有难八方支援"，变劣势为优势，短期集中优势兵力合力抗击日军，极大提升了战斗力。面对装备精良、训练有素的日军，自卫团利用熟悉地形和乡土的优势，灵活运用游击战中的伏击、突袭战术，对日军造成了不小麻烦，取得了一些战果。

四、沙头角国民党孤军抗战

1938年11月下旬，日军分数路向平湖、大梅沙、小梅沙等处进犯，打算完全控制广九路全线，遭到各驻处国民党

---

① 广东省立中山图书馆编：《华南抗战时期史料汇编》第二辑，第101册，广州：广东教育出版社，2023年，第56—58页。

军及自卫团等英勇抵抗。11月25日，日军派大队骑兵及战车队沿龙岗公路前进至横岗，驻守该处的国民党军第一五一师四五三旅特务连及第九连顽强抵抗，苦战2小时，终被日军包围，又遭敌机轰炸，两连战士仍不弃守，继续坚持数小时，最终突破重围，退至梧桐山北麓西坑。因与上级失联，一五一师四五三旅政治工作部第十一队队长关铁民、特务连连长黄金庭与第九连连长黄文棠商议后，决定将队伍转移至盐田仙人坳。恰逢虎门要塞守备营营长刘权率领溃败部队也在此停留，两支队伍遂集结在一起。当时，山下数百名日军以机枪及小钢炮密集射击，试图向山上进攻。刘权率部队下山奋勇猛冲，将顽敌击退。日军再次调集大队援兵由佛子坳蜂拥而来，对山头实施包抄。刘权指挥由其所辖的第一连、第二连及特务连猛烈抵抗，掩护队伍撤退至香港新界的莲麻坑，但第一连、第二连士兵壮烈牺牲十分之八，特务连士兵壮烈牺牲23名。

26日晨，又有国民党部队1个平射炮连和宝安县保安大队败退到莲麻坑，队伍战斗实力有所加强。港英政府闻讯，派员来到驻地，劝他们缴交枪械，解除武装，暂时退入香港英租界，避免无谓牺牲。各部队负责人均表示："弃械托庇租界偷生，决非军人之所为"，"革命军人决不弃械过界，以图偷生，敌如来犯，惟有出于一战，虽全部牺牲殉国，亦所不惜"。① 全

---

① 任宇寰：《沙头角孤军奋斗记》，香港：大时代图书供应社，1939年，第25—26页。

体官兵均以此举贻羞国体，有负国家养士之恩，婉拒港英政府，立誓血战到底。当时合在莲麻坑部队有一五一师四五三旅的特务连及第一连、第二连、虎门要塞守备营、平射炮连、宝安县保安大队等，共计786人，各部队均与其上级失去联系。

当时，虎门要塞卫士队陈友民部和战车炮连朱名洲率领的200多人避驻在沙头角，一五一师副官处中尉副官刘儒也在沙头角立指挥部，收容有各部散兵300多人。探闻这一消息后，刘权、关铁民等商议，决定于28日晨放弃莲麻坑，向沙头角转移，与上述驻军会合。几路队伍会合在一起后，定名为"虎门要塞游击总队"，公推刘权为总队长，关铁民为副总队长，黄金庭为第一大队长，黄文棠为第二大队长，陈友民为第三大队长，朱名洲为第四大队长，刘权兼第五大队长。刘儒则因奉令，率部开拔东行。当时，日军已攻陷深圳，并由打鼓岭向沙头角推进，企图消灭这支孤军队伍。孤军官兵利用山势优势，凭险与敌作殊死战，歼敌无数。日军屡攻失败，竟派飞机到沙头角实施大轰炸，但由于孤军凭借丛山掩护，躲避得法，并无多大损失。

28日晚，总队侦察获悉横岗方面的"小田"番号数百名日军奸淫劫掠，惨杀乡民，无恶不作，决定夜袭日军。刘权派第一、第二大队为前锋，第三、第四大队为预备队，限定在29日凌晨1时抵达指定地点，以散兵线阵形，由村边抄进，当场将敌哨兵击毙，随后向敌阵突击，猛烈开火。敌军在睡梦中惊醒，仓皇应战，狼狈不堪。此仗一直打到天将破晓，总队完成任务后，主动退返。此次夜袭，打死日军50

余名，而总队一无所伤。

29 日下午，总队侦察获悉盐田大小梅沙驻防的"小林"番号的 200 多名日军对当地乡民烧杀劫掠，决定于当晚即向敌人实施攻袭。当晚 12 点，总队长刘权率领第一、第三大队出击，副总队长关铁民率领第二、第四大队担任接应。30日凌晨 1 点 40 分，刘权率队抵达盐田，首先击毙日军哨兵，接着冲入敌军，大部队紧随其后。敌军在睡梦之中被重重包围，勉强应战，死守顽抗，一部分敌军狼狈弃械逃生。一直打到 30 日晨 6 时，总队完成任务，即撤返原阵地固守。总队有 12 名队员壮烈牺牲，日军死伤 30 多人。

总队自沙头角歼敌、反攻横岗、夜袭盐田等行动给予日军重创后，捷电纷传，港地侨胞各团体，如妇女慰劳会、惠阳青年会、娱闲乐社、九龙华人货仓赈灾会、岭岛中学少年团、红棉青年慰劳团、时代中学等，纷纷派员携带慰劳品及药物前往沙头角阵地慰劳。沙头角孤军奋战的事迹，吸引了《大公报》《士蔑西报》《循环报》和《华侨日报》等多家香港媒体密切关注，纷纷派记者深入前线采访报道。《士蔑西报》以"抗战到底""孤军奋斗"为标题进行连续报道。[①]国民党守军虎门要塞司令郭思演于 12 月 1 日派参谋邹世良、赵从新带亲笔信前来劝勉，指示"沙头角我部（连友军在内）可速编成一团，即以特务营长刘权升任上校团长，陈友民升任中校团副兼第一营营长，其余作战出力人员，由刘

① 香港《士蔑西报》，1938 年 11 月 27、28 日。

团长查明，分别保委为第三三营长连长排长"。同时指出，"沙头角、莲麻坑、梧桐山地区太少，易受敌人包围，至不得已时，可相机通过惠淡线向海丰方面游击转进"，"前方军事统归刘团长指挥，务抗战到底，成功成仁，在此一举，余当竭尽所能，统筹接济，使前方作战，顺利进展"。①

12月1日晨4时，总队组成1支敢死队，1支侦探队，总队长刘权率领第一、二大队为前锋，关铁民率领第三、四大队押后，由梧桐山岭上庵村出发，直下沙头角，沿大鹏湾海边东行，突破坪山墟和淡水日军阵地，行约四十里，即与日军遭遇，激战2小时，突破敌军防线，杀敌三四十人，安全抵达大梅沙休息，至下午5时30分抵达葵涌。次日晨，由葵涌出发向大岚岭前进，途中躲避过8架敌机低飞侦察和机关枪猛烈扫射，以900多名散兵线，以迅雷不及掩耳之战术，冲过敌人广大之防卫线，杀敌数十人，队员也伤亡30余人，至深夜抵达目的地，露宿在杨梅山。3日晨5时，再由杨梅山出发，抵达河滩子，是夜行进至龙井墟附近平淡公路时，与敌哨兵相遇，双方激战约30分钟，击毙日军3人，敌即退却。4日晨6时，部队起程至矮岗子，经由良井渡河，至三角湖过平潭公路，抵达白沙围。5日，又过平山乡，到达增光。6日晨抵达三多祝，经双金到达新庵，7日晨2时，至埔心墟休息，于11日深夜突围至陆丰。此次率队转移，

① 任宇寰：《沙头角孤军奋斗记》，香港：大时代图书供应社，1939年，第56页。

孤军突破敌人五重"封锁线"，歼敌100多人，夺获战利品无数。

随后，经郭思演请示上级批准，刘权将所收容的各部队官兵仍遣返其原建制单位。第一、第二大队开返惠阳温淑海四五三旅；第三大队开往连县由广东省保安处邬洪处长收编为保安旅第四团第三营，总队长刘权担任营长，驻防在潮汕一带。副总队长关铁民则回四路军总政治部任事。沙头角国民党孤军抗战时间不长，却极大地鼓舞了中国民众的抗战士气，在深港两地引起较大反响，称这支部队为"沙头角孤军"，将其与上海孤守四行仓库的"八百壮士"相提并论，认为"我自抗战迄今，繁盛都市，虽不少沦陷敌手，然抗战精神，益形旺盛，淞沪之役，我以八百壮士，孤守四行仓库，抗拒顽敌，悲壮事迹，正荣留诸中外人士脑海中，不旋踵而又有我华南孤军沙头角奋斗壮举，两美具，二难并，南北互堪辉映，抗战史中，将更多一页光荣史料矣"。①

五、曾生、王作尧领导的敌后游击战争

（一）惠东宝地区的抗日游击武装

1937年七七事变后，"南临委"于7月8日以"华南情报号外"的形式，通报有关情况。13日，又以"全国各界救国联合会华南区总部"的名义，发出《华北抗战宣传大纲》，

---

① 任宇寰：《沙头角孤军奋斗记》，香港：大时代图书供应社，1939年，第64—65页。

动员华南人民群众积极援助华北抗战，号召不愿做亡国奴的同胞们立即参加抗日救国运动。8月1日，中共中央发出《关于南方各游击区域工作的指示》，要求南方各游击区域"开展统一战线工作，保存与扩大革命的支持点"，"未与国民党政府及当地驻军确实谈判好以前，则我们的一切武装部队，可以自动改变番号，用抗日义勇军抗日游击队名义，根据党的新政策，进行独立的活动，继续开展统一战线工作，以灵活的游击行动，去发动与组织人民，建立党的秘密组织，捉杀汉奸，扩大党的新政策的影响。但在取得与国民党驻军停战谈判机会后，即当用大力量，利用时机，进行整顿与训练，并掩护当地群众工作"①。8月22日至25日，中共中央在陕西洛川召开中央政治局扩大会议，通过了《中共中央关于目前形势与党的任务的决定》和《中国共产党抗日救国十大纲领》，确定了党在抗日战争时期的纲领、路线、方针和政策，指出抗日战争是一场艰苦的持久战，要取得这场战争胜利的关键是实行党的全面抗战路线，坚持抗日民族统一战线的策略方针，为各地党组织实现从内战到抗日战争战略大转变，指明了正确方向。1937年9月，为了适应全民族抗战爆发后新形势的需要，中共广州市委外县工委决定把东莞县工委改为东莞中心支部，书记姚永光，领导东莞、宝安与增城（部分地区）三县的党组织和人民进行抗日武装斗

---

① 新四军和华中抗日根据地研究会编：《新四军和华中抗日根据地史料选》第1辑，上海：上海人民出版社，1982年，第14—15页。

争的准备。10 月，中共中央派张文彬到广东整顿党组织，改组中共南方临时工作委员会，成立中共南方工作委员会（简称"南委"），张文彬任书记，直属中央领导。1938 年 4 月，又成立广东省委，隶属中共中央南方局，领导华南敌后抗战工作。在广东省委领导下，广东党组织实现了大发展。8 月，中共深圳总支部成立，书记黄庄平，下辖皇岗、赤尾 2 个支部和罗湖、黄贝岭 2 个点，隶属中共东莞中心县委。深圳总支部通过组织读书会、举办农民夜校等形式，把乌石岩、南头、西乡、深圳、布吉、赤尾等地群众发动和组织起来，开展抗日救亡运动。

10 月 12 日，日军从惠阳县沿海大亚湾登陆，宝安形势十分严峻。面对危急局势，中共中央迅速制定关于开展华南敌后抗战的方针。10 月 13 日，八路军驻香港办事处负责人廖承志在香港召开有中共香港市委书记吴有恒、中共香港海员工作委员会书记曾生等人参加的紧急会议，商讨到东江开展敌后抗日游击战争，确定由曾生回东江组建抗日武装。10 月 24 日，曾生、周伯明、谢鹤筹带领一批党员和积极分子到惠阳县坪山（今属深圳），建立中共惠（阳）宝（安）工作委员会，组建人民抗日武装。10 月 30 日，曾生在坪山羊母嶂村李少霖家主持召开工作组扩大会议，成立县一级领导机构"中共惠宝工作委员会"，曾生任书记，隶属中共广东东南特委。"工委"决定当前的主要工作是：发展党的组织；建立惠宝人民抗日游击总队；广泛发动群众，组织抗日自卫队；派人到当地国民党驻军做统战工作，争取他们联合抗

图 4-4　1938 年 10 月 30 日，中共惠宝工作委员会在坪山羊母嶂成立

日。11 月 1 日，中共中央组织部又致电广东省委，指出广东党组织今后的工作任务是：在敌占区组织游击队，开展游击战争，广泛组织自卫军，在东江、海陆丰等地建立抗日根据地。[①] 当月，中共东宝边区工委通过国民党军九一三团的统战关系，取得东、宝、惠地区成立 2 个游击大队的番号。廖承志频繁往返于香港和广州，动员港穗各界团结一致参加抗日救亡活动，建立广泛的抗日民族统一战线。

---

① 中共中央组织部：《对广东党统战、群众工作的意见》（1938 年 11 月 1 日），原件存中央档案馆。参见曾生：《曾生回忆录》，北京：解放军出版社，1992 年，第 106 页。

1938 年 12 月 2 日，惠宝人民抗日游击总队在惠阳县淡水区周田村成立，曾生担任总队长，周伯明任政治委员，总队共 80 余人，有轻、重机枪各 1 挺，长短枪 70 多支。在曾生的领导下，游击队在惠阳、宝安等沿海一带开展抗日游击战争。之后，中共东南特委把叶挺指挥部特务营的 100 多人从深圳调回坪山，这样，曾生的队伍迅速发展到 300 多人，成立了第一中队、第二中队及政工队，初步打开了东江敌后抗日游击战争的局面。

1939 年春，为收缩兵力，确保广州和珠江、西江交通线，日军撤出广东惠州及东江部分占领区。日军撤退后，之前溃退到后方山区的国民党军队趁机重返东江下游地区，进占惠州，设立第四战区东江游击指挥所。根据抗日民族统一战线政策，在保持独立性的原则下，4 月，由王作尧领导的东宝惠边人民抗日游击大队改编为第四战区第四游击纵队直辖第二大队（简称"第二大队"），王作尧任大队长，何与成任政训员，主要在东宝交界的天堂围、龙华、乌石岩一带活动。5 月，由曾生领导的惠宝人民抗日游击总队改编为第四战区第三游击纵队新编大队（简称"新编大队"），大队长曾生，政训员周伯明，下辖 2 个中队，1 个特务队，1 个民运队，1 个医务所，主要在惠宝沿海、沙头角、深圳、横岗、龙岗等地开展抗日游击战争。

1939 年夏天起，新编大队在大小梅沙、葵涌、沙头角、横岗一带频繁出击和骚扰日军。9 月初，日军 500 余人再次在广东大亚湾登陆，占领葵涌和沙鱼涌，切断了东江地区和香港、南洋间的国际交通线。9月12日，新编大队夜袭日军，战至天明，一举克复葵涌和沙鱼涌，迫使日军从海上撤退。12月，新编大队又在横岗伏击由东莞渡河返回深圳的日军，毙敌30余人。与此同时，活动于东莞、宝安两县的第二大队也在王作尧的领导下取得了一系列战斗胜利。

1939年11月，日军抽调兵力进攻粤北，东莞、宝安地区兵力薄弱。王作尧率领第二大队挺进宝安县南头外围，实行包围封锁，频频袭扰城内日军，焚烧大涌桥、袭击沙井，使南头至深圳的交通陷于瘫痪，迫使日军孤立无援。12月1日，日军被迫撤出南头。王作尧带领一个中队追击至蛇口。宝安县县长梁宝仁与何与成带领一个中队突入南头城。这在华南抗战中首创解放县城的战例。第二大队在南头大新街一带贴出安民告示，开展抗日宣传工作，解散伪维持会，组织抗日后援会，缴交抗日公粮。一直到1940年3月初，部队才从罗租村驻地出发东移海陆丰。两支大队在斗争中不断发展壮大，到1939年底，已发展到700多人，在坪山、龙华、乌石岩建立了抗日游击基地，初步打开了东江敌后抗日游击战争的局面。[1]国民党第四战区和东江游击指挥所也传令嘉奖，认为"新编大队最能执行命令，最能打击敌人，最能得到准确情报，最能在军风纪上起模范作用"[2]。

1939年冬至1940年春，国民党顽固派在全国掀起抗战

---

① 《东江纵队志》编辑委员会编：《东江纵队志》，北京：解放军出版社，2003年，第9页。
② 曾生：《曾生回忆录》，北京：解放军出版社，1992年，第128—129页。

期间的第一次反共高潮。1940年2月初，国民党第四战区游击指挥所主任香翰屏命令新编大队和第二大队到惠州"集训"，企图进行包围缴械。其阴谋诡计被识破后，遂于2月底纠集国民党一八六师、保安第六团和东江地区的地方武装3000余人向曾、王两部发动军事进攻，企图一举消灭。3月1日，东江军委和两支大队的领导人在坪山竹园村召开紧急会议，决定部队东移海陆丰。国民党顽军调动兵力，前堵后追，由于敌众我寡，部队在转移途中连连受挫，最后两部仅剩下100余人，分散在海陆丰和惠阳东部山区和沿海地带。至5月中旬，国民党顽军历时两个多月围攻曾、王部队的军事行动宣告结束。

在曾、王两部处于生死攸关的关键时刻，1940年5月8日，中央书记处给曾生和王作尧领导的两支游击队发来指令："曾、王两部仍应回到东、宝、惠地区，在日本与国民党矛盾间，在政治与人民优良条件下，大胆坚持抗战与打磨擦仗。曾、王两部决不可在我后方停留。不向日寇进攻，而向我后方行动的政策，在政治上是绝对错误的，军事上也必归失败，国民党会把我们当土匪剿灭，很少发展可能。如去潮梅：一、人地生疏；二、顽固派仍可以扰乱抗日后方口号打我；三、将牵动当地灰色武装的暴露，不然不能生存。"① 遵照党中央的指示，曾、王两部领导人研究部队返回东宝惠

① 南方局党史资料征集小组编：《南方局党史资料·军事工作》，重庆：重庆出版社，1990年，第46页。

抗日前线的部署。7月下旬，部队从大安峒出发，9月上旬，越过广九铁路，回到宝安县布吉乡的雪竹径、杨美、上下坪一带隐蔽休整，部队只保存108人，这批人成为东江人民抗日武装的坚强骨干。

（二）阳台山抗日根据地建立与巩固

1940年9月中旬，中共东江前线特别委员会在布吉上下坪村召开会议。会议从战略上纠正东移海陆丰在政治上、军事上的经验教训，分析东江地区敌后抗日斗争的发展形势，决定放弃国民党军队番号，在敌后开展独立自主的游击战争，建立抗日根据地，成立抗日民主政权。这次会议成为东江抗日斗争史和东江纵队发展史上的重要转折点。会后，东江地区的人民抗日武装合编为广东人民抗日游击队第三大队、第五大队。曾生、王作尧分任大队长，尹林平为两支大队的政委，梁鸿钧负责军事指挥；曾生率部队开赴东莞大岭山地区创立根据地，王作尧率部队开赴宝安阳台山地区创立根据地。

第五大队进入阳台山地区后，积极发动群众开展了锄奸肃特活动，在望天湖、乌石岩镇压了一批罪大恶极的汉奸、特务，为建立根据地创造了有利条件。1941年初，在宝安地方党组织的配合下，第五大队很快建立了农民、青年、妇女等抗日群众组织。龙华、布吉、清溪、民治等乡的600多青年组成了8支抗日自卫队，曾鸿文任抗日自卫队总队的总队长，刘宣任政训员。布吉、木古、白石龙、乌石岩、赤岭头、弓村、杨美、水径、山厦、平湖等地先后建立了党支部，加强了党对根据地建设工作的领导。在开展根据地建设工作中，第五大队认真开展统战工作，团结开明士绅和国民党左派人士，促使他们参加抗战。

1941年春，宝安县第一个乡级抗日民主政府在龙华成立，卓凤康当选为乡长。他组织自卫队和民兵，配合游击队挫败日军对龙华的多次进犯，粉碎了日寇的"扫荡"。随后布吉、乌石岩、望天湖等地的抗日民主政权亦相继成立，并在此基础上成立了区级的抗日民主政权——龙华联乡办事处。在中国共产党的领导和广大群众的支持下，广东人民抗日游击队清匪除奸，多次打退日、伪、顽军进攻。1941年6月17日，驻宝安南头日军约40人，向望天湖、游松进犯。第五大队一个中队在游松设伏。18日上午8时许，日军从梅林坳、望天湖进入伏击圈时，我军集中火力向日军射击，粉碎了日军的进攻。7月7日，日军400余人分两路向根据地进犯。一路从连坳、梅林进犯白石龙、望天湖；另一路从乌石壁进犯龙华。第五大队主力集中力量打击入侵龙华的日军。战斗持续一天，日军狼狈逃回南头。另一路入侵望天湖的日军，也痛遭游击队抗击而失败。8月15日至18日，驻南头、深圳、布吉、横岗等处日军纠集千余人，大举"清乡扫荡"，数路分进合击龙华、岗头、望天湖和乌石岩四乡抗日游击根据地，妄图以"三光"政策扫平抗日根据地。8月15日晨，日军近300人从南头沿宝太路北进，到罗租后分兵两路：一路向径背、玉律、长圳进犯；一路向乌石岩进犯。第五大队和抗日自卫队分路抗击来犯之敌。进犯乌石岩之敌指挥官中弹毙命，进犯径背之敌亦遭我军痛击，共伤亡 20 余人，窜回南头。8 月 16 日，驻宝安深圳、布吉日军又纠集 400 余人，其中骑兵 50 余人，向龙华进犯。日军再次采用分兵合击战术，一路由岗头、大头岭向龙华进犯；另一路由乌石岩、黄背坑向龙华进犯。第三大队一个中队于牛地埔附近与敌激战后，转至弓村、清湖、岗头山地，与敌周旋；后第五大队一个中队驰援，激战至黄昏，将日军围困于牛地埔山上。当夜第五大队组织小分队不断袭扰日军。次日拂晓，日军狼狈逃走，这次战斗，击毙日寇 30 人。8 月 18 日，日军再次出动 400 余人，骑兵 50 余人，分三路进犯阳台山根据地：一路 100 余人由分水坳向马鞍塘、坂田等地进犯；一路 300 余人由横岗出动，经平湖出樟坑径，再分两路，一路向清湖、弓村进犯，一路向岗头进犯。第五大队与抗日自卫队一起，分兵阻击敌人。激战一天，敌伤亡 20 余人后，窜回深圳、南头。

自 1940 年 9 月上下坪会议至 1941 年 10 月，仅一年的时间里，广东人民抗日游击队第三、第五大队依靠人民群众，开展人民战争，粉碎了敌伪和国民党顽军的多次进攻，部队在斗争中迅速发展壮大，由 100 余人发展到 1500 余人。其中第三大队由 70 余人发展到 800 余人，下辖三个中队和一个短枪队；第五大队由 30 余人发展到 600 余人，下辖四个中队。此外，发展武装民兵共 1000 余人，建立了东莞大岭山区和宝安阳台山区根据地，扩大了游击区，缩小了敌占区，成为东江地区抗击日伪军的主要力量。

1942 年 1 月，中共中央南方工作委员会副书记张文彬在宝安龙华白石龙村主持召开会议，决定成立东江军政委员会和广东人民抗日游击总队，加强和统一东江地区敌后抗日游击战争的军队和地方党的领导，明确了继续以阳台山为抗日主要根据地的方针。梁鸿钧任游击总队总队长，尹林平任政治委员，曾生任副总队长，王作尧任副总队长兼参谋长，杨康华任政治部主任，部队整编为 1 个主力大队和 4 个地方大队。主力大队仍称第五大队，东莞地区部队仍为第三大队，宝安地区部队编为宝安大队，港九地区部队编为港九大队，惠宝边区部队编为惠阳大队。抗日游击总队常驻白石龙村，主力大队（第五大队）随总部在宝安活动。港九大队成为香港沦陷期间唯一一支成建制、由始至终坚持抗战的武装力量。8 月 24 日，游击总队以原主力大队为基础，从惠阳大队抽调一个小队重建主力大队，代号为"珠江队"，在宝太和莞太路两侧活动，必要时超越地区作战。

1942 年，是东江人民抗日游击战争最为艰苦的一年。国民党顽固派继续执行消极抗日、积极反共活动，调动军队与日军遥相呼应，对敌后抗日根据地发动进攻，掀起第二次全国反共高潮。从 1942 年春开始，国民党顽军先后出动一八七师、独九旅、独二十旅、保八团等正规军和地方武装 5000 多人向东宝抗日游击区发动疯狂进攻，叫嚣要在 3 个月之内消灭惠东宝人民抗日武装力量。其间，日伪军也伺机发动多次"扫荡"。广东人民抗日游击总队领导机关驻扎宝安路西，宝安大队在布吉、龙华等东线，主力部队"珠江队"在宝太线中南段开展同日伪顽军队的斗争，战斗频繁、激烈，呈犬牙交错状。4月14日，国民党顽军第一八七师和挺进第六纵队邓其昌部共3000多人，进攻阳台山抗日根据地，占领龙华、乌石岩，作为他们实施军事"围剿"的前哨阵地。4月17日，国民党顽军1500余人兵分三路向阳台山纵深地带的最高峰以及蕉窝村等地进攻。主力大队第二中队被敌人重兵包围，仍沉着应战，打退敌人3次进攻后，胜利突围。4月19日，国民党顽军出动1000多人，分两路向驻白石龙的游击队进攻，主力大队第一中队在樟坑与敌展开激战。与此同时，顽军还不断搜捕、枪杀游击总队后勤机关和地方工作人员以及群众积极分子，掠夺群众财产，焚烧房屋，使根据地群众受到很大的损失。

1942年夏，国民党制造了"南委、粤北省委事件"，南委、粤北省委遭到严重破坏，被迫停止活动。在这危急关头，为保护未暴露的党组织，党中央和南方局当机立断，指示有关人员迅速转移，并采取了一系列应对措施。广东党组织坚决贯彻党中央关于"隐蔽精干，长期埋伏，积蓄力量，以待时机"的方针，党员以群众身份实行勤业、勤学、勤交友，做到职业化、群众化、合法化，使广东国统区的大部分党组织避免了更大损失。9月，国民党顽军抽调兵力，重新部署进攻阳台山抗日根据地，并于10月间开始了第二阶段的进攻。12月，宝安大队第一中队到黄田公路设税站收税。24日中午，南头、西乡日伪军200多人出动袭击黄田税站。25日，国民党顽军第一八七师两个营进攻黄田游击队驻地。

宝安大队第一中队 20 余人据守黄田珠江堤岸上，英勇抗击顽军的疯狂夹攻，毙伤顽军 100 余人，战斗从早晨 7 时打到下午 2 时，打垮顽军六七次冲锋，毙伤顽军 100 余人，最后 17 名勇士全部壮烈牺牲。黄田战斗后，游击总队主力部队以灵活机动的麻雀战、袭击战打击和袭扰顽军。12 月底，顽军的进攻暂告结束，阳台山根据地我军面临的严峻形势有所缓和。1942 年冬，国民党顽军又转而向东江抗日根据地大鹏半岛发动疯狂"围剿"。国民党杂牌军陆如钧大队占驻大鹏城、王母墟和葵涌等地，企图切断广东人民抗日游击总队进入大鹏半岛的陆上通道。1943 年 1 月 2 日，曾生下令刘培独立中队在坝光坳设伏，全歼顽军 1 个中队，毙伤俘 50 多人，缴获轻机枪 2 挺、步枪 50 多支，迫使驻大鹏城、王母墟、澳头等地的顽军慌忙撤回淡水。2 月，国民党顽军第三次向盐田进攻。惠阳大队主力向三洲田方向转移，留下第二小队在坳下村开展敌后斗争。2 月 18 日下午 3 时，深圳和沙头角日军出动数百人，三面包围坳下村，切断第二小队两个班退向小梧桐山的通道。第二小队临危不惧，拼死搏杀，有 20 多位同志壮烈牺牲，日军死伤 20 多人。

为加强东江与珠东地区的抗日对敌斗争，适应华南敌后战场形势的不断变化，1942 年 12 月，南方局致电东江军政委员会，指示成立中共广东省临时委员会（简称"省临委"），在南方局直接领导下，开展广东全省城乡抗日斗争以及各项工作。1943 年 1 月，省临委在大鹏正式成立，以尹林平、梁广、连贯为委员，尹林平为书记，负责全面工作兼军事工作，梁广负责城市工作，连贯负责联系国民党统治区内的党组织和统战工作。省临委管辖除潮梅、琼崖地区以外的广东党组织，在南方局直接领导下开展工作。省临委和东江军政委员会通常以联席会议的形式，对全省党组织和军队实行统一领导。

1943 年 2 月，根据周恩来的指示与中共南方局的决定，省临委与东江军政委员会在香港乌蛟腾村召开联席会议，这是省临委成立后的第一次重要会议。会上，敌后军事斗争经验较为丰富的尹林平提出，广东党与东江等地的敌后游击队应改变此前碍于同国民党方的"统战关系"而不得不"固守已有根据地"的保守做法，需采取灵活多变的运动游击战战术，主动出击，深入敌后，发展新区，进行彻底、坚决的敌后独立抗日武装斗争。①

曾生在会后回到惠宝边根据地，向全体干部传达了"坚持抗日，必须反顽"的会议精神，"同志们也和我一样，精神振奋，信心倍增"②。乌蛟腾会议之后，广东人民抗日游击总队积极向日伪军展开全面出击，对破坏抗战、破坏团结、大搞反共军事摩擦的顽军也给予有力的反击。东江路西部队主动出击宝太线，先后取得宝安西乡、福永、沙井战斗的胜利；东莞部队向莞太、莞樟、宝太线全面出击，先后取得温

---

① 《林平给中央转恩来电——关于东江与三角洲两区的工作总结》（1943 年 2 月 21 日），许振泳编：《广东革命历史文件汇集》甲第 38 册，中央档案馆、广东省档案馆，1992 年，第 226 页。

② 曾生：《曾生回忆录》，北京：解放军出版社，1992 年，第 286 页。

塘、霄边、篁村、茶山、北栅、沙岭、厚街战斗的胜利；路东部队为扩展坪山根据地，连续取得坝岗、盐田、梧桐山沙井头、沙头角反顽斗争的胜利；同时派出部队，挺进稔平半岛，取得马鞭岛和暗街战斗的胜利，进一步巩固了大鹏半岛抗日根据地，控制了从陆上到稔平半岛的通道。1943 年 5 月 2 日，主力大队（珠江队）采用夜间袭击、打歼灭战的办法，首次使用炸药攻坚，爆破福永炮楼，全歼守敌宝安警察大队一个主力中队，缴获轻机枪 6 挺。5 月 26 日，"珠江队"再次"虎口拔牙"，只用了 20 多分钟便歼灭了伪军第三十师一一九团的 1 个步兵连和 1 个通信排，毙伤伪军连长以下 40 余人，俘虏 30 余人，缴获各种枪 60 多支，孤立了新桥、沙井的伪军，夺取了宝太公路上的战斗主动权。为开辟新区，总队组建独立第二大队，跨过东江北岸，回师增博地区，取得联合战斗的胜利，为进一步开辟增博地区打下基础。11 月间，广东人民抗日游击总队又先后粉碎了日军对东莞大岭山和宝安阳台山的万人"扫荡"阴谋，使日军以打通广九铁路为作战目标的"扫荡"计划彻底宣告破产。

1943 年，广东人民抗日游击总队在乌蛟腾会议精神的指引下，对日伪顽军作战取得了重大胜利。我军作战 80 多次，毙伤日伪军 1300 余人，顽军 100 多人，争取日伪军起义、投诚 800 多人，缴获各类武器装备 500 余件。部队从1000 多人发展到 3000 多人，组织抗日自卫队近千人；惠东宝抗日根据地全部恢复，并向莞太、莞樟、宝深公路和广九铁路中段两侧，以及大鹏半岛、大亚湾沿海、梧桐山周围扩展；同时还开辟了港九和增博边抗日根据地，使部队扭转被动局面，走向主动，开创了广东抗日游击战争的新局面。

（三）东江纵队的成立

东江人民抗日武装坚持敌后抗战，由于受客观条件限制，一直没有公开承认是中国共产党领导的队伍。随着抗日战争形势的发展和变化，尹林平认为，"我队面目公开对实际活动无碍"，应向国内外公开宣布在广东东江、珠江地区有中国共产党领导的敌后抗日游击队伍，在华南树起这面鲜明的抗日革命的旗帜。在筹备成立东江纵队的过程中，曾生、尹林平等就发表宣言等问题请示党中央。1943 年 7 月 10 日，尹林平致电周恩来，提出"我们虽始终以人民立场出现，但英、敌、顽三方对我们的关系都确切了解，由你们出面交涉乃是公开承认，对此间实际活动，则无甚妨碍"①。8 月 23 日，新华社在延安《解放日报》发表的《国共两党抗战成绩的比较》和《中国共产党抗击全部伪军概况》中，第一次向全世界公开宣布广九铁路地区有中国共产党领导的抗日游击队在抗击日伪军。随后，中共中央发出指示，将广东人民抗日游击总队的番号改称为"广东人民抗日游击队东江纵队"，发表成立宣言和领导人就职通电，正式公开宣布接受中国共产党的领导。9 月 20 日，周恩来电复尹林平："东江纵队为中外共知的中共游

---

① 《林平致恩来电》（1943 年 7 月 10 日），中央档案馆、广东省档案馆编：《广东革命历史文件汇集（1941—1945）》，1989 年，第 267 页。

击队，你们可以发表宣言，而且应该强调只有共产党领导的游击队，才能在敌后存在和发展。"①当中共中央向国际、国内宣告东江地区抗击日本侵略者的队伍是中国共产党领导的抗日武装时，东江抗日根据地军民受到很大的鼓舞，认为，"我们的威信和影响将更千百倍地提高""广大群众对我们的拥护与仰望将千百倍地加强，将对我们寄以更大的期望与寄托"。广东人民抗日游击总队总队部、政治部作出决定，号召全体干部和党员"必须在全队中更英勇地更积极地发扬革命的模范作用""必须团结在坚决执行中央路线的我队领导机关周围，在精神上、政治上、组织上一致团结起来，为实现党中央及我军的决议而奋斗""我们一定能够战胜任何敌人，成为东江抗战的中流砥柱"。②

根据中共中央的指示，1943 年 12 月 2 日，广东人民抗日游击队东江纵队（简称"东江纵队"）在大鹏半岛土洋村（今属深圳市大鹏新区）正式宣告成立。司令员曾生、政治委员尹林平、副司令员王作尧（兼参谋长）、政治部主任杨康华联合发表《东江纵队成立宣言》。宣言指出，东江纵队"在中国共产党领导之下，为彻底解放中华民族而奋斗到底""坚持抗日民族统一战线""坚持抗战，坚决反

① 中共中央文献研究室编：《周恩来年谱：1898—1949》（修订本），北京：中央文献出版社，1998 年，第 577 页。
② 《广东人民抗日游击总队总队部、政治部关于目前形势与工作的决定》（1943 年 9 月 5 日），广东省档案馆编：《东江纵队史料》，广州：广东人民出版社，1984 年，第 70—76 页。

对投降；坚持团结，坚决反对内战；坚持进步，坚决反对法西斯'一党专政'，坚决反对官僚资本主义的垄断、剥削"，主张各界同胞在团结抗日的目标下，互相帮助，互相忍让，以解决一切纷争，改善人民生活，增强各阶层的合作。东江纵队"保护一切爱国同胞的人权财权""欢迎伪军反正""欢迎绿林豪杰参加抗日"。东江纵队"除了中华民族与中国人民的利益之外，并没有其他利益"。宣言向国际人士宣告，东江纵队"坚决拥护反法西斯统一战线，并以无限忠诚与各盟邦及国际友人密切合作，……共同完成打倒日寇的任务""把日本帝国主义赶出国土，建设独立、自由、幸福的新中国！"①

1944年1月1日，惠阳县坪山、宝安县阳台山、东莞县大岭山、增城等地军民数万人分别召开大会，庆祝东江纵队成立。曾生、尹林平、王作尧、杨康华在土洋村的庆祝大会上公开发布《就职通电》和讲话，并发布第一号布告，重申东江纵队的宗旨和统一战线等各项政策。随后，东江纵队分别向中共中央军委和南方局、周恩来报告了部队成立情况。报告说："兹为更加有效打击敌人，保卫东江前线敌后人民，巩固抗日基地，充实反攻力量计，乃于十二月二日成立东江纵队司令部，正式宣言，通电全国，在中国共产党领导下，

---

① 中共深圳市委党史办公室编：《深圳党史资料汇编》第三辑（内部资料），1987年，第6—7页。

图 4-5　1944 年 1 月 1 日，曾生司令、王作尧副司令就职快邮代电

为彻底解放中华民族而奋斗！"①东江纵队成立时，下辖 7 个大队：第二大队、第三大队、第五大队、惠阳大队、宝安大队、护航大队和港九大队，总兵力 3000 余人。次年 2 月，又新增两个大队和一个中队：东莞大队、铁东大队和独立第三中队。东江纵队的成立，对促进东江人民抗日武装力量的发展和壮大发挥了重要作用，推动了东江敌后抗日游击战争

① 《曾生、林平等就东江纵队成立给中央军委的报告》，中国人民解放军历史资料丛书编审委员会编：《华南抗日游击队》，北京：军事科学出版社，2008 年，第 598 页。

的进一步开展。

东江纵队成立后，在曾生、尹林平的率领下，深入港九敌后，挺进粤北山区，积极开展敌后游击战争。在广九铁路两侧，东江纵队开展破袭战，歼敌 20 多个连，迫使伪军 1 个营和 1 个暂编团投诚，使日军的"广九铁路全线通车"计划落空。在大鹏湾、大亚湾沿海一带以及港九地区，东江纵队护航大队和港九大队灵活机动地与日、伪开展斗争，不断袭击敌人的岗哨、巡逻队和海上战船，炸毁了日军在启德机场的油库、飞机，破坏九龙的第四号火车铁桥，击沉伪军停泊在大鹏湾黄竹角的 3 艘船，毙伤 38 人，缴获大批重要物资，并向稔平半岛出击，打垮伪海国陆战队 1 个大队。曾生高度评价护航大队和港九大队的战绩，称赞他们是中国的"土海军"，使大亚湾和大鹏湾成为我军的内海。

1944 年 8 月，省临委和东江军政委员会在土洋村再次召开联席会议，确定公开组织活动和开展敌后游击战争的重要决策。这是省临委加强领导广东工作的重要转折点。会议深入讨论中央军委 7 月 15 日《关于华南根据地工作的指示》和中共中央 25 日《关于东江纵队开展敌后游击战争给林平的指示》等重要文件，分析广东的抗日斗争形势，根据中央指示精神作出关于今后工作的决定，涉及军事、政治、财经工作问题。其中军事方面，提出"本着中央指示深入敌后游击的方针，在目前敌人新攻势中，凡敌所到或意图占领的地方，都派遣武工队及军事干部，前往活动，发展新的游击区。同时，必须巩固现有基础，成为反攻的基地"。①其中东江纵队首先创立罗浮山以北、翁源以南，东江、北江之间的根据地，并向韩江（潮汕在内）伸展，批准向闽粤边、粤湘赣边、粤湘桂边开展工作；中区则首先求得普遍发展，然后向西江、粤桂边和南路进军。两方面配合，取得对广州的包围形势，将来会合于粤桂湘。确定到1945年上半年止，东江纵队应发展四倍，中区部队应发展六倍。战略方针是独立自主的游击战争，不放松向运动战发展。

土洋会议是广东人民抗日武装发展的转折点，为广东人民抗日武装的全面发展指明了方向。会后，省临委将会议情况向中共中央和南方局作了报告。中共中央复示：省临委的决议与中央精神相符，中央完全同意所提出的工作方针和任务，并要注意开展广西和向北发展的工作。曾生在回忆录中提到：这是一个多么重要的战略决策啊！根据这次会议重大的战略决策，我的脑子里呈现这样的画面：我们的部队向着粤北、粤赣湘边，向着粤东、闽粤赣边，向着粤西、粤湘桂边挺进，我们的抗日根据地将从东江一隅脱颖而出，向四面八方扩展。②

在中国共产党的领导下，至抗日战争结束，东江纵队已发展成为一支拥有1万多人的人民抗日武装，转战华南39

---

① 《中共广东省临委会工作决定摘要——关于军事、政治、财经工作问题》（1944年8月），许振泳编：《广东革命历史文件汇集》甲第38册，中央档案馆、广东省档案馆，1992年，第303页。
② 曾生：《曾生回忆录》，北京：解放军出版社，1992年，第382—383页。

个县、市，收复大片国土，建立 6 个县级抗日民主政权，根据地和游击区总面积约 6 万平方千米，人口 450 余万。对日、伪军作战 1400 余次，毙伤日、伪军 6000 余人，俘虏及投诚者有 3500 余人，与顽军作战 600 余次，共缴获各类武器 6500 余件，大量歼灭敌人的有生力量，成为中外共知的华南抗日战场的一支重要抗日武装力量，为抗日战争的胜利作出了一定的贡献。①

（四）路西、路东解放区抗日民主政权的建立

1943 年底，日军打通广九铁路，占领了铁路沿线重要据点，国民党守军不战而逃，铁路两侧沦为敌占区。抗日游击队活动范围被分隔为铁路以东和以西两个地区。为了适应新的斗争形势，加强领导，统一指挥，东江纵队将广九铁路两侧的抗日根据地划分为路东解放区（主要是惠阳地区，还包括宝安一小部分）和路西解放区（包括东莞和宝安两县）。随着人民抗日武装的壮大、解放区的扩大和逐步巩固，在解放区普遍建立抗日民主政权的问题提上了议事日程。

1944 年 1 月底，中央就东江游击区建立抗日民主政权问题给尹林平指示，提出东江游击区的抗日民主政权要以三三制为原则，因地制宜地根据具体情况采取便于游击发展和军

① 《东江纵队志》编辑委员会编：《东江纵队志》，北京：解放军出版社，2003 年，第 16—17 页。

队转移的政权形式。①7月1日，在区、乡抗日民主政权基本建立起来的基础上，东江纵队决定首先在路西解放区建立县一级的抗日民主政权机构——东宝行政督导处。东宝行政督导处设于宝安县燕川村，是抗日战争时期中国共产党领导的东江解放区广九铁路以西东宝抗日根据地的抗日民主政权。它是在中国共产党的领导下，依据新民主主义的政治纲领和以抗日民族武装力量为骨干建立起来的。

为适应战争环境的需要，路西解放区抗日民主政府的组织机构力求精简，人员配备注意精干。督导处设主任一人，由谭天度担任，副主任两人，由何鼎华、王士钊担任。督导处下设政治、财经、民政、司法、宣传、税务（后期增设）6个科和《新大众报》报社、警卫连。督导处下辖宝安第一区、第二区、第三区、第四区，东莞新一区、新二区、新三区、新四区、新五区和梅长塘区，共10个行政区，除梅长塘区外，其余9个区都先后成立抗日民主区政府。全区人口60余万。东宝行政督导处成立之后，为保卫和巩固解放区，支援抗日战争，根据施政纲要的要求，开展了一系列的工作，取得显著的成绩，作出重大的贡献。

1. 发动组织群众，保卫解放区，支援和参加抗战

发动和组织群众积极支持和参加抗战，是抗日民主政权的首要任务。东宝行政督导处成立后，积极发动群众，成

---

① 《中央书记处关于东江游击区建立抗日民主政权问题给林平的指示》（1944年1月31日），中央档案馆编：《中共中央文件选集》第14册，北京：中共中央党校出版社，1992年，第161—162页。

立农抗会、青抗会、妇抗会等群众抗日团体，大力组织农民自卫武装，有力支援了解放区的巩固与发展。到 1944 年 12 月 9 日，全区 142 个村成立了农抗会，有会员 7800 余人。1945 年 9 月 18 日，代表全区 35 万农民的路西东宝解放区农抗总会成立。路西解放区各乡、村普遍成立民兵组织，村有民兵小队，乡有民兵中队，各区有基于民兵组成的民兵大队，全区共有民兵 7000 人。把全区几十万群众发动组织起来，建立起 7000 余人的农民自卫武装，这是路西东宝行政督导处的一大政绩。这对路西解放区乃至整个东江解放区的抗战和解放区的巩固发展，起了促进作用。它不仅输送了几千子弟参加东江纵队，提供了大量的财力物力，帮助部队解决给养的困难，在各区、乡建立起情报网，配合部队搜集敌人的情报，而且还协同部队作战，在抗击敌、伪、顽的战斗中发挥重大的作用。宝一区的抗日自卫常备队在固戍、黄田一带封锁海面。1944 年清明节，带头袭击伪军陈泰部的 4 条运输船，歼灭和俘虏敌人 10 多人，缴获机枪 1 挺、步枪 10 多支。不久，又在珠江口海面，截击由日军押运的机帆船 4 艘，缴获大米、布匹、罐头等一大批物资。宝一区民兵还夜袭西乡机场，焚烧了敌人的飞机库，化装袭击了南头北门的伪军岗哨，炸毁了南头西侧的桥梁，炸死日军多人，并在宝太、宝深公路上不断袭击日、伪车辆，使敌人的交通运输经常陷入瘫痪。

抗日战争初期，路西敌占区汉奸猖獗，土匪众多，群众深受其害。各区、乡抗日民主政府成立后，清匪锄奸，为民作主，维护社会治安。督导处的司法科在各区、乡的抗日民主政府和广大群众的积极支持和配合下，进一步整顿了辖区的社会治安环境。

2. 减租减息，唤起民众，加强敌后抗日游击战争的群众基础

减租减息是我党抗日战争时期解决农民土地问题的基本政策，也是唤起民众，巩固抗日民主政权，支援抗战的重要举措。只有减轻封建剥削，初步改善广大农民的生活，才能动员他们积极参加抗日斗争。实行减租减息又交租交息的政策，能够在一定程度上团结和争取地主抗日，在新的历史条件下，初步解决了农民与地主的矛盾。因此，路西解放区抗日民主政府成立后即把减租减息作为一项中心工作，不但颁布有关减租减息的条例，而且派出大批政府人员到农村广泛宣传发动，分别召开地主、农民参加的座谈会，使减租减息的政策及其意义为各阶层所了解。同时，利用政权的力量打击敌特分子的造谣破坏，发动农民起来和抗拒减租减息的地主作斗争，迫其就范，使减租减息运动逐步开展起来。

路西解放区的减租减息运动，1944 年上半年在黄田、梅塘等地开展，1944 年冬全区普遍开展。路西东宝抗日民主政权实行减租的原则是"二五"减租，即 1943 年以前农民所欠的租谷一律免交；1943 年后的租谷，则将原定数额减少 25%，使佃农所得一般占全年收获量的 62.5%，地主所得一般占全年收获的 37.5%，至少不得低于 30%。减租减息的月利不准超过 4 分；若历年所付利息超过原本一倍者，停息还本；超过原本两倍者，本息停付。同时，为了团结地主抗日，政府保证农民按期交租交息，不得拖欠。[①]

轰轰烈烈的减租减息运动，不但减轻了农民的租债，初步改善生活，而且还增强他们的政治觉悟和参加抗日斗争的积极性，加强了我党领导的敌后抗日游击战争的群众基础。经过减租减息运动，广大群众的政治热情空前高涨，农抗会、妇抗会和民兵组织都得到健全发展。全区的农会会员，从1944年冬减租减息运动刚普遍开展时的7800余人，到1945年9月快速发展到35万。各区的武装民兵组织都先后建立，全区形成由民兵、地方武装和主力部队三结合的人民抗日武装力量。路西解放区成为进行人民战争的主要战场之一。

3. 领导生产建设，实行战时文化教育

由于连年战争的破坏和敌伪顽的封锁，东江解放区的生产遭受严重破坏。据路西解放区统计，耕地面积比战前减少7%，稻谷产量比战前减少1/3至1/2。加上1943年的大旱灾，致使田地荒芜，粮荒严重。群众挖野菜、剥树皮充饥，路西东宝行政督导处积极领导群众生产救荒。在督导处领导下，全区成立生产建设会，各区成立分会，开展生产运动，解决粮荒。督导处还召开各界人士座谈会，讨论生产救灾，成立生产基金会，发行生产建设公债，解决生产资金困难问

---

① 许振泳编：《广东革命历史文件汇集》甲46卷，中央档案馆、广东省档案馆，1992年，第97—99页。

题。新二区连平乡大横村组织集体开荒，出动 70 余人，两天开荒 14 亩，发展生产。广大群众积极响应抗日民主政府的号召，各区、乡开展生产竞赛，掀起生产热潮。1944 年路西解放区农业生产获得丰收，顺利渡过难关。1945 年初，全区又发行了 1 亿元的生产建设公债，投资水利建设，给农民贷款购买肥料，帮助农民发展生产。在抗日民主政府的领导下，经过军民的共同努力，路西解放区的生产逐步恢复和发展，农民群众不但渡过了粮荒，而且生活有所改善。不仅为巩固解放区和坚持抗战打下了物质基础，而且提高了共产党和抗日民主政府的威望。

在恢复生产，发展经济的同时，为了适应抗战的需要，抗日民主政府还大力普及文化教育。各区都恢复了遭到破坏的小学，适当改善教职员的生活待遇，使小学教育在战时仍得以保持。不仅在学校中实行战时教育，而且还在各乡村举办夜校、识字班，扫除文盲，普及文化和对广大群众进行抗日救亡的宣传教育。路西东宝行政督导处筹集了各界人士捐献的 66 万元，创办了东宝中学。这是东江地区由抗日民主政府直接领导创办的第一所新型中学，分别由政府干部何恩明和曾劲夫任正、副校长。该校学制两年，设 2 个中学班，1 个升中班和 1 个师范班。教学方针面向工农，教学内容采用战时教材，以培养抗日骨干。它为许多有志青年提供了接受革命文化教育的机会，它培养的学生，一批批走上为民族独立、为人民解放事业而奋斗的革命道路。

督导处执行东江军政委员会关于政权机构"应有机关

报"的指示，于 1944 年冬出版了路西东宝行政督导处的机关报——《新大众报》，它是教育人民，打击敌人的工具。对于教育、动员群众，团结抗日，发挥了积极的作用。为了普及抗日文化教育，督导处还在组织民运队下乡开展工作的同时，把民主政府的政策精神和抗日军民英勇斗争的事迹编成话剧、民歌等节目，到各处宣传演出。教群众唱抗战歌曲，既宣传了抗日道理，又活跃了文化生活。民运队员和各乡村民主政府在一部分乡村组织了各种文娱、体育群众团体，重大节日开展文娱活动、体育比赛，文娱、体育活动空前活跃。

4. 拥军优抗，征粮收税

军队与政权休戚相关，军队与人民血肉相连。路西东宝行政督导处把拥军优抗作为一项重要的政策和工作。平时，号召群众尊敬抗属，帮助抗属种田，对抗属减征公粮。每逢节日或重大纪念日都组织民众慰问抗属，慰劳部队。战斗时，组织武装民兵、担架队、运输队上前线协同作战。在政府的号召和事实的教育下，广大民众真心实意拥护东江纵队，踊跃送子弟参军参战，在物资上大力支援部队，保证部队的给养。1944 年 7 月 7 日，各地群众纪念抗战七周年。宝安民众通过"拥军公约"，各村选举青年干部参队，发动献金、献枪弹和破坏敌人交通的竞赛。同年 12 月，全区 23000 名群众集会庆祝东江纵队成立一周年，各区群众热烈劳军。仅东莞几个区收到的劳军物品就有：现金和储券 172600 多元，步枪 4 支，子弹 4000 余发，手榴弹 8 个，毛巾 583 条，牙刷 220 支，生猪 13 只，烧猪 8 只，鸡鸭 94 只，还有其他日用品一大批。宝安黄田乡捐献棉衣 100 件。劳军热烈，盛况空前。

为了保证部队的给养和发展解放区的各项事业，路西东宝行政督导处从成立即颁布法令，废除国民党旧政权的一切苛捐杂税，重新制定合理的征粮收税条例，设置税务局（后改为税务科），配备专职干部，查核土地面积，征收公粮税收。抗日公粮的征收是根据大家出力，多收多交的原则。按户的等级分田主、佃农、自耕农、租偿四类，负担合理。每年分两造征收，以 100 斤干谷为一担。田主征收 5%（即每收一担租谷，征公粮 5 斤）；佃农 10 担以下免收，10 担以上收 1%；自耕农 30 担以下收 2%，30 担以上收 3%；租偿 30 担以下收 7%，31 至 50 担收 8%，51 至 100 担者收 10%，等等；自由职业者或鳏寡孤独及有田地而无力自耕者，每造收入不足 5 担者免税；军烈属 8 折征收；如遇天灾人祸，酌情减免。1945 年夏季，除征收抗日公粮外，还向地主征收地税。由于政策明确，负担合理，获得广大群众的拥护。1945 年 5 月，日、伪军为抢夺粮食，对路西解放区进行全面"扫荡"，夏季的征粮工作是在激烈的斗争中进行的。由于党政军民积极配合，保卫夏收，抢割、抢收公粮的工作做得很好。曾经一连两夜动员了方圆 50 里的上万群众，把最前线的 2000 多担公粮抢割抢运到安全的地方。路西东宝行政督导处建立合理的税收制度，由税站实施。工商税实行单一税制，一经纳税，货物便可通行全区。日用必需品税率 5%，奢侈品 10%，屠宰和烟酒税各地自订，特需进口物品、小贩及非商业性质的东西免税。如果商人在解放区遗失货物，抗日民主政府负责追回或赔偿。这样，既保护了工商业者的利益，又减轻了人民群众的负担，与国民党统治区敲诈勒索的税收形成鲜明的对照，有利于促进解放区工商业的恢复发展，鼓励更多的物资进入解放区，活跃解放区的经济。

除了在路西解放区建立东宝行政督导处之外，中国共产党在路东解放区也建立了抗日民主政权机关——路东行政委员会。1945 年 4 月，路东解放区在各乡区成立抗日民主政权的基础上，召集路东解放区首届参议会，参加会议的有各党派、无党派人士，有工人、农民、商人和教育界人士的代表。东江纵队政委尹林平到会作了《关于国际国内本区情况分析和中国共产党的主张政策的实行》的报告，叶锋作了《关于路东区军事斗争情况》的报告，许章达、肖荫青等参议员也发表了讲话。会议经过协商，正式选举产生由 49 名参议员组成的路东参议会，由 9 名行政委员组成的路东行政委员会（县级民主政权）。委员会下设文教科、民政科、军事科、财政科和建设科。同时，成立了路东人民抗日自卫总队部，行政委员会设常备大队，区设常备中队，乡设常备小队。总队部通过区、乡政府指挥和管理各乡民众武装队伍。行政委员会管辖区域，由惠东、东莞、宝安三县广九铁路以东，东江河以南，淡水河以西，南至大亚湾、大鹏湾，划分为新一区、新二区、新三区、新四区、新五区、新六区 6 个行政区和一个特别区。全区人口约 58 万。

六、文化名人大营救

1941 年皖南事变后，大批支持团结抗日的文化界知名人士和爱国民主人士被迫撤离国统区到香港。一时间，香港聚集了众多社会精英，他们高举抗日爱国旗帜，发通电、办报刊、演剧目，唤起民众一致抗日，产生了重大影响。1941 年 12 月 8 日，日军对香港发动突然袭击，25 日下午，驻港英军阵地全线崩溃，港督杨慕琦下令投降，香港进入了 3 年零 8 个月的日占时期。

日军占领香港后，大肆搜捕中共党员及一切抗日分子，特别是积极宣传抗日的文化界人士。日军封锁了香港与九龙的水上交通，设置关卡，实行宵禁，全面清查户口，分区分段搜查抗日进步分子和爱国民主人士，并限令有关人士前往"大日本军报导部"或"地方行政部"报到。日本文化特务机关还以各种手段要梅兰芳、蔡楚生、司徒慧敏、茅盾等到日军司令部"会面"。许多滞留香港的文化界人士和民主人士不会说广东话，在食品短缺外出时容易暴露，人身安全难以保障，处境万分危急。

党中央和南方局对文化名人的安全极为关注。1941 年 12 月 8 日，日军进攻香港当日，中共中央急电南方局和周恩来、廖承志等，指示"香港文化人、党的人员、交通情报人员应向南洋与东江撤退"①。12月9日，周恩来急电八路军驻香港办事处和东江抗日游击队领导人，指出要积极营救滞留在港九地区的各界知名人士和国际友人，"能留港或将来可去马来亚和上海的，尽量留下；能去琼崖、东江游击队则更好；不能留也不能南去或打游击的，转入内地"②。根据中共中央和周恩来的指示，张文彬、廖承志等立即指挥中共香港地下组织投入营救工作，并及时与南方工委、粤南省委、前东特委和东江抗日游击队等取得联系，研究营救工作可能遇到的种种问题和困难，进行周密部署，做出具体实施方案，决定趁侵占香港的日军立足未稳，尚未掌握这批文化界人士和民主人士的情况，且当时大批难民逃离香港之时，以最快的速度帮助滞留在港的文化人士迅速转移。撤退护送工作分陆路和水路同时进行，由水路撤退的，从香港长洲岛乘船到澳门，然后分别到台山、中山石岐或江门，沿西江到桂林；由陆路撤退的则首先将各界知名人士紧急护送到港九游击大队设立的交通站，再由游击队和地下交通人员护送到惠东宝抗日根据地，随后护送到内地大后方。

时任东江前方特委书记的尹林平接受任务后，赶回宝安白石龙，召集梁鸿钧、曾生、王作尧等人布置抢救文化人士

---

① 《中共中央关于太平洋战争爆发后与英美建立统一战线问题给周恩来等的指示》，南方局党史资料征集编：《南方局党史资料·统一战线工作》，重庆：重庆出版社，1990年，第71页。

② 中共中央文献研究室编：《周恩来年谱：1898—1949》（修订本），北京：中央文献出版社，1998年，第534页。

的工作。为使抢救工作顺利进行，党组织分别在香港湾仔和宝安白石龙村成立指挥部，并确定开辟和恢复东、西两条秘密交通线。从 1942 年 1 月开始，营救工作秘密而紧张地进行。曾生在白石龙负责接待工作，梁鸿钧负责部队的军事指挥，王作尧负责从港九至游击区交通线的警戒和护送工作。在中共香港地下组织的配合下，被营救人士摆脱了日军的跟踪监控，从 1 月 5 日晚开始分批被护送到九龙的港九游击大队交通站，分东、西两条路线，送往惠东宝抗日根据地。东线从九龙市区经牛池湾到西贡，然后乘船渡过大鹏湾，在大梅沙、小梅沙、上洞或沙鱼涌等地登陆，再经田心到惠阳茶园。西线从九龙市区进入青山道，到荃湾，越过大帽山到达元朗，然后渡过深圳河，进入福田的皇岗、水围一带，再经上、下梅林进入梅林坳，最后到达白石龙根据地。

1 月 9 日夜，邹韬奋、茅盾夫妇、胡仲持、廖沫沙、叶以群、戈宝权、胡绳夫妇等一批著名文化人士在地下交通员的带领下，先从香港岛到九龙，安排住宿隐蔽。11 日早晨，邹韬奋、茅盾等人化装成"难民"，途经荃湾至上塘，后翻过大帽山，于黄昏时分到达"新界"锦田接待站。12 日，各文化人士持已提前办好的回乡通行证，渡过深圳河，到达梅林坳。13 日，从梅林坳翻山到达白石龙根据地。此后，一批批文化界人士和民主人士经东、西两线（主要是西线），冲破日军的严密封锁，克服艰难险阻，撤到惠东宝抗日根据地。另外，夏衍、范长江等几十人先从港岛撤至长洲岛，再坐船到澳门，经中山、台山等地转往广西桂林。

这场秘密大营救行动历时 6 个月，从港九地区营救出何香凝、茅盾、邹韬奋、柳亚子、胡绳等 300 多名国内文化界知名人士和爱国民主人士，加上其家属等计 800 余人。[1]同时，还救出英、美、印籍国际友人 100 余人和港澳青年学生 1000 多人。香港秘密大营救保护了一大批祖国"文脉"和精英，大大提高了中国共产党的威望，巩固和扩大了抗日民族统一战线，在中共党史和抗日战争史上写下了浓墨重彩的一章。许多脱险归来的文化界人士深深感受到共产党人舍生忘死伸出援手的宽广襟怀和无私义举，纷纷发表文章或谈话，表达对中国共产党和党领导的东江游击队的感激之情。邹韬奋为曾生题写"保卫祖国，为民先锋" 8 个大字，临走前还为《东江民报》题写了报名。柳亚子到达兴宁后，为感谢谢一超等人冒险一路护送，欣然写下赠诗："复壁殷勤藏老拙，柳车辛苦送长征。须髯如戟头颅贱，涉水登山愧友生。"茅盾在 1943 年撰写《脱险杂记》，真实而生动地忆述了东江游击队冒死护送文化人的经过，称这次营救工作是"抗战以来（简直可以说是有史以来）最伟大的'抢救'工作"[2]。

---

① 中共广东省委党史研究室编：《中国共产党广东地方史》第一卷，广州：广东人民出版社，1999 年，第 512—515 页。亦有研究认为，通过东线和西线从香港营救出来的知名文化界人士和民主人士人数应该是 160 人以上，北线人数暂时无法确知，但人数应较少。参见游海华：《抗战时期香港秘密大营救若干问题考辨》，《党的文献》，2020 年，第 4 期。

② 茅盾：《脱险杂记》，北京：中国社会科学出版社，1980 年，第 196 页。

第三节　日伪投降

日本宣布投降后，仍有少数日、伪军拒不投降。东江纵队全线出击，歼灭残余敌人，收复深圳墟、南头和西乡等地，宣布建立深圳特别市。国民党第二方面军新一军授权在罗湖东门接受深圳地区的日军受降，宝安全县得以光复。

一、东江纵队歼灭日、伪、顽军

1945 年上半年，世界反法西斯战争取得决定性优势，日本法西斯陷入完全孤立的境地。7 月 26 日，中、美、英三国发表《波茨坦公告》，敦促日本无条件投降。8 月 10 日，日本政府向同盟国发出乞降照会，但日军大本营仍命令各地日军继续作战。为歼灭顽抗的日本侵略者，朱德总司令于 8 月 10 日 24 时发出命令，"所有日军及伪军武装应由距敌最近的部队全部将其收缴，保障投降人员生命，各部队长得令后，立即进行接洽受降事宜，如日伪军拒绝向我军投降，应坚决消灭之"。① 东江纵队接到命令后，于 8 月 11 日发布紧急命令，动员全体军民，开入附近敌占据点，解除日伪武装，维持治安，严防土匪特务破坏活动，保护人民生命财产。8 月 10 日至 11 日，蒋介石连续发布三道命令：要八路军及一切抗日军队"应就原地驻防待命，其在各战区作战

① 《前进报》，1945 年 8 月 12 日，第 97 期。

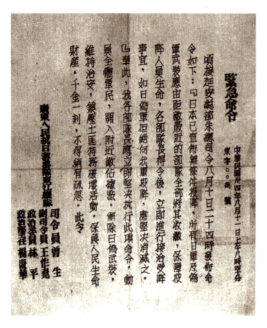

图4-6　1945年8月11日，东江纵队发出紧急命令，动员全体军民即刻解除日伪武装

地境之部队并应接受各战区司令长官之管辖，勿擅自行动"；令"各地伪军，应就现驻地点负责维持地方治安"；令各战区"以主力挺进解除敌军武装"，接受日伪军投降，同时积极向解放区推进。① 公开剥夺了中共及其军队的受降权。13日，朱德、彭德怀以第十八集团军总、副司令名义致电蒋介石，抨击其11日的命令"不但不公道，而且违背中华民族的民族利益，仅仅有利于日本侵略者及背叛祖国的汉奸们"②。同日，毛泽东在延安干部会议上发表讲话，申明了中共要求受降权的正当理由。他指出，八年抗战，中共领导的解放区人民和军队，在毫无外援的情况下，完全靠着自己的努力，解放了广大的国土，抗击了大部的侵华日军和几乎全部伪军。由于中共的坚决抗战，大后方的二万万人民才没有受到日本侵略者的摧残，二万万人民所在的地方才没有被日本侵略者占

① 军事科学院军事历史研究部编著：《中国人民解放军战史》第2卷，北京：军事科学出版社，1987年，第500—501页。
② 《第十八集团军总司令给蒋介石的两个电报》（1945年8月），《毛泽东选集》第四卷，北京：人民出版社，1991年，第1142页。

领。"抗战胜利是人民流血牺牲得来的，抗战的胜利应当是人民的胜利，抗战的果实应当归给人民。"①

1945年8月15日正午，日本裕仁天皇通过广播宣布日本无条件投降。国共两方在同一天向侵华日军发出受降令。朱德在命令冈村宁次投降书中明确指出："所有在华北、华东、华中及华南之日军（被国民党军队包围的军队在外），应暂时保存一切武器、资材，静候我军受降，不得接受八路军、新四军及华南抗日纵队以外之命令""在广东的日军，应由你指定在广州的代表，至华南抗日纵队东莞地区，接受曾生将军的命令"。②8月19日，中共广东区党委在罗浮山冲虚观召开会议，对受降和收缴日、伪军武器以及反内战的工作进行具体部署。会议决定由曾生返回东江以南，在沿海海陆丰、惠阳、宝安、紫金六县部署部队，收缴敌伪枪支，夺取物资，壮大自己。曾生在惠阳新墟南坑村设立临时指挥部，召集有关大队和港九大队的指挥员，具体布署了受降和反内战工作。东江纵队各大队、支队都进行了紧急动员，集结主力分几路向东江两岸、广九铁路、广汕公路两侧和沿海日、伪军据点推进，逼迫日、伪军投降，歼灭顽抗的敌人。在路西地区，东江纵队第一支队向莞太、莞樟、宝太、宝深等各公路沿线的日、伪军据点发起包围和攻击，共歼灭和迫降伪军约3个营的兵力。

---

① 《抗日战争胜利后的时局和我们的方针》（1945年8月13日），《毛泽东选集》第四卷，第1129页。

② 《朱德总司令命令冈村宁次投降》，《解放日报》，1945年8月16日。

在宝安境内，首先解放深圳墟。第一支队从龙华、民治、观澜和宝三区动员成千民兵开赴深圳外围，并命令伪联防大队长投降。8月20日，由宝四区委负责武装工作的潘应宁带领100名精壮武装进入深圳墟，收缴伪联防大队武器300多件，收缴日军全新重机枪1挺、轻机枪2挺、步枪10余支，以及一批短枪和弹药。24日，中共路西县委在深圳墟组织召开万人祝捷大会，当场宣布成立深圳特别市，宝深线军政特派员郑珠明任市长。之后，又召开罗湖、沙头等村长会议和商人会议，研究整顿治安，建立税收制度等问题。

与此同时，中共路西县委派代表到南头与日军商谈受降问题。日军借口未接到命令，拒绝投降。之后经过说服和劝降，8月30日，由我方接管南头，收缴伪军武器600余件，进一步包围孤立日军。至此，深圳获得解放。9月，接管西乡，并成立军管会。延安的《解放日报》以《华南抗日游击队的功绩》为题，报道了东江纵队迫使日伪军投降的消息，文中指出："日本投降后，东江纵队以全力向粤汉线敌伪出击，迫使敌伪投降，先后攻克宝安县城及无数大小村镇，解放了成千上万同胞。""它的功绩和八路军、新四军一样，对于同盟国打败日本法西斯军队的战争，显然是起了很大作用。"①

---

① 《解放日报》，1946年2月13日。

二、罗湖东门新一军受降

1945 年 8 月 15 日，日本宣布无条件投降。国民政府将中国战区划分为 15 个受降区，其中，第二受降区以第二方面军张发奎为受降主官。日本投降的部队集中于广州，并在广州办理受降事宜；第三受降区以第七战区余汉谋为受降主官，日军在汕头集中办理受降。9 月 2 日，日本正式签署投降书，第二次世界大战以法西斯轴心国的失败和反法西斯同盟国的胜利而告结束。

深圳地区的受降工作，主要由在印度和缅北战场立下赫赫战功的新一军负责。当时在深圳投降的日军兵力有 8000多人，分别为驻守在龙岗墟附近的第一二九师团第九十一旅团，以及驻守深圳、平湖和南头城的独立混成第三十一联队以及香港防卫队、野战电信第三中队等部。新一军第三十师（师长唐守治）第八十八团（团长胡英杰）接受龙岗日军第一二九师团第九十一旅团 4000 名日军投降。

10 月 5 日，深圳日军举行投降仪式。南头和罗湖方面的日军集中在深圳乡公所（今东门老街）前广场举行受降仪式。新一军第三十师第八十九团第二营营长侯超文为日军受降主官。日军主官第三十一混成联队德本光信大佐率全体战败人员向在场的全体中国军民敬礼谢罪，并在投降书上签字，随后交出驻深圳兵力配备图，并将自己的佩刀献出。第二天，《大公报》在显著位置刊发了特派员（记者）黎秀石的现场报道《深圳日军缴械》。稿件写道："中国新一军第三十师八十九团第二连（似为'营'之误）今晨在深圳和保（宝）安附近，解除了两千日军的武装。"《大公报》推出社评《日本投降了》，记录了深圳日军投降时向中国军队移交的物资："这在缅北打胜仗的一连（营）军队，正在接收十个日本的供应库，一个飞机场，两所野战医院，二十门大炮，十一辆摩托车，一百五十八匹马和驴，以及其他的供应品。……十个日本供应库都储藏着很多的物资，中国军队接收时，保存得也很好。"①日军战俘于1946年上半年从虎门被遣返回国，个别将领则被列为战犯处死，其中包括在深圳投降的乙级战犯德本光信大佐。

第四节　经济状况

宝安县经济以农业为支柱产业，渔业次之。全民族抗战期间，宝安县百业萧条、经济衰败，农副业、工商业和交通运输业遭受毁灭性破坏。

一、农副业

宝安县境内因山多田少，年产米粮仅足七八个月食用，不能自给，有赖香港洋米接济。全民族抗战期间，深圳地区村民为躲避战祸，大都逃难香港，在家的青壮年多被日军抓

---

① 《大公报》，1945年10月6日。

去做劳工，为日军修建炮楼、堡垒，造成 8882 亩田地、山林荒废，无人耕种。[1]到 1941 年 4 月，耕地面积为 271290 亩，人口数 203715 人，每人平均可用耕地面积为 1.33 亩，农户 29400 户，平均每农户耕地面积 9.23 亩。[2]水稻种植方面，1937 年水稻种植面积 184630 亩，总产量 738520 担；[3]1941 年水稻种植面积 380000 亩，总产量 920000 担；[4]1942 年水稻种植面积 230787 亩，总产量 999900 担，平均亩产 433 斤。[5]

宝安县地处海滨，饶有鱼盐之利。主要渔场分布在大鹏湾外海、万山列岛、南头外海、珠江口附近。渔获物主要销往香港地区，年产值约为 100 万元国币。日军占领宝安县后，利用机械化设备装配渔船，侵占渔场，渔业生产受到严重破坏。沿海渔民失业人数增加，有的受日伪威迫利诱，为其运输汽油、粮食为生，有的甚至沦为日伪的向导，还有部分渔民沦为乞丐，露宿街头。至 1941 年，宝安县直接从事渔业者 250 人，兼营渔业者 700 人。此外，宝安县亦从事淡水养

① 深圳市史志办公室编：《广东省深圳市抗战时期人口伤亡和财产损失》，北京：中共党史出版社，2010 年，第 23 页。
② 广东省人民政府地方志办公室、广东省立中山图书馆编：《广东民国年鉴丛编·广东经济年鉴》，广州：岭南美术出版社，2017 年，第 210 页。
③ 宝安县地方志编纂委员会编：《宝安县志》，广州：广东人民出版社，1997 年，第 182 页。
④ 广东省人民政府地方志办公室、广东省立中山图书馆编：《广东民国年鉴丛编·广东经济年鉴》，广州：岭南美术出版社，2017 年，第 599 页。
⑤ 宝安县地方志编纂委员会编：《宝安县志》，广州：广东人民出版社，1997 年，第 182 页。

鱼，鱼塘面积2000亩，年产量4000担，价值6万元国币。[①]

水产以蚝为大宗，日军侵占宝安县后，蚝民民舍被毁，船只被劫40多艘，蚝民被杀害200多人，逃难异乡者3000多人，蚝产锐减。到1941年，沙井仅存蚝户300户，约600人。年产蚝仅1万担，产值仅24万元国币。[②]除此之外，本地的蔬菜产量较多，仅南头一区，每年运销香港的蔬菜，价值数百万元。[③]

二、工商业

1941年6月以前，本地区核准开采矿区共9处，其中，冼林发开办科沥公司，从事钨矿采掘；刘喜石在姑婆湾开采山石；李威仁在葵涌烧制石灰。[④]全民族抗战爆发后，采矿业受到严重的摧残，加之有色金属矿产资源不够丰富，故宝安县的采矿业日益衰落。

墟市方面，日军侵占宝安县之前，深圳墟虽较为繁盛，然而商店不多，且街道过于狭窄。据统计，1938年宝安沦陷前，全县同业公会总数为24个，其中宝安县商会、深圳商

①　广东省人民政府地方志办公室、广东省立中山图书馆编：《广东民国年鉴丛编·广东经济年鉴》，广州：岭南美术出版社，2017年，第41页。

②　广东省人民政府地方志办公室、广东省立中山图书馆编：《广东民国年鉴丛编·广东经济年鉴》，广州：岭南美术出版社，2017年，第31页。

③　广东省人民政府地方志办公室、广东省立中山图书馆编：《广东民国年鉴丛编·广东经济年鉴》，广州：岭南美术出版社，2017年，第143页。

④　宝安县地方志编纂委员会编：《宝安县志》，广州：广东人民出版社，1997年，第148页。

会、沙头角墟商会规模较大。深圳地区沦陷后，日军封锁口岸，许多街市被焚毁，商家倒闭，商业凋敝。1939 年 11 月，深圳伪维持会宣布开征过境货物税，税率为值百抽三十，并派伪维持会人员在各交通要道巡查，遇乡民担农产品出南头或沙头角者，即须照章纳税，否则强行没收，即使是穿戴新制的绒衣、毡帽、皮鞋等，也须照缴，否则备遭殴辱，行径如同匪盗。[1]

1940 年，日军拆毁南头城及城郊新铺街、九街、一甲、关口、仓前等处民房约 4000 间，砖石、木料用于修路、做工事，木材、杂草用作燃料，致使原先商业繁华的南头城及周边街区化为一片废墟，一蹶不振。沙井云霖墟整条街的店铺被日军烧毁，松岗庙前街的整条街道被烧毁，有 24 家当铺毁于战火。[2]日军所需的货物主要有海味、布匹、火柴、火水、生油、香烟、啤酒、海鲜、牛奶、罐头、牛肉、食盐、豉油精、面粉、肥皂、毛巾、鸦片、红丸等，均由广州转运进来。日军在市面使用军用票，价值是国币的双倍，毫券的三倍，还常以烟纸写"十钱"代替，流通市面。

宝安与香港边界线长达 20 千米，小路丛杂，沿线乡民凭借走私漏税生活者不在少数。自宝安沦陷后，走私活动更加严重。自港夹带过境的货物以布匹、白糖、鸦片、火柴为

---

[1] 《在敌怀柔政策下深圳伪会仍横征暴敛》，深圳市史志办公室编：《民国时期深圳历史资料选编》，深圳：深圳报业集团出版社，2014 年，第 176 页。

[2] 深圳市史志办公室编：《广东省深圳市抗战时期人口伤亡和财产损失》，北京：中共党史出版社，2010 年，第 22 页。

大宗，洋货日用品次之。私运至港的货物主要以五金及钨锰砂为大宗，牲畜次之。从事走私的少数为穷苦乡民，但主要是当地奸商土劣之辈。

三、交通运输业

深圳地区多丘陵谷地，河流少而且不宜泊船；虽依山面海，但滩涂水浅，船只可泊岸的码头不多。陆路交通除广九铁路横贯中部外，只有极少的一些短线公路或乡道。深圳沦陷后，公路建设停顿，深圳地区的交通事业停滞不前。水路方面，日军常用橡皮艇装载货物，由大铲西乡小河运抵县城大板桥，有些渔船，由汉奸经营，装运货物及私运搭客前往香港，每人收港币 5 元。陆路交通，有岩口公路，由乌石岩至蛇口；宝深公路，由南头至深圳；宝太公路由南头至太平，供给军运，不载搭客。1940 年 11 月，日军还强迫民众修筑宝太、沙深公路。全民族抗战期间，深圳地区有 1 段铁路和 12 段公路被炸毁，被炸公路拱桥 2 座，被炸码头 4 个。其中，等岗村附近铁路、莲花庙等被炸毁，赤尾村 1 个火车站被毁。日本飞机轰炸龙华、布吉交界处（即现在的布龙公路），公路被毁坏。位于龙华油松地段河上的桥梁被炸断，无法通行，位于沙井宝太路的林桥也被日本飞机炸毁。[①]

---

① 深圳市史志办公室编：《广东省深圳市抗战时期人口伤亡和财产损失》，北京：中共党史出版社，2010 年，第 21 页。

四、邮电业

日本发动全面侵华战争后，我国沿海许多重要港口被日军全面封锁。1938 年 10 月，日军从大亚湾登陆，不久，广州沦陷。1938 年 12 月，中华邮政当局在香港设立广州邮局香港分信处，负责处理经香港转运的国内邮件以及各国进出口邮件，充当国际邮件互换局的角色。到 1939 年 6 月，广东汕头沦陷，南洋各国侨汇路线严重受阻，港英政府亦不再允许广州邮局香港分信处封发出口国际邮件，于是该分信处员工辗转到深圳湖贝进行封发出口国际邮件的工作，8 月转至珠海前山。由于时局不稳，需要开拓更为安全稳妥的邮路，出生于广东汕头的张新瑶从事军邮工作，他在主持考察后，一条经由惠阳、淡水等地与沙鱼涌连接的水陆邮路被打通。

1939 年 10 月 18 日，沙鱼涌邮局成立，专门负责联邮各国的邮件互换工作，直至 1941 年 11 月停办。沙鱼涌邮局作为国际邮件转运中心，维持了中国与世界 40 多个国家互换国际邮件的工作。在不到一年半（1939 年 10 月 18 日—1941 年 2 月 7 日）的时间里，利用定期往返于香港—南澳—叠福—沙鱼涌的香港轮船封发出口国际邮件达 450 多万件，接收进口国际邮件达 30 多万件。它在抗日战争进入到最激烈的年头维持了中国与世界各国邮政通信的正常业务，有力地支持了中国人民和世界各国人民共同抗击侵略者的正义斗争，在中国邮政史和中国人民反法西斯侵略斗争史上写下光辉的一页。

第五节　社会民生

日伪占据深圳期间，人民被迫流离失所，家破人亡，人口数量急剧下降。原本薄弱的基础教育更是雪上加霜，遭受空前灾难，或被毁或停办，能够正常维持者，寥寥无几。

一、人口变化

全民族抗战前夕，宝安县人口总户数约为 48537 户，总人数 203715 人。日伪占据期间，深圳地区人民被迫流离失所，家破人亡。1941 年 1 月 18 日，日军下令南头与深圳之间 50 岁以下 30 岁以上壮士入营受训，乡民纷纷规避。[①] 大部分居民在日军驻扎之前，自发疏散，扶老携幼，外出避难，形成一股难民大潮，他们或到外地亲戚家避难，或到山中躲藏。龙岗区横岗街道四联社区的 80 多名居民逃到沙头角；六约社区 20 多人连夜逃往平湖及香港等地避难，有的躲进大山或地洞、蔗田里避难。[②] 因气候、饥饿、伤病等原因，在田间、路边、荒山野岭死亡的事件经常发生，宝安沙井大村、新桥等地的绅士曾多次出钱雇人将这些尸体掩埋。

---

① 深圳市史志办公室：《广东省深圳市抗战时期人口伤亡和财产损失》，北京：中共党史出版社，2010 年，第 58 页。

② 深圳市史志办公室：《广东省深圳市抗战时期人口伤亡和财产损失》，北京：中共党史出版社，2010 年，第 16 页。

日军侵占南头城前，南头城居民约 2 万人，到日军投降时已不足 1 万人，至少 2000 人，或死在逃难途中，或在饥寒交迫中客死异乡。①

表 4-3　1943 年宝安县保甲户口人数统计②

乡别	保数	甲数	户数	男女合计	男	女
合计	105	999	9913	43895	21248	22647
王母	13	117	1238	6198	3095	3103
葵华	12	109	1033	4151	2107	2044
鹏一	10	103	923	3595	1644	1951
南平	13	112	1113	4605	2177	2428
东和	7	71	714	3479	1565	1914
沙溪	3	28	272	1055	542	513
观澜	10	76	767	4142	1944	2198
平湖	8	76	785	3990	2020	1970
龙华	12	147	1468	6180	2954	3226
乌石岩	17	160	1600	6500	3200	3300

附注：宝安县县境大部沦陷，本表所载数目是府所能行使职权之各乡的实况。尚有县属第一区楼村为半沦陷区，未列入表内。

1943 年至 1944 年，宝安县人口数量因饥荒出现非正常下降。1942 年夏天，广东天气出现异常。当时全省 64 个

----

① 深圳市史志办公室：《广东省深圳市抗战时期人口伤亡和财产损失》，北京：中共党史出版社，2010 年，第 17 页。

② 深圳市史志办公室：《广东省深圳市抗战时期人口伤亡和财产损失》，北京：中共党史出版社，2010 年，第 33 页。

县市十几天连降暴雨，早稻大面积绝收，损失惨重。但从1942年冬季一直到1943年5月，广东却再也没有下过一场雨，田地龟裂，旱情严峻。全省97个县，有80多个县出现了旱灾。水旱灾害的叠加，造成当年大饥荒。"广东灾荒愈加严重，饥民已由一百万，增加至五百万人。素称余粮地区之增城、东莞、博罗等地，如今也是一片灾象。自增城属之南江以至深圳、广九路沿线，赤地千里，由石龙至老隆沿江，草木枯槁，东江沿河，处处皆町步涉，旱象极重。"①在沿海地区，日军实行禁渔政策，渔民不能外出捕鱼，经济来源中断，因此，在饿死的人中，渔民数量最多。据《广东省志》记载："当时广东除粤北及一些山区外，大片国土沦陷于日军。广东本属缺粮省份，每年约欠3个月的粮食，抗日战争前要从东南亚进口大米维持民食。太平洋战争爆发后，外汇及进口粮食，均告中断，潮汕、四邑、珠江三角洲等地便陷入粮食紧张局面。由于日本侵略军禁止渔民出海捕鱼，使渔民生活陷于绝境，饥死者已多，值是夏饥馑死尤众，至若沦陷区域灾情最严重，死者万余人占人口三分之一。"②另据《宝安县志》记载："1943—1944年，连续大旱，禾稻失收，大饥荒。"③至1945年9月，日军投降，全县仅剩38391

---

① 《新华日报》，1943年5月31日。
② 广东省地方史志编纂委员会编：《广东省志·自然灾害志》，广州：广东人民出版社，2001年，第525页。
③ 宝安县地方志编纂委员会编：《宝安县志》，广州：广东人民出版社，1997年，第113页。

户，139471 人。[①]

表 4-4　民国时期宝安县人口变化表 [②]

年份	总户数	总人口数	男	女
1931 年	48537	203715		
1936 年	47102	171568	92211	79357
1937 年	48440	175437	91227	84210
1938 年	48488	171568	89215	82353
1939 年	48537	203715	111486	92229
1945 年	38391	139471	68688	70783

二、教育文化

据 1934 年《宝安县地方纪要》记述，宝安县"教育事业，颇为落后，因县境毗连香港，县民之侨港者，其子侄多在港就学，即附近广九各乡村，以交通利便，亦多使子侄就学广州。若在县中就学者，多属贫民。因此教育难于进展，风气遂形闭塞。全邑学校，仅有初中二校，小学七十余校，民众学校二所，类多经费不足，因陋就简。私塾现经取缔"。[③] 至 1937 年上半年，全县共有小学 137 所，其中，中

---

① 宝安县地方志编纂委员会编：《宝安县志》，广州：广东人民出版社，1997 年，第 121 页。

② 宝安县地方志编纂委员会编：《宝安县志》，广州：广东人民出版社，1997 年，第 121—122 页。

③ 《广东省宝安县概况（1941 年）》，深圳市史志办公室编：《民国时期深圳历史资料选编》，深圳：深圳报业集团出版社，2014 年，第 155 页。

心国民学校 25 所，保国民学校 101 所，私立小学 11 所。①
1938 年 10 月，宝安沦陷后，本地一些小学开始不办或停办。
到 1941 年 7 月，宝安县小学还剩下 69 所，其中完全小学共
3 所，初级小学 61 所，短期小学 5 所。②但到 1941 年 12 月，
日军攻陷香港后，本地几乎所有小学不是被毁就是停办，所
剩无多。1938 年深圳墟沦陷前，私立深圳小学有学生 180 人，
教师约 8 名，是一所规模较大的完全小学。后来，私立深圳
小学的雍睦堂校舍被日寇强占为军营，学校被迫改名为"私
立深圳日语小学"。原私立深圳小学只好迁到旧城区解放路
的一间砖瓦平房，学校规模萎缩，只有初小一至四年级 4 个
班，学生百余人，教师约 6 人。

全民族抗战期间，宝安县的中学教育只有初级中学，没
有高级中学。初级中学 5 所，分别是南头的县立第一初级中
学、观澜私立振能初级中学、深圳镇私立深圳初级中学、布
吉私立乐民初中、沙井宝民初中。在宝安县沦陷前，县立第
一初级中学曾经办春季班和秋季班，学生约有 500 人之多。③
1938 年初，日军舰炮轰宝安县城南头，县立第一初级中学校
长（国民党员）弃校逃走。在中共党组织的安排下，由梁金
生接任校长。他充分利用校长职务，积极开展党的活动。其

① 宝安县地方志编纂委员会编：《宝安县志》，广州：广东人民出版社，1997 年，
第 638 页。
② 本书编纂小组编：《宝安县教育志（1106—1986）》，宝安县教育局油印，
1988 年，第 53 页。
③ 《岁月留痕——深圳市南头中学校史资料汇编》，香港：香港大道出版社，
2006 年，第 7 页。

间，他主办了《宝安抗战周刊》，并为《宝安青年》等进步报刊撰写文章，宣传党的团结抗日救国的主张。师生们还组织了"抗日救亡呼声社服务前线工作队"，深入南头、西乡、石岩等地农村开展抗日宣传活动，推动了全县团结抗日救国形势的发展。1943年，东江纵队成立后，该校一大批师生投笔从戎，参加了抗日武装队伍。

1944年2月，按照东江纵队政治部的决定，路西解放区东宝行政督导处在光明地区公明墟水贝村（现光明新区公明办事处下村小学内）创办的第一所新型战时学校——东宝中学正式开学，全校教职员工近20人。学校建立了党支部，初属东宝行政督导处，后属中共宝二区委直接领导，党组织在师生中秘密发展学生党员，学校还建立了青年团组织（先称"共产主义青年团"，后改称"抗日民主青年同盟"）。学校开办时先招收1个简易师范班和1个初中班，秋季又招了1个初中班和1个升中班，学生人数最多时达100多人。学校面向工农，以"发展革命根据地文化、教育事业，培养一批革命知识分子，为抗日民主政权输送干部，为东宝地区的教育事业培养师资"为办学宗旨；以"实施新民主主义教育，着重培养人的政治思想、道德品质，树立革命人生观；同时让学生掌握科学文化知识，学用结合，使之成为为人民服务的干部，为党和政府输送新生力量"为办学方针；在教学方面，学校始终贯彻"因材施教，教学相长"的原则；在校风方面，以延安抗大的"团结、紧张、严肃、活泼"的优良传统为榜样。

根据抗日战争的实际需要，学校的学制有所调整，学习期限规定师范班为1年，初中班为2年。课程设置与国统区、沦陷区的旧式中学有着本质上的区别，做了较大的改革和精简，除了正课设置语文、数学外，增设"政治常识""社会发展史""哲学讲话"等课程。当时购买这些课本很困难，多由老师选印，有的教材还是自行编写。为了适应农村生产和战争需要，学校特别设置了动植物、生理卫生和军事知识等课程，取得了很好的效果。学校还经常举办演讲、书法、球类、戏剧、歌咏、体育等比赛，丰富师生课余文化生活。时事讲座、形势报告、各种专题讨论会、座谈会、文艺晚会等也有计划地进行，学校成立"五四"剧社，足迹遍及东（莞）、宝（安）地区城镇山乡，以文艺形式进行抗日宣传活动，深受群众的欢迎。东宝行政督导处领导谭天度、王士钊还经常到学校向师生作形势报告，讲解党在东宝地区各项方针、政策，让学校师生受到深刻的革命教育。

1945年10月，因广东国民党当局挑起局部内战，东宝中学被迫停办。东宝中学实际办学时间仅半年多，但增加了有志青年接受革命教育的机会，一批革命骨干从这里走向全国各地，或加入革命队伍，或转入地下进行革命斗争，被誉为宝安的"陕北公学"。①

---

① 周肇仁：《宝安的"陕北公学"》，《宝安志史》，2005年第1期。

图 4-7　1945 年 2 月，东江纵队创办的东宝中学

　　宝安县文化落后，"其他文化事业，无甚可观"。①宝安县没有专门的文化事业管理机构。1934 年以前，文化事业由教育科或教育局兼管。1935 年设立民众教育馆，隶属教育科，1937 年归县府第四科管理。全面抗战爆发后，宝安县的文化事业受到了严重的破坏。《宝安日报》被迫停刊。只有 1941 年东江纵队在抗日根据地创办的《大家团结报》和《新百姓报》，后两报合并，更名《东江民报》。1942 年

---

① 《广东省宝安县概况（1941 年）》，深圳市史志办公室编：《民国时期深圳历史资料选编》，深圳：深圳报业集团出版社，2014 年，第 155 页。

3 月，广东人民抗日游击总队又将《东江民报》改名为《前进报》，直到抗战胜利后停刊。文化设施方面，1935 年，宝安县政府开始划拨经费，成立民众教育馆，馆址设于城内报德祠，有图书、报刊可供阅览，宝安沦陷后，民众教育馆处于瘫痪状态。

第五章　解放战争时期的深圳地区

　　1945 年 10 月，民国政府宝安县机构从东莞迁回南头，恢复管理秩序。1946 年 6 月，以东江纵队为主体的抗日游击队北撤山东烟台。全面内战爆发后，国民党广州行营妄图以东纵复员人员"集训"为名将其一网打尽，后又进行残酷"清剿"。1947 年，惠东宝人民护乡团和广东人民解放军江南支队相继成立。1948 年江南地委发动了沙鱼涌、山子吓、红花岭三大战斗，粉碎"清剿"。1949 年中国人民解放军粤赣湘边纵队成立。宝安县国民党统治分崩离析。10 月 16 日，宝安县城解放。10 月 19 日，深圳镇解放。1950 年 4 月宝安县全境解放。

　　抗战胜利后，中英双方就香港九龙城问题进行多次交涉。1949 年，根据中共中央维持香港现状的决策，人民解放军止步罗湖桥，没有将香港一并收回。九龙关起义后，人民政权接管海关，结束了英帝国主义把持九龙关长达 60 多年的历史。这一时期，国民党发动内战强行征兵，宝安县劳动力减少，经济凋敝。其后推行基层经济建设合作制度等促农措施，逐渐恢复林业、渔业、养蚝业、工商业等。文化教育也逐渐景气。

第一节　宝安县的政治形势

抗战胜利后，国民党宝安县政府恢复对深圳地区的治理，并加紧了对当地共产党的围剿。中国共产党为避免内战，与国民党和谈，国共双方在广东的中共部队北撤等问题上达成初步协议。1946 年 6 月 30 日，以东江纵队为主体的抗日游击队在大鹏湾葵涌集结，乘坐美国登陆舰北撤山东，7 月 5 日抵达烟台，完成战略转移。

一、宝安县的行政管理

1945 年抗战胜利后，宝安县划归广东省第一行政督察专员公署管辖。当年 10 月，宝安县政府始从东莞迁回南头。[①] 1946 年，宝安县政府机构进行调整充实，设县长秘书室、民政科、财政科、教育科、建设科、军事科、田粮科、警察局、人事室、统计室、承审室、县训所、税捐稽征处、情报所、看守所、卫生院、电话所、会计室。1947 年 1 月，根据广东省政府电令，宝安县政府设置社会科，负责民众的组织训练、社会运动、社会福利、救济及义务劳动等事宜。同年 4 月 1 日，设置户政室，管理全县户政业务。1948 年，宝安县政府撤销建设科，并改民政科为第一科，财政科为第二

---

① 宝安县地方志编纂委员会编：《宝安县志》，广州：广东人民出版社，1997 年，第 537 页。

科，教育科为第三科，军事科为第四科。（图 5-1）1949 年
4 月，广东省调整行政督察区域，将原 9 个行政督察区增划
为 15 个，宝安县改隶第二行政督察专员公署，公署设于惠
州。① 至 1949 年 9 月，国民政府宝安县政府机构没有太大的
变化。② 解放战争时期的历任县长有：林侠子、王启后、骆
来添、陈树英、张志光（表 5-1）。

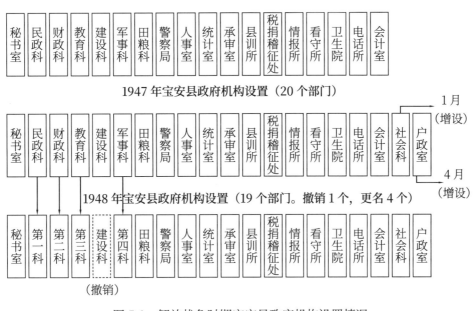

图 5-1　解放战争时期宝安县政府机构设置情况

---

① 陈跃进：《宝安县民国期间之隶属》，《宝安文史》第三辑。转引自深圳博物
　　馆编：《深圳近代简史》，北京：文物出版社，1997 年，第 206 页。

② 张越：《民国时期宝安县行政机构的设置沿革》，《宝安文史》第三辑。转引
　　自深圳博物馆编：《深圳近代简史》，北京：文物出版社，1997 年，第 209 页。

表 5-1　解放战争时期宝安县县长任职表

姓名	职务	任职时间
林侠子	代县长	1946 年 6 月—1947 年 12 月
王启后	代县长	1947 年 12 月—1948 年 6 月
骆来添	县长	1948 年 5—12 月
陈树英[①]	县长	1948 年 12 月—1949 年 4 月
张志光	代县长	1949 年 4—10 月

　　抗战胜利前后，宝安县的警务与司法逐步得以恢复。1943 年 3 月 6 日，宝安县地方法院恢复，设检察署开展司法工作。1946 年，宝安县警察局下辖警察所 2 个、分驻所 5 个、派出所 19 个，水上警察队 1 队、县警察队 4 队，警官 56 人，警员 360 人。1947 年 2 月，县护沙局缩编为保安警察队，增强了地方治安力量。1949 年 2 月，县警察局长邀请当地驻军、地方团队开座谈会，成立军警督察组，进一步加强地方治安。1949 年，广东高等法院先后委任宝安地区检察署检察员 4 人，书记官 2 人。[②]

　　1945 年抗战胜利后，宝安县人口为 13.95 万人，比民国初期锐减约一半人口（1917 年全县人口为 28.75 万人）。1947 年，国民政府开始颁发国民身份证，严格户籍管理。宝

① 1949 年 3 月，县长陈树英（即陈仕英）被粤赣湘边纵队东江第一支队抓获，后由张志光代县长。

② 宝安县地方志编纂委员会编：《宝安县志》，广州：广东人民出版社，1997 年，第 554—556 页。

安县政府户政室加强了户口清查，编造户口册。国共内战爆发后，人口增长缓慢，至 1949 年全县人口约 18.47 万人。①

　　1945 年 10 月至 1949 年 9 月期间，宝安县的基层行政建置沿袭之前的区乡建置和保甲制，在县以下分为"区、镇／乡、保、甲"四级行政建置（图 5-2）。区级设置在此时期一直是第一区、第二区、第三区 3 个区，乡级及以下的治理单位数目略有调整。1946 年，宝安县调整乡编制，把原 3 个镇、37 个乡缩编为 2 个镇（深圳、南头）、20 个乡、417 个保、4266 个甲，仍设 3 个区，②分别为第一区、第二区、第三区（表 5-2）。1947 年增设莲城、南屏、万山 3 个乡后，全县 3 个区、25 个乡镇（2 个镇、23 个乡）、417 个保、4852 个甲。③1948 年全县 25 个乡镇、317 个保、4017 个甲。1949 年 10 月，全县 18.47 万人口，有 3 个区、25 个乡镇、371 个保、4015 个甲。④

---

① 深圳市福田区革命老区发展史编委会：《深圳市福田区革命老区发展史》，广州：广东人民出版社，2021 年，第 1—2 页。统计数据来自《深圳博物馆基本陈列·近代深圳》《宝安县志》。

② 深圳市地方志编纂委员会编：《深圳市志·基础建设卷》，北京：方志出版社，2014 年，第 266 页。

③ 深圳市地方志编纂委员会编：《深圳市志·基础建设卷》，北京：方志出版社，2014 年，第 267 页。

④ 宝安县地方志编纂委员会编：《宝安县志》，广州：广东人民出版社，1997 年，第 538 页。

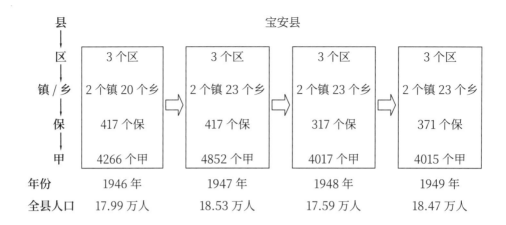

图 5-2　解放战争时期宝安县基层治理架构

表 5-2　1946 年宝安县行政区划表

区别 （3 区）	乡镇名称 （2 镇 20 乡）	乡镇区域（/）
第一区	南头镇	十约、九街、南园、南厦乡
	沙河乡	沙河乡
	西乡乡	西乡、上川、八合乡
	固戍乡	固戍、黄田乡、西乡的井湾村
	凤凰乡	德星桥、凤石乡、雍和乡的灶下村
	沙井乡	沙井、塘涌萌乡、新桥乡的东山、塘下村
	新桥乡	新桥乡
	松岗乡	一、二、三乡
	公明乡	四、五、六乡
	雍睦乡	雍睦乡

区别 （3区）	乡镇名称 （2镇20乡）	乡镇区域（/）
第二区	深圳镇 沙头乡 布吉乡 平湖乡 观澜乡 龙华乡 石岩乡	深圳镇、靖安、雍和乡 福民、五和、亲睦乡 布吉、保和乡 平湖乡 观澜乡 龙华乡 乌石岩乡
第三区	东和乡 南平乡 王母乡 大鹏乡 葵沙乡	东和乡 南平乡 王母乡 鹏一乡 葵华、沙溪乡

为提高全县各乡镇保甲及各级干部人员素质，便于县政推行，1947年2—3月，县政府修葺了位于附城关口村较为破烂的郑氏宗祠，改为县训练所，分期开办各种训练组（班），抽调本县各级乡镇保甲、干部人员进行培训。此前，因所址尚未建立，宝安县先行举办过三期巡回训练班。1946年8月，先后在深圳镇、沙井乡、黄松岗乡办理甲长班3期，分别调集甲长32人、65人、41人训练，共训练甲长138人。① 县训所建立后，即续办第四期培训。培训对象为各乡

---

① 林侠子：《宝安县政府一年来工作报告（1947年）》，深圳市史志办公室编：《民国时期深圳历史资料选编》，深圳：深圳报业集团出版社，2014年，第265页。

镇长及保长，集中训练一个月，原计划受训人数92人，因培训对象存观望心理，经派员分赴各乡镇催训，仍只来了22人，3月17日开课，4月18日期满结业。县训所除了常规培训，也办理特定培训。1947年5月15—25日，举办的第五期是兵役人员训练班，目的在于使办理兵役的基层干部能够彻底了解兵役法以及征兵的处理程序。自5月26日开始的第六期始，为在年内完训各级干部，常规训期由一个月缩短至两周。①

宝安县财政管理奉行国民政府的自治财政法令，县政府严令取缔苛征附加，成立并改组地方财务机构。先是根据要求成立县财政整理委员会进行管理，后又根据广东省要求中止该委员会，于1947年4月底以前另行成立公有物产管理委员会。县财政收入有两个来源，税捐收入和县占田实。税捐收入随着国民政府迁回后的治理大幅增加。1947年4月县税捐稽征处列报为1680余万元，5月达1800万元，已经接近广东省给宝安县的厅定比额每月2000万元。县占田实按年度征收，1946年宝安县征实配额为6.4万余市石，县占公粮部分据此可达2万余市石，因赋籍需重新整理，年度实际征超2万余市石，县占部分仅得7000市石。宝安县毗连港九，财政支出受外汇影响较大，解放战争时期物价指数与日俱增，县财政支出数字增长较快。县长林侠子接任之初为

① 林侠子：《宝安县政府一年来工作报告（1947年）》，深圳市史志办公室编：《民国时期深圳历史资料选编》，深圳：深圳报业集团出版社，2014年，第265页。

每月 1200 余万元，一年后月支达 2800 万元以上。除县税收入约可抵除三分二外，其余靠提售县估公粮变价所得来填补，以维持县财政收支平衡。[1]

税捐是宝安县地方财政的主要来源，自 1945 年县政府迁回后，即先后开征各项合法税捐。1946 年国民政府中央财政收支系统改革，营业税契税土地税重新划入地方征收，宝安县因地临港九、环境特殊，统治区域未遍及全县（与共产党统治区域犬牙交错），税捐征收不能完全实施（表 5-3）。

表 5-3　1946—1947 年宝安县税捐情况 [2]

税收类别	税目	接办时间（年.月）	计征时间（年.月）	计征数额（元）	地域范围	备注
省税	营业税	1946.9	1946.7—1947.4	410 余万	深圳南头西乡	第三区暂不能推行（沙井公明预计可收 87 万余元）
	契税	1946.9	1947.1—1947.4	2394966	/	/
县税	屠宰税	/	/	/	/	征收地区受两党斗争影响较大

① 林侠子：《宝安县政府一年来工作报告（1947 年）》，深圳市史志办公室编：《民国时期深圳历史资料选编》，深圳：深圳报业集团出版社，2014 年，第272 页。

② 林侠子：《宝安县政府一年来工作报告（1947 年）》，深圳市史志办公室编：《民国时期深圳历史资料选编》，深圳：深圳报业集团出版社，2014 年，第273—274 页。

续表

税收类别	税目	接办时间（年.月）	计征时间（年.月）	计征数额（元）	地域范围	备注
县税	筵席税	1947.3	自 1947 年 3 月起按月征收	/	/	较以前增加一倍以上
	市场租	/	/	/	/	税收占县税第二
	房捐警捐	1947.3	自 1947 年 3 月起	/	南头西乡沙井	其余还未开征

（备注：除上列各项税捐外，其余还有营业牌照税、使用牌照税等）

民国时期流通法币，金融市场每有波动，小额法币就被歧视拒用或抵折，影响法币的信誉和流通，1947 年宝安县政府曾一再通令及布告各版大小法币须一律通用，取缔歧视法币。[1] 为稳定金融，宝安县还对银钱业店铺进行调查及清理，并办理劝募公债及其他捐献。

随着解放战争的推进，全国局势动荡，金融波动瞬息万变。1949 年，"四月份税捐尚未奉令改征实物，仍以金圆券为本位，计全月收入三七七二一二四七四元，比三月份多计六倍而实际物价跳动何止千倍，公教员工所领薪饷，几如乌

---

[1]　林侠子：《宝安县政府一年来工作报告（1947 年）》，深圳市史志办公室编：《民国时期深圳历史资料选编》，深圳：深圳报业集团出版社，2014 年，第 272 页。

有，其他支出更无法应付，县政推行备感棘手"[1]。此时货币金融体系已经崩溃。国民政府的统治日渐式微，政府财政入不敷出，立出更多征税名目，且转向征收实物（表5-4）。

表 5-4　1949 年宝安县税捐情况 [2]

序号	税目	征收情况
1	营业税	1949 年 5—8 月前，因币制及税处易人关系未征。
2	契税	因土地转移买卖不多乡民又存观望心理，尚未有……
3	屠宰税	根据省府（38）卯□财三县字第（60677）号代电颁发屠宰税改征实物办法，自 5 月起改征稻谷，按牛每头征收稻谷（120）市斤、猪每头征收稻谷（60）市斤、羊每头征收稻谷（30）市斤，以南头 4 月 25 日中等稻谷时价折□缴纳为标准。
4	易地屠宰税	4、5 月份仍征收金圆券，自 6 月起，参照屠宰税改征实物办法改征稻谷，依照邻县征率每头改征稻谷（5）市斤，本县易地屠宰税以大铲及深圳两地为出口地点。
5	筵席娱乐税	消费起点在稻谷 20 市斤以上者，依章一律以 20% 征收，由 6 月中旬起开征，参照屠宰税改征实物办法变价入库，唯以本县人口不多消费力差，致收入甚少。

---

① 张志光：《宝安县政府一年来工作报告（1949 年 9 月）》，深圳市史志办公室编：《民国时期深圳历史资料选编》，深圳：深圳报业集团出版社，2014 年，第 320 页。

② 张志光：《宝安县政府一年来工作报告（1949 年 9 月）》，深圳市史志办公室编：《民国时期深圳历史资料选编》，深圳：深圳报业集团出版社，2014 年，第 319—320 页。

序号	税目	征收情况
6	房捐	奉省府（38）辰佳财三县（60698）号代电饬交由县警察局代征，唯该项捐款由五月起，迄未据报征收，刻再饬警局查报。
7	土地宅地税、市场租、码头捐	因种种关系迄未开征，现奉省府（38）未□财（60899）号代电，饬自八月廿一日开征案，经转饬税捐处遵照拟具计划筹办。
8	营业牌照税、使用牌照税	本年度尚未开征，正加紧印制牌照办理。
9	自卫特捐	筹备已久，均苦无征收对象……金认县属大铲关地方征收船只过境自卫特捐，迄至最近（八月廿日）始行开办征收，以闻征伊始，社会阻力极多……

二、东江纵队北撤烟台

1945 年 8 月，日本宣布投降，抗战取得胜利。人民渴望过上和平安定的生活，休养生息，重建家园。中国共产党积极促进和谈，国民党却毫无诚意。在开始和谈的前几天，即 8 月 21 日，国民党政府重建广州政权，将广州地区作为全国 15 个受降区的第二受降区，急调大批拥有美式装备的军队进驻广州，以期趁着国共两党力量在广东悬殊之际，快速消灭广东境内的人民武装。深圳地区在抗战期间曾是广东党组织领导机关的所在地，又是东江纵队开展敌后游击战争的主要根据地之一，因此，备受国民党广东当局重视。国民党广东当局在此投入大量兵力，企图将包括惠东宝解放区在内的东江解放区彻底占领。

1945 年《双十协定》的签订，没有改变国民党进攻解放区的计划。10 月 20 日，粤、桂两省"绥靖会议"在广州召开，国民党广州行营主任张发奎在蒋介石授意下，策划对广东解放区发动全面进攻。会后便在全省投入正规军 8 个军 22 个师的兵力，对东江、琼崖、粤中、西江、粤北、南路解放区进行分进合击，反复"扫荡"[①]。至此，广东地区的内战全面爆发。

广东地区的党组织进行了积极应对。早在 1945 年 8 月 20 日，广东区党委决定成立中共江南地委，下辖惠阳、东莞、宝安、海丰、陆丰、紫金、五华等地的党组织。9 月中旬，尹林平、曾生召开区党委会议和干部会议，作出反击国民党进攻和坚持斗争的部署，将东江纵队活动地区分为粤北、江南、江北和海陆惠紫五（即海丰、陆丰、惠阳、紫金、五华）4 个地区，建立 4 个地委和 4 个指挥部，实行党组织和部队统一的分区指挥和领导。其中，江南指挥部活动地区包括广九路东、路西和惠东一带，包括宝安县。东江纵队各部队在国民党军尚未发动大规模进攻之前，进行整编，安置老弱病残，吸纳精干人员。路东县委撤销，其原辖各区委改由江南地委直接领导，以减少领导层次。坪山地区党组织转入地下活动，以保障安全。《双十协定》签署后，根据

---

① 深圳市史志办公室：《中国共产党深圳历史（第一卷 1924—1950）》，北京：中共党史出版社，2012 年，第 223 页。

中共中央制定的"向北发展，向南防御"战略方针，东江纵队做了北撤的准备。10月，宝四区委决定把观澜乡政治工作人员和已暴露的人员组成武工队。龙华地区党组织根据宝四区委的布置，在敌人"扫荡"前做好了组织武装、疏散人员、掩藏物资以及隐藏组织等准备工作。11月，路西县委采取了撤离人员、掩藏物资、分片活动三项紧急措施。

12月12日，国民党大举进犯东江解放区，解散农会，收编伪军、土匪，组织伪联防队，扶植区乡反动政权，实行保甲制度，整个惠东宝地区笼罩在白色恐怖之下。东江纵队遵照中共中央指示，采取"分散坚持，保存干部，保存武装"方针，留下少数部队坚持原地斗争，将大量兵力向北、向东分散转移到国民党统治区后方，并分散大批人员到城市开展地下革命活动。解放区部队机动灵活地打击敌人，在这期间，地下交通线仍然畅通无阻。这些隐蔽的通道，为深圳地区革命力量撤退到香港九龙、新界、元朗等地提供了条件。

1946年1月10日，中共代表同国民党政府代表正式签订停战协定，双方同时颁布停战令。国民党广东当局不承认广东有中共领导的抗日武装，宣称广东只有零星的"土匪"和"剿匪"行动，而不存在执行停战令的问题。他们多方阻挠前来参加谈判的东江纵队代表，对人民武装连续不断地采取军事打击行动。

为了促使国民党广东当局履行停战协定，承认广东人民抗日武装的合法地位，中共中央和广东区党委指示要求各地人民武装坚持自卫斗争之外，还通过各种渠道对国民党当局开展强大的政治攻势。1946年2月17日，香港基督教会督何明华致电张发奎说："我以耶苏（稣）基督的名义，请求你训令你部下的将领们，立即停止进攻东江区的爱国的中共军队。"[①] 3月22日，中国民主同盟港九支部在香港召开成立大会时致电全国，呼吁"停止内战"。新加坡、马来西亚、泰国等地爱国华侨纷纷集会，发出通电，呼吁和平，要求国民党军队停止进攻东江纵队。在香港的国民党元老何香凝、爱国民主人士蔡廷锴也发表声明，呼吁停止内战。与此同时，中共在重庆也开展了一系列争取活动。3月11日，广东区党委书记、东江纵队政委尹林平根据指示，在重庆举行中外记者招待会，揭露国民党广东当局发动内战、阻挠军调部第八执行小组开展工作的卑劣行径。3月18日，中共代表团团长周恩来在重庆举行记者招待会，让尹林平介绍广东内战情况，"号召全国人民、盟帮朋友、各党派朋友，一致起来拥护并监督政协全部协议的实现"[②]。不少社会知名人士和海外华侨在得知事实真相后，对广东人民武装都表示同情和支持，纷纷给国民党当局、各报馆写信，谴责国民党军队的暴行，呼吁国民党当局履行协定，停止进攻东江纵队，通过

---

① 《曾生致中央电——何明华电张停止进攻东江》（1946年2月17日），许振泳编：《广东革命历史文件汇集》甲51卷，中央档案馆、广东省档案馆，1992年，第18页。

② 《对国民党二中全会，周恩来同志重要谈话——国民党全会决议违反政协决定》，《解放日报》，1946年3月22日。转引自深圳市史志办公室：《中国共产党深圳历史（第一卷　1924—1950）》，北京：中共党史出版社，2012年，第227—228页。

谈判解决争端和冲突。

1946 年 3 月 31 日，由美国代表柯夷、国民党代表皮宗阙、中共代表廖承志组成的"三人会议代表团"及尹林平等人由重庆到达广州。东江纵队司令员曾生、政委尹林平等以中共华南武装人员代表身份到广州参加谈判，双方就东江纵队北撤问题终于达成协议，国民党承认华南有中共领导的抗日武装力量，双方同意东江纵队北撤 2400 人，不撤退的复员，发给复员证，政府保证复员人员的生命安全，财产不受侵犯，就业居住自由；东江纵队撤到陇海路以北，撤退运输船只由美国提供。

1946 年 4 月 4 日，东江纵队司令员曾生、政治委员尹林平以中共华南武装代表身份到广州参加会谈。国共两党代表经过近 50 天激烈斗争，于 5 月 21 日达成了中共武装人员北撤山东烟台的最后协议——"东江停战和华南中共武装北撤问题联合会议决议"[1]。

国民党虽已被迫达成东江纵队北撤的协议，但仍图谋乘东江纵队集中北撤之际将其消灭。国民党广东当局在北撤部队各集结点和行军路线上加强兵力部署，制造事端，消耗东江纵队的势力。粤北部队短枪队队长刘黑仔等人遇袭牺牲。部队集结遭遇重重困难。

1946 年 5 月 25 日，北平军事调处执行部派员监督执行东江纵队北撤工作，中共香港组织积极部署落实北撤事

---

① 《东江共军北撤问题，两方面已获最后协议》，《华商报》，1946 年 5 月 23 日。

宜。6月13日，军调处第八执行小组一行人（包括中共代表方方，国民党代表黄伟勤，美方代表米勒）经过香港到达葵涌。6月24日，东江纵队江南、江北和粤北、东进部队集结于大鹏半岛。中共武装按计划集结之后遭遇飓风，美国三艘登陆艇不能准时到达葵涌。国民党当局又趁机策划将集结在沙鱼涌的中共武装"一网打尽"，幸好被在国民党第四战区工作的共产党员杨应彬、左洪涛等识破其阴谋。中共广东区委和中共中央及时得知消息后，利用电台、报纸等舆论工具向社会各界公开揭露国民党的卑鄙行径，并向军调处第八执行小组提出抗议。集结部队迅速作出应战准备，再次挫败了国民党的阴谋。

1946年6月29日，在大鹏湾沙鱼涌海滩举行欢送北撤部队的大会。人民群众自发前来挥泪送别人民军队。30日，东江纵队（包括珠江纵队、韩江纵队、南路、粤中、桂东南等部队的部分骨干）2583人，在沙鱼涌分乘美军3艘登陆艇，踏上了向山东烟台北撤的行程。7月5日，北撤部队抵达山东烟台，完成了战略转移的任务，受到山东解放区广大军民的热情欢迎。

第二节 国共两党的军事斗争

1946年6月，国民党发动全面内战。国民党广州行营妄图以东纵复员人员"集训"为名将其"一网打尽"，未得逞后又进行残酷"清剿"。1947 年，惠东宝人民护乡团和广东人民解放军江南支队相继成立，人民武装斗争得以恢复，并于 1948 年粉碎了国民党广东当局的"清剿"，巩固了以坪山为中心的根据地。1949 年初，粤赣湘边纵队成立，解放区民主政权逐步建立和巩固。宝安县反动武装不断分化瓦解，国民党统治分崩离析。10 月 16 日，宝安县人民武装部队顺利攻进南头城，宝安县城解放。19 日，深圳镇解放。

一、人民武装的发展

（一）惠东宝人民护乡团建立

东江纵队北撤后，留在广东的人民武装尚有 3000 多人，分布在粤北、九连、东江、西江、潮汕、兴梅、广州等广大地区。[①] 留在广东的人民武装遵守协议，停止了军事活动，但国民党广东当局却公然撕毁协议，不断对留粤武装人员进行"清乡""清剿"，强迫"自新"，意图将其消灭。留粤武装人员遵照中共广东区委指示，实行分散转移，潜藏隐蔽以待时机。

1946 年夏，广东省在水稻成熟时遭遇特大台风而导致粮食歉收，但国民党广东当局不顾人民死活，竟宣布自 8 月起开始征粮，9 月恢复征兵，并加收各种赋税，造成民不聊生的动荡社会局面。7 月，国民党军队发动疯狂进攻，宝安

---

① 方志钦、蒋祖缘主编：《广东通史》近代下册，广州：广东高等教育出版社，2010 年，第 1207—1208 页。

大部分地区的党组织遭到破坏或失去联系。反饥饿、反内战、反迫害的斗争此起彼伏，恢复和发展人民武装斗争具备了十分有利的客观条件。

自 1946 年 9 月 10 日起，为配合全国的解放战争，在南方开展游击战争，广东地区党组织集合留港干部学习，连续举办 5 期干部训练班。这些学员随后被派回各地，参加和领导武装斗争工作，为加强各地党组织的领导，恢复武装斗争，重建武装队伍准备了干部条件。1946 年 11 月 6 日，党中央对南方各省党组织发出工作指示："凡有可能建立公开游击根据地者，应即建立公开游击根据地"；"凡条件尚未成熟之地区，则采取荫蔽、待机方针，以等候条件之成熟"。[①] 根据中央的指示和广东的斗争形势，广东区党委于 11 月 27 日作出了恢复武装斗争的决定，并准备筹建惠东宝人民护乡团、惠紫人民自卫大队、海陆丰人民自卫总队。党组织开始分头发动，联系东纵复员人员，逐步集结队伍，为筹建武装作准备。

1947 年 2 月，以东纵北撤时留下来的武装为班底，加上动员起来的复员人员，坪山的武装力量发展到了 30 人。[②] 根据广东区党委的指示，中共江南特派员蓝造等从香港回到坪山，在坪山北岭沙坑围召开干部会议，宣布以群众自卫组

---

① 《中央对南方各省工作的指示》（1946 年 11 月 6 日），中央档案馆编：《中共中央文件选集》第 13 册，北京：中共中央党校出版社，1991 年，第 512 页。

② 深圳市坪山区革命老区发展史编委会：《深圳市坪山区革命老区发展史》，广州：广东人民出版社，2020 年，第 90—91 页。

织维护治安的名义，成立以东纵复员人员为主体的惠东宝人民护乡团。蓝造任团长兼政委，叶维儒任参谋主任。护乡团提出"保护人民利益，与广大人民及各阶层人士团结一致，维护治安，反抗三征，反对内战，为实现和平民主的新中国而奋斗到底"的口号，开启了新的武装斗争。

护乡团成立之初，隶属中共江南地区特派员领导。3月，根据中共广东区委的决定，成立中共江南地方工作委员会（简称"江南工委"），蓝造任书记、祁烽任副书记，统一领导惠阳、东莞、宝安、海丰、陆丰、紫金等县的地方党组织和重建武装斗争的工作。此后，深圳地区的党组织活动、武装斗争和群众工作便在中共江南工委的统一领导下开展。隐蔽于各处的地方党员逐渐返回各自的组织，参加恢复发展党组织的活动和武装斗争。

从 1946 年 6 月东江纵队北撤至 1947 年 2 月中共恢复武装斗争，时间不长，但斗争极其复杂和艰苦。隐蔽在各处的共产党员和武装小分队及复员人员，克服重重困难，英勇顽强地坚持自卫斗争，给国民党地方反动势力以有力打击，保存了革命力量，保护了人民群众，粉碎了国民党统治集团企图彻底扑灭人民革命力量的阴谋。[1]

（二）江南支队的成立与发展

1947 年，全国军事形势发生改变，中国人民解放军由

---

[1] 深圳市史志办公室：《中国共产党深圳历史（第一卷 1924—1950）》，北京：中共党史出版社，2012 年，第 239 页。

战略防御转入战略进攻阶段。1947 年 9 月，宋子文任国民党政府军事委员会广州行辕主任、广东省政府主席兼广东省保安司令后，加紧了对华南人民武装力量的进攻。1948 年 1 月 26 日，宋子文发表"绥靖新策略"，制订了两期"清剿"计划。第一期实行"分区清剿，择点进攻"的方针，重点进攻粤北、南路、兴梅三个地区。第二期实行"肃清平原，围困山地"的方针，重点进攻江南地区的惠东宝和九连地区。

1948 年 2 月，中共中央香港分局对此作出应对，召开粉碎"清剿"的部署会议，确定"普遍发展，大胆进攻"及"以进攻消灭敌人的进攻，以发展消灭敌人的进攻"的方针，在会后发出《粉碎蒋宋进攻计划，迎接南征大军的指示信》，对军事斗争、群众斗争、政权工作、统一战线工作、整党工作等方面提出具体意见，对于新形势下各级党组织发动群众、粉碎宋子文的"清剿"计划起到积极指导作用。3 月，中共江南工委撤销东宝县特派员，成立中共东宝县委员会，实行党政军一元化领导，统一领导军队和地方党的工作。4 月，根据中共中央香港分局指示，江南工委在坪山召开干部会议，宣布撤销江南工委，成立中共江南地方委员会（简称"江南地委"），下辖中共东宝县委、中共海陆丰县委、中共惠阳县委和中共惠紫边县委，决定对部队进行整编，成立广东人民解放军江南支队。会议还研究认为江南地区接近广州、香港，敌人进攻频繁，不适宜立即进行土改。因而决定在坪山、定南、坑梓、新墟、长兴五个乡进行调整耕地（分耕）试点，其他部队活动地区则进行退租退息，借粮救荒斗争。①

1948 年 4 月，根据坪山会议精神，江南地区的武装部队在原惠东宝人民护乡团、惠紫人民自卫大队、海陆丰人民自卫总队基础上，统一整编为广东人民解放军江南支队（简称"江南支队"）。江南支队由蓝造任司令员，王鲁明任政委，曾建任参谋长，刘宣任政治部主任。

中共宝安县委的建立和江南支队的成立，加强了深圳地区党组织和部队的统一领导。江南支队整编后进行短期整训，随后积极展开退租退息斗争和军事活动，打击敌人，扩大部队和活动地区。

二、"清剿"与反"清剿"斗争

在 1948 年初国民党的第一期"清剿"计划中，深圳地区不属于重点进攻地区，但仍属"扫荡"对象。在"分区清剿，择点进攻"方针下，国民党一五四师、虎门要塞司令部 1 个团、保八团、保十三团和东莞、宝安两县团防以及县警大队等 2400 多人，先后向东宝地区发动进攻。活动于深圳地区的江南支队积极应战，主动打击国民党军队。深圳地区军民在反"清剿"中历经大小战斗 40 多次，其中江南支队第三团先后在乌石岩、固戍、龙华等地袭击敌人，七战七捷，战果颇丰，活动地区扩大了 30%，队伍从 800 余人发

---

① 深圳市坪山区革命老区发展史编委会：《深圳市坪山区革命老区发展史》，广州：广东人民出版社，2020 年，第 93—94 页。

展到 1200 多人，彻底粉碎了国民党对东宝地区的"清剿"计划①。部队在第一次"清剿"战斗中得到锻炼，战斗力进一步提高，深圳地区的党组织也得到了进一步发展。4 月，中共大鹏区委重建，6 月，中共坪龙中心区委重建，平湖地区也成立了党的中心支部。

1948 年夏天，全国战争形势发生了变化，人民解放军全面转入外线作战，开始主动进攻，全国主要战场转入国民党统治区，国民党军队不得不放弃"全面防御"战略，收缩兵力进行"重点防御"。在华南，面对迅速发展的人民游击战争，国民党广东当局继续发动第二次"清剿"，实行"肃清平原，围困山地"的方针，重点进攻江南地区的惠东宝和九连地区。中共中央香港分局迅速制定了反第二次"清剿"总方针和具体战术。6 月中旬，江南地委在坪山召开干部会议，制定"进一步对敌进攻，发展自己，扩大胜利果实，先发制人，粉碎敌人进攻阴谋"②的军事斗争方针。7 月初至 8 月初，江南支队先后在沙鱼涌、山子吓、红花岭伏击，使广东敌我双方力量发生根本变化（表 5-5、图 5-3），粉碎了国民党的第二期"清剿"。

两次反"清剿"锻炼和强化了深圳地区的武装斗争，巩固了以坪山为中心的根据地，扩大了平原根据地，为以后建

①　深圳市史志办公室：《中国共产党深圳历史（第一卷　1924—1950）》，北京：中共党史出版社，2012 年，第 249 页。

②　《对惠东宝军事斗争的意见》（1948 年 6 月 21 日），许振泳编：《广东革命历史文件汇集》甲 51 卷，中央档案馆、广东省档案馆，1992 年，第 167 页。

立更大的根据地打下了基础。

表 5-5　解放战争时期深圳地区粉碎第二次"清剿"的三大战斗 ①

战斗名称	时间	地点	交战双方	战斗结果	意义
沙鱼涌歼灭战（又称"沙鱼涌奔袭战"）	1948 年 7 月 16 日凌晨 4 时	大鹏湾沙鱼涌	江南支队；国民党正规军第一五四师的部分部队	8 时 30 分，战斗胜利结束。江南支队全歼沙鱼涌守敌 327 人，其中毙敌 120 人，伤敌营长以下官兵 22 人，俘敌连长以下官兵 185 人；缴获八二迫击炮 2 门，六〇炮 2 门，重机枪 2 挺，轻机枪 8 挺，卡宾枪 2 支，其他长短枪 180 多支，子弹 7 万发，电台一部及物资一大批。江南支队副连长戴来及张石连、黄淡生、刘炳、徐仔、宋华、黄财、陈生雄、文润、林观华、彭英、罗添等 12 人英勇牺牲，20 人受伤。	沙鱼涌之战是江南地区重建武装后的空前胜利，迫使敌人退出了大鹏湾北畔的溪涌、陈坑、大小梅沙、盐田等据点，解除了江南支队南面受敌的威胁，打乱了宋子文第二期"清剿"的部署，极大地振奋了部队和人民群众的信心和斗志。

---

① 深圳市史志办公室：《中国共产党深圳历史（第一卷 1924—1950）》，北京：中共党史出版社，2012 年，第 252—257 页。

战斗名称	时间	地点	交战双方	战斗结果	意义
山子吓伏击战	1948 年 7 月 23 日清晨	横岗坪山之间	江南支队；国民党军队第一五四师二十二团二营及肖天来保警大队共 600 余人	40 分钟结束战斗。毙、伤敌营长以下官兵 135 人，俘敌连长以下官兵 180 人，击溃敌 200 余人，敌军 80 多人逃回深圳；缴获八二迫击炮、六〇炮各 1 门，轻、重机枪 14 挺，冲锋枪 6 支，卡宾枪 5 支，其他长短枪 200 多支，掷弹筒 7 支，子弹 5 万发，电台一部。江南支队第一、二、三团的肖志方、张定生、黄志伟、张苟、余寿华、曾观友等 8 人牺牲，10 人负伤。	山子吓伏击战开创了江南支队"集中优势兵力、各个歼灭敌人"和"力求在运动中歼灭敌人"的范例。
红花岭战斗	1948 年 8 月 3 日	龙岗楼下村	江南支队第一、二团；国民党徐东来等部 2000 余人	此战共毙伤敌营、连长以下官兵 200 余人。江南支队新编连指导员罗特、班长杨容带、副班长林腾，战士李贵才、叶枢明、罗添、黄柏友、叶岂、叶炬等 14 人牺牲，30 余人受伤。	红花岭战斗是一次敌我力量悬殊的阻击战。江南支队的政治建军和军事教育发挥了重要作用，使部队成为坚不可摧的战斗集体，不仅善于打袭击战、伏击战，而且也能够坚守阵地打阻击战。

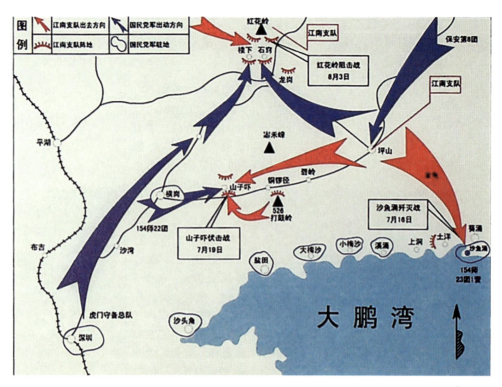

图 5-3　1948 年 7 月至 9 月江南支队粉碎国民党军队第二期"清剿"示意图①

在深圳地区反"清剿"武装斗争中，出现了一个规模不大、时间短但影响很大的宝安简易师范学校学生运动（简称"宝师学运"）。宝师学运是深圳地区人民革命斗争的重要组成部分。

1948 年春，中共东宝县委派共产党员曾百豪到宝安简易师范学校（简称"宝师"）担任老师，以教师身份做掩护，团结教育广大学生，吸收先进分子参加东宝人民解放大同

---

① 深圳市史志办公室：《中国共产党深圳历史（第一卷 1924—1950）》，北京：中共党史出版社，2012 年，前彩页第 9 页。

盟（中共领导的外围组织），开展学生运动。曾百豪进校后，团结一批进步学生作为发展对象，通过阅读进步刊物，讲解革命形势和道理，使学生们认清了国民党当局的独裁本质，提高了政治思想觉悟。8月，开始逐步吸收李基等学生入盟，发展壮大宝师的革命力量。1948年下半年，学校当局无理克扣学生的补助粮，加上之前经常出现的饭荒，触发了学生的不满情绪。为了响应全国"反饥饿、反内战、反迫害"的学生运动，配合党组织粉碎国民党广东当局对人民武装的"清剿"，宝师的东宝人民解放大同盟小组决定，抓住克扣补助粮事件，发动罢课和游行示威①（图5-4）。

图5-4　宝安学运领导成员合影
（右起：曾百豪、李基、张俊儒、杨道能、李国平、林玉汉、邱百友）

---

① 深圳市史志办公室：《中国共产党深圳历史（第一卷 1924—1950）》，北京：中共党史出版社，2012年，第269页。

学运前夕，宝师的东宝人民解放大同盟为争取社会上的广泛支持，扩大影响，曾给宝安中学（简称"宝中"）发来《告宝中同学书》，号召宝中学生支持宝师学运。由于之前宝中也发生过类似国民党县政府欠发办学经费、影响学校正常教学的情况，宝中学生自治会也曾自发地组织学生罢课、游行、请愿，因此，宝中学生积极响应，在精神上、行动上给了宝师学运极大的鼓舞和支持。学运当天，宝师全校学生列队从学校前往县府请愿，要求解决学生的饥饿问题。国民党县政府十分震惊，匆忙调集军队设卡拦路，派出重兵把守城门，在城墙上架起数挺机枪恐吓学生。东宝人民解放大同盟成员带领广大师生勇往直前，并与国民党当局斗智斗勇。经过顽强斗争，迫使县政府派出代表与学生代表进行谈判，最后县政府被迫接受了向学生们补发所克扣粮食的要求，游行斗争取得了胜利。

宝师学运震撼了国民党县政府，东宝人民解放大同盟还团结了宝中的学生，并在宝中建立了组织，培养和吸收了大批新鲜血液，至解放前夕，宝师和宝中两校共发展盟员60多人[1]，为深圳地区的解放作出了积极贡献。

三、粤赣湘边纵队发动春季攻势

从1948年秋开始，人民解放军实行战略决战，先后组

---

① 深圳市史志办公室：《中国共产党深圳历史（第一卷 1924—1950）》，北京：中共党史出版社，2012年，第272页。

织辽沈、淮海、平津三大战役，消灭了国民党军队的主力。国民党统治集团在经济、政治、军事上都已濒临绝境。国统区工商业倒闭，农业经济迅速破产，物价飞涨、民不聊生。国民党日益孤立，其内部四分五裂，众叛亲离。而人民解放军则士气高昂，越战越强，得到全国人民的拥护支援。国民党统治集团收集残部，伺机反扑，再次试图"和平谈判"。1949年1月1日，蒋介石发出"求和"声明；21日以"因故不能视事"为名，宣布"引退"，由李宗仁代行"总统"职权。实际他是退居幕后操纵，企图利用谈判争取时间，在江南编练新兵以图卷土重来，并作退守台湾的准备。

　　1949年1月1日，新华社发表中共中央主席毛泽东《将革命进行到底》的伟大号召，宣告"已经有了充分经验的中国人民及其总参谋部中国共产党，一定会像粉碎敌人的军事进攻一样，粉碎敌人的政治阴谋，把伟大的人民解放战争进行到底""一九四九年中国人民解放军将向长江以南进军，将要获得比一九四八年更加伟大的胜利"①。

　　随着人民解放战争形势的发展，按照中共中央的指示，香港分局对发展华南游击战争作了整体部署。1948年11月，香港分局提出《关于加紧准备迎接新的战斗的意见》，指出要认真执行"八月指示"的具体政策，认准和利用国民党的

---

① 《将革命进行到底》，《毛泽东选集》第四卷，北京：人民出版社，1991年，第1379页。

空隙，用"填空格"的战术，加紧发展。①12月，香港分局制定《华南人民当前行动纲领》，明确提出迎接并配合南下解放大军，推翻蒋介石政权，解放全华南和全中国的十大纲领。②为准备迎接解放军南下，1949年1月1日，香港分局向华南各地党委发出指示，要求在华南首先要解放粤汉路东的粤、闽、赣、湘数十县和路西的二三十个县，以形成包围广州之势。③香港分局还举办各地党委代表学习班，传达中共中央的指示，学习党的方针政策，研讨军事斗争、建立政权、群众工作、统战工作、财政工作和党的工作等问题。

经过反击国民党军事"清剿"的艰苦斗争，中国共产党领导的华南各边区游击队获得很大发展。至1948年底，粤赣湘边区有部队1.5万多人，武器装备得到进一步改善，战斗力也有很大提高。④为了加强领导，1948年12月15日，中共中央香港分局决定成立粤赣湘边区党委，由华南分局副书记尹林平兼任边区党委书记。边区党委除管辖原来的五岭、翁江、九连、江南、江北5个地委外，珠江三角洲地委也划归其领导。粤赣湘边区党委第一次全体会议于同年12

---

① 《香港分局关于加紧准备迎接新的战斗的意见》（1948年11月10日），《中共中央香港分局文件汇集》，中央档案馆，1989年，第258页。
② 《华南人民当前行动纲领》（1948年12月），《中共中央香港分局文件汇集》，中央档案馆，1989年，第288页。
③ 《香港分局致各地首长及中央电》（1949年1月1日），《中共中央香港分局文件汇集》，中央档案馆，1989年，第358页。
④ 广东省人民武装斗争史编纂委员会编著：《广东人民武装斗争史》第四卷，广州：广东人民出版社，1995年，第262页。

月下旬至 1949 年 1 月中旬，在惠阳县安墩召开。会议期间，中国人民解放军粤赣湘边纵队奉中共中央军委命令于 1949 年 1 月 1 日正式成立。粤赣湘边纵队司令员兼政委尹林平，副司令员黄松坚，政治部主任左洪涛，2 月 20 日经请示中共中央批准，增补梁威林为副政治委员，严尚民为参谋长。

1949 年 1 月 1 日，中国人民解放军粤赣湘边纵队、闽粤赣边纵队、桂滇黔边纵队联合发表成立宣言。宣言明确宣告，在中国共产党的领导下和人民解放军总司令部的指挥下，"本军作战目的志在解放各地区人民群众，推翻帝国主义、封建主义、官僚资本主义之独裁统治，配合全国人民解放军，为彻底解放全中国，建立新民主主义的新中国而奋斗"。当前主要方针策略是：第一，集中火力打击反对人民及我军的反动头子、地方恶霸、首要特务，并消灭其武装组织，联合与中立不反对我们的现行政策的地主、富农及一切可能联合与中立的社会力量。第二，反对三征及实行减租减息、生产合作、救灾救荒的社会政策。第三，以合理负担的原则决定财政政策。第四，凡一切服从本军政策人士，其人权财权予以保障。宣言要求全体指战员学会歼灭敌人和唤起民众的本领，提高战斗力，执行三大纪律八项注意，以完成配合南下野战军解放华南的光荣任务。号召全华南的工人、农民、知识分子、华侨、工商业家、开明绅士、民主党派、人民团体一致行动起来，支援我军的行动，为彻底解放全华南全中国而奋斗。①宣言的发表对于鼓舞人民武装的革命热情，团结广大群众，分化瓦解敌军具有重要意义。

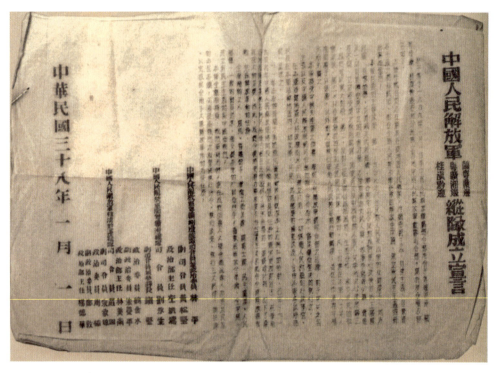

图5-5　1949年1月1日，中国人民解放军闽粤赣边、粤赣湘边、桂滇黔边纵队成立宣言

1949年1月17日，粤赣湘边纵队对所辖部队进行统一改编。江南支队改编为粤赣湘边纵队东江第一支队，司令员蓝造，政委王鲁明，副政委祁烽，参谋长曾建，政治部主任刘宣。第一支队下辖7个团，2个独立营，1个教导队，兵

---

① 《中国人民解放军粤赣湘、闽粤赣、桂滇黔纵队成立宣言》，《华商报》，1949年1月17日。

员达 1 万人，其中三团驻东莞、宝安地区。粤赣湘边纵队的成立及各支队的组建是解放战争时期深圳地区历史上的一件大事，表明人民武装的壮大并逐步走上正规化，对于促进深圳和广东地区的解放发挥了重大作用。

国民党统治集团企图经营长江以南，广东是其后方基地，又是其出海口之一。宋子文在广东发动的两期军事"清剿"，至 1948 年底宣告破产。蒋介石在"引退"前，于 1949 年 1 月 21 日免去宋子文在广东的各项职务，委任薛岳为广东省政府主席，余汉谋为广州绥靖公署主任，张发奎为海南特别行政区长官兼海南省筹备委员会主任委员。1949 年 2 月 1 日，国民党中央党部迁到广州。随后，南京政府行政院也南迁广州。余汉谋、薛岳主政广东以后，极力整饬部队，扩充兵员，向广东人民武装力量发动新的进攻。他们将主要军事力量放在粤赣湘边区，以重兵把守粤汉铁路南段和广九铁路沿线地区。

1949 年春，为贯彻落实中共中央和香港分局的指示，粉碎国民党军队的进攻阴谋，粤赣湘边纵队发动了春季攻势，其目标是建立海（丰）陆（丰）惠（阳）紫（金）五（华）和新（丰）连（平）河（源）龙（川）边两个战略基地。春季攻势的部署是在东江南、北两线同时向敌人发起进攻，以打击敌人，夺取据点，占领中、小墟镇和广大农村，逐步形成包围城市态势，为战略基地的建立与巩固扫清障碍，打下基础。为此，东江第一支队各团和东江第二支队第四团配合，在东江以南各地击退敌人的进攻，并相继出击，袭击敌军驻地。

1949 年 1 月，东江第一支队在白石洞击退国民党第一〇九军辖下的第一五四师和保安第八团千余人的袭击，毙敌 70 余人。其后，接连袭击宝安县城及深圳、白石洲、沙头、乌石岩等地。3 月，国民党宝安县县长陈树英紧急赶赴深圳、惠州求援，"商讨围剿计划及商借军械补充实力"。陈树英从惠阳返回宝安途中，在樟木头附近被东江第一支队俘获。[①] 东江第一支队第三团在东南坑整训后，于 1949 年 1 月底至 3 月间在东莞、宝安一带连番采取军事行动，先后袭击石马、莲花、怀德、桥头、水帘等地之敌，毙伤敌军 100 多人，拔除大径、怀德等敌军据点，控制莞太、宝太一线，解除了敌人对大岭山南面的威胁。此外，第八团开辟惠阳河东区及稔平半岛，打通了惠（阳）东（莞）宝（安）与海（丰）陆（丰）惠（阳）紫（金）五（华）根据地的走廊通道。[②] 经过几个月的斗争，惠东宝游击根据地进一步得到巩固，为主力部队的前进扫清了障碍。粤赣湘边纵队春季攻势的胜利，不但收复了前期被敌人占领的地区，而且拔除了根据地周围国民党控制的据点，初步建立了海陆惠紫五和新连河龙边两个战略基地，在广东地区开始形成农村包围城市的态势。4 月 1 日，中共中央华南分局向粤赣湘边区党委及全

---

① 深圳市史志办公室编：《民国时期深圳历史资料选编》，深圳：深圳报业集团出版社，2014 年，第 292 页。
② 广东省人民武装斗争史编纂委员会编著：《广东人民武装斗争史》第四卷，广东人民出版社，1995 年，第 265—266 页。

体军民发出贺电，指出"全区英勇出击，战绩可嘉，将为南渡大军扫清道路"，希望"继续前进一步，迎接更伟大的胜利之到来"[1]。

四、国民党宝安县统治的分化瓦解

经过三大战役，国民党政府在长江以北的力量已全线溃败，在长江以南也难以组织起系统的防御。在粤赣湘边纵队春季攻势频频告捷之际，国民党当局拒绝在《国内和平协定》上签字，导致国共和平谈判宣告破裂。毛泽东主席、朱德总司令于 1949 年 4 月 21 日发布《向全国进军的命令》，命令人民解放军"坚决、彻底、干净、全部地歼灭中国境内一切敢于抵抗的国民党反动派，解放全国人民，保卫中国领土主权的独立和完整"[2]。随即，人民解放军渡过长江，一个月内先后解放了南京、上海、武汉、西安、南昌等城市，国民党的党政军人员纷纷逃离，如鸟兽散。人民解放军的前锋逼近华南。

蒋介石引退后，国民党统治集团四分五裂，总统府留在南京，行政院搬至广州，其他下属机构分驻各地，互相牵制。南京解放后，李宗仁退居桂林，蒋介石"隐身"奉化。1949 年 4 月 30 日，美国驻华代办克拉克示意李宗仁赴广州依靠"第三势力"坚持反共继续抵抗。5 月 8 日，李宗仁到

① 《华南分局纷电祝捷》（1949 年 4 月 1 日），《中共中央华南分局文件汇集》，中央档案馆、广东省档案馆，1989 年，第 1 页。

② 《毛泽东选集》第四卷，北京：人民出版社，1991 年，第 1451 页。

达广州。蒋介石仍在幕后进行指挥。以蒋介石、李宗仁为首的国民党当局，企图依靠广州为基地，重新组织力量，争取国际援助，谋求再次北伐重温旧梦。然而，此时国民党在军事、经济、政治上的统治，均已开始崩溃，力量空虚，无力回天。

在军事方面，国民党军队士气低落，兵员枯竭，兵力严重不足，后备力量难以为继。在经济方面，国库空虚，财源枯竭，粮食匮乏，难以支撑庞大的战争消耗。前线的军事失败和后方的经济破产，使国民党政府更加倒行逆施，与工农大众和广大知识分子严重对立，导致人民民主运动不断高涨，国统区广大农民反"三征"（征兵、征粮、征税）斗争、青年学生的"反饥饿、反内战、反迫害"运动风起云涌。工农大众和青年学生纷纷响应中国共产党的号召，踊跃参加游击队，投身于推翻国民党统治的革命队伍。国民党统治集团已陷入广大民众的汪洋大海之中，危机四伏。更为严重的是国民党的统治危机已深入到统治集团内部，高官接连辞职，一般工作人员有相当一部分被精简遣散或自动离职。国民党统治集团已是众叛亲离，分崩离析。

1949 年 4 月，中共中央将香港分局改为中共中央华南分局，方方任书记，尹林平任副书记。5 月 7 日，为迎接和配合人民解放军主力解放华南及广东，以方方为首的中共中央华南分局发出《对大军渡江后华南工作的布置》的电报，要求各地党委在大军到来前将农村完全解放，以利于大军集结力量解放城市和追歼残敌；同时，要抓紧接管城市的准备工作，以利于大军立即、有计划地接收；要求各边区成立临时行政委员会，建立县、区、乡级政权，准备大批城市干部，供军事管制委员会分配工作；还要求大力加强部队教育，开办革命青年训练班，培养财经干部。①

遵照华南分局的指示精神，粤赣湘边纵队随即发动南北线攻势，解放龙川、河源、翁源、桂东、汝城、定南、大庾等县城和广大农村，并与闽粤赣边纵队联合作战，建立了由福建龙岩到广东河源，由平远到海陆丰，纵横一千多里的解放区，为配合与迎接中国人民解放军南下解放全广东做好了重要准备。

在人民解放战争取得节节胜利之时，中共中央对国民党集团及其残存的部队展开强大的政治攻势，进一步促使国民党势力的分化瓦解。粤赣湘边区党委和中共江南地委要求各地做好宣传工作，使政治攻势发展成为群众运动。1949年春，东江第一支队发表《告国民党地方官兵书》《致蒋军官兵书》等文告，明确指出，人民解放军"百万大军即将滚滚渡江南下，解放整个华南以至于解放全中国。垂死的国民党反动政权，被我彻底打垮，亦是快要到来的事实"，告诫国民党军政人员必须"认清当前的形势，只有放下武器，不予抵抗，你们才有生路！或者举行光荣起义，和解放军携起手来，共

---

① 广东省立中山图书馆编纂：《民国广东大事记》，广州：羊城晚报出版社，2002年，第957页。

同争取解放，你们才有前途"①。在中国共产党的政治攻势和政策感召下，国民党军队不断瓦解，纷纷起义或投降。在得知驻广九铁路布吉站的国民党保安第五师十五团二营机炮连连长文挺彬有投诚的意向后，东江第一支队第二团政委王舒安排驻深圳情报站站长沈丹心对文挺彬进行了策反工作，促使文挺彬毅然率部起义。1949 年 6 月 13 日，文挺彬率机炮连 106 人起义，携六〇炮 3 门、掷弹筒 3 支、轻机枪 4 挺、长短枪 20 多支前往横岗待命。随后其部队编为东江第一支队第二团的一个连，文挺彬任连长。

20 世纪 40 年代，中共地下组织成员温巩章潜伏在国民党宝安县党部，在隐蔽战线做了大量革命工作。1945 年 10 月，他利用自己的社会关系做掩护，打入国民党宝安县党部担任组织干事。1947 年初，温巩章当选为国民党宝安县党部候补监察委员，1948 年升任宝安县参议员。温巩章在苦心经营的同时，继续为中共地下组织提供情报。遵照中共地下组织的指示，温巩章设法保存宝安县各部门的敌伪档案，并配合解放宝安县城。根据温巩章提供的绝密情报，宝深军管会编印了《宝安县敌情调查报告》，该情报包括《境内敌军分布表》《警察局组织、人事、武装调查表》《深圳官僚资产》等。②温巩章还利用其特殊身份，在驻守南头的县警察局做

---

① 《粤赣湘边纵队东一支队告国民党地方官兵书》（1949 年 3 月 5 日），许振泳编：《广东革命历史文件汇集》甲 52 卷，中央档案馆、广东省档案馆，1992 年，第 453 页。

② 宝深军管会编印：《宝安县敌情调查报告》，深圳市宝安区档案馆存。

了大量劝服工作，为深圳地区的解放事业作出了特殊贡献。

　　为在思想上、组织上、工作上做好迎接广东解放的准备，1949 年 1 月，中共宝安区地方委员会建立。其任务是领导宝安县党的工作，建立和发展区乡党组织，筹建区乡人民政权，动员青年参军参战，组建区乡武工队，恢复健全乡村农会、妇女会、青年会、民兵等组织，做好支前和迎接南下解放军的准备工作。5 月，在坪山成立路东县人民政府，王舒任县长、李少霖任副县长，下辖大鹏、坪山、龙岗、横岗、新墟、镇隆等地。同月，青年团东宝筹委会成立，陈华任主任。东江第一支队第三团建立团总支，陈华任团总支书记，统一领导地方和部队的建团工作。6 月，东宝县人民政府成立，杨培任县长，曾劲夫任副县长。县政府下辖 3 个区政府，其中周吉任宝安区区长。随后，葵沙、王母、鹏城、桂岗、南平、坪山、坑梓、定南、龙岗、坪地、横岗等乡人民政府相继成立。① 至 1949 年上半年，宝安解放区面积占县辖区的 60% 以上。② 宝安县的解放指日可待。

五、宝安县解放

　　1949 年 8 月，南下的人民解放军已进入湖南、江西，广东解放在即。为了加强对华南地区工作的领导，中共中央

---

① 深圳市史志办公室：《中国共产党深圳历史（第一卷 1924—1950）》，北京：中共党史出版社，2012 年，第 279 页。

② 宝安县地方志编纂委员会编：《宝安县志》，广州：广东人民出版社，1997 年，第 597 页。

对华南分局进行改组，任命叶剑英为华南分局第一书记，张云逸为第二书记，方方为第三书记。这一时期，中共中央华南分局相继发出《加紧准备迎接南下大军的工作指示》和《接管城市经验总结》等文件，要求在城市接管工作中参照执行潮汕接管工作的经验，即"事前充分准备，迅速完整接收，打通上下关系，集中指挥权力，分别先后缓急，逐步实行管理"[1]。华南分局抓紧培训干部，同年8月，从东江抽调3000多名干部集中在大鹏半岛，成立由华南分局直接领导的"东江教导团"（后改为4个独立教导营），由周楠、钟明、杨应彬、左洪涛负责集训。在两个月后的广州解放时，这些干部与南下大军一道参与了广州市的接管工作。[2]

根据中共中央华南分局的指示和中共江南地委的决定，1949年8月下旬，中共东宝县委[3]在东莞梅塘召开扩大会议，会议决定撤销东宝县委和县人民政府，分别建立东莞、宝安县委和县人民政府，中共宝安县委和县人民政府正式成立，黄永光任县委书记兼县长。宝深军事管制委员会（简称"宝深军管会"）同时宣告成立，刘汝琛任主任，代表江南地委负责宝安县的工作。该月底，宝安县地方武装大队成立，归县人民政府直接领导，下辖3个连队。根据江南地委指示精

---

① 广东省立中山图书馆编纂：《民国广东大事记》，广州：羊城晚报出版社，2002年，第981页。

② 广东省立中山图书馆编纂：《民国广东大事记》，广州：羊城晚报出版社，2002年，第996页。

③ 中共东宝县委成立于1938年12月下旬，张广业任县委书记。

神，8月29日至9月3日，宝深军管会主任刘汝琛、宝安县委书记兼县长黄永光在宝安乌石岩召开县委会议，明确县委成员分工，确定县人民政府干部配备。决定成立宝三区、宝四区党委和人民政府，深圳镇人民政府及南头、固西联乡办事处。中共宝安县委积极发展地方党组织和武工队。至8月底，宝安县发展党员250人，先后在龙华、布吉、民治、石岩、沙河、观澜、沙头、平湖和固戍等地成立9个武工队，联防民兵人数达900之多。[①]

　　1949年9月，改组后的中共中央华南分局正式成立，发布《关于支前工作的决定》，指出南下大军即将进入广东，解放广州市和广东全境，号召全省党政军民紧急动员起来，全力支援大军作战，争取战役迅速胜利。[②]按照上级部门指示，中共宝安县委和县人民政府成立后，积极做好支前和迎接南下大军以及接管城市的准备工作。9月上旬，成立支前委员会，周吉兼主任，张辉任副主任。在全县范围内掀起了迎接南下大军支援前线的热潮，短期内筹集军粮10万余担。9月25日，中共宝安县委集中一批准备接管城镇的干部，在宝安黄田举办学习班，学习入城的有关方针、政策，研究制定有关入城守则，宣布工作纪律等。学习班于10月上旬结束。在此期间，建立宝深军管会的办事机构，由王纪平任军管会秘书长，黎锦韬、曾百豪任副秘书长。这些机构为接

①　深圳博物馆编：《深圳近代简史》，北京：文物出版社，1997年，第197页。

②　广东省立中山图书馆编纂：《民国广东大事记》，广州：羊城晚报出版社，2002年，第1004页。

管国民党宝安县政权做好了组织准备。

9月11日至20日，中共中央华南分局在江西赣州召开扩大会议，成立广东战役联合指挥部，叶剑英、陈赓分别担任正、副司令员，随即发布"战联字第一号作战命令"。9月底，南下大军分左、中、右三路，自湖南、江西向广东进军。

1949年10月1日，中华人民共和国宣告成立。此前一天，在王母墟待命准备接管广州的东江教导团干部和学生，从香港《华商报》送来的新闻稿中得知10月1日在北京举行开国大典的消息，教导团二营营长杨应彬组织大家按照电稿说明制作了一面五星红旗，准备举行升旗仪式，迎接新中国成立。[1]10月1日早晨，近千名部队干部、学生和群众在王母墟光德学校举行隆重的升旗典礼和庆祝活动。[2]

参加广东战役的人民解放军野战部队势如破竹向广东挺进。10月上旬，右路解放军第二野战军第四兵团，在粤赣湘边纵队配合下，冲破"湘粤防线"，7日解放粤北重镇韶关。中路的第四野战军第十五兵团，也在广东地方部队的配合下，于10月11日、12日进占佛冈、从化等县，直逼广州。左路的两广纵队、粤赣湘边纵队，直下广九线，控制虎门，占领中山、顺德。三路大军进展神速，13日右路解放军逼近广州城郊，国民党军最后一道防线全面崩溃，守卫广州市区

---

① 杨应彬：《参加教导团迎接广州解放》，中共广东省委党史研究室编：《受命于破晓之前：参加接管广州回忆录》，1999年，第246页。

② 深圳博物馆编：《近代深圳》，北京：文物出版社，2010年，第124页。

的国民党军弃城逃跑。14日下午6时，中路解放军首先进城，广州宣告解放。

驻守在宝安的国民党部队极为恐慌，纷纷外逃。刘汝琛带领军管会人员和税警途经布吉向深圳推进，黄永光、周吉率金虎队、税警连和武装民兵连向宝安西路进发。盘踞宝安县城南头的国民党反动人员逃往伶仃岛、大铲岛、万山群岛、海南岛和台湾等地。南头、西乡一带仅剩国民党警察总队、保安团二营和沙井乡联防队共300多人。10月10日，中国人民解放军粤赣湘边纵队东江第一支队开进沙头角，他们缴了沙头角国民党乡政府和国民党驻军的枪械，沙头角和平解放。10月13日，黄永光、周吉率领东江第一支队金虎队和调集龙华、民治、沙河、石岩、固成的武工队260多人组成的新编民兵连，在文造培的配合下开进沙井。在武装包围和政治攻势下，沙井乡联防队约60人投降。15日，黄永光、周吉率部开赴西乡，迫使国民党宝安县警察第二大队80余人起义，西乡解放。当天下午，在西乡举行军民联欢大会。

16日，黄永光率县人民武装部队在西乡、沙河等地武工队和南头县城中共地下组织成员温巩章等人的配合下，挺进南头，接管了国民党县政府和军警队伍。驻守在南头的200多名国民党军警基本没有反抗，全部放下了武器。宝安县城解放，南头古城竖起五星红旗，宣告国民党政权在宝安县的覆灭。当天下午，中共宝安县委、县政府在南头村祠堂门前的平地召开宝安县城解放的庆祝大会，数千人兴高采烈，在一片欢呼声中，县委书记、县长黄永光宣告：宝安解放了！20 日，中共宝安县委和县人民政府机关进驻县城所在地南头办公，设军事、财务、民政、财粮、文教、经建 6 个科室，隶属中共江南地委领导（同年 12 月改属中共东江地委领导）。

1949 年 10 月上旬，中国人民解放军两广纵队抵达东莞石龙，宝安县人民武装驻扎在龙华、乌石岩一带。13 日晚，国民党深圳警备大队梁杞等军政人员纷纷逃散，社会秩序极为混乱。[1]深圳商会组织纠察队维持社会治安。面对中国人民解放军的强大攻势，驻深圳镇国民党税警团团长姚官顺率部与护路大队共 1500 余人宣布起义，并遵照命令退出深圳镇，迁驻黄贝岭等候改编。10 月 19 日下午，宝深军管会主任刘汝琛率东宝税务处主任蓝杰、宝安县公安局局长刘鸣周、深圳镇警察所所长蔡达等接管人员 160 多人，以人民警察（大部分是税警连指战员）和艺术宣传队的名义，从布吉乘火车抵达深圳，接管国民党地方政权——深圳镇公所，成立深圳镇人民政府，镇长陈虹把"深圳镇人民政府"的牌子挂在深圳"共和押"当铺门前，宣告人民政权诞生。当晚，各界代表及人民群众千余人在民乐戏院（后为人民电影院）举行庆祝大会，刘汝琛宣告深圳镇解放。

---

① 《驻深圳梁杞匪部昨传已逃窜》，《华商报》，1949 年 10 月 14 日。

图 5-6　1949 年 10 月，深圳人民欢迎解放军入城

随着宝安县陆地的解放，人民解放军乘胜追击，进攻盘踞在岛屿上的国民党残兵败将。1949 年 11 月 6 日，中国人民解放军两广纵队炮兵团团长袁庚、参谋长傅志刚率突击部队向大铲岛国民党残部发起进攻。俘虏岛上国民党中将军官徐达等 80 余人，缴获大批物资。11 月 15 日，在南头广场召开宝安县各界庆祝解放大会，教育、工商、农会及各区乡的妇女会、农会等 10000 多人参加。1950 年 1 月 6 日，两广纵队第二师第四团和粤赣湘边纵队东江第一支队新编独立第三营从大鹏半岛的东涌村出发进攻三门岛，在炮火掩护下渡

海作战，歼敌 2000 余人，解放三门岛。1950 年 4 月 18 日，宝安地方党组织和乡政府动员渔民 400 多人，出动渔船 200 只，配合中国人民解放军第四十四军第一三〇师第三九〇团进攻内伶仃岛，"迫敌未敢顽抗而登船奔命，未及登船者皆被俘"。在伶仃洋大败敌舰 27 艘，消灭岛上千余残敌。在这场战斗中，第三九〇团牺牲 16 名官兵。[①] 至此，盘踞在宝安县外岛上的国民党大股军事武装被彻底歼灭，宝安县全境解放。

宝安县解放是深圳地区历史上的一个重要转折点。它标志着中国共产党领导的新民主主义革命在宝安县取得基本胜利，并即将向社会主义革命过渡，宝安县人民终于迎来了渴望已久的和平建设新局面。

第三节　深圳香港边境态势

1945 年至 1948 年，中英双方就香港九龙城[②] 的问题进行多次交涉，国民政府试图恢复行使九龙城的管辖权。但英国政府在九龙城问题上不肯让步，继续制造纠纷，酿成九龙寨城事件。根据中共中央维持香港现状的决策，深圳解放

---

① 《解放内伶仃烈士纪念碑》碑文，深圳市档案馆编：《建国卅年深圳档案文献演绎》第一卷，广州：花城出版社，2005 年，第 21 页。

② 九龙城，又称九龙寨城或九龙城寨。20 世纪 90 年代港英政府拆除寨城内建筑物时，根据发现的南门石碑，比照相关文献资料，考证名称为"九龙寨城"。

后，宝深军管会在深圳镇以商会名义组织了纠察队，维护治安，避免军事冲突。九龙关起义后，人民政权接管九龙关，宣告 60 多年来一直由英帝国主义把持九龙关的历史结束。

一、九龙寨城事件

抗战胜利后，中国的国际地位大为提升，民族自立情绪高昂。国民政府尝试收复香港，但由于美国的阻挠，英军最终抢占香港，接受日军的投降，国民政府的努力遭遇挫折。国民政府试图通过外交途径与英国谈判香港问题，希望借助有利的国际形势恢复行使九龙城的管辖权。但英国政府执意恢复对香港的统治，在九龙城问题上不肯让步。

1945 年 8 月 27 日，国民政府派罗卓英率第十三军进入九龙，两日后奉命撤退。[①] 1946 年 9 月 6 日，国民政府外交部表示将依照权益对九龙城加以管理，宝安县政府计划在九龙城设一保长。[②] 11 月 7 日，宝安县政府向广东省政府电呈《九龙城复治计划大纲（草案）》，该大纲主要包括复治缘起、九龙城概况、复治方案、复治方案分期进度表、实施程序等五大部分。大纲明确表示"九龙城当为我有，该城复治自属必要"。计划设置镇公所、警察分驻所、医疗所、国民学校等机构。计划改进环境卫生，设计全镇建设方案图册，划定商业区和娱乐场所，设立渔业市场，兴办渔贷辅导渔民

---

① 香港地方志中心编纂：《香港志·总述　大事记》，香港：中华书局（香港）有限公司，2020 年，第 228 页。
② 《我政府将规划在九龙城设治》，香港《新生晚报》，1946 年 9 月 6 日。

及推广渔业供销，"并设置码头，及修筑通达宝安县城之陆路"等。宝安县还计划调派职员5人至7人组成九龙城复治辅导工作团，委派镇长1人、副镇长1人至2人筹备成立镇公所。[①]然而，港英政府否认中国对九龙城的治权，抑制中方的九龙城复治计划。

香港光复后，大批颠沛流离的华人陆续在九龙城搭建简陋的棚屋居住。国共内战爆发，又有许多内地难民涌入香港，其中不少人暂居于九龙寨城。港英当局继续在九龙城制造纠纷，从1947年5月起，多次发出通告，令九龙城居民迁出拆屋。1947年11月27日，港英政府命令九龙寨城居民于翌月11日前迁出其居住的木屋。港英政府的举动触发了国人对于九龙城治权问题的关注。"九龙城的居民，于接到工务局的通知时，以为他们有居住该地的权利与自由，对于工务局的命令决不接受"。[②]1947年12月1日，九龙城内居民在龙津义学集会，成立宝安县九龙城居民联合大会，致电政府迅速向英方提出抗议，并呼吁海内外同胞起来声援。12月6日，国民政府就此发表声明，表示中方从未放弃对九龙寨城的治权。

1948年1月5日，港英当局不顾中国政府长期以来对九龙城的主权要求，以整治卫生为名，派遣200多名警察和

---

① 广东省档案馆编：《香港九龙城寨档案史料选编》，北京：中国档案出版社，2007年，第35—40页。

② 宝安县深圳联乡慈善会主办、深圳通讯出版社编印：《深圳通讯》创刊号，1948年1月1日。

100 多名工人进入九龙寨城，强行清拆民居，大批城内居民流离失所。7 日，国民政府外交部驻两广特派员郭德华到香港与港督葛量洪进行交涉。同日，宝安县长亦率代表团抵港慰问九龙寨城居民，特别对那些无家可归的居民表示关怀。"宝安县长到九龙城寨慰问被拆去居所的居民，显然已表示宝安县没有放弃对这块小小的土地所承担的责任。"[1] 1 月 10 日，宝安同乡会特派代表到九龙寨城慰问流离失所的乡亲。[2] 1 月 12 日，港府再派 150 名警察强行清拆九龙寨城民居，与当地民众发生冲突，警方开枪及放催泪弹，造成 8 人受伤、2 人被捕。[3] 此即九龙寨城事件。

　　九龙寨城流血事件传至内地，引起激烈反应。全国立时掀起反英潮流，广东各界更是民愤沸腾。1948 年 1 月 16 日，广州爆发了大规模反英游行，沙面英国总领事馆被游行人群捣毁，英国国旗被烧。国民政府广东省主席宋子文紧急部署警力严防事件进一步扩大，同时主动与英、美等国驻广州总领事联络，希望通过外交途径解决事件。国民政府外交部就九龙寨城流血事件，向港府提出抗议。1 月 24 日，中国驻伦敦大使向英国政府发出照会，重申中国拥有九龙寨城主权。"因此自 1948 年 2 月之后，港英政府再没有到九龙城

① 鲁金：《九龙城寨简史》，香港：三联书店（香港）有限公司，2018 年，第 127 页。

② 《龙城居民流离失所 穗澳同胞关怀》，香港《华侨日报》，1948 年 1 月 10 日。

③ 香港地方志中心编纂：《香港志·总述 大事记》，香港：中华书局（香港）有限公司，2020 年，第 237—238 页。

寨拆屋了"。[①]

这一时期，中英两国围绕九龙城管辖权问题进行了多次交涉。因国力衰弱，中国政府无法行使管辖权，不可能派遣官员和军队长期驻守九龙城。另一方面，由于中国政府坚持拥有对九龙城的治权，英国政府也比较谨慎。1948 年以后，港英政府对九龙城基本采取不闻不问的政策，九龙城成为"三不管"地区，成为各种势力角逐的地带。

二、人民解放军止步罗湖桥

深圳镇毗邻香港，是内地通往香港与国外的主要口岸。深圳镇如何解放，引起了国际社会的普遍关注。1949 年前后的国际舆论，大多认为中国共产党会乘胜解放香港。为了应对中国政局的变化，英国加强了在香港的军事力量。1949 年 1 月，英国国防部、殖民地部和外交部联合拟订《香港紧急防卫计划》。之后，英国内阁多次召开紧急会议讨论增兵香港的问题，从东南亚等地陆续调来一批士兵。6 月，港英政府在新界边境实施戒严，为期 3 个月。9 月，港英驻军达到 4 个旅，增至 3 万人。

---

① 鲁金：《九龙城寨简史》，香港：三联书店（香港）有限公司，2018 年，第 134 页。

图 5-7 1949 年部署在粤港边境的英军

这一时期，中共中央开始考虑对香港实行特殊政策，发挥香港的特殊作用。早在 1946 年 12 月 9 日，毛泽东在王家坪会见西方记者，表示现阶段不会提出立即收回香港的要求，将来可按协商方法解决。[1] 1949 年 1 月 19 日，中共中央向全党发出关于外交工作的指示，指出"在原则上，帝国主义在华的特权必须取消，中华民族的独立解放必须实现，这种立场是坚定不移的。但是，在执行的步骤上，则应按问题的性质及情况，分别处理。凡问题对于中国人民有利而又

---

[1] 香港地方志中心编纂：《香港志·总述 大事记》，香港：中华书局（香港）有限公司，2020 年，第 233 页。

可能解决者，应提出解决，其尚不可能解决者，则应暂缓解决。凡问题对于中国人民无害或无大害者，即使易于解决，也不必忙于去解决。凡问题尚未研究清楚或解决的时机尚未成熟者，更不可急于去解决"①。党中央在此虽未明确指出香港这一特殊历史遗留问题如何解决，但显然香港问题属于后者。同年1月31日，毛泽东会见苏共中央政治局委员米高扬，在其后的会谈中系统阐明中国共产党夺取全国胜利和建立新中国的方针，指出"目前，还有一半的领土尚未解放。大陆上的事情比较好办，把军队开过去就行了。海岛上的事情就比较复杂，须要采取另一种较灵活的方式去解决，或者采用和平过渡的方式，这就要花较多的时间了。在这种情况下，急于解决香港、澳门的问题，也就没有多大意义了。相反，恐怕利用这两地的原来地位，特别是香港，对我们发展海外关系、进出口贸易更有利些。总之，要看形势的发展再作最后决定"②。"不急于解决香港、澳门问题，利用这两地特别是香港发展海外关系、进出口贸易更为有利些。"③

根据中共中央决策，1949年9月中旬，中共中央华南分局书记叶剑英主持召开赣州会议，特别强调："华南情况复杂，特别是英美法等帝国主义侵略深入内地，故我一切行

---

① 中央档案馆编：《中共中央文件选集》第18册，北京：中共中央党校出版社，1992年，第44页。
② 师哲、李海文：《在历史巨人身边——师哲回忆录》，北京：中央文献出版社，1991年，第380页。
③ 中共中央党史和文献研究院：《马克思主义中国化一百年大事记（1921—2021年）》，北京：中央文献出版社，2022年，第121页。

动，特别是足以惹起帝国主义借口干涉的事件切应避免。我们对帝国主义的方针是既不示弱，也不轻易挑衅。因此，在与帝国主义边邻地区[①]，各地都应派出能掌握政策干部，站稳立场，不上帝国主义及国特挑拨之当，不作群众冲动之尾巴。一切关于外侨处理问题，必须迅速请示分局及中央。"[②]

当人民解放军挥师南下，广东全境即将解放之时，华南分局外事办公室还制定了可实际操作的"对港澳的方针和政策"，其主要内容为：暂时维持现状（各边界），对领土主权不做任何表示；采取一切正确的有效办法避免军事冲突并防止边界纠纷，但在边界上必须严加警戒，坚持"人不犯我，我不犯人"的原则；在平等、互利和互相尊重领土主权的原则基础上和对方进行贸易；在深圳地区设外事机构，以掌握政策和及时收集情报；迅速制定和公布对外贸易和通汇的各种条例，发表阐明关于对外贸易和保护外侨的政策。在这一政策的主导下，1949 年 10 月，深圳镇的解放采取了和平的方式。据宝深军管会主任刘汝琛回忆，当时他"请示叶剑英，叶剑英和方方商量后也没决定，又请示周恩来，结果同意以警察的名义进入深圳维持治安"[③]。为此，军管会在深圳以商会名义特别组织了纠察队，临时维护治安，确保和平

---

① 如惠（州）、东（莞）、宝（安）之与香港，如中山之与澳门，粤桂边之与越南法帝，汕（头）、湛（江）之与外侨。

② 军事科学院军事历史研究部编著：《中国人民解放军全国解放战争史》第五卷，北京：军事科学出版社，1997 年，第 393 页。

③ 张黎明：《解码边纵》，深圳：海天出版社，2008 年，第 590 页。

解放深圳。

在深圳镇解放当晚举行的庆祝大会上，宝深军管会主任刘汝琛向群众约法三章：一是保证接管工作完成后，要维持秩序，保障治安，使人民有生意可做，有田可耕，有工可做，有书可读，要做到不侵犯人民一针一线，使人民安居乐业，大家努力建设新深圳。二是现已胜利完成接收工作，如镇公所、警察所、广东银行等已顺利接管，海关在接收中，由于接管工作顺利，充分体现了人民合作的精神，今后要合作得更好，把深圳建设得更好。三是对经商的人，人民政府务必废除一切苛捐杂税，严禁嫖赌。短期内务必使交通畅通，商业贸易恢复正常，要做到繁荣经济。刘汝琛还说，在深圳过去有无数个走私为生的苦力工人，今后必须予以安置。深圳地处粤港交界，社会内部相当复杂，凡属投向光明的，人民政府当本宽大政策，予以自新之路；如敢破坏治安，必将严惩。希望大家安心工作。①港九工联会派出三四百人的劳军慰问团前来深圳参加庆祝解放大会，送上"没有共产党就没有新中国"的锦旗，表达了港九工人的喜悦心情。随后，停驶多日的广九铁路恢复通车。10月23日，中共中央华南分局委派江南地委副书记、东江第一支队副政委祁烽率3个连进驻深圳，接替刘汝琛的工作，成立中共沙头角深圳宝安边界工作委员会，管辖宝安境内的南头、深圳、沙头

---

① 深圳市档案馆编：《民国时期深圳档案文献演绎》第四卷，广州：花城出版社，2001年，第2688—2689页。

角 3 镇，直属中共中央华南分局领导。

虽然人民解放军在深圳按兵不动，一河之隔的港英政府却极为恐慌。因为此时的解放军轻而易举便可跨过罗湖桥，即使不直接进攻香港，采取边境封锁也会给香港造成不小的打击。时任香港总督葛量洪回忆说："一九四九年十月，共党的军队到达了我们的边界；几个月以来，我们一直都向伦敦咨询，尝试预测那些军队抵达边界会有什么事情发生。英国的政府要我们用钢丝网封锁整条边界，共军进入英界时便用武力反抗。"①事实证明，解放军止步罗湖桥，并没有乘胜收复香港。1949 年 10 月 19 日，在深圳镇宣布解放的当天，英国殖民地部大臣琼斯在回答众议院质问时表示："中港边界是平静的，没有向我报告发生了什么事件。香港的形势仍然是令人满意的，共产党在香港没有做任何不合法律和破坏秩序的事情。"②

香港问题的产生和深港边境线的形成，是鸦片战争以后英帝国主义强加于中国人民不平等条约的结果，是对中国主权、领土完整和国家尊严的严重侵害，是中华民族遭受外敌欺凌的屈辱象征。清朝灭亡以后，国民政府为收回香港的权益做出过努力，但最终未能解决。深圳解放后，深港边境成为中英两个国家、两种社会制度较量与对峙的前沿阵地。深

---

① 〔英〕亚历山大·葛量洪：《葛量洪回忆录》，香港：香港广角镜出版社，1984 年，第 180 页。

② 南方都市报编著：《深港关系四百年》，深圳：海天出版社，2007 年，第 117 页。

圳一解放即成立广州市军事管制委员会沙深宝分会，逐步建立健全边防管理机构。10月23日，中共沙深宝边界工作委员会成立，由中共中央华南分局直接领导。1950年2月，中国人民解放军粤赣湘边纵队整编，其中独立营驻守沙头角、深圳、南头、沙井一带边防线，隶属中国人民解放军珠江军分区。宝安边境斗争比较复杂，口岸较多，部队在50年代均驻扎在宝安边境沿线，并在口岸长期设立边防检查站。中国共产党在实践中形成并发展以"维持现状"为核心的深港边境政策，同时也保持着相当的警惕以免香港成为国外敌对势力的反华基地。广东及深圳地区各级党委政府与港英当局进行了有理、有利、有节的斗争，维护了国家的主权和领土完整。

三、九龙关起义

海关是国家主权的体现，但自鸦片战争之后，中国海关权屡被侵吞，深圳首当其冲。1868年和1871年，清政府在香港岛周围的汲水门、长洲、佛头洲和九龙城设立关卡，征收鸦片烟税和其他商品常关税。这一举动遭到英国强烈反对，经过谈判，清政府被迫同意英国在边境设立海关（即洋关）。1887年4月2日，英国在香港设立九龙关，引进西方海关管理模式，从而开始控制深港边界海关权。

1948年春，中国共产党在香港的地下组织开始在九龙关活动。中共地下组织成员林大琪、李国安根据上级党组织的指示，在海关内通过串连组织读书和座谈等活动，团结了一些思想比较进步的关员。1949 年 2 月，中共地下组织在九龙关成立党的外围组织——"学习小组"（实为"护产小组"），由林大琪任组长，为"保护关产，迎接解放"做准备。九龙关二等监察长黄昌燮，在外班华员中职务较高，为人正派，是护产小组的主要骨干。护产小组最初成员有 14 人，后来逐渐发展，遍布九龙关总部和各主要支关。

正当解放军挺进华南，深圳地区即将解放的时候，总税务司署广州办事处于 1949 年 8 月 1 日指派英籍税务司经蔚斐到香港主持九龙关的工作。8 月 19 日，经蔚斐向边境各支关发出"坚守岗位，做好各种应急准备，保护关产和人员安全"的秘密指示。此时，国民党在九龙关上层加紧策划"应变"。9 月，国民党总税务司署已迁往台湾，而总税务司李度则留在香港。他向经蔚斐传达了国民党政府财政部部长徐堪的指示，要求九龙关将 A、Y 两级舰艇遣送台湾或海南。李度飞抵台湾后又发来急电，要求经蔚斐从 10 月 1 日起先将九龙关全部 A、Y 型缉私艇调往台湾，其余舰艇随时等候调遣，并严令"去台者赏，违者开除"。在中共地下组织的积极推动下，缉私艇的船员联名上书经蔚斐，坚决拒绝开船。由于香港警察的强行干预，10 月 9 日至 13 日，海关在香港租用拖轮和船员，才将 4 艘 A 型舰和 2 艘 Y 型舰分两批调往台湾。事后，159 名拒绝赴台的船员被税务司开除。这次斗争历时半个多月，拖延了国民党企图把全部舰艇调离香港的日程，保存了 20 多艘舰艇，为护产起义赢得了时间。[①]

为顺利接管九龙关，中共江南地委、中国人民解放军粤赣湘边纵队东江第一支队组成了由刘汝琛负责的接管九龙关筹备小组。宝深军管会成立后，抽调税务处的蓝杰、谭刚、何财等筹备接收九龙关。自 1949 年 9 月上旬起，党组织还多次派谭刚到香港，在港澳工委领导下，调查了解九龙关的情况，并和李国安及黄昌燮联系，为接管工作创造了有利条件。中华人民共和国成立之日，海关员工欢欣鼓舞，有的在工作场所张贴出刊有喜讯的报刊，表示庆贺。

10 月上旬，九龙关内部发生了船员护舰拒调台湾和边境支关关警武装扣留英籍缉私副税务司史铎士事件。事发后，在中共地下组织和进步员工的支持下，得到妥善处理，挫败了国民党将海关舰艇全部调走的阴谋，也促使税务司经蔚斐在黄昌燮协助下，及时与香港中共地下组织达成"保护关产、等候接管"的八点协议。

对关产进行保护的范围是保全"沙深宝"（沙头角、深圳、宝安）边境各关和私货仓以及香港总关、港九 3 个支关的一切财产。当时九龙关 90% 以上的"关产"都在香港，包含 20 多条缉私舰艇，比如"华南号"缉私舰艇。"船员们把剩下的缉私舰上国民党的旗子都卸下来，挂上海关关旗。原定当年 10 月 17 日把缉私舰开回，结果走漏了消息。大家

---

① 申办:《动魄惊心的九龙关护产起义》,《中国海关》, 2001 年第 4 期, 第 85 页。

商量于 10 月 15 日把缉私舰提前开走，缉私舰快到公海的时候，我们看见了国民党兵舰和飞机，大家把舰上的灯熄灭，无线电关闭，才惊险通过，到了广州。"①

　　10 月 17 日，港英当局宣布戒严，封锁新界边境，禁止火车、汽车和人员出入。为配合接管九龙关，迎接深圳的解放，李国安、谭刚和黄昌燮等于 18 日早晨乘坐海关汽车通过港方戒严封锁线，紧急赶回深圳。李国安和谭刚直赴布吉找部队指挥部，向刘汝琛汇报。是日下午，黄昌燮以税务司代表的身份用无线电话向边境各支关主任讲话，要求大家坚守岗位，保护好关产，准备向解放军接管人员进行移交。

　　10 月 19 日深圳镇解放的当晚，经蔚斐致电黄昌燮要求解放军马上接管海关。20 日晨，经蔚斐再次急电黄昌燮"催即接管，免生枝节"。刘汝琛于是决定先行临时接管九龙关。②

　　10 月 21 日上午，宝深军管会接管了九龙关缉私总部，成立了"九龙关临时接管委员会"，刘汝琛为主任，何财、谭刚和李国安为委员。当天中午在缉私总部举行了简短的接管仪式，总部和边境各支关同时挂起中华人民共和国五星红旗。当日经蔚斐在香港接到缉私总部已经被接管的电话后，立即按照协议的规定，通电北京中央人民政府海关总署，宣告断绝和前总税务司署的关系，接受海关总署的领导，保护

① 吴国进：《我与"九龙关起义"》，《中国海关》，2020 年第 2 期，第 96 页。
② 九龙海关编志办公室编：《九龙海关志》，广州：广东人民出版社，1993 年，第 416—421 页。

好全部资金和关产。同时召集在港职工开会，宣读给北京的电文，并要求大家坚守岗位，等候接管。11月5日，原九龙关代理副税务司张中炜奉命向北京海关总署呈报九龙关区接管前后情况。九龙关起义人员共1134人（其中职员324人，杂役工警810人），移交物资计有大小舰艇27艘，汽车12辆，轻重机枪153挺，其他长短枪1037支，子弹35万发，港币420万元，银圆5800枚及房地产一批。①

11月15日，九龙关接管委员会正式成立，原九龙关在香港公主行的机构以"九龙关驻香港办事处"的名义保留在香港。九龙关接管委员会主任为刘汝琛，内部设有4个科，即秘书科、人事科、税务科和缉私科。随即接收了原九龙关所属的11个支关，其中在港的有九龙车站、油麻地和西环等支关，在沿边沿海的有深圳车站、文锦渡、莲塘、桂庙、白石洲、沙头、沙头角、蛇口等支关。此外，还接收了原属游击区江南税局领导的平海、稔山、霞涌、澳头、南澳、沙鱼涌、溪涌、盐田、钱坑等税站。1949年底，蛇口监管站、澳头工作组开始办理业务，沙鱼涌、南澳、沙头角等支关也先后恢复工作。

人民政权接管九龙关，宣告60多年来一直由英帝国主义把持九龙关的历史结束，九龙关随后改造成为维护国家主权和利益的人民海关。1950年1月，根据海关总署的决定，

---

① 九龙海关编志办公室编：《九龙海关志》，广州：广东人民出版社，1993年，第88页。

九龙关更名为中华人民共和国九龙海关。保留"九龙"为关名，以表明中国人民维护国家主权和领土完整的决心。1997年7月1日，香港回归祖国，"九龙海关"更名为"深圳海关"。

第四节　社会经济与文化教育

抗战胜利后，深圳地区的社会经济与文化教育得以恢复和缓慢发展。由于田地贫瘠、设施落后，加上县城的沦陷和国民党的内战使得县域劳动力减少，影响了劳动生产和基础设施建设。1947年推行基层经济建设合作制度等促农措施，逐渐恢复林业、渔业、养蚝业、工商业、交通和通信业等。县城出现了一些银行办事处或分行等金融机构。医疗卫生、水利、禁烟禁赌、职业团体、救济福利等社会民生事业发展有限。文化教育有所发展，战后推动学校复学，逐步兴办了国民教育、中等教育、社会教育等。文化设施逐渐兴建，凭借毗邻香港的优势条件，能够接触到较先进的思潮和设备，出现了私人或商会自办电影院、戏院等，推进了当地的文化建设和发展。

一、经济状况

宝安县沿海多山，土地贫瘠，民国时期社会经济仍以传统的农耕、渔猎等自然经济为主。解放战争时期，由于沦陷后的人口锐减、水利设施缺乏、交通条件落后，粮食不能自给，加之国民党当局的财政金融混乱，人民的经济生产一直处于较低发展水平。

宝安县农田较为稀少。民国时期，全县未有"良田千顷"的地主，"太公田"较为普遍。[1]太公田是以前大户分家时留给直系子孙作为祭祀用的公产，子孙可以通过收租或放债方式使之增值，再购置新田产来扩充太公田。太公田属于全族或全乡，规模小的一般只轮流租给乡民，由乡族长老会议通过即可，规模大的则可对无论乡内外的佃户租种，投缴租金高即可。抗战前宝安县农民的实际状况是：佃农占60%，自耕农占15%，半自耕农占25%。[2]解放战争时期，由于人口减少、百业凋敝，农业生产更不及沦陷前。1947年，县长林侠子在其作《宝安县政府一年来工作报告》中指出："本县耕地总面积为三六二六八六市亩[3]，三十五年度实际冬耕面积一四六二〇六市亩[4]，冬耕作物为豆类油菜甘薯等，计总收获量为一六四二〇〇市担。本府曾组织冬耕督导团，巡回督导各乡镇，组织扩大冬耕委员会，负责督导各保冬耕，至本县奉配三十五年度冬耕贷款额国币五百万元，因未准中国农民银行广州分行派员到县放贷，故尚未办理。"1947

---

① 深圳博物馆编：《深圳近代简史》，北京：文物出版社，1997年，第221页。
② 深圳博物馆编：《深圳近代简史》，北京：文物出版社，1997年，第221—222页。
③ 根据1公顷=100公亩=15市亩换算，362686市亩≈24179公顷≈242平方千米。
④ 即1946年实际冬耕面积146206市亩=9747公顷≈97平方千米。

年，宝安县推行了一系列促农措施，包括：扩大春耕，县府曾发动各区乡镇有关学校团体扩大宣传，并派员下乡推动田间栽种豆类杂粮，计扩大春耕面积 500 市亩（约 33 公顷）；通过指导农民制造堆肥及栽植绿肥的办法解决肥料短缺的问题，同时派员指导各种肥料施用方法，善后救济总署让农民银行贷放给宝安县的肥料有 341 吨；再就是垦荒，调查县属各乡镇公私有荒地，协助组织各种犁殖生产机构，加大对农业发展的支持力度。

为复兴农业，地方推行基层经济建设合作制度。1947年1月，宝安县"奉准设置合作指导室，原有建设科部门之合作股裁并，遵照三等县编制，设室主任一人，合作指导员二人，办理本县合作事业之推进事项，仍以分三区指导为原则，主任负责第一区（县城所在地），合作指导员周陆英、曾建民分负第一、二区（即东路深圳镇一带西路各乡），推行以来，工作尚属顺利"。至 1947 年年中，留仙洞及义农堂等已设立垦殖生产合作社。

宝安的渔业一直是沿海居民赖以生存的传统产业。宝安沿海一带盛产各类海鱼，主要渔场分布在大鹏湾外海、万山列岛、南头外海、珠江口附近。渔获主要有池鱼、黄花鱼、章鱼、马鲛、泥鳗、鲍鱼、乌贼、鱿鱼、带鱼、青鱼、虾、蟹等品种。此外，境内有较多山涧河流溪湖，淡水养鱼资源较丰厚。宝安县产盐区有东部的盐田至大鹏半岛和西部的南头至黄田零星灶田。晒盐业成本高利润较低，产量不高加之苛捐杂税繁重，至民国时期日趋衰落，解放战争时期更因战争、从业人员不足而日渐凋敝。

解放前夕，宝安县从事工商业者共有 1526 户，其中深圳墟有 500 余户。县域内还有客栈、旅社 140 多家，酒楼、茶室 50 余家。① 解放战争时期，国民党部队在境内实行严酷的征兵、征粮、征税政策，宝安县的商业贸易遭到沉重打击，走私现象严重，鸦片走私十分猖獗。如大鹏乡的一些居民在地方军政当局的纵容下，为来往于深圳、惠阳、稔山等处的烟贩提供方便。在宝安县的解放区，工农政府积极恢复工商业，对守法工商业者采取保护扶持政策，根据合理负担原则，执行单一税制，减轻商人负担，促进了物资流通。通过发行边区人民流通券、南方券，对平抑物价、活跃市场贸易起到积极作用。② 民国时期宝安还有少量采矿业，因矿产资源本身不够丰富，抗战爆发后遭到摧残，也逐渐衰落。

解放战争时期的宝安县的交通和通信业不甚发达。境内多丘陵谷地，河流少、滩涂水浅，不宜泊船，蛇口后海码头虽可停泊轮船，但没有公路与此相接，故县域内水路交通不便。陆路交通除广九铁路外，只有极少的一些短线公路或乡道。宝安沦陷后公路建设停顿，直到解放前，宝安县的交通事业都停滞不前。邮政通信也因交通不便，传递迟缓。1947年解放战争时期，公路建设稍有起色，宝太、深沙路修复通

---

① 深圳博物馆编：《深圳近代简史》，北京：文物出版社，1997 年，第 225 页。

② 深圳博物馆编：《深圳近代简史》，北京：文物出版社，1997 年，第 225—226 页。

车，龙严、布龙、布深公路通过善救分署核发工粮、以工代赈在兴修中，麻黄乡道等已修筑完成。当时还有部分道路为私人路权，如杆天、龙乌、公黄等公路，县府要求各路权人从速修复。1947年《宝安县政府一年来工作报告》宣称"本县因公路交通畅通，营业汽车每日均有数十辆行走，商旅称便"。

　　电信也在逐步恢复中。沦陷期间被敌伪破坏的电话线，在收复后修复了宝深电话干线，并由县电话管理所负责日常管理和使用。1946年宝安县路西（即广九铁路以西）各乡镇架设电话干线，1947年完成架设，同年计划架设深淡（深圳至惠阳淡水）电话线，以构建全县的电话网。至1949年，各公路遭破坏，治安较差，路权人无法修复，仅有岩口公路及宝太、宝深公路尚可通车，除岩口公路路面较平坦外，其余路面桥梁均破烂不堪，负责修整的宝太行车公司与县筑路会发生纠纷，县政府调解无效，导致修路一事被搁置。[①]此时，无线电台较通畅，但电话线杆时遭破坏，于是绥署颁发维护电信线路暂行办法，将所有电话线杆编号移交当地保甲户长分别负责巡护。[②]

　　民国时期，宝安县金融机构主要有：国民政府中央银

---

① 张志光：《宝安县政府一年来工作报告（1949年9月）》，深圳市史志办公室编：《民国时期深圳历史资料选编》，深圳：深圳报业集团出版社，2014年，第322页。

② 张志光：《宝安县政府一年来工作报告（1949年9月）》，深圳市史志办公室编：《民国时期深圳历史资料选编》，深圳：深圳报业集团出版社，2014年，第322页。

行、中国银行、中国农民银行、交通银行、广东银行等，这些银行先后在宝安设立办事处或分行，代理上述银行发行货币，开展存款业务。先后代理发行的货币种类有银圆、铜仙、镍币、毫洋、大洋券、国币券、法币、关金券、银圆券等。[①]抗战胜利后，国民党挑起全面内战，使国民经济趋于崩溃，国家财政入不敷出，加剧了通货膨胀。国民政府为挽救财政危机大行举债，增加苛捐杂税并滥发纸币，造成恶性通货膨胀和货币持续"猛烈贬值"，"1946年3月，1美元比20法币改为1美元比2020元法币，8月宣布为3350元法币，1947年2月，又改为1美元合1.2万元法币"[②]。法币极度贬值后，广东省包括宝安县开始流通港币。1948年8月，国民政府为扭转财经混乱局面，实行"币制改革"，在全国发行金圆券，结果造成财政经济的更大混乱，物价上涨更为猛烈。1949年7月，从南京迁到广州的国民政府又在广州地区发行所谓"银圆券"，但因信誉扫地而不断贬值，到内地解放时，银圆券虽发行1亿元，但实际流通的只有2000万元。[③]解放战争时期，法币、金圆券、银圆券的相继破产，宣告国民党政权的财政金融彻底崩溃。

---

① 深圳博物馆编：《深圳近代简史》，北京：文物出版社，1997年，第229页。
② 《百卷本中国全史19》，北京：人民出版社，1994年，第205页。转引自深圳博物馆编：《深圳近代简史》，北京：文物出版社，1997年，第230页。
③ 深圳博物馆编：《深圳近代简史》，北京：文物出版社，1997年，第230页。

二、社会民生

（一）田粮

宝安县历来缺粮，加之抗战影响，人民背井离乡，田赋征册丢失，存粮极少，粮价特别高。1945年10月宝安县政府从东莞迁回后，奉令编造田赋征册，购拨军粮。自1946年2月起，应按月配购军粮600大包，因时定价与市价相差悬殊，加上由香港北上的国军源源过境，经常需要额外征配军粮，而县政府主要依赖"地方贤达"来完成征配任务。

为稳定粮市，县政府进行粮商登记。至1947年4月底，"已申请登记经审查合格转呈广东省田赋粮食管理处核发执照者"①，全县共有161家，包括深圳镇宝光米机等98家、南头镇生活米机等32家、西乡城永丰米机等13家、黄松冈墟泗兴隆等10家、新桥乡清平墟兆丰年米机8家②，均按照粮政法令管理。为防止囤积操纵，开展大户存粮调查，并严禁偷粮出境，以保持粮价稳定。1947年春，因金融市场遽变，港币升值，走私猖獗。宝安三面临海，警力单薄，难以管理，粮食走私情况严重。直至4月1日成立深圳粮食市场管理处专责办理，情况才有所好转。

---

① 林侠子：《宝安县政府一年来工作报告（1947年）》，深圳市史志办公室编：《民国时期深圳历史资料选编》，深圳：深圳报业集团出版社，2014年，第263—264页。

② 林侠子：《宝安县政府一年来工作报告（1947年）》，深圳市史志办公室编：《民国时期深圳历史资料选编》，深圳：深圳报业集团出版社，2014年，第264页。

宝安县田赋征收受到战争影响，直至1948年度才开始，征收时期由1941年11月1日至1949年4月11日，征收实物9490市石260合①，折价721市石486合，合金圆券2797451.71元。1949年4月12日至6月底征收实物1625市石841合，折价211市石690合，合金圆券2841867.19元，合共征收实物为11115市石1101合，折价932市石1176合，合金圆券5639318.9元。1949年的新赋于7月1日开征，至8月20日，仅征收新赋711市石、合银圆2133元，旧赋513市石、合银圆1540元，新旧赋合计1224市石、合银圆3673元。②

（二）医疗卫生事业

抗战时期宝安县的医疗卫生事业受到严重摧残，原西方传教士开办的医院、善堂、育婴堂等被日军占作救治中心或军事指挥部，传教士及医务人员纷纷撤离。抗战胜利后，因受内战影响，宝安县的医疗卫生发展极为缓慢。1946年7月1日，宝安县县长林侠子通过县府拨款、向省港两地募捐等方式筹措资金，暂借梁姓洋楼二座为临时院址，开办县卫生院。后因民房不能用作留医留产业务，另觅环境较适合作医院之用的观音阁，向善后救济总署广东分署请求补助建筑

---

① 石（dàn）、斗、升、合（gě）计量单位之间的换算是简单的十进制，一石等于十斗，一斗等于十升，一升则等于十合。一石等于一千合。

② 张志光：《宝安县政府一年来工作报告（1949年9月）》，深圳市史志办公室编：《民国时期深圳历史资料选编》，深圳：深圳报业集团出版社，2014年，第325—326页。

新院址，至 1947 年 3 月完成工程，4 月 1 日迁入办公，因病床设备家具等无款购置，经申请善救分署也无法解决，至 1947 年《宝安县政府一年来工作报告》完成时，还在募捐以期购置病床家具，并未完成搬迁。此时全院共有员役 21 人，并计划设深圳、新桥、乌石岩三个卫生分院。

林侠子在报告中阐述了卫生院的赠医施药、门诊、防疫、妇婴保健、代办救济等几个功能，并对开院以来至其作报告时间前的 10 个月内（1946.7—1947.4）的相关数据有一个统计说明。

自 1946 年 7 月县卫生院开办赠医施药工作，时间由每日上午 8 时至 11 时止，在这个时间内"所有一切药费概行免收"。门诊时间"由每日下午 3 时至 5 时止（急症重病不在此限），药费酌收。总求以减轻患者负担为原则"。开院 10 个月（1946.7—1947.4）共诊疗 30171 人。其间遭遇两次疫情。第一次是 1946 年 11 月间，宝安县境内发生天花病，"流行甚烈，死亡颇众"，县卫生院急电省卫生处，并派医师吴振奎赴卫生处报告，请领一批疫苗和一分队防疫人员莅县协助，分头驰赴各乡镇，免费施种牛痘，6 个月内（1946.11—1947.4）种痘总人数达 68411 人。第二次是 1947 年 2 月间，当时各乡镇有类似脑脊髓膜炎症发现，后经调查，获知患脑膜炎症者不多，而患恶性疟疾者很多，经防治也阻止了疫病的流行。

宝安县卫生院受经费限制，妇婴保健业务仅有产士 1 人，每月接生 10 余人，开院以来 10 个月内（1946.7—1947.4）

共接生 161 人。

卫生院还兼有代办救济的功能，1946—1947 年间，宝安县曾代善后救济总署广东分署办理营养施赈站，负责接受领运广东分署的营养品，并负责分发给全县救济对象，其中包括门诊病人。

宝安县也开展动物防治工作。1949 年 7 月，省政府派员免费施行预防牛瘟注射，宝安县派员随同下乡协助办理，至 9 月时已为 2455 头耕牛注射疫苗。[①]

（三）水利建设

宝安县为发展水利设施，让各区乡镇调查应办各项水利工程并上报，县政府派专员下乡指导并组建水利机构。至 1947 年年中，已成立 5 家机构，至 1949 年，水利建设受财力物力所限，没有进展。

（四）禁烟禁赌

宝安县政府严禁种运售吸烟毒。严查私种烟苗。林侠子代理县长时，组织烟毒复查团，联合各乡镇公所警察机关分别组成检查队，前往县属偏僻地方检查，一旦发现，即刻派队前往清铲。为加强戒烟，县政府拨款给卫生院组设戒烟院。对于歹徒聚赌情况，官方查禁甚严，将查获的赌犯送法院办理。

1949 年 4 月，县政府获报歹徒在赤湾趁天后庙诞期开

---

① 张志光：《宝安县政府一年来工作报告（1949 年 9 月）》，深圳市史志办公室编：《民国时期深圳历史资料选编》，深圳：深圳报业集团出版社，2014 年，第 322 页。

设烟赌馆，下令县警察局严查，查悉赤湾烟赌为虎门要塞守备第三大队驻军所庇护。宝安县警察局无权过问，县政府电请虎门要塞司令部查办，并报第二区①专保公署。同年5月间，县政府又获知深圳墟有歹徒开设赌窟后，密令深圳警察所、深圳镇公所查拿，后又派警察会同防军查拿，到达时赌徒已星散，后据报附城大新街维新映相馆后面有聚赌现象，搜查未见赌场开设。②6月3日，宝安县发动全县各界举行禁烟纪念大会，公开焚毁烟具，摄影呈报。对于广东省政府定期就地焚毁九龙关缉解宝安县政府的生熟鸦片烟及各种毒品，县政府选定日期函请各机关法团派员监毁。

（五）职业团体

为健全及发展各职业团体之组织，宝安县曾开展人民团体登记工作，经审查后准予恢复或调整及改选的有农会、工会、商会、渔会、教育会、宝安县中医师公会、宝安县妇女会、农工自由职业团体等。

1947年3月，为增进农民福利，发展农村经济，宝安县政府拟指导组织本县各乡镇农会，经过20多天的努力，全县组织25个乡镇农会，3月21日召开县农会成立大会，选举理监事及出席省农会的代表。此次组织成立县农会1个，莲城、沙井、沙头、龙华、雍睦、万山、松岗、凤凰、新

---

① 宝安县当时分为三个区，赤湾属于第二区管辖。

② 张志光：《宝安县政府一年来工作报告（1949年9月）》，深圳市史志办公室编：《民国时期深圳历史资料选编》，深圳：深圳报业集团出版社，2014年，第317页。

桥、公明、王母、葵沙、大鹏、东和、南平、石岩、南屏、十约、布吉、沙河、杆澜（观澜）、平湖、西乡、深圳、固成等25个乡镇农会。因各乡镇农会筹组成立时间急促，多未能将所属农民纳为会员，所以各会策动农民踊跃加入，办理会员登记。为形成示范效应，激发农民积极响应，县政府设置示范农会、农民福利社以改进农民生活。

1947年年中，宝安县成立的工会有3个，分别为宝安县柏油业职业工会、宝安县理发业职业工会、宝安县建筑业职业工会。筹组之中的还有宝安县酒楼茶室业职业工会、宝安县酒楼茶室业职业工会深圳分会、宝安县蚝业职业工会和宝安县车农业职业工会等。

同时期宝安县成立的商会有10个，分别为宝安县商会、深圳商会、南头商会、沙头角商会、西乡商会、固成商会、黄松岗商会、公明墟商会、沙井商会、乌石岩商会。为使各商会健全合法，推动宝安县商会与南头商会合并，汇合各地同业商店行号，分别组织同业公会。成立的同业公会有4个，分别为南头镇粮食同业公会、深圳镇粮食商业同业公会、宝安县汽车商业同业公会、深圳布匹商业同业公会等，筹备中的同业公会有3个，分别为深圳烧腊商业同业公会、宝安县营造商业同业公会、宝安县金银首饰商业同业公会。

渔会是宝安县比较活跃的一个团体组织。宝安县境内渔民颇多，成立了宝安县渔会和东涌、东山、南澳、西乡、固成、南头、湾下等渔业分会。1947年经调整及改选合并，将南澳、东涌、东山3个分会合并改组为南澳分会，将南头、西乡、固戍、湾下 4 个分会，合并改组为南头分会。

宝安县教育会于 1946 年 11 月恢复，1947 年开始谋划各乡镇教育会的筹建，较早筹备的有莲城、十约、龙华等乡镇。

自由职业团体中，1947 年 5 月 19 日成立的宝安县中医师公会，因其会员有来自上水、新界、元朗等地的香港居民，县政府认为此"亦足见侨民对本国团体之认识，社政推行之收效也"。

社会团体中，宝安县妇女会于 1947 年 5 月 30 日成立，此外嘉应五属同乡会、宝安县中同学会、宝安县南头健育体育会等，亦相继组织成立。

1947 年年中，宝安县有人民团体 63 个，其中新成立者 37 个，正在筹备中者 11 个，复员恢复者 15 个。在计划等组的有宝安县总工会、各乡镇教育会、各城镇粮食同业公会、各行商业同业公会、各职业工会等。

至 1949 年 9 月，宝安县政府仍在指导组织健全社团的工作。指导组建的有惠州同乡会，任期届满应行改选的有酒楼茶室等三工会，均在县政府监督下依法完成改选①。

（六）劳务、救济及福利

宝安县公共基础设施的修建通过推行国民义务劳动来完成。县政府调查"全县应兴修之陂塘圳渠，堤围水闸、能开

---

① 张志光：《宝安县政府一年来工作报告（1949 年 9 月）》，深圳市史志办公室编：《民国时期深圳历史资料选编》，深圳：深圳报业集团出版社，2014 年，第 322 页。

垦之公荒，及应修筑之道路，以便计划举办国民义务劳动"。县政府根据国民义务劳动法规，选择农闲时期来实施国民义务劳动。

宝安县土地贫瘠，遭逢亢旱，除了商家和大农外，县民食物匮乏，很少吃得上两餐饭，一般吃稀饭、稀粥或杂粮来充饥。中等农家也是大米和杂粮参半。粮荒严重，全县十分之六七人口需要救济。① 社会救济有官方、民间两种渠道。县善后救济协会、救济院分别成立于 1946 年 5 月、1947 年 2 月 12 日。县善后救济协会办理县救济物资的赈济事宜，因人事组织不健全，于 1947 年 2 月重新改组。其具体工作是将历次所领发的救济物资办理报销手续，于 1947 年 4 月制好全部的报销表册，并呈缴善后救济总署广东分署第一工作队核转。救济院成立后，计划分设"安老""育幼""施医""难童"等所，后因资金短缺需通过筹款解决场地和设备问题。县政府调查登记民间慈善事业，拟定奖助办法进行扶助。县救济院至 1949 年 5 月奉令裁撤。

县政府制定措施增进社会福利。鼓动各职业工会及各乡镇农会，设立农民福利社、职工福利社、劳工食堂及各种合作事业，以增进农工福利。向省农行申请农贷，获得资金和实物。1946 年 7 月，宝安县获农贷款 6495000 元，分别贷给各乡开展助农工作。1947 年贷给本县农田肥料 341 吨，

---

① 《宝安县救济工作视察报告》，《善后救济总署广东分署周报》，1946 年，第 1 卷第 11 期。

县政府分贷给农户。推行减租政策，成立县二五减租①委员会，以及各乡镇二五减租委员会，并发动各中心国民学校举行拥护政府实行二五减租的宣传运动。县政府的社会服务处兼办职业介绍及社会公寓业余俱乐部等业务，以加强社会服务。

1946年，"深圳联乡筹赈会"②（后改名为"深圳联乡赈济会"）由香港元朗墟重新迁回深圳。当年2月中旬，"深圳联乡赈济会"更名为"深圳联乡慈善会"，随即开展种痘、赠医、防疫、霍乱注射等慈善活动。后在海外侨胞捐助下，在沙头乡江下村及深圳墟两处，分设助产所、长期义务接生。1948年该会创刊出版《深圳通讯》月刊，将家乡情况逐月在月刊上公开报告，成为与海外侨胞进行联系和交流的平台。《深圳通讯》一直出版到1949年9月1日。③

（七）兵役

抗战前，宝安县办理过两期征兵，抗战期间志愿从军者不少。1946年10月4日，宝安县国民政府奉令恢复征兵，

---

① 1926年10月，北伐军进军湘、鄂期间，为动员农民支援北伐，国民党在广州召开有大量左派参加的中央和各省区代表联席会议，通过《最近政纲》，规定"减轻佃农田租百分之二十五"，减轻农民负担，简称"二五减租"。

② 1938年，深圳沙头各乡绅士会同深圳区党部成立"深圳联乡筹赈会"，后因抗日战争全面爆发移至香港元朗墟。

③ 参考1948年（民国37年）1月1日创刊的宝安县深圳联乡慈善会会刊《深圳通讯》关于"深圳联乡慈善会之沿革"的介绍。

指标为 258 名。[1] 1949 年全年征兵额为 1751 名。[2] 1946 年 1 月 5 日—2 月 2 日，县政府已对役龄壮丁进行过总抽签并列榜公告编丁数目。1947 年 4 月起，开展役龄壮丁总身家调查，侧重对 1923—1927 年（民国十二年至民国十六年）出生的役龄男子进行严格调查。

为顺利推进征兵工作，县政府选择学校进行兵役宣传，要求县立振能中学在不妨碍学生作业情况下扩大兵役宣传，县政府分别制发兵役标语牌、设兵役询问牌及告密箱等辅助设施。1946 年 3 月 18 日，宝安县遵奉广东省政府规定，设立出征抗敌军人家属优待委员会，专责办理优待业务，由于经费等原因，业务陷于停顿状态，1947 年重启征兵，县政府将其作为配属役政的重要工作加以推行。

服役者每年都有四期训练，称为国民兵编训或普训，实际执行不是很规范，常被耽搁。1946 年实际举办过两期，第一期因奉文逾期不及施训；第二期于 4 月 15 日开始训练，人数 280 名；第三期于 8 月 19 日开始，训练人数 643 名；第四期因征兵工作繁忙未曾施训。1947 年的第一期普训因缓役及调查役龄壮丁等事项，未及办理。第二期于 4 月 15 日开始训练。

---

[1] 林侠子：《宝安县政府一年来工作报告（1947 年）》，深圳市史志办公室编：《民国时期深圳历史资料选编》，深圳：深圳报业集团出版社，2014 年，第 259 页。

[2] 张志光：《宝安县政府一年来工作报告（1949 年 9 月）》，深圳市史志办公室编：《民国时期深圳历史资料选编》，深圳：深圳报业集团出版社，2014 年，第 324 页。

对于返籍的退役军官及士兵等，设立宝安县陆军在乡军官分会，分别进行管理。对于还没有办退役的军官及备役干部，设立备役干部会，让他们入会以加强管理。

解放战争时期，宝安县本地的兵役主要负责联防冬防、维护水陆交通、"清剿"等事务。联防包括惠东宝三县联防和宝安县内的乡镇联防，以巩固地方治安、搜剿"残匪"。冬防是根据上级冬防计划，遵照实施防范，以确保冬防期间境内安宁。其次是维护水陆交通，重点是广九路沿线，除防军警备深圳平湖布吉各站外，分别在李朗禾义坑枇杷岭设护路哨。广九公路自西北端之松岗乡而至深圳镇县属境内，设7个护路哨。于其他公路及主要交通道路设立护路哨13个。于县境主要公路线及乡镇间交通要道等处，选择要害地方构筑碉堡，设沙井乡上涌口黄松岗等碉楼7座。各护路哨及碉堡均派队巡逻及守望。宝安县制订计划会同驻军及运用地方团队，以加紧"清剿"。为充实防护力量，1947年3月15日奉令成立县防护团。全县枪支配备较多。1946年7月，广东省拟配给宝安县公枪10余支，县长林侠子亲自去省政府请求增加配给，结果申请到六五式步枪600杆、子弹6万颗，除一部分装备警察局及警察大队外，其余全部分发各乡镇乡村警察派出所。

（八）侨务

宝安县旅外侨民为数不少，因未详细登记，没有统计数字。1949年，县政府制作了侨民状况调查表，分发给各乡镇，要求调查侨民人数及侨居何方及其动态，随时呈报。侨民有抚恤优待，县政府依照规章发放抚恤金。

三、文化教育

（一）文化

抗战胜利后，国民党广东当局疯狂推行"文化戡乱"政策，对宝安县的进步文化人士进行迫害，对进步报刊、书店、艺术团体予以捣毁或封闭。1942年3月广东人民抗日游击总队创刊的《前进报》在抗战胜利后停刊。随着人民解放战争的发展，宝安县的文化事业也逐渐恢复。1947年11月至解放前夕，宝安县政府在县城南头成立了宝安县文化服务社，先后出版了《先声通讯》《正说月刊》《深圳通讯》《大鹏魂》《鹏声》《民意报》《新声报》《乐群校刊》等地方性刊物①。

国民政府统治时期，宝安县由于财政拮据，国民党当局将财政收入大部分用于内战，基本没有官办文化设施。1935年成立的民众教育馆，也在抗战时期宝安沦陷后处于瘫痪状态。1946年4月27日，宝安县政府指令各企事业部门及热心人士募捐，恢复民众教育馆，组织文娱体育活动，开展健身强民、清洁卫生、识字等社会宣传。②

宝安县的文化设施和文化项目，在解放战争胜利后得到较快发展。凭借毗邻香港的地理优势，能够接触到较先进的设备和文化资源。

---

① 深圳博物馆编：《深圳近代简史》，北京：文物出版社，1997年，第217页。
② 深圳博物馆编：《深圳近代简史》，北京：文物出版社，1997年，第218页。

1948 年，宝安县城南头大戏院租用宝安县立第一中学操场，连续 2 个月放映电影，开启了宝安县电影放映的历史。同年，仍属惠阳县的龙岗墟人自办浪声电影院，内设有木条凳 100 多个座位，使用捷克 16 毫米放映机。1948 年 5 月，龙岗墟人罗佐新建私人戏院，内有包厢 20 多个，座位 200 个。1949 年 2 月，深圳商会会员、县参议员张岫云等数十人集股 10 余万元港币，在深圳北门桅杆园新街（今人民路）兴建深圳民乐戏院，有职工 18 人，戏院内设连环铁椅 40 行 880 个座位，安装美国产新碧力士牌车弧整流器 35 毫米放映机，同年 9 月 26 日举行开幕典礼。[①] 民乐戏院是深圳人民戏院的前身。[②]

解放前夕，中共路东（广九铁路以东）县委于 1949 年 6 月底在大鹏王母国光小学创办了为期一个多月的"文化研究班"，培养了 120 多名文化干部，为接管宝安县政府文教事业准备了人才。[③]

（二）教育

1945 年抗战胜利后，宝安县沦陷后停办的两所中学（县立中学一所及私立栏杆中学一所[④]）及日占区的小学才得以复

---

① 深圳博物馆编：《深圳近代简史》，北京：文物出版社，1997 年，第 218 页。

② 民乐戏院 1950 年由广东省公安厅接管，1952 年归还宝安县政府，改名为深圳人民戏院。

③ 深圳博物馆编：《深圳近代简史》，北京：文物出版社，1997 年，第 218 页。

④ 林侠子：《宝安县政府一年来工作报告（1947 年）》，深圳市史志办公室编：《民国时期深圳历史资料选编》，深圳：深圳报业集团出版社，2014 年，第 255 页。

课。此后，教育逐步发展，国民教育①、中等教育、社会教育三类均得到发展。

1945年抗战胜利后，宝安县政府已积极推动学校恢复教育工作。"计至三十四年度止，先后规复中心国民学校十八所，保国民学校五十五所，共七十三所，收容学生12526人"。当时全县"超龄失学及适龄儿童共有四万人以上"，但只有约1/4的儿童得到国民教育。县政府增加国民学校数量，至1947年增加中心国民学校及私立小学7所，乡村国民学校②45所，总共125所，入学学童达29826人。建校资金"多赖地方人士自筹自给，一部出于会社祖产或公款拨充，一部则出自募捐"。县政府为保障教育基金，依法组织基金保管委员会。为提高办学质量，县政府设法补助各学校的设备，将配拨到县里的救济物品分配给各国民学校，并于1947年一律采用国定教本，派出督学轮回督导，对全县教师于1947年7月1日举行面试检验，分期举办师资训练，③以提高国民教育水平。

解放战争时期，宝安县恢复并增设了中学及师范。县

---

① 顾明远：《教育大辞典》，上海：上海教育出版社，1998年。中国在1915年把初等小学改为国民学校，实施国民教育。1922年仍改为初等小学。1940年又将初等小学改为保国民学校。各乡将完小改称中心国民学校。中华人民共和国成立后，不再沿用国民教育名称。

② 乡村国民学校在当时称保国民学校。

③ 林侠子：《宝安县政府一年来工作报告（1947年）》，深圳市史志办公室编：《民国时期深圳历史资料选编》，深圳：深圳报业集团出版社，2014年，第255页。

立中学在抗战初期随县境沦陷而停办，校舍及一切设备均毁坏。抗战胜利后，县政府力图尽快恢复办学，但受制于财力，直到得到地方热心人士赞助后，于 1946 年秋正式复课，委任陈仲轩为校长，只设初中一年级，分春秋两季招生，春季两个班，秋季两个班，共二百余人（图 5-8、图 5-9）。[①]开学后该校经费大部分由县政府拨给。1946 年 9 月，观澜私立振能中学开办，招收初一年级 3 个班 122 名学生。1947年 9 月，私立深圳中学开办，首届招收初一年级 2 个班 100名学生。在广培学校的基础上，开办私立观澜初级中学。原属惠阳县的横岗惠侨中学开办后，招收中学考试补习班。1948 年，沙井宝民中学开办，校址在大王庙。1949 年停办已久的布吉乐育中学复办，改名乐民初中。同年坪山力行中学开办，校址在关帝庙。[②] 1947 年计划 7 月创办简易师范学校一所[③]，即宝安简易师范学校。

---

① 林侠子：《宝安县政府一年来工作报告（1947 年）》，深圳市史志办公室编：《民国时期深圳历史资料选编》，深圳：深圳报业集团出版社，2014 年，第255 页。

② 深圳博物馆编：《深圳近代简史》，北京：文物出版社，1997 年，第 216 页。

③ 林侠子：《宝安县政府一年来工作报告（1947 年）》，深圳市史志办公室编：《民国时期深圳历史资料选编》，深圳：深圳报业集团出版社，2014 年，第255 页。

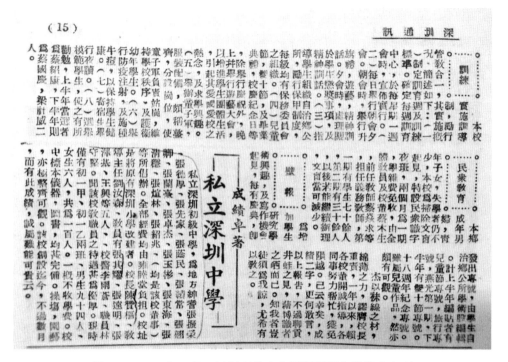

图5-8　1948年1月1日创刊的宝安县深圳联乡慈善会会刊
《深圳通讯》对私立深圳中学的介绍

到解放前夕，宝安县共有小学 137 所，其中，中心国民学校 25 所，乡村国民学校 101 所，私立小学 11 所。初级中学 6 所（不包括原属惠阳的惠侨中学、平冈中学、力行中学等）。① 较抗战胜利时有所发展。

宝安县的中学只有初中，没有高中。② 1949 年，县长张志光拟在县立初中基础上增设高中，因两次报名投考高中的

---

① 深圳博物馆编：《深圳近代简史》，北京：文物出版社，1997 年，第 216 页。
② 张志光：《宝安县政府一年来工作报告（1949 年 9 月）》，深圳市史志办公室编：《民国时期深圳历史资料选编》，深圳：深圳报业集团出版社，2014 年，第 321 页。

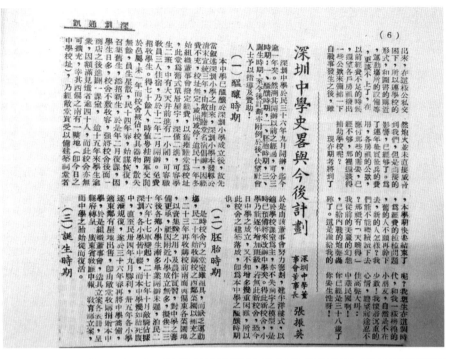

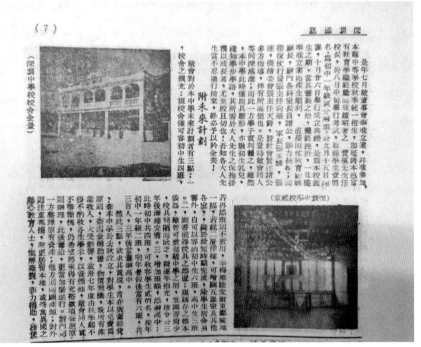

图5-9　1949年1月1日第12期《深圳通讯》对私立深圳中学的介绍

新生不过 20 余人，且学生中仅有一半有毕业证书，导致当年高中班无法开办。

解放战争时期，宝安县的社会教育因沦陷期失学者众多而显得特别重要。宝安县于 1945 年下学期专门划拨经费，先后成立民众教育馆及民众夜校。1946 年宝安县教育会恢复后，积极鼓励各乡成立分会①，以推行社会教育。1947 年春县政府饬令各乡中心学校增设民教班，收容失学成人，当年固戍、雍睦等 5 校 7 班共招收 300 余人。县立民众教育馆为县最高社教机关，于 1949 年 5 月奉令裁撤，之后的民教工作交由各乡镇负责推进，当年有新桥中心及私立燕贻小学等 10 余所学校增设民众学校，开展失学民众的教育工作。②除此之外，当局还推行国民体育。1946 年"七七"当天举行国民兵运动大会，11 月举行全县运动大会。1947 年 1 月成立国民体育会，当年拨付一百万元选拔优秀选手 20 余人，准备到广州参加 6 月 1 日举行的全省运动大会。③

① 林侠子：《宝安县政府一年来工作报告（1947 年）》，深圳市史志办公室编：《民国时期深圳历史资料选编》，深圳：深圳报业集团出版社，2014 年，第 256 页。
② 张志光：《宝安县政府一年来工作报告（1949 年 9 月）》，深圳市史志办公室编：《民国时期深圳历史资料选编》，深圳：深圳报业集团出版社，2014 年，第 321—322 页。
③ 林侠子：《宝安县政府一年来工作报告（1947 年）》，深圳市史志办公室编：《民国时期深圳历史资料选编》，深圳：深圳报业集团出版社，2014 年，第 256 页。

大事编年

晚清时期

1840 年 6 月

英国 40 余艘舰船及 4000 名士兵组成的机动舰队到达新安县香港岛北部海面（今维多利亚港一带）集结，封锁海口，第一次鸦片战争爆发。

1841 年 1 月 25 日

英军"琉璜号"舰登陆新安县香港岛占领峰（在今上环水坑口街附近），26 日英军舰队司令官伯麦率军到达香港岛，并举行占领该岛仪式。

1842 年 8 月 29 日

中英双方签订中国历史上第一个丧权辱国的不平等条约——《南京条约》，正式将新安县香港岛割让予英国。

1846 年 9 月 7 日

两广总督耆英奏请在新安县九龙建城，次年 5 月建成，大鹏协副将和九龙巡检司驻该城。

1854 年 6 月 10 日

何六等在东莞石龙墟首举广东洪兵起义义旗，黄广兴、吴温矩等人率众在观澜起事。

1860 年 3 月 21 日

英国政府驻广东代表巴夏礼与两广总督劳崇光签订租约，将九龙半岛所划界线以南的地区租借给英国，租期规定只要英国政府按时如数交付租金，中国政府就不能要求归还上述土地。

1860 年 10 月 24 日

中英双方在北京签订《北京条约》。该条约第六条正式确认把新安县界限街以南的九龙半岛割让给英国。

1864 年

基督教崇真会创建布吉李朗神学院。该学院为教会大学级学校，在李朗时间长达 61 年，是深圳历史上第一所大学。

1887 年 2 月 9 日

总税务司署通令成立九龙关，直属总税务司领导。4 月 15 日，九龙关开始对鸦片征收进口税和厘金。

1898 年 6 月 9 日

中英《展拓香港界址专条》在北京签订，英国向中国租借深圳河以南至界限街以北地区，又称为"新界"，租期 99 年。

1899 年 4 月 10 日

新界各乡代表在元朗成立太平公局，负责统筹指挥抗英斗争。是月，新界当地民众和前来支援的新安县居民与英军展开激战。

1899 年 5 月 14 日

港督卜力命令驻港英军占领深圳和九龙城。是年 11 月
13 日，经清政府外交斗争，英军撤回新界。

1900 年 10 月 6 日

孙中山组织发动、郑士良等人策划指挥的三洲田起义
（又称惠州起义、庚子首义）爆发。因粮饷弹药不济，起义
队伍很快解散。

1906 年 10 月

新安县开设西乡巡警局，次年 2 月，开设深圳巡警局。

1911 年 10 月 4 日

中英双方联合举行广九铁路通车典礼，会场设于深圳站
旁，广九铁路正式全线通车。

1911 年 11 月 6 日

王兴中所部革命军与卓凤康、何玉山、吴兆祥等人组
织的龙华民军克复新安县城南头城，清朝在新安县的统治
瓦解。

民国前期

1914 年 1 月

新安县复名宝安县。

1914 年

凤冈学校更名为"宝安县立第一高等小学"，这是民国

时期宝安县设立的第一所公立学校。同年，三洲田学校创办，1925年改名为"庚子革命首义中山纪念学校"。

1916 年

刘铸伯在平湖新墟兴建的纪劬劳学校、念妇贤医院相继落成。

1917 年

粤海道尹王典章乘广九铁路火车到宝安县视察，其视察日记留下了关于当时宝安县政治、经济、社会、文教等方面的珍贵记录。

1918 年

宝安学会成立，主要由教员组成。该学会还出版有《宝安学会杂志》。

1923 年 11 月 7 日

隶属于广州革命政府的滇军在平湖老虎隘大败陈炯明军，迫其沿广九铁路逃回深圳墟。此役，平湖、深圳一带成为战场，当地人民损失惨重。

1924 年下半年

中共广东区委派遣广州农民运动讲习所第一、二期学员黄学增、龙乃武、何友逖，以国民党中央农民部特派员身份到宝安县开展农民工作。当年底，在宝安县发展了第一批共产党员。

1925 年 2 月

广州革命政府军第一次东征盘踞粤东的陈炯明军阀势力，东征军经过宝安县，攻占平湖，占领深圳镇，控制广九铁路沿线地区，继续进据当时属惠阳县的龙岗，向惠阳县淡水城进军。时任黄埔军校政治部主任周恩来在进驻位于今深圳市坪山区坑梓街道文化新村的光祖中学时，曾与该校师生晤谈，并向进步学生社团"青年新社"发表演讲。

1925 年 3 月 22 日

宝安县楼村农民协会成立。同年 4 月 26 日，宝安县农民协会成立，全县已有区农民协会 4 个、乡农民协会 34 个，正在筹建的乡农民协会 20 余个。4 月 27 日，"东宝两县农民联欢大会"在东莞霄边乡召开，两县有 70 多个乡的 1000 多名农民代表，数百名武装的农民自卫军参加。

1925 年 6 月

省港大罢工爆发，历时 1 年零 4 个月，是世界工人运动史上时间最长的一次大罢工，其间参加罢工的香港工人纷纷经由宝安县深圳墟前往广州，前后约有 25 万人。7 月 5 日，为在经济上援助省港罢工工人，深圳商会、学会、农会、工会发起成立"对外协会深圳分会"，成立大会在深圳召开。7 月 23 日，省港罢工委员会派遣罢工工人纠察队第三大队第九支队进驻深圳。随后，广州大元帅府铁甲车队也奉命陆续开抵深圳，协同执行全面封锁香港的任务。

1925 年 7 月

中国共产党宝安县支部成立，黄学增任书记，龙乃武、郑奭南任支部委员，隶属中共广东区委领导。1926 年 3 月，撤销县党支部，建立县党部，推选龙乃武为县党部负责人，龙乃武、郑奭南、潘寿延为县党部常务执委。

1925 年 10 月

农民自卫军与国民党右派张我东部在宝安县西路的云霖发生激战，农军、农民多人死伤，许多妇女老幼被迫逃往东莞。10 月 13 日，黄学增以农民部特派员身份，向农民部详细报告了此次事件的原委、经过、伤亡、财产损失等情况。10 月 14 日，国民党右派实力人物之一，国民革命军第一军军长蒋介石在从严查办劣绅逆军的强烈呼声下，复函农民部同意查办宝安云霖惨杀案凶手。

1925 年 11 月 4 日

港英当局纠合民团、土匪和陈炯明残部共 1000 多人进攻沙鱼涌。驻守沙鱼涌的铁甲车队和工人纠察队只有 100 余人，面对 10 倍之敌，顽强作战，打退敌人多次进攻，给敌人造成重大伤亡，终因寡不敌众，在当地群众引导下突围，绕道返回深圳墟。

1925 年 12 月 27 日

国民党宝安县党部成立，选出 7 名执行委员、3 名监察委员、3 名候补执行委员，其中共产党员占绝大多数，保证了共产党在国民党县党部中的领导作用和核心作用。

1925 年

布吉李朗神学院迁往兴宁坪塘，其旧址改为乐育初中（为德国天主教会主办），这是宝安县中学教育的开始。

1926 年 10 月 20 日

随着省港大罢工结束，省港罢工宝安纠察第三大队奉命全队撤回省城广州集中训练，当天上午在国民党宝安县党部召开欢送大会。

1927 年 1 月

宝安县总工会成立，下辖茶居、京果杂货、木匠、车衣、烟丝、屠行、米业、船艺、渔业、竹器山货、理发等 11 个基层工会。县总工会由中华全国总工会立案，属中共宝安县党部领导。国民党广东当局在宝安进行"清党"后，各工会自行解散。

1927 年

宝安县立第一高等小学扩大建制，扩办中学部，名为"宝安县立初级中学"，1928 年更名为"宝安县立第一初级中学"。

国民党新军阀统治时期

1927 年 4 月 18 日

国民党广东当局在宝安进行"清党"。中共宝安县党部负责人龙乃武出走香港，农会也自行解散。

1927 年 6 月

中共宝安县党部改组，产生中共宝安县第一届委员会，由郑奭南任县委书记。

1927 年 8 月

根据中共广东省委指示，宝安县委在深圳河附近的皇岗村建立交通站，主要任务是沟通香港、内地和广州的联系，护送党的领导人出入边境线。

1927 年 11 月

为了贯彻中共中央八七会议精神，中共广东省委派候补委员赵自选到东莞常平周屋厦村召集东莞、宝安两县领导人联席会议。宝安由县委书记郑奭南参加。会议要求东宝两县共同组织工农革命军，并当即成立"东宝工农革命军总指挥部"。指挥部下设 4 个大队，其中第三、第四大队属宝安。会后，郑奭南回到宝安，在楼村召开会议，研究决定改编农民自卫军，原地整训，随时准备起义。

1927 年 12 月上旬

为做好配合广州起义的准备工作，中共宝安县委进行调整，产生第二届委员会，刘伯刚任县委书记。县委机关设在五区楼村，隶属省委领导。

1927 年 12 月 14 日

中共宝安县委领导工农革命军发动第一次暴动，攻打深圳镇和县城南头，与广州起义相呼应。其后，在反动军队、民团反扑下，起义队伍分散隐蔽。

1928 年 2 月 20 日

中共广东省委派巡视员阮峙垣到宝安指导工作，宝安县委接指示后，决定召开县党代表大会，以民主化改选县委，同时指导各区支部选出参加县党代会代表。

1928 年 2 月 23 日

中共宝安县委在周家村召开全县党代表大会，后因该村豪绅地主势力猖獗，临时改在燕川村召开。大会选举产生了中共宝安县第三届委员会，郑大就、麦德明、蔡励卿、陈义妹等 4 人为县委常委。县委书记由省委指派，指派前由郑奭南代理。

1928 年 3 月 10 日

国民党宝安县党部在县城南头召开第三次党员代表大会，出席代表 50 余人，广东省党部特派廖石峰到会监督选举，郑赞生等 30 人当选执监委员。

1928 年 4 月至 5 月

4 月上旬，中共宝安县委制订"宝安暴动计划"。暴动的任务是响应东江各县暴动，造成东江割据局面；实行宝安土地革命，建立苏维埃的宝安。4 月 19 日，中共广东省委派黄学增到宝安指挥暴动。4 月 29 日，宝安县委集中各乡农民武装包围迳背，发动第二次暴动，但暴动未能按计划完成。5 月上旬，宝安县委计划在第五区发动第三次暴动，却被反动军队、民团联合包围于新围，农会武装被迫撤出，第三次暴动计划流产。

1928 年 5 月中旬

因周家村、楼村遭反动军队洗劫，中共四区党组织被破坏。县委派同志分别到四、二、三、五、六区恢复和发展党的组织，一星期内发展党员 10 人。

1928 年 5 月下旬

中共东莞、宝安两县军事负责人周满、周光赤在东、宝交界的东山庙召开联席会。会议决定，按红军制度进行整编，扩大工农革命军和赤卫队，深入开展土地革命，以东山为中心，向东、宝乡村发展，进行游击战争。后因形势所迫，人员暂时疏散到香港新界等地候命。

1928 年 10 月 11 日

国民党宝安县党部召开第四次党员代表大会，选出 5 名执行委员、3 名候补执行委员、3 名监察委员、1 名候补监察委员。

1928 年 11 月

宝安县政府决定在深圳墟开办市政，设立市政办事处，组织拟定《深圳市政组织条例》，县长郑启聪委任李伟雄为市政办事处主任，负责墟内市政建设事宜。

1928 年 12 月

深圳市政办事处公布《深圳市政改善第一期计划》。

1929 年 3 月

农办乡道深（圳）罗（湖）公路通车，全长 5 千米。8 月，农办乡道宝（县城）深（圳）公路动工，全长 34.75 千米。10 月，县道宝（县城）大（公明）公路通车，全长 51.61 千米。

1929 年 6 月 22 日

宝安县县事委员会召开会议，来自七区的县事委员会委员萧砚农临时提议将县署迁往深圳。县事委员会通过提案后，即转呈县长谭达伦。7 月，广东省民政厅派遣视察员黄炳蔚会同省政府丘顾问等前来宝安调查走访，在南头、深圳、香港等地组织召开各团体会议，研究宝安县政府迁移一案是否合适。

1929 年 8 月 18 日

中共广东省委召开中路会议，决定：今后铁路工作，广九铁路除英段、华段外，其余应为东莞、宝安两县的党组织负责，特别注意石龙、深圳两站工作。东、宝两县党组织应把铁路工作列入议事日程重要的一项工作。目前宝安的党组织尚未恢复，因此恢复宝安党组织是当前的任务。

1929 年 11 月

县长胡钰发布《宝安县县政计划书》。

1930 年 2 月

中共党组织决定恢复皇岗交通站，派庄泽民返回皇岗村，在村内的水围开设杂货小店作掩护，并在庄海添家设立临时秘密接待站，恢复了皇岗党组织和交通站的工作。

1930 年

由李仰岐等集资兴办的乡道布（吉）龙（华）公路通车，全长 30 千米。

1931 年 12 月

因叛徒出卖，中共宝安党组织和皇岗交通站遭到严重破坏，红色交通线被迫中断。

1932 年 1 月

民办乡道沙（湾）深（圳）公路通车，全长 15 千米。10 月，由余景星等投资 5 万多元兴办的横（岗）沙（湾）公路通车，全长 15 千米。

1932 年 10 月 5 日

宝安县参议会成立，何恩明就任县参议会主席。

1932 年

坑梓乡的黄达、黄秉等一批进步知识青年在家乡自编自演抗日救亡话剧，出版进步期刊《春芽》（油印本）和《大众课本》（铅印本），向群众进行抗日救亡宣传。

1932 年

西乡"永丰"碾米机投产，为宝安县使用机械生产的第一家私营作坊。

1933 年 7 月

深圳至广州的长途电话开通。

1933 年 10 月

由陈耀南等集资兴办的乌（石岩）大（公明）公路通车，全长 35 千米。

1935 年

深圳成立电信局，经营电话、电报业务。

1936 年 1 月

坑梓乡进步青年黄达、黄佛光、黄秉、黄云鹏、黄运鸿等分别成立"生活读书会"和"新桥围生活会"，开办夜校、识字班，阅读进步书刊，教唱抗日救亡歌曲，举办时事演讲会等，开展抗日救亡活动。

1936 年 12 月

中共南方临时工作委员会先后派共产党员梁金生、张权衡到宝安布吉草埔村小学开展抗日救亡工作。

1936 年

进步知识青年黄闻、陈永、陈培、黄业、蓝造等在大鹏半岛坝光成立"海岸读书会",广泛吸收当地青年参加,阅读进步书刊,举行时事座谈会和文艺歌咏等活动,开展抗日救亡的宣传。

1937 年 2 月

中共香港海员工作委员会书记曾生介绍共产党员陈铭炎、黎孟持、黎伯枢到坪山小学,介绍傅觉民到龙岗大井育贤小学发展党组织,开展抗日救亡运动。陈铭炎、黎孟持、黎伯枢以坪山小学为据点,到坪山地区各学校组织进步教师,成立老师联谊会,出版《坪潮》刊物。

全民族抗战时期

1938 年 10 月 12 日

日军分三路登陆大亚湾。

1938 年 10 月 30 日

南洋英荷两属惠州同侨救乡委员会在马来西亚吉隆坡正式成立。

1938 年 11 月 26 日

日军首次攻占宝安县城南头城。

1938 年 11 月底至 12 月初

由国民党军一五一师四五三旅特务连、虎门守备营、平射炮连、宝安县保安大队及虎门要塞卫士队等组成的"虎门要塞游击总队"坚守在沙头角一带,顽强抵抗日军,这支队伍被称为"沙头角孤军",其壮举与"八百壮士"相媲美。

1938 年 12 月 2 日

惠宝人民抗日游击总队在惠阳县淡水区周田村成立，曾生担任总队长，周伯明任政治委员。

1938 年 12 月 8 日

叶挺被任命为东路守备军副总指挥后，在深圳鸿安酒店设立总指挥部。

1939 年 1 月

东江华侨回乡服务团在惠阳淡水召开成立大会。

1939 年 4 月

由王作尧领导的东宝惠边人民抗日游击大队改编为第四战区第四游击纵队直辖第二大队，王作尧任大队长，主要在东宝交界的天堂围、龙华、乌石岩一带活动。

1939 年 5 月

由曾生领导的惠宝人民抗日游击总队改编为第四战区第三游击纵队新编大队，曾生任大队长，主要在惠宝沿海、沙头角、深圳、横岗、龙岗等地开展抗日游击战争。

1939 年 8 月 15 日

日军再次攻占南头城。

1940 年 6 月 22 日

日军第 18 师团在赤湾登陆，当天占领南头、深圳镇，宝安县城第三次沦陷。

1940 年 9 月中旬

中共东江前线特别委员会在布吉上下坪村召开会议。会后，东江地区的人民抗日武装合编为广东人民抗日游击队第三大队、第五大队。曾生、王作尧分任大队长，曾生率部队开赴东莞大岭山地区创立根据地，王作尧率部队开赴宝安阳台山地区创立根据地。

1941 年 6 月至 8 月

广东人民抗日游击队第五大队连续挫败日军"清乡扫荡"行动计划，巩固了宝安阳台山区根据地。

1942 年 1 月

中共中央南方工作委员会在宝安龙华白石龙村召开会议，决定成立东江军政委员会和广东人民抗日游击总队。

1942 年 1 月至 6 月

东江游击队开展香港文化名人大营救。

1943 年 1 月

中共广东省临时委员会正式成立，管辖除潮梅、琼崖地区以外的广东党组织，在南方局直接领导下开展工作，尹林平、梁广、连贯为委员，尹林平为书记。2月，省临委与东江军政委员会在香港乌蛟腾村召开联席会议，确立了主动出击，坚持抗日的敌后独立抗日武装斗争策略。

1943 年 12 月 2 日

广东人民抗日游击总队在大鹏半岛土洋村改编为东江纵队。省临委书记尹林平兼任东江纵队政治委员，东江纵队司令部、政治部与省临委合署办公。

1944 年 7 月 1 日

路西解放区县一级抗日民主政权机构 —— 东宝行政督导处成立。

1945 年 8 月 24 日

中共路西县委领导在深圳墟召开万人祝捷大会，宣布成立深圳特别市。

解放战争时期

1945 年 9 月中旬

尹林平、曾生召开区党委会议和干部会议，作出反击国民党进攻和坚持斗争的部署，将东江纵队活动地区分为粤北、江南（含宝安县）、江北和海陆惠紫五四个地区，建立四个地委和四个指挥部，实行党组织和部队统一的分区指挥和领导。

1945 年 10 月 5 日

国民党新一军在深圳公所（东门老街）前广场，举行了宝安县境内日军受降仪式。

1945 年 10 月

国民党宝安县政府从东莞迁回南头。宝安县政府推动学校复员，至当年底先后规复中心国民学校 18 所，保国民学校 55 所，共 73 所，收容学生 12526 人，并专门划拨经费，先后成立民众教育馆及民众夜校。

1945 年 12 月 12 日

国民党大举进犯东江解放区，摧毁民主政权，解散农会，收编伪军、土匪，组织伪联防队，扶植区乡反动政权，实行保甲制度，整个惠东宝地区笼罩在白色恐怖之下。

1946 年 4 月 4 日

东江纵队司令员曾生、政治委员尹林平以中共华南武装代表身份到广州参加会谈。国共两党代表经过近 50 天的激烈斗争，于 5 月 21 日达成了中共武装人员北撤山东烟台的最后协议《东江停战和华南中共武装北撤问题联合会议决议》。

1946 年 5 月

宝安县善后救济协会成立，办理县救济物资的洽领及散振事宜，因人事组织不健全，于 1947 年 2 月重新改组。

1946 年 6 月 29 日

东江纵队北撤部队欢送大会在大鹏湾沙鱼涌海滩举行。30 日，东江纵队（包括珠江纵队、韩江纵队、南路、粤中、桂东南等部队的部分骨干）2583 人，在沙鱼涌分乘美国 3 艘登陆艇，向山东烟台北撤。7 月 5 日，北撤部队抵达山东烟台，完成了战略转移的任务。

1946 年 7 月 1 日

宝安县筹设开办县卫生院。

1946 年 9 月

观澜私立振能中学开办，招收初一年级 3 个班 122 名学生。

1946 年 11 月 7 日

宝安县政府向广东省政府电呈《九龙城复治计划大纲（草案）》，计划在九龙城设置镇公所、警察分驻所、医疗所、国民学校等机构。

1946 年 11 月

宝安县境内发生天花病，县卫生院急电省卫生处请求支援，分头驰赴各乡镇，免费施种牛痘，至 1947 年 4 月种痘总人数达 68411 人。

1946 年 11 月

宝安县恢复教育会。1947 年开始谋划各乡镇的教育会，最早筹备的是莲城、十约、龙华等乡镇。

1946 年

宝安县政府机构调整，设县长秘书室、民政科、财政科、教育科、建设科、军事科、田粮科、警察局、人事室、统计室、承审室、县训所、税捐稽征处、情报所、看守所、卫生院、电话所、会计室。

1946 年

宝安县调整乡编制，把原 37 个乡、3 个镇缩编为 2 个镇（深圳、南头）、20 个乡、417 个保、4266 个甲，仍设 3 个区，分别为第一区、第二区、第三区。1947 年增设莲城、南屏、万山 3 个乡。

1947 年 1 月

宝安县成立国民体育会，当年选拔 20 余名选手准备去广州参加定于 6 月 1 日举行的全省运动大会。

1947 年 2 月

根据广东区党委的指示，中共江南特派员蓝造等从香港回到了坪山，在坪山北岭沙坑围召开干部会议，宣布以群众自卫组织维护治安的名义，成立以东纵复员人员为主体的惠东宝人民护乡团。

1947 年 2 月

宝安县各乡镇出现脑膜炎和恶性疟疾疫情，经竭力防治后遏止了此次疫情。

1947 年 2 月 12 日

宝安县救济院成立。

1947 年 3 月

宝安县政府组织成立了全县 25 个乡镇农会。3 月 21 日召开县农会成立大会，选举理监事及出席省农会的代表。

1947 年 5 月 19 日

宝安县中医师公会成立，会员有来自上水、新界、元朗等香港地区的居民。

1947 年 5 月 30 日

宝安县妇女会成立。

1947 年 9 月

私立深圳中学开办，首届招收初一年级 2 个班 100 名学生。

1947 年 11 月

宝安县文化服务社成立。

1947 年

南澳、东涌、东山 3 个渔业分会合并改组为南澳分会，将南头、西乡、固成、湾下等 4 个渔业分会，合并改组为南头分会。

1948 年 1 月 1 日

宝安县深圳联乡慈善会会刊《深圳通讯》创刊。

1948 年 1 月 5 日

港英当局派遣警察进入九龙寨城强行清拆民居。7 日，国民政府外交部驻两广特派员郭德华到香港与港督葛量洪进行交涉。同日，宝安县长率代表团抵港慰问九龙寨城居民。1 月 12 日，港府再派警察强拆九龙寨城民居，与当地民众发生冲突，警方开枪造成 8 人受伤、2 人被捕，酿成九龙寨城事件。

1948 年 3 月

中共江南工委成立中共东宝县委员会，实行党政军一元化领导。

1948 年 4 月

中共江南工委在坪山召开干部会议，根据中共中央香港分局指示，撤销江南工委，成立中共江南地方委员会。坪山会议后，江南地区的武装部队进行了统一整编，正式成立广东人民解放军江南支队。

1948 年初

国民党发动第一期"清剿"，深圳地区属于被"扫荡"对象。深圳地区军民在反此次"清剿"中经大小战斗 40 多次，其中江南支队第三团先后在乌石岩、固戍、龙华等地袭击敌人，七战七捷，取得很大战果，活动地区扩大了百分之三十，队伍从 800 余人发展到 1200 多人，彻底粉碎了国民党对此地的"清剿"计划。

1948 年夏

国民党广东当局继续发动第二期"清剿"，实行"肃清平原，围困山地"方针，重点进攻江南地区的惠东宝和九连地区。7月初至8月初，江南支队先后在沙鱼涌、山子吓、红花岭三大战斗中取得胜利，使广东敌我双方力量发生根本变化，粉碎了国民党的第二期"清剿"。

1948 年下半年

宝安简易师范学校当局无理克扣学生的补助粮，加上之前经常出现的饭荒，触发了学生的不满情绪。为了响应全国"反饥饿、反内战、反迫害"的学生运动，配合中共党组织粉碎国民党广东当局对人民武装的"清剿"，宝师的东宝人民解放大同盟小组发动罢课和游行示威，即宝安简易师范学校学生运动。

1948 年

宝安县城南头大戏院租用宝安县立第一中学操场，连续2个月放映电影，开启了宝安县电影放映的历史。

1948 年

沙井宝民中学开办，校址在大王庙。

1949 年 1 月 1 日

中国人民解放军粤赣湘边纵队奉中共中央军委命令正式成立。粤赣湘边纵队司令员兼政委尹林平，副司令员黄松坚，政治部主任左洪涛，2月20日经请示中共中央批准，增补梁威林为副政治委员，严尚民为参谋长。

1949 年 1 月 17 日

粤赣湘边纵队对所辖部队进行统一改编。江南支队改编为粤赣湘边纵队东江第一支队，司令员蓝造，政委王鲁明，副政委祁烽，参谋长曾建，政治部主任刘宣。第一支队下辖 7 个团，2 个独立营，1 个教导队，兵员达 1 万人，其中三团驻东莞、宝安地区。

1949 年 1 月

中共宝安区地方委员会建立。5 月，在坪山成立路东县人民政府，王舒任县长、李少霖任副县长，下辖大鹏、坪山、龙岗、横岗、新墟、镇隆等地。6 月，东宝县人民政府成立，县长杨培，副县长曾劲夫，下辖 3 个区政府，其中周吉任宝安区区长。

1949 年春

为贯彻落实中共中央和香港分局的指示，粉碎国民党军队的进攻阴谋，粤赣湘边纵队发动春季攻势。东江第一支队第三团于 1 月底至 3 月间在东莞、宝安一带连打 7 仗，共毙伤敌军 100 多人，拔除大径、怀德等地的敌军据点，控制莞太、宝太一线，解除了敌人对大岭山南面的威胁。

1949 年 2 月

深圳商会会员、县参议员张岫云等数十人集股 10 余万元港币，在深圳北门桅杆园新街（今人民路）兴建民乐戏院，同年 9 月 26 日举行开幕典礼。民乐戏院是深圳人民戏院的前身。

1949 年 2 月

中共地下组织在九龙关成立党的外围组织——"学习小组"（实为"护产小组"），为"保护关产，迎接解放"做准备。

1949 年 4 月

广东省调整行政督察区域，将原 9 个行政督察区增划为 15 个，宝安县改隶第二行政督察专员公署，公署设于惠州。

1949 年 6 月 13 日

驻广九铁路布吉站的国民党保安第五师十五团二营机炮连连长文挺彬率机炮连 106 人起义。其后被编为东江第一支队第二团一个连，文挺彬任连长。

1949 年 6 月底

中共路东（广九铁路以东）县委在大鹏王母国光小学创办了为期一个多月的"文化研究班"，培养了 120 多名文化干部。

1949 年 7 月

广东省政府派员免费施行预防牛瘟注射，宝安县派员协助办理，至 9 月共注射耕牛 2455 头。

1949 年 8 月下旬

中共东宝县委召开扩大会议决定撤销东宝县委和县人民政府，分别建立东莞、宝安县委和县人民政府，黄永光任县委书记兼县长。宝深军事管制委员会宣告成立，刘汝琛任主任，代表江南地委负责宝安县的工作。

1949 年 8 月 29 日至 9 月 3 日

宝深军管会主任刘汝琛、宝安县委书记兼县长黄永光在宝安乌石岩召开县委会议，明确县委成员分工，确定县人民政府干部配备。

1949 年 9 月 25 日

中共宝安县委集中一批准备接管城镇的干部，在宝安黄田举办学习班，学习入城的有关方针、政策，研究制定有关入城守则、纪律等。学习班于 10 月上旬结束。

1949 年 10 月 1 日

早晨，在大鹏王母墟待命准备接管广州的教导团近千名部队干部、学生和群众举行隆重的升旗典礼，升起自制的五星红旗，庆祝中华人民共和国成立。

1949 年 10 月上旬

中国人民解放军两广纵队抵达东莞石龙，宝安县人民武装驻扎在龙华、乌石岩一带。驻深圳镇国民党税警团团长姚官顺率部与护路大队共 1500 余人宣布起义，迁驻黄贝岭等候改编。

1949 年 10 月 10 日

粤赣湘边纵队东江第一支队开进沙头角，国民党乡政府和国民党驻军缴械，沙头角和平解放。10 月 13 日，东江第一支队金虎队和新编民兵连开进沙井，沙井乡联防队约 60 人投降。15 日，黄永光、周吉率部开赴西乡，迫使国民党宝安县警察第二大队 80 余人起义，西乡解放。

1949 年 10 月 16 日

黄永光率县人民武装部队在西乡、沙河等地武工队和南头县城中共地下组织成员温巩章等人配合下，挺进南头，接管国民党县政府和军警队伍。宝安县城解放。

1949 年 10 月 19 日

宝深军管会主任刘汝琛率部从布吉乘火车抵达深圳，接管国民党地方政权——深圳镇公所，成立深圳镇人民政府。

1949 年 10 月 20 日

中共宝安县委和县人民政府机关进驻县城所在地南头办公，设军事、财务、民政、财粮、文教、经建 6 个科室，隶属中共江南地委领导（同年 12 月改属中共东江地委领导）。

1949 年 10 月 21 日

宝深军管会接管九龙关缉私总部，成立"九龙关临时接管委员会"，刘汝琛为主任。11 月 15 日，九龙关接管委员会正式成立，原九龙关在香港公主行的机构以"九龙关驻香港办事处"的名义保留在香港，人民政权接管九龙关。

1949 年 10 月 23 日

中共华南分局委派江南地委副书记、东江第一支队副政委祁烽率部进驻深圳，成立中共沙头角深圳宝安边界工作委员会，管辖宝安境内的南头、深圳、沙头角 3 镇，直属中共中央华南分局领导。

1949 年 11 月 6 日

中国人民解放军两广纵队解放大铲岛。1950 年 1 月，解放三门岛；4 月，解放内伶仃岛。至此，宝安县全境解放。

1949 年 11 月 15 日

在南头广场召开宝安县各界庆祝解放大会，教育、工商、农会及各区乡的妇女会、农会等 10000 多人参加。

参考文献

一、报刊

1. 《并州官报》
2. 《东方杂志》
3. 《工人之路特号》
4. 《广东民政公报》
5. 《广东省政府公报》
6. 《广州民国日报》
7. 《广州日日新闻》
8. 《国华报》
9. 《华商报》
10. 《解放日报》
11. 《民立报》
12. 《南宁民国日报》
13. 《上海民国日报》
14. 《深圳晚报》
15. 《申报》
16. 《时报》

17.《万国公报》

18.《香港华字日报》

19. 香港《新生晚报》

20. 香港《华侨日报》

21. 香港《士蔑西报》

22.《深圳通讯》

23.《向导》周报

24.《新村》半月刊

25.《循环日报》

26.《字林沪报》

二、档案文献

27. 宝安县政府咨 1931 年第四二号，宝安档案馆藏。

28.《广东革命历史文件汇集》

29.《快邮代电》（1931 年 9 月），宝安档案馆藏。

30.《何荣往秘鲁国受雇合同书》（1864 年 4 月 1 日），广东省档案馆：G2013- 华侨史料 -0002

31.《中共中央华南分局文件汇集》

32.《中共中央香港分局文件汇集》

33.《中共中央文件选集》

三、图书资料

34. 广东省档案馆编:《东江纵队史料》，广州：广东人民出版社，1984 年。

35. 方志钦、蒋祖缘主编:《广东通史》近代下册，广州: 广东高等教育出版社，2010 年。

36. 方志钦、蒋祖缘主编:《广东通史》现代上册，广州: 广东高等教育出版社，2014 年。

37. 杨万秀主编:《广州通史》，北京: 中华书局，2010 年。

38. 《蒋中正总统档案: 事略稿本》第 42 册，台北:"国史"馆，2006 年。

39. 《毛泽东选集》第四卷，北京: 人民出版社，1991 年。

40. 南方局党史资料征集小组编:《南方局党史资料·统一战线工作》，重庆: 重庆出版社，1990 年。

41. 深圳百科全书编委会编:《深圳百科全书》，深圳: 海天出版社，2010 年。

42. 深圳市宝安区革命老区发展史编委会编:《深圳市宝安区革命老区发展史》，广州: 广东人民出版社，2021 年。

43. 《孙中山全集》第十卷，北京: 中华书局，1986 年。

44. 《孙中山全集》第五卷，北京: 中华书局，1985 年。

45. 刘萍、李学通主编:《辛亥革命资料选编》，北京: 社会科学文献出版社，2012 年。

46. 师哲、李海文:《在历史巨人身边 —— 师哲回忆录》，北京: 中央文献出版社，1991 年。

47. 宝安县地方志编纂委员会编:《宝安县志》，广州: 广东人民出版社，1997 年。

48. 〔美〕葆拉·威廉姆斯·麦迪逊:《寻找罗定朝: 从哈莱

姆、牙买加到中国》，深圳：深圳报业集团出版社，2016 年。

49. 《东江纵队志》编辑委员会编：《东江纵队志》，北京：解放军出版社，2003 年。

50. 曾生：《曾生回忆录》，北京：解放军出版社，1992 年。

51. 陈伯陶修纂，广东省地方史志办公室辑：《广东历代方志集成·广州府部·东莞县志（一）》，广州：岭南美术出版社，2007 年。

52. 陈定山：《春申续闻》，北京：海豚出版社，2015 年。

53. 陈翰笙主编：《华工出国史料》第四辑，北京：中华书局，1981 年。

54. 程建：《阅读宝安》，北京：新华出版社，2006 年。

55. 顾明远：《教育大辞典》，上海：上海教育出版社，1998 年。

56. 广东省财政厅主计局统计科编：《广东财政厅十七年收支统计图表》，1938 年。

57. 广东省档案馆编：《广州起义前后的全国时局》，1982 年。

58. 广东省档案馆编：《民国广东政府机构沿革和组织法规选编》，1996 年。

59. 广东省档案馆编：《香港九龙城寨档案史料选编》，北京：中国档案出版社，2007 年。

60. 广东省立中山图书馆编：《华南抗战时期史料汇编》第

二辑，广州：广东教育出版社，2023 年。

61. 广东省立中山图书馆编纂：《民国广东大事记》，广州：羊城晚报出版社，2002 年。

62. 广东省民政厅编：《广东全省地方纪要》，1934 年。

63. 广东省民政厅编：《广东省地方自治工作概况汇编》，1934 年。

64. 广东省人民武装斗争史编纂委员会编著：《广东人民武装斗争史》第四卷，广州：广东人民出版社，1995 年。

65. 广东省人民政府地方志办公室、广东省立中山图书馆编：《广东民国年鉴丛编·广东经济年鉴》，广州：岭南美术出版社，2017 年。

66. 广东省政府教育厅编辑股编：《广东各县市教育行政报告汇刊》，1931 年。

67. 广东省政协文史资料研究委员会编：《粤系军事史大事记》，广州：广东人民出版社，1986 年。

68. 广州大典编纂委员会编：《广州大典》，广州：广州出版社，2015 年。

69. 广州市政协文史资料研究委员会编：《南天岁月》，广州：广东人民出版社，1987 年。

70. 国民党中央执行委员会粤闽区宣传专员办事处编印：《增宝沦陷区报告》，1940 年。

71. 洪仁玕口述，〔瑞典〕韩山文笔录，刘中国译释：《洪秀全的梦魇与广西暴动的起源》，广州：花城出版社，

2007 年。

72. 简又文：《太平天国全史》中册，香港：简氏猛进书屋，1962 年。

73. 九龙海关编志办公室编：《九龙海关志》，广州：广东人民出版社，1993 年。

74. 军事科学院《中国近代战争史》编写组编：《中国近代战争史》第一册，北京：军事科学出版社，1984 年。

75. 军事科学院军事历史研究部编著：《中国人民解放军全国解放战争史》第五卷，北京：军事科学出版社，1997 年。

76. 刘存宽编著：《租借新界》，香港：三联书店（香港）有限公司，1995 年。

77. 刘培华：《近代中外关系史》下册，北京：北京大学出版社，1986 年。

78. 刘蜀永编著：《割占九龙》，香港：三联书店（香港）有限公司，1995 年。

79. 刘志伟、陈玉环：《叶名琛档案》第一册，广州：广东人民出版社，2012 年。

80. 刘中国、余俊杰：《刘铸伯传》，广州：花城出版社，2017 年。

81. 鲁金：《九龙城寨简史》，香港：三联书店（香港）有限公司，2018 年。

82. 罗敏军：《远渡加勒比：彼岸的祖父》，深圳：深圳报业集团出版社，2016 年。

83. 茅盾：《脱险杂记》，北京：中国社会科学出版社，1980 年。

84. 茅家琦编著：《晚清史论》，郑州：河南人民出版社，1989 年。

85. [清] 毛鸣宾、郭嵩焘等修，桂文灿纂：《广东图说》，台北：成文出版社，1967 年。

86. 南方都市报编著：《深港关系四百年》，深圳：海天出版社，2007 年。

87. 钱端升：《民国政制史》，长沙：商务印书馆，1939 年。

88. 容闳：《容闳回忆录》，北京：东方出版社，2012 年。

89. 深圳博物馆编：《深圳近代简史》，北京：文物出版社，1997 年。

90. 深圳博物馆编：《近代深圳》，北京：文物出版社，2010 年。

91. 深圳博物馆编：《深圳博物馆基本陈列·近代深圳》，北京：文物出版社，2010 年。

92. 深圳市史志办公室编：《民国时期深圳历史资料选编》，深圳：深圳报业集团出版社，2014 年。

93. 深圳市宝安区党史研究室编：《中国共产党深圳市宝安区历史资料汇编（1924—1949）》，北京：中共党史出版社，2023 年。

94. 深圳市档案馆编：《建国卅年深圳档案文献演绎》第一

卷，广州：花城出版社，2005 年。

95. 深圳市档案馆编：《民国时期深圳档案文献演绎》第四卷，广州：花城出版社，2001 年。

96. 深圳市地方志编纂委员会编：《深圳市志·社会风俗卷·人物志》，北京：方志出版社，2014 年。

97. 深圳市地方志编纂委员会编：《深圳市志·社会风俗卷·文物志》，北京：方志出版社，2014 年。

98. 深圳市福田区革命老区发展史编委会：《深圳市福田区革命老区发展史》，广州：广东人民出版社，2021 年。

99. 深圳市坪山区革命老区发展史编委会：《深圳市坪山区革命老区发展史》，广州：广东人民出版社，2020 年。

100. 深圳市人民政府侨务办公室编著：《深圳侨务史志》，深圳：海天出版社，2012 年。

101. 深圳市史志办公室：《中国共产党深圳历史（第一卷1924—1950）》，北京：中共党史出版社，2012 年。

102. 深圳市史志办公室编：《广东省深圳市抗战时期人口伤亡和财产损失》，北京：中共党史出版社，2010 年。

103. 深圳市史志办公室编：《深圳村落概览·第二辑·龙岗卷》，广州：华南理工大学出版社，2020 年。

104. 深圳市史志办公室编：《深圳村落概览·第二辑·罗湖盐田卷》，广州：华南理工大学出版社，2020 年。

105. 深圳市史志办公室编：《深圳村落概览·第二辑·坪山卷》，广州：华南理工大学出版社，2020 年。

106. 《孙中山选集》，北京：人民出版社，1956 年。

107. 张枬、王忍之编：《辛亥革命前十年间时论选集》第一卷，北京：生活·读书·新知三联书店，1960 年。

108. 王庆成编著：《稀见清世史料并考释》，武汉：武汉出版社，1998 年。

109. 王铁崖：《中外旧约章汇编》第一册，北京：生活·读书·新知三联书店，1957 年。

110. 王彦威、王亮辑编，李育民、刘利民、李传斌、伍成泉点校整理：《清季外交史料 6》，长沙：湖南师范大学出版社，2015 年。

111. 王彦威、王亮辑编，李育民、刘利民、李传斌、伍成泉点校整理：《清季外交史料 7》，长沙：湖南师范大学出版社，2015 年。

112. 王作尧：《东纵一叶》，广州：广东人民出版社，1983 年。

113. 韦庆远、高放、刘文源：《清末宪政史》，北京：中国人民大学出版社，1993 年。

114. 齐思和等整理：《筹办夷务始末（道光朝）》，北京：中华书局，1964 年。

115. 吴相湘：《第二次中日战争史》上册，台北：综合月刊社，1974 年。

116. 香港地方志中心编纂：《香港志·总述 大事记》，香港：中华书局（香港）有限公司，2020 年。

117. 熊理：《策广东》，泗水：泗滨日报社，1916 年。

118. 熊贤君：《深圳教育史》，北京：社会科学文献出版社，2010 年。

119. 徐永昌：《徐永昌回忆录》，北京：团结出版社，2014 年。

120. 〔英〕亚历山大·葛量洪：《葛量洪回忆录》，香港：香港广角镜出版社，1984 年。

121. 杨宏海等：《深圳（龙岗）：滨海客家图文志》，深圳：深圳出版社，2022 年。

122. 〔法〕叶星球：《法国华人三百年》，巴黎：巴黎太平洋通出版社，2009 年。

123. 余绳武、刘存宽主编：《十九世纪的香港》，北京：中华书局，1994 年。

124. 袁易明主编：《中国经济特区产业结构演进与原因》，北京：商务印书馆，2010 年。

125. 张黎明：《解码边纵》，深圳：海天出版社，2008 年。

126. 张一兵、曲文：《深圳炮楼探秘》，深圳：深圳报业集团出版社，2015 年。

127. 张中华：《日军侵略广东档案史料选编》，北京：中国档案出版社，2005 年。

128. 赵春晨、郭华清、伍玉西：《宗教与近代广东社会》，北京：宗教文化出版社，2008 年。

129. 郑毓秀著，刘中国、柳江南译：《玫瑰与革命：民国奇女子郑毓秀自传》，香港：香港中和出版有限公司，2021 年。

130. 郑毓秀：《我的革命岁月》，广州：广东经济出版社，2018 年。

131. 郑毓秀口述：《来自中国的少女》，广州：广东经济出版社，2018 年。

132. 中共广东省委党史研究室编：《受命于破晓之前：参加接管广州回忆录》，广州：中山大学印刷厂，1999 年。

133. 中共广东省委党史研究室编：《中国共产党广东地方史》第一卷，广州：广东人民出版社，1999 年。

134. 中共深圳市委党史办公室编：《深圳党史资料汇编》第三辑（内部资料），1987 年。

135. 中共中央党史和文献研究院：《马克思主义中国化一百年大事记（1921—2021 年）》，北京：中央文献出版社，2022 年。

136. 中共中央文献研究室编：《周恩来年谱：1898—1949》（修订本），北京：中央文献出版社，1998 年。

137. 中国第二历史档案馆、海峡两岸出版交流中心编：《中国国民党历次全国代表大会暨中央全会文献汇编》第五册，北京：九州出版社，2012 年。

138. 中国第二历史档案馆：《中华民国史档案资料汇编·第五辑·第二编·军事（二）》，南京：江苏古籍出版社，1994 年。

139. 中国第二历史档案馆编：《国民党政府政治制度档案史料选编》下册，合肥：安徽教育出版社，1994 年。

140. 中国第一历史档案馆编：《明清宫藏中西商贸档案（八）》，北京：中国档案出版社，2010 年。

141. 中国人民解放军历史资料丛书编审委员会编：《华南抗日游击队》，北京：军事科学出版社，2008 年。

142. 中国人民解放军历史资料丛书编审委员会编：《新四军·文献（1）》，北京：解放军出版社，1994 年。

143. 中国人民政治协商会议广东省委员会文史资料研究委员会编：《孙中山与辛亥革命史料专辑》，广州：广东人民出版社，1981 年。

144. 中国社会科学院近代史研究所：《陆海军大元帅大本营公报选编》，北京：中国社会科学出版社，1981 年。

145. 《孙中山全集》第九卷，北京：中华书局，1986 年。

146. 中国史学会主编：《中国近代史资料丛刊·鸦片战争》第五册，上海：神州国光社，1954 年。

147. 任宇寰：《沙头角孤军奋斗记》，香港：大时代图书供应社，1939 年。

四、期刊论文

148. 蔡保中：《图说近五百年来深圳、香港的区划变迁》，《深圳史志》2022 年第 3 期。

149. 陈华新：《所谓"毒面包案"的真相》，《华南师院学报》（哲学社会科学版）1980 年第 2 期。

150. 陈天林:《民国时期的"地方自治"理念及其初步实践》,《中国政法大学学报》2010 年第 1 期。

151. 陈跃进:《宝安县民国期间之隶属》,《宝安文史》第三辑。

152. 程美宝:《"十五仔的旗帜": 道光年间中英合作打击海盗行动及其历史遗物》,《学术研究》2020 年第 3 期。

153. 政史系学员红巾军调查组:《何六领导的红巾军与太平天国革命》,《广东师院学报》（社会科学版）, 1976 年第 1 期。

154. 姜秉正:《琦善广州交涉与〈穿鼻草约〉出殁通考》,《宝鸡师院学报》（哲学社会科学版）1987 年第 3 期。

155. 李克义:《广州银河公墓所见辛亥革命史料》,《佳木斯教育学院学报》2012 年第 5 期。

156. 刘中国:《洪仁玕、韩山文与近代中国第一部口述回忆录》,《特区实践与理论》2007 年第 4 期。

157. 宋佩华:《近代香港人民反对英国侵占我国领土的斗争》,《安徽师范大学学报》（人文社会科学版）, 1984 年第 1 期。

158. 项浩男:《民国时期自治机关与县域政治 —— 以 20 世纪 30 年代广东县参议会的创设及运作为例的研究》,《汕头大学学报》（人文社会科学版）, 2022 年第 6 期。

159. 徐建平：《民国时期的县级行政区域整理（1927—1937 年）：以浙江省为例》，《历史地理》辑刊第三十辑，2014 年。

160. 叶锦花、李飞：《清末户口调查与广东新安民变》，《广东社会科学》2021 年第 5 期。

161. 张先清：《康熙三十一年容教诏令初探》，《历史研究》2006 年第 5 期。

162. 张越：《民国时期宝安县行政机构的设置沿革》，《宝安文史》第三辑。

后记

为贯彻落实习近平总书记关于中华文明探源工程和中华优秀传统文化传承发展工程的重要论述，经市委、市政府分管领导批示同意，深圳市人民政府地方志办公室（以下简称市地方志办）开展贯通深圳古今约7000年历史的《深圳通史》编撰工作，分为古代卷、近代卷、当代卷三卷。近年来，市地方志办广泛征集资料，充分吸纳各级领导及专家学者意见，组织课题组精心撰写书稿，历经3次评审和3轮统稿修改，终于完成近代卷的写作任务。

本书在资料收集、文稿撰写及评审修改期间，自始至终得到了市委副书记余新国、副市长张华等市领导和郑轲、艾学峰、程步一、王强等历任分管市领导以及相关单位的关心和支持。2022年12月16日，市地方志办组织开展《深圳通史（近代卷）》篇目大纲专家评审，书面征求意见，正式启动近代卷编撰工作。2023年，课题组在继续对古代卷修改完善的同时，进行近代卷资料收集与文稿编写工作，多次到广东省档案馆、省立中山图书馆、深圳市档案馆、深圳博物馆、深圳图书馆、宝安区档案馆查阅资料。同年8月10

日完成初稿，8月23日、10月13日市地方志办相继组织召开初审会、复审会，11月19日完成专家书面终审。来自中国地方志工作办公室、中国人民抗日战争纪念馆、广东省地方志办公室、广东省社会科学院、广东人民出版社、深圳市社会科学院、深圳博物馆、深圳市特区文化研究中心、华南师范大学、哈尔滨工业大学（深圳）、澳门理工大学、深圳职业技术大学等单位的张英聘、李庆辉、王涛、张金超、钱丰、黄玲、杨建、杨耀林、蔡惠尧、李飞、杨宏海、刘中国、左双文、李翔、王熹、蒋宗伟、雷坚等专家学者和老同志（排名不分先后）参加评审，对本书提出了许多宝贵的意见和建议。

本书记述从1840年鸦片战争爆发，到1949年中华人民共和国成立时期深圳地区的历史进程。全书由杨立勋策划、统筹和审定，张妙珍、毛剑峰参与组织和审稿。执笔人如下：第一章由黄瑞栋、聂文撰写，第二章由张劲、李雨芹撰写，第三章由蓝贤明、林吟专撰写，第四章由蒋宗伟撰写，第五章由周华、陈美玲撰写。本卷概述由周蓝昕撰写。卷首图片由郭克、周蓝昕负责编辑。周华、蒋宗伟负责本书统稿，张劲、蓝贤明参与统稿工作。黄瑞栋、郭克、林吟专、陈美玲、聂文、李雨芹、周蓝昕、张君平、钱淇锐、裴悦辰等参与资料收集整理等工作。

在此，衷心感谢对本书编撰出版给予大力支持的市领导、老同志、专家学者和为本书提供资料的各有关单位。《深圳通史》时间跨度大，涉及面广，编撰难度相当大，加之编者学识所限，尽管竭尽全力，仍难免有不当之处。敬请各位方家和广大读者不吝赐教，以便日后择机更正。

编　者

2023 年 11 月